ADOBE® AFTER EFFECTS® CS4

CLASSROOM IN A BOOK®

Guia oficial de treinamento

A239 Adobe After Effects CS4 : classroom in a book / Adobe Creative Team ; tradução Edson Furmankiewicz ; revisão técnica Simone Belém. – Porto Alegre : Bookman, 2010.
400 p. : il. color. ; 25 cm. Acompanha DVD-ROM.

ISBN 978-85-7780-634-8

1. Software – Computação gráfica. 2. After Effects. I. Adobe Creative Team.

CDU 004.4After Effects

Catalogação na publicação: Renata de Souza Borges CRB-10/1922

ADOBE® AFTER EFFECTS® CS4
CLASSROOM IN A BOOK®

Guia oficial de treinamento

Tradução:

Edson Furmankiewicz

Revisão técnica:

Simone Belém

Consultora Técnica Adobe Systems Brasil

Adobe Certified Expert em Adobe Photoshop

bookman®

2010

Obra originalmente publicada sob o título
Adobe® After Effects® CS4 Classroom in a Book

ISBN 978-0-321-57383-4

Capa: *Henrique Chaves Caravantes, arte sobre capa original*

Leitura final: *Monica Stefani*

Editora Sênior: *Arysinha Jacques Affonso*

Editora Júnior: *Elisa Viali*

Editoração eletrônica: *Techbooks*

Reservados todos os direitos de publicação, em língua portuguesa, à
ARTMED® EDITORA S.A.
(BOOKMAN® COMPANHIA EDITORA é uma divisão da ARTMED® EDITORA S. A.)
Av. Jerônimo de Ornelas, 670 – Santana
90040-340 – Porto Alegre – RS
Fone: (51) 3027-7000 Fax: (51) 3027-7070

SÃO PAULO
Av. Angélica, 1.091 – Higienópolis
01227-100 – São Paulo – SP
Fone: (11) 3665-1100 Fax: (11) 3667-1333

SAC 0800 703-3444

IMPRESSO NO BRASIL
PRINTED IN BRAZIL

SUMÁRIO

2 CRIANDO UMA ANIMAÇÃO COM PREDEFINIÇÕES E EFEITOS BÁSICOS

3 ANIMANDO TEXTO

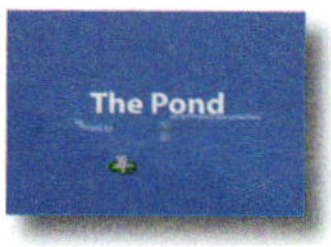

4 TRABALHANDO COM CAMADAS DE FORMA

5 ANIMANDO UMA APRESENTAÇÃO MULTIMÍDIA

6 ANIMANDO CAMADAS

7 TRABALHANDO COM MÁSCARAS

8 DISTORCENDO OBJETOS COM AS FERRAMENTAS PUPPET

9 CHROMA KEY

12 UTILIZANDO RECURSOS 3D

13 TÉCNICAS DE EDIÇÃO AVANÇADAS

14 RENDERIZANDO E GERANDO SAÍDA

O QUE HÁ NO DVD

Uma visão geral do conteúdo do DVD do *Classroom in a Book*

Arquivos da lição... e muito mais

O DVD *Adobe After Effects CS4 Classroom in Book* inclui os arquivos de lição necessários para completar os exercícios deste livro, bem como outras informações que ajudam a conhecer melhor o Adobe After Effects CS4 e a utilizá-lo com eficiência e facilidade. O diagrama abaixo representa o conteúdo do DVD, a fim de ajudá-lo a encontrar os arquivos que precisa.

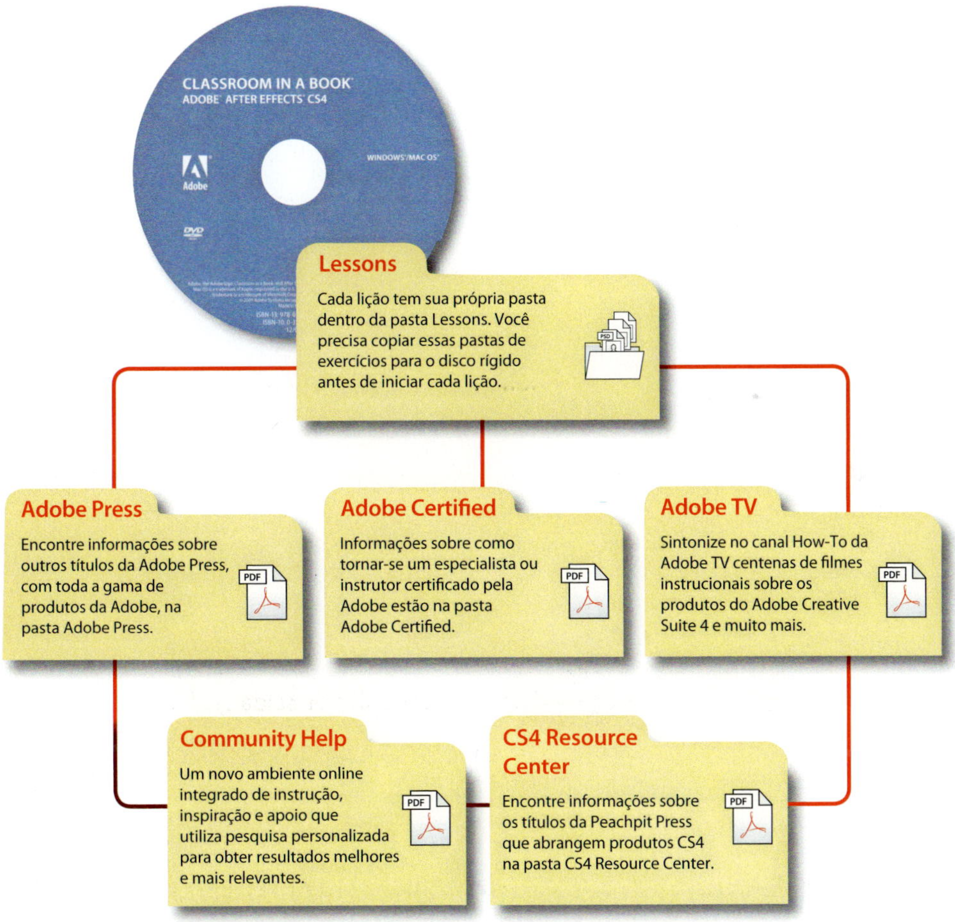

INTRODUÇÃO

O Adobe® After Effects® CS4 oferece um conjunto abrangente de ferramentas 2D e 3D para composição, animação e efeitos utilizado por profissionais que trabalham com imagens em movimento, filmes, vídeos e efeitos visuais. O After Effects é amplamente utilizado na pós-produção digital de filmes, vídeos, DVDs e Web. É possível compor camadas (layers) de várias maneiras, aplicar e combinar sofisticados efeitos visuais e de áudio e animar objetos e efeitos.

O Classroom in a Book

O *Adobe After Effects CS4 Classroom in a Book®* faz parte da série de treinamento oficial para softwares de publicações e tratamentos gráficos da Adobe Systems. As lições foram criadas para que você possa aprender em seu próprio ritmo. Se você for iniciante no Adobe After Effects, aprenderá os fundamentos necessários para dominar o programa. E, se já utilizou o Adobe o After Effects, você descobrirá que o *Classroom in a Book* ensina muitos recursos avançados, incluindo dicas e técnicas para utilizar a versão mais recente.

Embora cada lição forneça instruções passo a passo para criar um projeto específico, há espaço para exploração e experimentação. Você pode seguir este livro do início ao fim ou fazer somente as lições que satisfaçam seus interesses e necessidades. Cada lição termina com uma seção de revisão que resume o que foi visto.

Pré-requisitos

Antes de começar a usar o *Adobe After Effects CS4 Classroom in a Book*, você deve conhecer o funcionamento do seu computador e sistema operacional. Certifique-se de que sabe como utilizar o mouse e os comandos e menus padrão e também como abrir, salvar e fechar arquivos. Se precisar rever essas técnicas, consulte a documentação impressa ou online de seu Microsoft® Windows® ou Apple® Mac® OS.

Instale o After Effects

Você deve comprar o software Adobe After Effects CS4 separadamente. Para requisitos de sistema e instruções completas sobre como instalar o software, consulte o arquivo Adobe After Effects ReadMe.html no DVD do aplicativo. O Apple QuickTime 7.1.5 ou superior também deve estar instalado no seu sistema.

Instale o After Effects a partir do DVD do aplicativo Adobe After Effects CS4 no disco rígido; não é possível executar o programa a partir do DVD. Siga as instruções na tela.

Certifique-se de que o número de série esteja acessível antes de instalar o aplicativo; você pode encontrá-lo no cartão de registro ou na parte traseira do estojo do DVD do aplicativo.

Otimize o desempenho

A criação de vídeos exige um trabalho intenso da memória do computador. O After Effects CS4 exige no mínimo 2 GB de RAM. Quanto mais RAM disponível para o After Effects, mais rápido o aplicativo funcionará.

Suporte a OpenGL

O OpenGL é um conjunto de padrões para produção de gráficos em 2D e 3D de alto desempenho para vários aplicativos. Embora o After Effects possa funcionar sem ele, o OpenGL acelera diversos tipos de renderização, incluindo a renderização na tela para visualizações.

Para utilizar o OpenGL no After Effects, você precisa de uma placa OpenGL que suporte o OpenGL 2.0, bem como Shader e texturas NPOT (Non Power of Two). Ao iniciar o After Effects pela primeira vez, ele tenta determinar se sua placa OpenGL atende os requisitos e ativa ou desativa o OpenGL se for apropriado.

Para visualizar as informações sobre sua placa OpenGL e ativar ou desativar o OpenGL no After Effects, escolha Edit > Preferences > Previews (Windows) ou After Effects > Preferences > Previews (Mac OS). Selecione a opção Enable OpenGL para ativar o OpenGL; clique no botão OpenGL Info para aprender mais sobre sua placa.

Para aprender mais sobre o suporte OpenGL no After Effects, consulte o After Effects Help.

Gerenciamento de cores

O After Effects CS4 suporta fluxos de trabalho de gerenciamento de cores. Aproveite os recursos do gerenciamento de cores no After Effects, especialmente em projetos profissionais. Para uma introdução ao gerenciamento de cores, consulte o apêndice, "Gerenciamento de cores no After Effects CS4."

Restaure as preferências padrão

O arquivo de preferências controla o modo como a interface do usuário do After Effects aparece na tela. As instruções deste livro assumem que você está vendo a interface padrão ao descrever as ferramentas, opções, janelas, painéis e assim por diante. Por essa razão, é recomendável restaurar as preferências padrão, especialmente se você estiver começando a trabalhar com o After Effects.

Toda vez que você fecha o After Effects, as posições dos painéis e certas configurações de comando são registradas no arquivo de preferências. Se quiser restaurar configurações originais dos painéis, você pode excluir o arquivo de preferências atual do After Effects. (O After Effects criará um novo arquivo de preferências, se ele já não existir, na próxima vez em que você iniciar o programa.)

A restauração das preferências padrão é útil se alguém já personalizou o After Effects no computador. Se sua cópia do After Effects ainda não foi utilizada, esse arquivo não existirá; portanto, esse procedimento será desnecessário.

Nota: (Somente Windows) Se você não vir o arquivo Prefs, certifique-se de que a opção Show Hidden Files And Folders está selecionada para Hidden files na guia View da caixa de diálogo Folder Options.

Importante: se quiser salvar as configurações atuais, você pode renomear o arquivo de preferências em vez de excluí-lo. Quando estiver pronto para restaurar essas configurações, altere novamente o nome e certifique-se de que o arquivo está localizado na pasta de preferências correta.

1 Localize a pasta de preferências do After Effects no seu computador:
   - Para Windows XP: .../Documents and Settings/<*nome do usuário*>/Application Data/Adobe/After Effects/9.0.
   - Para Windows Vista: .../Program Files/Common Files/Adobe/Keyfiles/AfterEffects.
   - Para Mac OS: .../<*nome do usuário*>/Library/Preferences.
2 Exclua ou renomeie o arquivo Adobe After Effects 9.0 Prefs.
3 Inicie o Adobe After Effects.

Dica: Você também pode pressionar Ctrl+Alt+Shift (Windows) ou Option+Command+Shift (Mac OS) ao iniciar o After Effects para restaurar as configurações das preferências padrão.

Copie os arquivos das lições

As lições do *Adobe After Effects CS4 Classroom in a Book* usam arquivos específicos, como arquivos de imagem criados no Adobe Photoshop® e no Adobe Illustrator®, arquivos de áudio e vídeos em QuickTime. Para completar as lições deste livro, você deve copiar esses arquivos do DVD *Adobe After Effects CS4 Classroom in a Book* para o disco rígido.

1 No disco rígido, crie uma nova pasta em um local conveniente e o nomeie **AECS4_CIB**, seguindo o procedimento padrão do seu sistema operacional:

- Windows: No Explorer, selecione a pasta ou unidade em que você quer criar a nova pasta e escolha Arquivo> Novo> Pasta. Em seguida, digite seu nome.
- Mac OS: No Finder, escolha Arquivo > Nova Pasta. Digite o novo nome e arraste a pasta para o local que você quer utilizar.

Agora, você pode copiar os arquivos para o disco rígido.

2 Copie a pasta Lessons (que contém pastas nomeadas Lesson01, Lesson02, etc.) do DVD *Adobe After Effects CS4 Classroom in a Book* para o disco rígido arrastando-a até sua nova pasta AECS4_CIB.

Ao começar cada lição, você vai navegar até a pasta com esse número de lição, onde serão localizados todos os arquivos, vídeos de exemplo e outros arquivos de projeto necessários para completar a lição.

Se houver pouco espaço em disco, copie individualmente as pastas de cada lição à medida que precisar utilizá-las e depois exclua-as se quiser. Algumas lições se baseiam nas lições anteriores; nesses casos, um arquivo de projeto inicial é oferecido para a segunda lição ou projeto. Não é necessário salvar o projeto final se não quiser, ou se tiver pouco espaço em disco.

Sobre copiar vídeos e projetos de exemplo

Você vai criar e renderizar um ou mais vídeos em QuickTime em algumas das lições deste livro. Os arquivos nas pastas Sample_Movie são exemplos que você pode utilizar para ver os resultados finais de cada lição e compará-los com seus próprios resultados. Esses arquivos tendem a ser grandes; portanto, talvez você não queira gastar o espaço de armazenamento ou o tempo necessário para copiar todos os filmes de exemplo antes de começar. Em vez disso, localize a pasta Sample_Movie apropriada no DVD do livro e copie o arquivo que ela contém para o disco rígido quando começar a trabalhar em uma lição. (Os filmes não devem ser reproduzidos a partir do DVD.) Quando terminar de assistir ao vídeo, você pode excluí-lo do seu disco rígido.

Os arquivos nas pastas End_Project_File são exemplos do projeto finalizado para cada lição. Utilize-os como referência se quiser comparar seu trabalho em execução com os arquivos de projeto utilizados para gerar os vídeos de exemplo. Esses arquivos de projeto final variam de um tamanho pequeno a alguns megabytes, assim você pode copiar todos eles agora se houver bastante espaço de armazenamento ou copiar apenas o arquivo de projeto final de cada lição conforme necessário e ,então, excluí-lo depois de terminar essa lição.

Como utilizar as lições

Cada lição deste livro oferece instruções passo a passo para a criação de um ou mais elementos específicos de um projeto. Algumas lições aprimoram os projetos criados nas lições anteriores; outras são independentes. Todas as lições se desenvolvem uma a partir da outra em termos de conceitos e habilidades; portanto, para aproveitar melhor o livro faça as lições na ordem sequencial. Algumas técnicas e processos são explicados e descritos com detalhes apenas nas primeiras vezes que você os realiza.

Muitos aspectos do After Effects podem ser controlados por diversas técnicas, como um comando do menu, um botão, arrastando e um atalho de teclado. Somente um ou dois dos métodos são descritos em um dado procedimento para que você possa aprender diferentes maneiras de trabalhar mesmo quando a tarefa for uma que você já realizou.

A organização das lições também é voltada para o design do projeto em vez de para os recursos do software. Isso significa, por exemplo, que você vai trabalhar com camadas e efeitos em projetos reais em várias lições, em vez de em uma única lição.

Recursos adicionais

O objetivo do *Adobe After Effects CS4 Classroom in a Book* não é substituir a documentação que vem com o programa. Somente os comandos e opções utilizados nas lições são explicados neste livro; portanto, há muito mais a aprender sobre o After Effects.

Para mais informações sobre o programa, consulte um destes recursos:

- O Adobe After Effects CS4 Community Help, que você pode visualizar escolhendo Help > After Effects Help. O Community Help é um ambiente online integrado de instrução, inspiração e suporte. Ele inclui pesquisas personalizadas de conteúdo relevante selecionado por especialistas, de dentro e de fora do Adobe.com. O Community Help combina conteúdo do Adobe Help, do Support, do Design Center, do Developer Connection e do Forums – junto com um excelente conteúdo da comunidade online para que os usuários possam encontrar com facilidade os melhores e mais atualizados recursos. Acesse os tutoriais, o suporte técnico, a ajuda online de produtos, os vídeos, os artigos, as dicas e técnicas, os blogs, os exemplos e muito mais.
- O Adobe After Effects CS4 Product Support Center é o local onde você pode encontrar e pesquisar conteúdo de suporte e treinamento no Adobe.com. Visite www.adobe.com/ support/aftereffects/.
- Adobe TV é onde você encontrará a programação sobre produtos Adobe, incluindo um canal para fotógrafos profissionais e um canal How To que contém centenas de vídeos sobre o After Effects CS4 e outros produtos da série Adobe Creative Suite 4. Visite http://tv.adobe.com/.

Também confira estes links úteis:

- Home page do produto After Effects CS4 em www.adobe.com/products/aftereffects/.
- Fóruns de usuário do After Effects em www.adobe.com/support/forums/ para discussões sobre os produtos Adobe.
- Adobe Exchange em www.adobe.com/cfusion/exchange/ para extensões, funções, códigos e muito mais.

Certificação Adobe

O objetivo do programa Adobe Certified é ajudar os clientes e instrutores da Adobe a aprimorar e promover suas habilidades e proficiência no uso do produto. Há três níveis de certificação:

- Adobe Certified Expert (ACE)
- Adobe Certified Instructor (ACI)
- O Adobe Authorized Training Center (AATC)

O programa Adobe Certified Expert é uma maneira de os especialistas melhorarem suas credenciais. Você pode utilizar a certificação Adobe como um diferencial no seu currículo para conseguir um aumento salarial, encontrar um emprego ou promover sua experiência.

Se você é um instrutor de nível ACE, o programa Adobe Certified Instructor eleva o nível de suas habilidades e fornece acesso a um amplo espectro de recursos Adobe.

Os Adobe Authorized Training Centers oferecem cursos e treinamento em produtos Adobe, empregando apenas instrutores certificados pela Adobe. Um diretório de AATCs está disponível em http://partners.adobe.com.

Para informações sobre os programas de certificação da Adobe, visite www.adobe.com/support/certification/main.html.

1 CONHECENDO O FLUXO DE TRABALHO

Visão geral da lição

Nesta lição, você vai aprender a:

- Criar um projeto e importar arquivos
- Criar composições e organizar camadas
- Navegar pela interface do Adobe After Effects
- Utilizar os painéis Project, Composition e Timeline
- Aplicar keyframes e efeitos básicos
- Visualizar seu trabalho utilizando as visualizações padrão e de memória RAM
- Personalizar o espaço de trabalho
- Ajustar as preferências relacionadas ao espaço de trabalho
- Localizar recursos adicionais para utilizar o After Effects

Um fluxo de trabalho básico do After Effects segue seis passos: importar e organizar arquivos, criar composições e organizar camadas, adicionar efeitos, animar elementos, visualizar seu trabalho, renderizar e gerar saída em uma composição final a fim de que ela possa ser visualizada por outras pessoas. Nesta lição, você vai criar uma animação simples utilizando esse fluxo de trabalho e, ao longo do caminho, desenvolverá sua própria maneira de trabalhar com a interface do After Effects. Esta lição levará aproximadamente 60 minutos.

Se utilizar o After Effects para animar uma sequência simples de um título de DVD ou criar efeitos especiais complexos, geralmente você segue o mesmo fluxo de trabalho básico. A interface do After Effects facilita seu trabalho e adapta-se a cada etapa de produção.

Introdução

Primeiro, você vai visualizar o vídeo final para ver o que será criado nesta lição.

1 Certifique-se de que os seguintes arquivos estão na pasta AECS4_CIB/Lessons/Lesson01 no disco rígido ou copie-os agora do DVD do *Adobe After Effects CS4 Classroom in a Book*.

- Na pasta Assets: bgwtext.psd, DJ.mov, gc_adobe_dj.mp3, kaleidoscope_waveforms.mov, pulsating_radial_waves.mov
- Na pasta Sample_Movie: Lesson01.mov

2 Abra e reproduza o vídeo de exemplo Lesson01.mov para ver o que será criado nesta lição. Ao concluir, feche o QuickTime Player. Exclua esse vídeo de exemplo do disco rígido se houver pouco espaço de armazenamento.

Crie um projeto e importe arquivos

Ao começar cada lição deste livro, é recomendável restaurar as preferências padrão do After Effects. (Consulte "Restaure preferências padrão", na página 15). Você pode fazer isso com um atalho de teclado simples.

1 Pressione Ctrl+Alt+Shift (Windows) ou Option+Command+Shift (Mac OS) ao iniciar o After Effects para restaurar as configurações das preferências padrão. Quando solicitado, clique em OK para excluir seu arquivo de preferências.

2 Clique em Close para fechar a janela Welcome.

O After Effects se abre e exibe um novo projeto.

Um projeto do After Effects é um arquivo único que armazena referências a todos os arquivos utilizados nesse projeto. Ele também contém *composições*, que são contêineres específicos usados para combinar arquivos, aplicar efeitos e, essencialmente, gerar saída.

Sobre o espaço de trabalho do After Effects

O After Effects oferece um espaço de trabalho flexível e personalizável. A janela principal do programa é chamada *janela do aplicativo*. Os painéis são organizados nessa janela em um arranjo chamado espaço de trabalho (*workspace*). O espaço de trabalho padrão contém grupos de painéis e painéis independentes, como mostrado na figura a seguir.

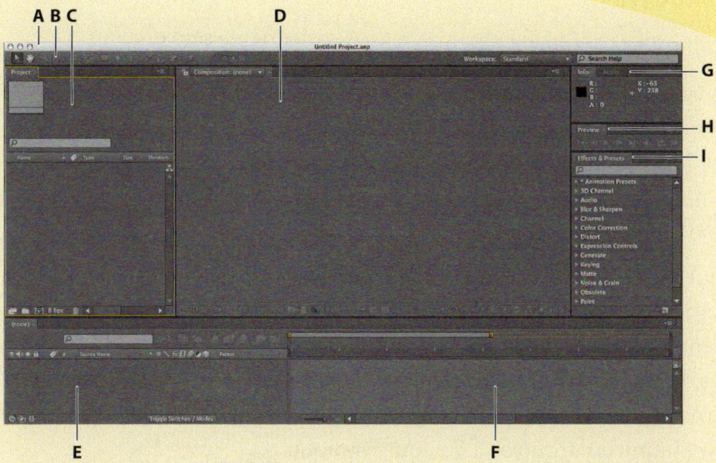

***A.** Janela do aplicativo **B.** Painel Tools **C.** Painel Project **D.** Painel Composition **E.** Painel Timeline **F.** Gráfico do tempo **G.** Painéis agrupados (Info e Audio) **H.** Painel Preview **I.** Painel Effects & Presets*

Personalize um espaço de trabalho arrastando os painéis para a configuração mais adequada ao seu estilo de trabalho. Você pode arrastar painéis para outras localizações, mover painéis para dentro ou para fora de um grupo, posicionar painéis lado a lado e desencaixar um painel para que ele flutue em uma nova janela por cima da janela do aplicativo. À medida que você reorganiza os painéis, os outros são redimensionados automaticamente para que se ajustem na janela.

Ao arrastar um painel pela sua guia para realocá-lo, a área onde você pode soltá-lo – chamada zona de soltura (*drop zone*) – torna-se destacada. A zona de soltura determina onde e como o painel é inserido no espaço de trabalho. Arrastar um painel até uma zona de soltura resulta em um entre dois comportamentos: encaixe ou agrupamento.

Se soltar um painel ao longo da borda de outro painel, grupo ou janela, ele se *encaixará* ao lado do grupo existente, redimensionando todos os grupos para acomodar o novo painel.

Se soltar um painel no meio de outro painel ou grupo, ou ao longo da área de guia de um painel, ele será adicionado ao grupo existente e será posicionado na parte superior da pilha. Agrupar um painel não redimensiona os outros grupos.

Você também pode abrir um painel em uma janela flutuante. Para fazer isso, selecione o painel e escolha Undock Panel ou Undock Frame no menu do painel. Ou, arraste o painel, ou grupo, para fora da janela do aplicativo.

▶ **Dica:** Para maximizar rapidamente um painel, posicione o cursor sobre ele e pressione a tecla ` (acento grave). Pressione a tecla novamente para retornar o painel ao seu tamanho original.

Ao iniciar um projeto, muitas vezes a primeira coisa que você vai fazer é adicionar arquivos a ele.

3 Escolha File > Import > File.

4 Navegue até a pasta Assets na sua pasta AECS4_CIB/Lessons/Lesson01. Clique com a tecla Shift pressionada para selecionar os arquivos DJ.mov, gc_adobe_dj.mp3, kaleidoscope_waveforms.mov e pulsating_radial_waves.mov (todos os arquivos, exceto bgwtext.psd). Em seguida, clique em Open.

▶ **Dica:** Você também pode dar um duplo clique na área inferior do painel Project para abrir a caixa de diálogo Import File, escolha File > Import > Multiple Files para selecionar arquivos localizados em diferentes pastas, ou arraste e solte arquivos do Explorer ou do Finder. O Adobe Bridge também pode ser usado para pesquisar, gerenciar, visualizar e importar arquivos.

Um arquivo (footage) é a unidade básica em um projeto do After Effects. Você pode importar muitos tipos de arquivos, incluindo arquivos de imagens em movimento, arquivos de imagens estáticas, sequências de imagens estáticas, arquivos de áudio, arquivos em camadas do Adobe Photoshop e Adobe Illustrator, outros projetos do After Effects e projetos criados no Adobe Premiere Pro. É possível importar arquivos a qualquer momento.

À medida que você importa conteúdos, o After Effects informa o progresso no painel Info.

Como um dos arquivos para esse projeto é um arquivo multicamada do Photoshop, você vai importá-lo separadamente como uma composição.

5 Dê um clique duplo na área inferior do painel Project para abrir a caixa de diálogo Import File.

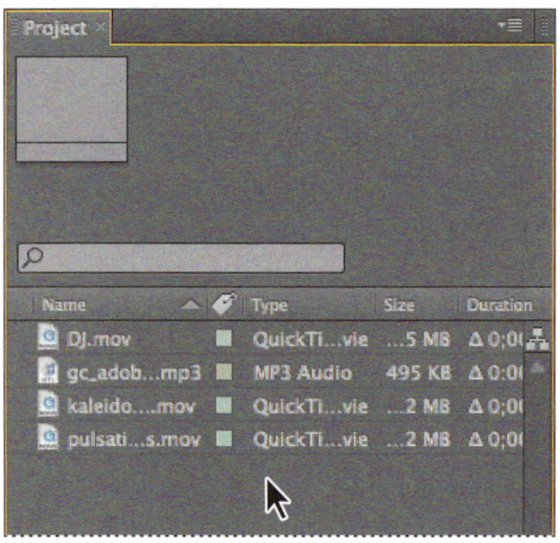

6 Navegue até a pasta Lesson01/Assets novamente e selecione o arquivo bgwtext.psd. Escolha Composition no menu Import As e clique em Open.

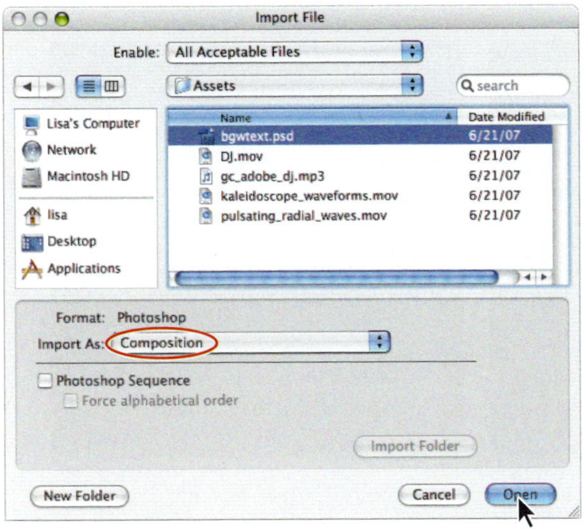

O After Effects abre uma caixa de diálogo com opções para o arquivo que você está importando.

7 Na caixa de diálogo Bgwtext.psd, escolha Composition no menu Import Kind para importar o arquivo em camadas do Photoshop como uma composição. Selecione Editable Layer Styles na área Layer Options e clique em OK. Os arquivos aparecem no painel Project.

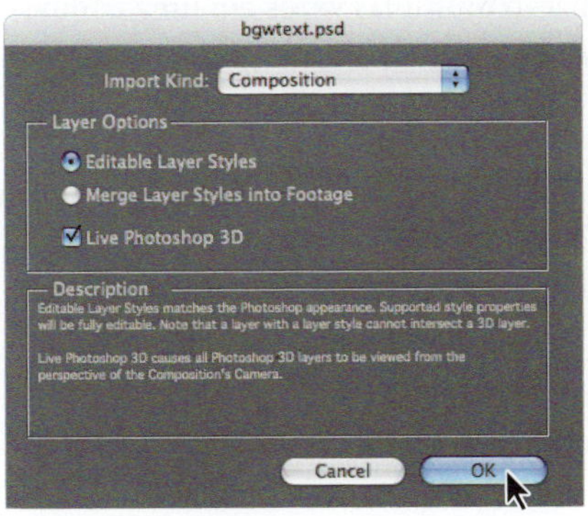

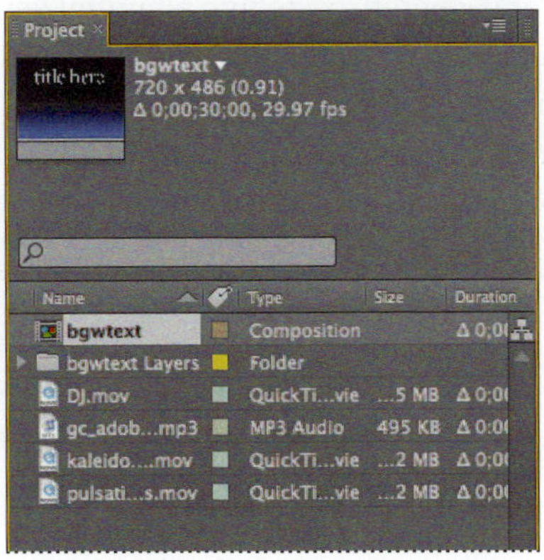

8 No painel Project, desmarque todos os arquivos e clique para selecionar qualquer um deles. Observe que uma visualização em miniatura aparece na parte superior do painel Project.

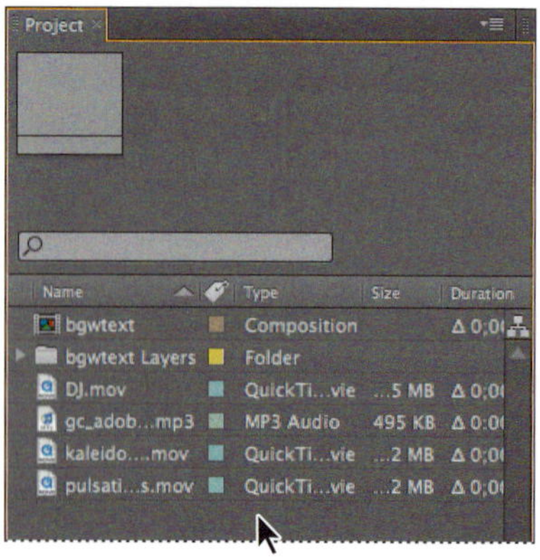

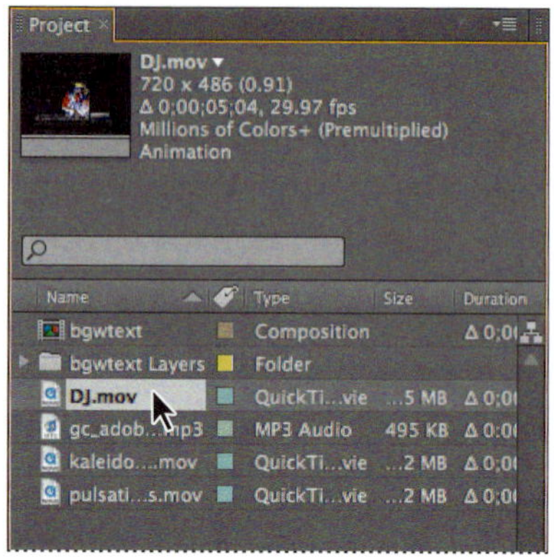

Você também pode ver o tipo e tamanho do arquivo, bem como outras informações sobre cada item, nas colunas do painel Project. Ao importar arquivos, o After Effects não copia os dados de áudio e vídeo para seu projeto. Em vez disso, cada arquivo no painel Project contém um link de referência para os arquivos de origem. Quando o After Effects precisa recuperar dados de áudio ou vídeo, ele lê esses dados do arquivo de origem. Isso mantém o arquivo de projeto pequeno e permite atualizar arquivos de origem em outro aplicativo sem modificar o projeto.

Para economizar tempo e minimizar o tamanho e a complexidade de um projeto, importe um arquivo uma vez e utilize-o múltiplas vezes em uma composição. Em alguns casos, talvez você precise importar um arquivo de origem mais de uma vez, por exemplo, se quiser utilizá-lo em duas velocidades de projeção.

Depois de importar arquivos, é hora de salvar o projeto.

9 Escolha File > Save. Na caixa de diálogo Save As, abra a pasta AECS4_CIB/Lessons/Lesson01/Finished_Project. Nomeie o projeto **Lesson01_Finished.aep** e clique em Save.

Crie uma composição e organize camadas

O próximo passo do fluxo de trabalho é criar uma composição, que contenha animação, camadas e efeitos. Uma composição do After Effects tem dimensões espaciais e uma dimensão temporal (tempo).

Composições incluem uma ou mais camadas, organizadas no painel Composition e no painel Timeline. Qualquer item que você adiciona a uma composição – como uma imagem estática, imagem em movimento, áudio, camada de luz, camada de câmera ou mesmo outra composição – torna-se uma nova camada. Projetos simples podem ter uma única composição, enquanto projetos complexos podem incluir várias composições para organizar grandes quantidades de arquivos ou sequências de efeitos intricados.

Para criar uma composição, arraste os arquivos até o painel Timeline e o After Effects criará as camadas.

1 No painel Project, clique com a tecla Ctrl pressionada (Windows) ou clique com a tecla Command pressionada (Mac OS) para selecionar a composição bgwtext e os arquivos DJ, gc_adobe_dj, kaleidoscope_waveforms e pulsating_radial_waves.

2 Arraste os arquivos selecionados até o painel Timeline. A caixa de diálogo New Composition From Selection aparece.

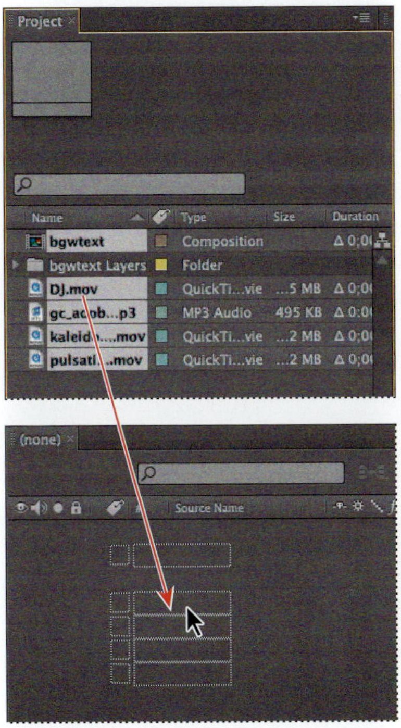

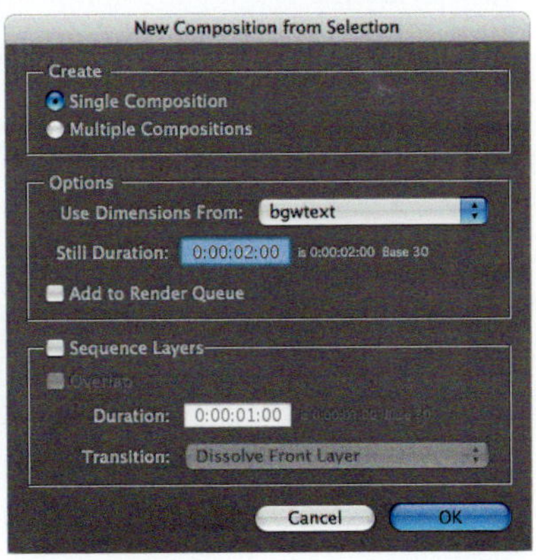

O After Effects baseia as dimensões da nova composição no arquivo selecionado. Nesse exemplo, todo o arquivo é ajustado de maneira idêntica para poder aceitar as configurações padrão.

3 Clique em OK para criar a nova composição. Os arquivos aparecem como camadas no painel Timeline e o After Effects exibe a composição, nomeada Bgwtext 2, no painel Composition.

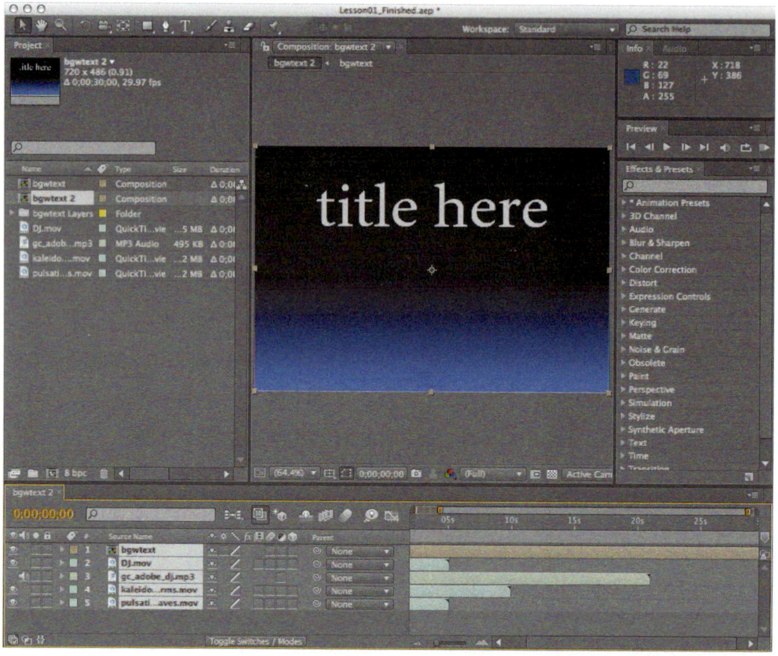

Ao adicionar um arquivo a uma composição, o arquivo torna-se a origem de uma nova camada. Uma composição pode ter qualquer número de camadas, sendo possível utilizar uma composição como uma camada dentro de outra composição, ou seja, aninhá-la em outra composição.

Sobre camadas

Camadas (*layers*) são os componentes utilizados para criar uma composição. Qualquer item adicionado a uma composição – como uma imagem estática, imagem em movimento, áudio, camada de luz, camada de câmera ou mesmo outra composição – torna-se uma nova camada. Sem camadas, uma composição consiste apenas em um frame vazio.

Utilizando camadas, você pode trabalhar com arquivos específicos em uma composição sem afetar outro arquivo. Por exemplo, é possivel mover, girar e desenhar máscaras em uma camada sem afetar outras camadas na composição, ou utilizar o mesmo arquivo em mais de uma camada e empregá-lo de maneira diferente em cada instância. Em geral, a ordem das camadas no painel Timeline equivale à ordem de empilhamento no painel Composition.

Nessa composição, há cinco arquivos e, consequentemente, cinco camadas no painel Timeline. Dependendo da ordem em que os elementos foram selecionados quando você os importou, sua pilha de camadas pode ser diferente daquela mostrada na figura anterior. Mas as camadas precisam estar em uma ordem específica à medida que você adiciona efeitos e animações, assim, vai você reorganizá-las agora.

4 Clique em uma área vazia do painel Timeline para desmarcar as camadas e então arraste Bgwtext até a parte inferior da pilha de camadas se ela ainda não estiver aí. Arraste as outras quatro camadas para que elas estejam na ordem mostrada na figura.

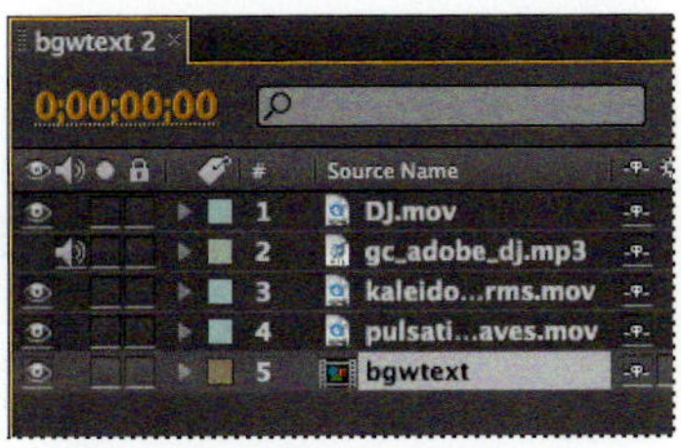

● **Nota:** Talvez seja necessário clicar em uma área em branco do painel Timeline ou pressionar F2 para desmarcar as camadas antes de poder selecionar uma camada específica.

Desse ponto em diante no fluxo de trabalho, você deve pensar nas camadas, não nos arquivos. Você mudará o título da coluna de forma correspondente.

5 Clique no título da coluna Source Name no painel Timeline a fim de alterá-lo para Layer Name.

6 Escolha File > Save para salvar seu projeto até agora.

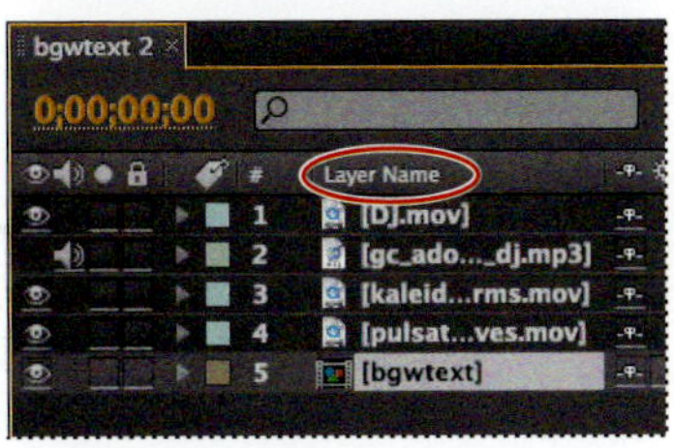

Sobre o painel Tools

Assim que você cria uma composição, as ferramentas no painel Tools, no canto superior esquerdo da janela do aplicativo do After Effects, tornam-se disponíveis, permitindo modificar vários elementos da sua composição. Algumas dessas ferramentas – a Selection e a Hand, por exemplo – serão familiares se você já utilizou outros aplicativos da Adobe, como o Photoshop. Outras serão novas. A imagem a seguir identifica as ferramentas no painel Tools para sua referência.

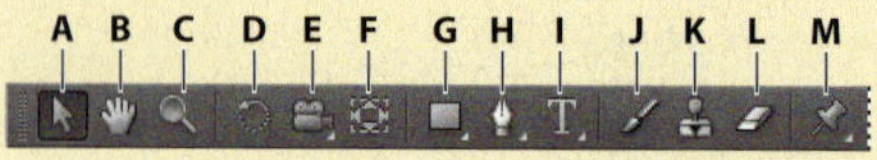

***A.** Selection (Seleção)* ***B.** Hand*
***C.** Zoom* ***D.** Rotation*
***E.** Ferramentas de câmera* ***F.** Pan Behind* ***G.** Ferramentas Mask e Shape* ***H.** Ferramentas Pen*
***I.** Ferramentas Text* ***J.** Brush*
***K.** Clone Stamp* ***L.** Eraser*
***M.** Ferramentas Puppet*

Ao posicionar o cursor sobre qualquer botão no painel Tools, uma dica da ferramenta identifica a ferramenta e seu atalho de teclado. Um pequeno triângulo no canto inferior direito do botão indica que uma ou várias ferramentas adicionais estão ocultas atrás dele. Clique e mantenha pressionado o botão para exibir as ferramentas ocultas e então selecione a ferramenta que você quer utilizar.

Adicione efeitos e modifique as propriedades de uma camada

● **Nota:** Este exercício é apenas a ponta do iceberg. Você aprenderá mais sobre efeitos e predefinições de animação na Lição 2, "Criando uma animação básica utilizando efeitos e predefinições" e ao longo do livro.

Agora que sua composição foi configurada, você vai começar a trabalhar na parte divertida – aplicar efeitos, criar transformações e adicionar animação. É possível adicionar qualquer combinação de efeitos e modificar qualquer propriedade de uma camada, como tamanho, posicionamento e opacidade. Utilizando efeitos, você pode alterar a aparência de uma camada ou som e até mesmo gerar elementos visuais. A maneira mais fácil de começar é aplicar um dos vários efeitos incluídos no After Effects.

Prepare as camadas

Você vai aplicar os efeitos a duplicatas das camadas selecionadas – a camada DJ e a camada kaleidoscope_waveforms. Trabalhar com duplicatas permite aplicar um efeito a uma camada e então utilizá-lo em conjunto com o original não modificado.

1 Selecione a primeira camada, DJ.mov, no painel Timeline e, então, escolha Edit > Duplicate. Uma nova camada com o mesmo nome aparece em cima da pilha, portanto, as duas primeiras camadas agora têm o nome DJ.mov.

2 Selecione a segunda camada e renomeie-a para evitar confusões: pressione Enter (Windows) ou Return (Mac OS) para tornar o nome editável e digite **DJ_with_effects**. Pressione Enter ou Return novamente para aceitar o novo nome.

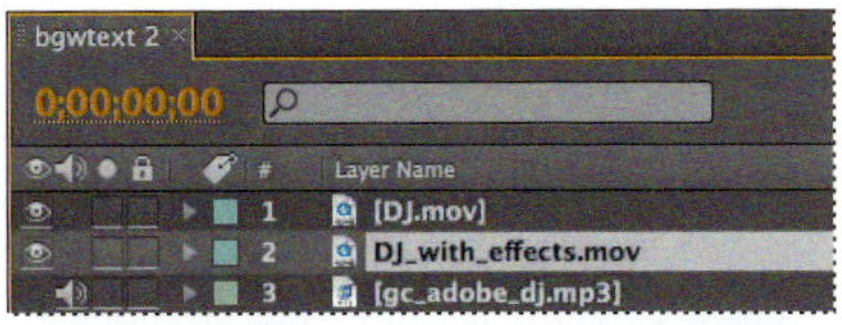

3 Selecione a camada kaleidoscope_waveforms e crie duas duplicatas. Então, renomeie as duplicatas **kaleidoscope_left** e **kaleidoscope_right**.

4 Se necessário, arraste para reorganizar as camadas no painel Timeline a fim de que elas estejam na ordem mostrada.

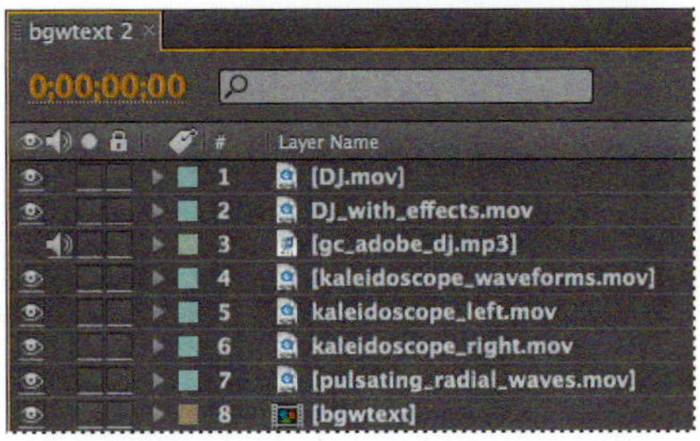

▶ **Dica:** Utilize o atalho de teclado Ctrl+D (Windows) ou Command+D (Mac OS) para duplicar as camadas rapidamente.

Adicione um efeito Radial Blur

O efeito Radial Blur cria desfoques em torno de um ponto específico em uma camada, simulando os efeitos de giro ou zoom de uma câmera. Você vai adicionar um efeito Radial Blur à camada DJ.

1 Selecione a camada DJ_with_effects no painel Timeline. Observe que as alças de camada aparecem em torno da camada no painel Composition.

● **Nota:** Se der um clique duplo em uma camada no painel Timeline, ela aparecerá no painel Layer. Para voltar ao painel Composition, clique na guia Composition.

2 No painel Effects & Presets no lado direito da janela do aplicativo, digite **radial blur** na caixa de pesquisa.

O After Effects pesquisa os efeitos e as predefinições que contêm as letras que você digita, e exibe os resultados interativamente. Antes de terminar de digitar, o efeito Radial Blur, localizado na categoria Blur & Sharpen, aparece no painel.

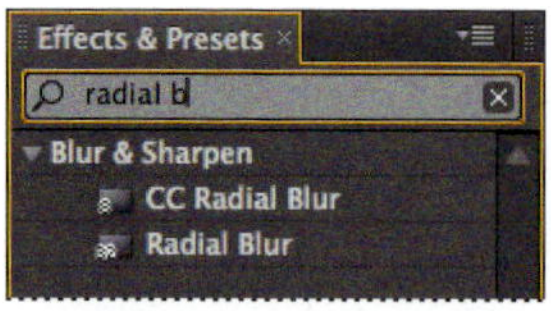

3 Arraste o efeito Radial Blur até a camada DJ_with_effects no painel Timeline.

O After Effects aplica o efeito e abre automaticamente o painel Effect Controls na área superior esquerda do espaço de trabalho.

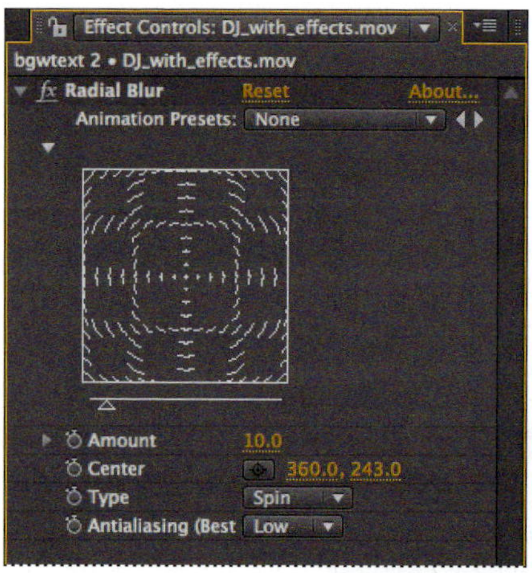

Agora você vai personalizar as configurações.

4 No painel Effect Controls, escolha Zoom no menu Type.

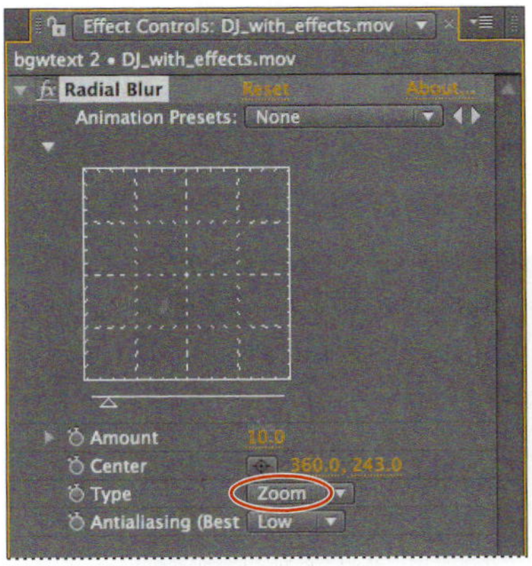

5 No painel Composition, mova o ponto central do desfoque na parte inferior arrastando o cursor em forma de cruz central (⊕) até que ele esteja abaixo do toca-discos. À medida que você arrasta o cursor em forma de cruz, o valor Center é atualizado no painel Effect Controls. Os valores esquerdo e direito são as coordenadas x e y, respectivamente. Centralize o desfoque em aproximadamente 375, 450.

▶ **Dica:** Você também pode digitar os valores x e y diretamente nos campos de coordenadas no painel Effect Controls ou posicione o cursor sobre os campos para ver o ícone de seta dupla (↔) e então arraste para a direita ou para a esquerda para aumentar ou reduzir os valores, respectivamente. O processo de arrastar para alterar os valores é chamado *deslizar (scrubbing)*.

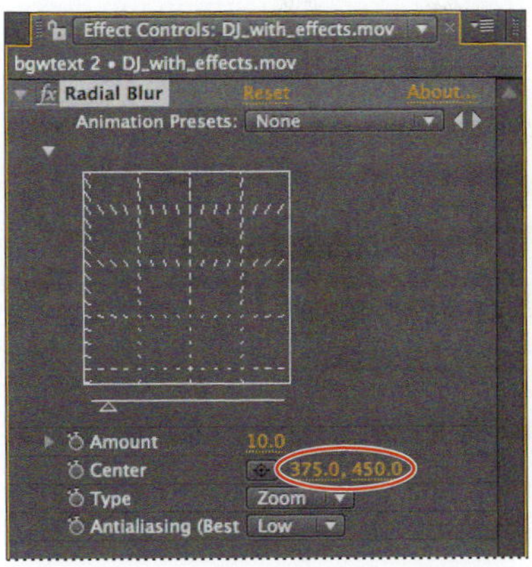

6 Por fim, aumente Amount para 200.

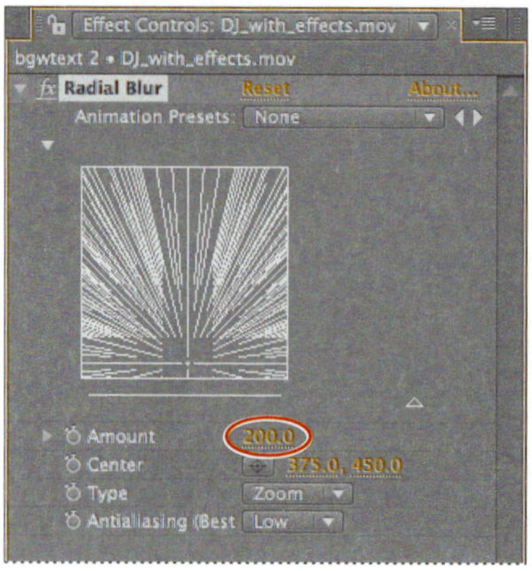

Adicione o efeito exposure

Para aumentar o brilho dessa camada, você vai aplicar o efeito de correção de cores Exposure, que permite fazer ajustes tonais na imagem. Ele simula o resultado da modificação na configuração da exposição (em pontos de abertura) da câmera que capturou a imagem.

1 Localize o efeito Exposure no painel Effects & Presets seguindo um destes passos:

- Digite **Exposure** na caixa de pesquisa.
- Clique no triângulo ao lado de Color Correction para expandir a lista de efeitos de correção de cores em ordem alfabética.

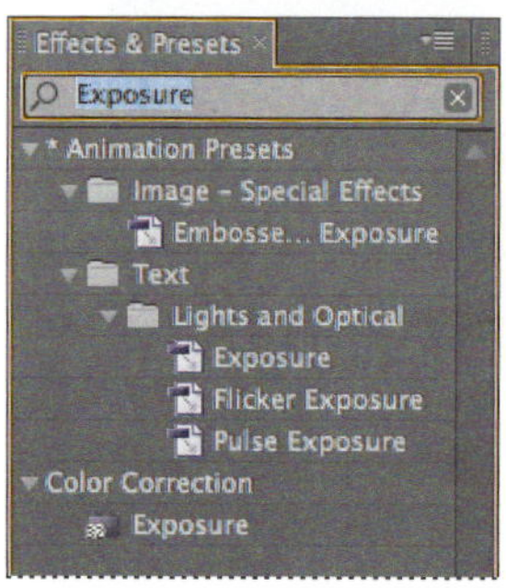

2 Arraste o efeito Exposure na categoria Color Correction até o nome da camada de efeitos DJ_with_ no painel Timeline. O After Effects adiciona as configurações Exposure ao painel Effect Controls embaixo do efeito Radial Blur.

▶ **Dica:** Certifique-se de selecionar o efeito Exposure na categoria Color Correction, não a predefinição de animação Exposure na categoria Lights And Optical.

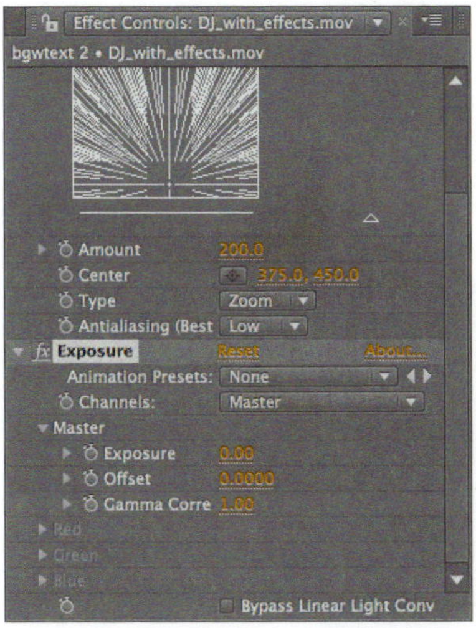

3 No painel Effect Controls, clique no triângulo ao lado do efeito Radial Blur para ocultar essas configurações a fim de ver melhor as configurações de exposição.

4 Para Master Exposure, digite **1.60**. Isso tornará tudo mais brilhante na camada para simular uma imagem superexposta.

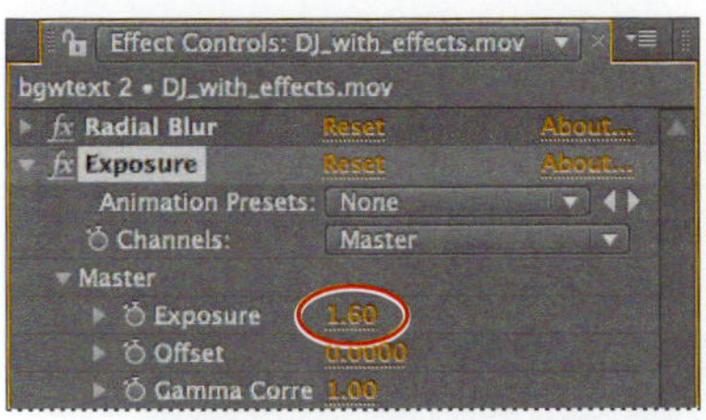

Transforme as propriedades de um camada

O DJ parece comprimido, assim, você pode voltar sua atenção às formas de onda caleidoscópicas que fazem parte do fundo. Você vai reposicionar as cópias criadas anteriormente para produzir um efeito mais nítido.

1 Selecione a camada kaleidoscope_left (camada 5) no painel Timeline.

2 Clique no triângulo à esquerda do número de camada para expandi-la e, em seguida, expanda suas propriedades Transform da camada: Anchor Point, Position, Scale, Rotation e Opacity.

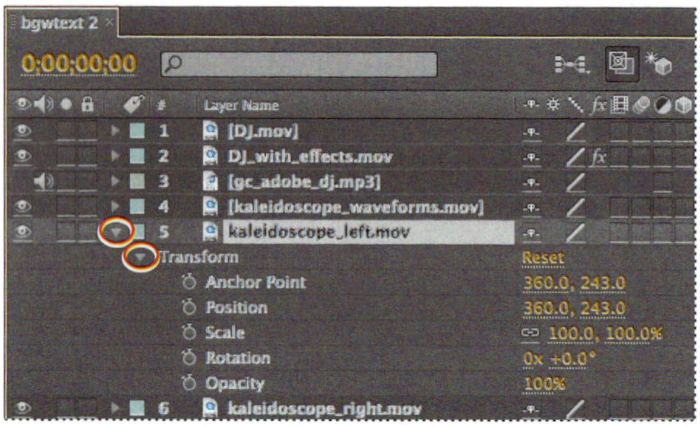

▶ **Dica:** Com uma camada selecionada no painel Timeline, você pode exibir qualquer propriedade Transform pressionando um atalho de teclado:
P exibe Position
A exibe Anchor Point
S exibe Scale
R exibe Rotation
T exibe Opacity.

3 Se não conseguir ver as propriedades, role para baixo a barra de rolagem no lado direito do painel Timeline. Melhor ainda, selecione o nome da camada kaleidoscope_left novamente e pressione **P**. Esse atalho de teclado só exibe a propriedade Position, que é a única propriedade que você quer alterar neste exercício.

Você vai mover essa camada para a esquerda em aproximadamente 200 pixels.

4 Altere a coordenada x da propriedade Position para **160**. Deixe a coordenada y em 243.

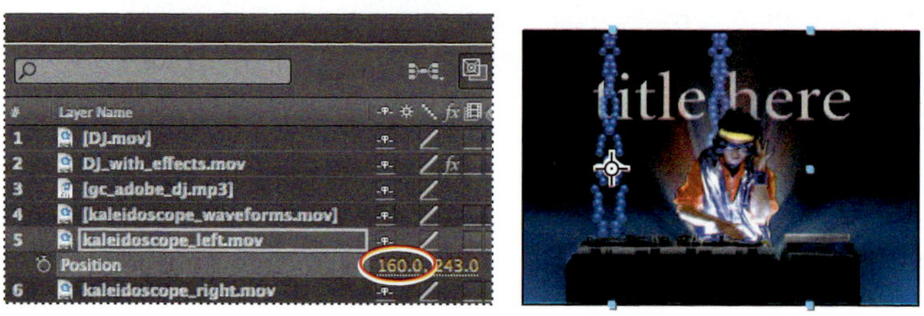

5 Selecione a camada kaleidoscope_right (camada 6) e pressione **P** para exibir sua propriedade Position. Você vai mover essa camada para a direita.

6 Altere a coordenada x da propriedade Position de kaleidoscope_right para **560**. Deixe a coordenada y em 243. Agora você pode ver as três formas de onda – esquerda, central e direita – no painel Composition, suspensa como uma cortina clara enfeitada com contas.

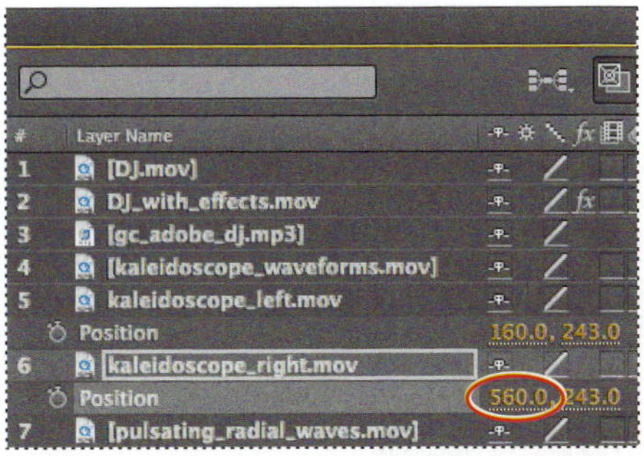

Para contrastar as formas de onda esquerda e direita com a forma de onda central, você vai reduzir a opacidade.

7 Selecione a camada kaleidoscope_left no painel Timeline, pressione **T** para exibir a propriedade Opacity e configure-a em **30%**.

8 Selecione a camada kaleidoscope_right no painel Timeline, pressione **T** para exibir a propriedade Opacity e configure-a em **30%**.

▶ **Dica:** Para alterar a propriedade Opacity para múltiplas camadas ao mesmo tempo, selecione as camadas, pressione **T** e altere a propriedade de uma das camadas selecionadas.

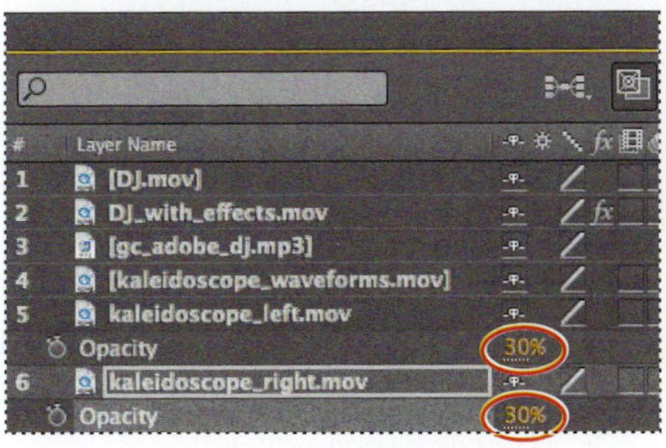

9 Escolha File > Save para salvar seu trabalho até agora.

Anime a composição

Até agora, você iniciou um projeto, criou uma composição, importou arquivos e aplicou alguns efeitos. Tudo parece fantástico, mas que tal movimento? Você só aplicou efeitos estáticos.

No After Effects, é possivel alterar qualquer combinação de propriedades de uma camada ao longo do tempo utilizando interpolação convencional, expressões ou a assistência de keyframes. Muitos desses métodos serão mostrados em todas as lições deste livro. Neste exercício, você vai animar a propriedade Position de uma camada de texto com keyframes e então utilizar uma predefinição de animação para que as letras caiam como chuva na tela.

Sobre o painel Timeline

Utilize o painel Timeline para animar propriedades de camada e configurar os pontos In e Out para uma camada. (Pontos In e Out são os pontos em que uma camada começa e termina na composição respectivamente.) Boa parte dos controles no painel Timeline é organizada em colunas de funções relacionadas. Por padrão, o painel Timeline contém algumas colunas e controles, como mostrado na figura a seguir:

A. Nome da composição B. Tempo atual C. Área Time graph/Graph Editor D. Coluna Audio/ Video Switches E. Coluna Source Name/Layer Name F. Layer Switches

Sobre o gráfico de tempo

O gráfico de tempo do painel Timeline (o lado direito) contém uma régua de tempo, marcadores para indicar tempos específicos e barras de duração para as camadas na sua composição.

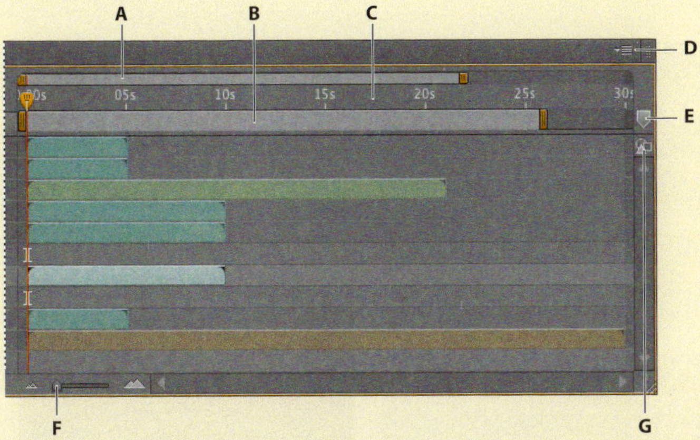

A. Colchetes de abertura e fechamento do navegador de tempo B. Colchetes de início e fim da área de trabalho C. Régua de tempo D. Menu do painel Timeline E. Controle deslizante de zoom F. Botão Composition G. Marcador de composição

Antes de analisar detalhadamente animações, é importante entender pelo menos alguns desses controles. A duração de uma composição, camada ou arquivo é representada visualmente na régua de tempo. Na régua de tempo, o indicador de tempo atual indica o frame que você está visualizando ou editando, e o frame aparece no painel Composition.

Os colchetes de início e fim da área de trabalho indicam a parte da composição que será exibida para visualizações ou saída final. Ao trabalhar em uma composição, talvez você queira exibir apenas parte de uma composição. Faça isso especificando uma parte da régua de tempo da composição como uma área de trabalho.

A marcação do tempo atual de uma composição aparece no canto superior esquerdo do painel Timeline.

Para mover-se para um tempo diferente, arraste o indicador de tempo atual na régua de tempo ou clique no campo de tempo atual no painel Timeline ou no painel Composition, digite um novo tempo e clique em OK.

Para informações adicionais sobre o painel Timeline, consulte o After Effects Help.

Nota: Ao clicar no botão Graph Editor (icon) no painel Timeline, as barras de camada na régua de tempo são substituídas pelo Graph Editor. Você aprenderá mais sobre o Graph Editor na Lição 6, "Animando camadas".

Prepare a composição de texto

Neste exercício, você vai trabalhar com uma composição separada – aquela que foi importada de um arquivo em camadas do Photoshop.

1 Clique na guia Project para exibir o painel Project e dê um clique duplo na composição bgwtext para abri-la como uma composição em um painel Timeline separado.

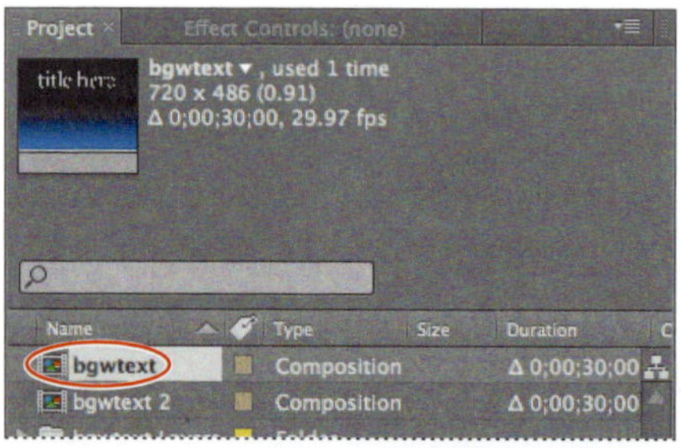

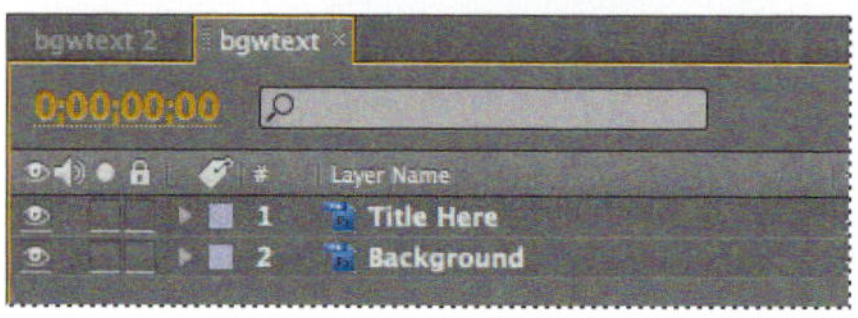

Essa composição é o arquivo em camadas do Photoshop que você importou. Duas camadas, Background e Title Here, aparecem no painel Timeline. A camada Title Here contém o espaço reservado para o texto que foi criado no Photoshop.

● **Nota:** Você pode navegar rapidamente dentro de uma rede de composição utilizando o Composition Mini-Flowchart. Para exibir o fluxograma, pressione a tecla Shift quando um painel Composition, Timeline ou Layer está ativo.

Na parte superior do painel Composition está a barra Composition Navigator, que exibe a relação entre a composição principal (Bgwtext 2) e a composição atual (Bgwtext), que está dentro da composição principal.

Você pode usar múltiplas composições uma dentro da outra; a barra Composition Navigator exibe todo o caminho da composição. Setas entre os nomes da composição indicam em que direção as informações de pixels fluem.

Antes de substituir o texto, você precisa tornar a camada editável.

2 Selecione a camada Title Here (camada 1) no painel Timeline e então escolha Layer > Convert to Editable Text.

● **Nota:** Se vir um alerta sobre fontes ausentes, simplesmente clique em OK.

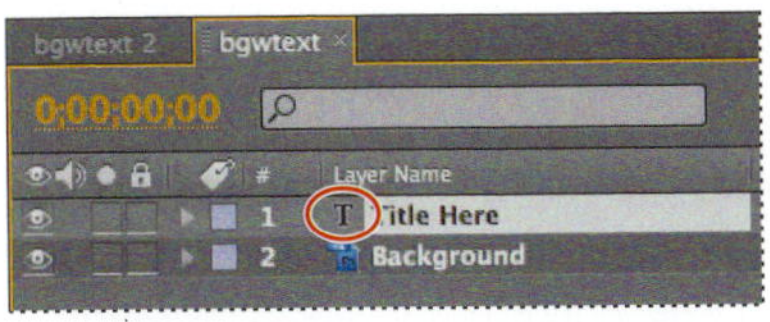

Um ícone de T aparece ao lado do nome da camada no painel Timeline, indicando que ela agora é uma camada de texto editável. A camada também está selecionada no painel Composition, pronta para ser editada.

Anime texto com keyframes Position

Você vai substituir o texto do espaço reservado pelo texto real e, em seguida, vai animá-lo.

1 Selecione a ferramenta Horizontal Type (T) no painel Tools e arraste sobre o texto do espaço reservado no painel Composition para selecioná-lo. Então, digite **Substrate**.

● **Nota:** O After Effects oferece poderosos controles de formatação de parágrafo e caractere, mas as configurações padrão – qualquer que seja a fonte que tenha aparecido quando você digitou – devem ser suficientes para este projeto. Você aprenderá mais sobre texto na Lição 3, "Animando texto".

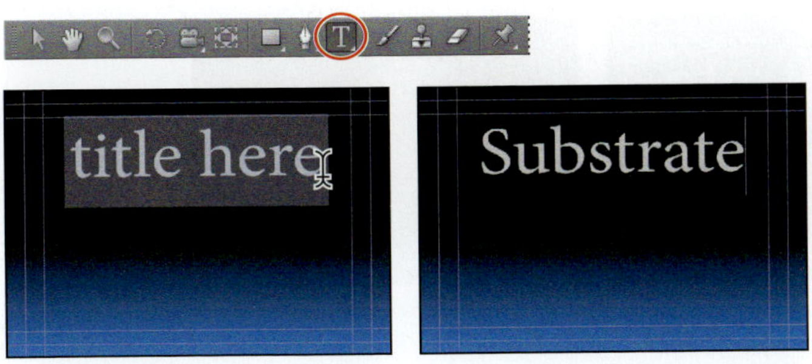

2 Selecione a camada Title Here no painel Timeline novamente e pressione **P** para exibir a propriedade Position.

3 Certifique-se de que você está no primeiro frame da animação seguindo um destes passos:

- Arraste o indicador de tempo atual até a esquerda da régua de tempo, na posição 0:00.
- Pressione a tecla Home no teclado.

Sobre timecode e duração

O conceito básico relacionado ao tempo é a *duração*, ou extensão. Cada arquivo, camada e composição em um projeto têm uma duração própria, que se reflete nos tempos inicial e final exibidos nas réguas de tempo nos painéis Composition, Camada e Timeline.

A maneira como você visualiza e especifica o tempo no After Effects depende do estilo de exibição, ou unidade de medida, utilizada para descrever o tempo. Por padrão, o After Effects exibe o tempo no timecode Motion Picture and Television Engineers (SMPTE): horas, minutos, segundos e frames. Observe que as figuras são separadas por um ponto-e-vírgula na interface do After Effects, representando o timecode baseado em drop-frame (que ajusta a velocidade de projeção em tempo real), mas este livro utiliza um dois pontos para representar o timecode baseado em non-drop-frame.

Para aprender quando e como alterar para outro sistema de exibição de tempo, como frames ou pés e fotogramas, consulte o After Effects Help.

4 Com a ferramenta Selection (), arraste a camada de texto até a parte inferior do painel Composition, fora da área de visualização. Pressione Shift depois de começar a arrastar para limitar a operação ao eixo vertical.

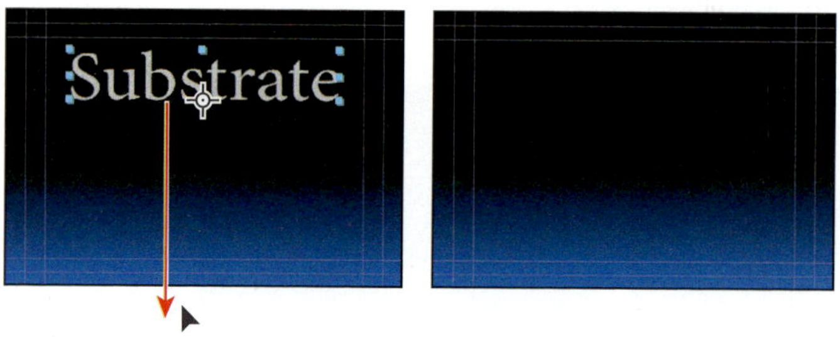

5 No painel Timeline, clique no ícone de cronômetro () para a propriedade Position da camada a fim de criar um keyframe de Position. Um losango laranja aparece na barra Position para a camada no gráfico de tempo, indicando o novo keyframe.

Keyframes são utilizados para criar e controlar animação, efeitos, propriedades de áudio e vários outros tipos de modificações que ocorrem ao longo do tempo. Um keyframe marca o ponto na linha do tempo em que você especifica um valor, como posição espacial, opacidade ou volume de áudio. Os valores entre keyframes são *interpolados*. Ao utilizar keyframes para criar uma modificação ao longo do tempo, você precisa de pelo menos dois keyframes – um para o estado inicial e outro para o estado final da modificação.

6 Vá até a posição 3:00 seguindo um destes passos:

- Arraste o indicador de tempo atual para a direita na régua de tempo a fim de que ele permaneça posicionado em 3:00.
- Clique no campo Current Time no painel Timeline ou painel Composition, digite **300** (para 3 segundos) na caixa de diálogo Go To Time e clique em OK.

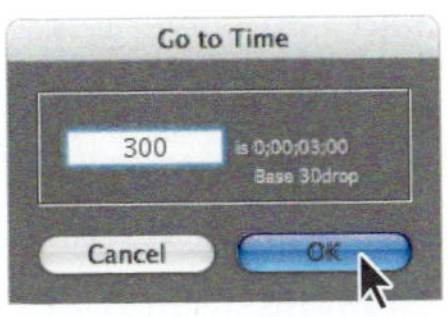

Agora é possível arrastar o título Substrate até a posição final, mas, como você arrastou-o para fora da tela no passo 4, será necessário reduzir para visualizá-lo.

7 Com a camada Title Here ainda selecionada no painel Timeline, selecione a ferramenta Zoom (🔍) e clique com a tecla Alt pressionada (Windows) ou clique com a tecla Option pressionada (Mac OS) para reduzir a fim de ver a camada de texto na área de trabalho do painel Composition.

8 Volte à ferramenta Selection (↖) e crie a camada de texto no alto do painel Composition, no quarto superior da área de visualização. Pressione Shift para limitar a operação de arrastar ao eixo vertical. Seus valores Position finais devem ser aproximadamente 359, 135.

▶ **Dica:** Em vez de ampliar e arrastar, você pode digitar os valores nos campos Position da camada de texto no painel Timeline.

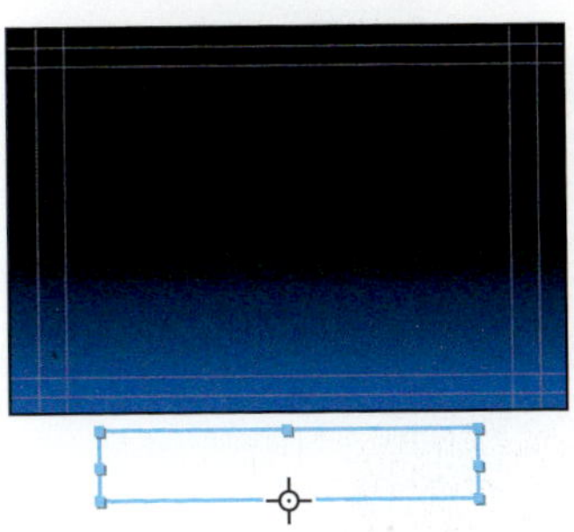

O After Effects cria automaticamente um segundo keyframe nessa posição.

9 Para voltar o zoom e enquadrar toda a composição, escolha Fit Up To 100% no menu pop-up Magnification Ratio no canto inferior esquerdo do painel Composition.

As linhas azuis na parte superior, inferior e laterais do painel Composition indicam áreas de segurança para título e áreas de segurança para ação. Televisores ampliam uma imagem de vídeo e permitem que as partes das bordas externas sejam cortadas de acordo com a borda da tela. Isso é conhecido como *overscan*. A quantidade de overscan não é consistente entre diferentes televisores, portanto, você deve manter partes importantes de uma imagem de vídeo, como ação ou títulos, dentro de margens chamadas *áreas de segurança*. Mantenha seu texto dentro das guias azuis internas para assegurar que ele está na área de segurança para título e mantenha os elementos importantes de uma cena dentro das guias azuis externas para assegurar que eles estão na área de segurança para ação.

Embora essa seja uma animação simples, você vai aprender rapidamente novas técnicas de animação adicionando controles easy-in com o recurso Easy Ease. Aplicar o efeito ease-in (e ease-out) a animações evita que o movimento pareça excessivamente abrupto ou robótico.

10 Clique com o botão direito do mouse (Windows) ou clique com a tecla Control pressionada (Mac OS) no keyframe Position em 3:00 e escolha Keyframe Assistant > Easy Ease In. À medida que o texto se aproxima da posição final, ele vai desacelerar e fazer uma parada suave. O ícone de keyframe muda para uma seta.

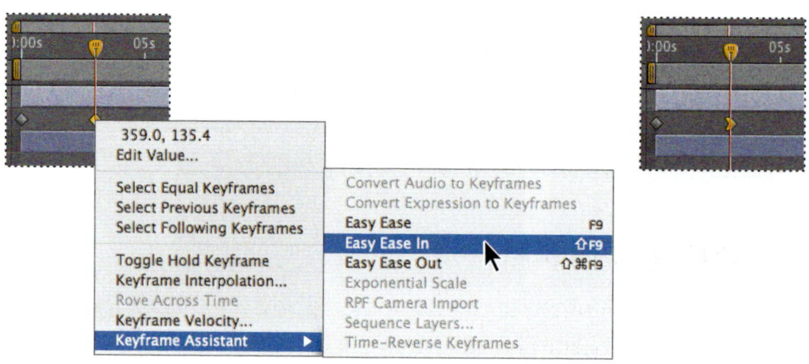

Adicione uma predefinição de animação

Até agora, o texto está se movendo em direção à tela. Quando estiver na tela, você não vai querer que ele simplesmente permaneça estático. Aplicar uma predefinição de animação dará vida a ele.

1 Com a camada Title Here ainda selecionada no painel Timeline, vá até a posição 2:10, o ponto em que o texto está quase na posição final. Lembre-se, você pode acessar o tempo arrastando o indicador de tempo atual ou clicando no campo Current Time no painel Timeline ou painel Composition.

2 Clique na guia Effects & Presets e digite **raining** na caixa de pesquisa para localizar rapidamente as predefinições da animação Raining Characters.

3 Arraste o efeito Raining Characters Out até a palavra *Substrate* no painel Composition para aplicá-lo à camada de texto.

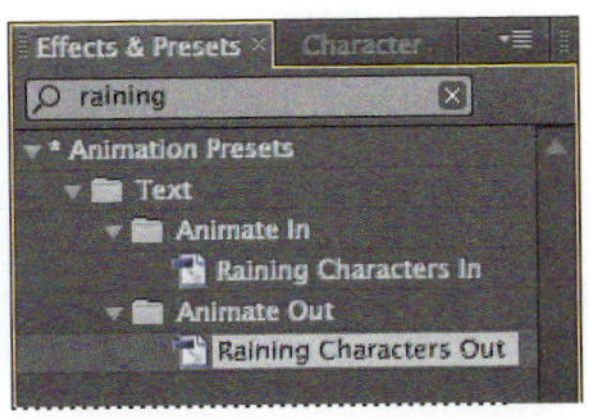

O painel Effect Controls se abre para que você personalize o efeito Echo, que é um componente da predefinição de animação. As configurações padrão são suficientes para esse projeto.

4 Escolha File > Save para salvar seu trabalho até agora.

Visualize seu trabalho

É provável que você esteja ansioso para ver os resultados do seu trabalho. O After Effects oferece vários métodos para visualizar composições, incluindo a visualização padrão, visualização RAM (RAM Preview) e visualização manual. (Para uma lista dos controles de visualização manual, consulte o After Effects Help.) Os três métodos são acessíveis por meio do painel Preview, que aparece no lado direito da janela do aplicativo no espaço de trabalho Standard.

Utilize a visualização padrão

A visualização padrão (comumente chamada *visualização via barra de espaço*) reproduz a composição a partir do indicador de tempo atual até o final da composição. A visualização padrão normalmente reproduz mais lentamente do que em tempo real, sendo útil quando sua composição é simples ou está nas etapas iniciais e não exige memória adicional para exibir animações complexas, efeitos, camadas 3D, câmeras e luzes. Você vai utilizá-la agora para visualizar a animação do texto.

▶ **Dica:** Clique na área de trabalho do painel Composition se você quiser ocultar o caminho de movimento dessa visualização.

1 No painel Bgwtext Timeline, certifique-se de que a chave Video (👁) está selecionada para as camadas que você quer visualizar – neste caso, as camadas Title Here e Background.

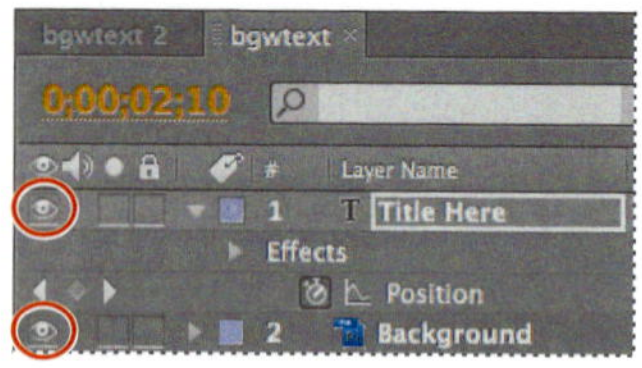

2 Pressione a tecla Home para ir até o início da régua de tempo.

3 Siga um destes procedimentos:

- Clique no botão Play/Pause (▶) no painel Preview.

- Pressione a barra de espaço.

4 Para parar a visualização padrão, siga um destes passos:

- Clique no botão Play/Pause no painel Preview.
- Pressione a barra de espaço.

Utilize a visualização RAM (RAM Preview)

A visualização RAM (RAM Preview) aloca memória RAM suficiente para reproduzir a visualização (com áudio) tão rápido quanto o sistema permite, até a velocidade de projeção (frame rate) da composição. Utilize a visualização RAM para reproduzir arquivos nos painéis Timeline, Layer ou Footage. O número de frames reproduzidos depende da quantidade de RAM disponível para o aplicativo.

No painel Timeline, a visualização RAM reproduz pelo período de tempo que você especifica como a área de trabalho, ou do início da régua de tempo. Nos painéis Layer e Footage, a visualização RAM só reproduz a filmagem não cortada. Antes de visualizar, verifique quais frames estão especificados como a área de trabalho.

Você vai visualizar a composição inteira – texto animado e efeitos gráficos – utilizando um RAM Preview.

1 Clique na guia Bgwtext 2 no painel Timeline para abri-la.

2 Certifique-se de que a chave Video (👁) está ativada para todas as camadas na composição e pressione F2 para desmarcar todas as camadas.

3 Arraste os colchetes da área de trabalho até o período de tempo que você quer visualizar: o colchete de início da área de trabalho deve estar na posição 0:00, e o colchete de final da área de trabalho deve estar na posição 10:00.

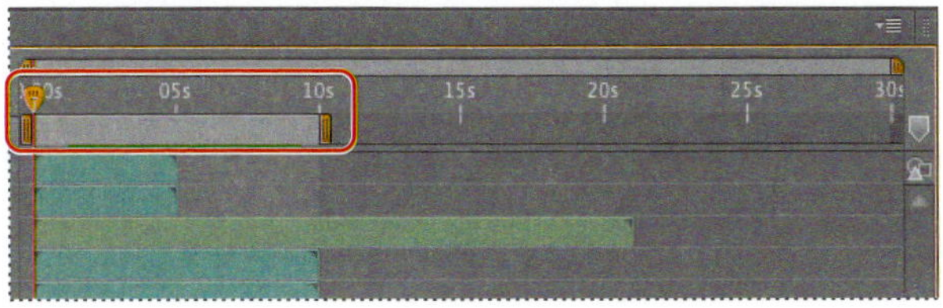

4 Arraste o indicador de tempo atual até o início da régua de tempo, ou pressione a tecla Home.

5 Clique no botão RAM Preview (▶) no painel Preview ou escolha Composition > Preview > RAM Preview.

Uma barra de progresso verde indica quais frames são armazenados em cache na RAM. Quando todos os frames na área de trabalho estão armazenados em cache, a visualização RAM reproduz em tempo real.

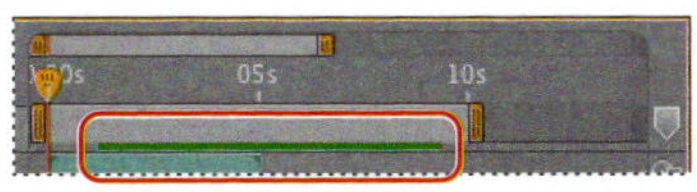

6 Para parar o RAM Preview, pressione a barra de espaço.

Quanto mais detalhes você quiser ver, mais RAM é necessária para a visualização RAM. É possível controlar a quantidade de detalhes mostrada na visualização padrão ou RAM alterando a resolução, ampliação e qualidade de visualização da sua composição. Você também pode limitar o número de camadas visualizadas desativando a chave Video para certas camadas, ou limitar o número de frames visualizados ajustando a área de trabalho da composição.

7 Escolha File > Save para salvar seu projeto.

▶ **Dica:** Você pode interromper o processo de armazenamento em cache a qualquer momento pressionando a barra de espaço, e a visualização RAM só reproduzirá os frames que foram armazenados em cache até esse ponto.

Sobre visualizações OpenGL

O OpenGL apresenta visualizações de alta qualidade que exigem menos tempo de renderização do que outros modos de reprodução e sem degradar a resolução, o que o torna uma opção adequada para muitas situações. Se o OpenGL não suportar um recurso, ele simplesmente criará uma visualização sem utilizar esse recurso. Por exemplo, se suas camadas contiverem sombras e seu hardware OpenGL não suportar sombras, a visualização não conterá sombras. Você pode visualizar as informações sobre sua placa OpenGL, se houver uma, e ativar ou desativar o OpenGL, escolhendo Edit > Preferences > Previews (Windows) ou After Effects > Preferences > Previews (Mac OS). Consulte no After Effects Help informações adicionais sobre como utilizar o OpenGL.

Otimize o desempenho no After Effects

A maneira como você configura o After Effects e seu computador determina a rapidez com que o After Effects exibe os projetos. Composições complexas podem exigir uma grande quantidade de memória para a renderização, e os filmes renderizados podem ocupar uma grande quantidade de espaço de armazenamento em disco. Consulte "Improve Performance" no After Effects Help para dicas que poderão ajudá-lo a configurar seu sistema, suas preferências do After Effects e seus projetos para melhor desempenho.

Renderize e exporte sua composição

Ao concluir sua obra-prima – como você está fazendo agora – é possível exibi-la e exportá-la nas configurações de qualidade escolhidas e criar vídeos nos formatos que você especificar. Você vai aprender mais sobre como exportar composições nas lições subsequentes, especialmente na Lição 14, "Renderizando e gerando saída". Se quiser pular para a Lição 14 e renderizar e exportar esse projeto, faça isso. Do contrário, simplesmente salve-o e continue a familiarizar-se com o espaço de trabalho do After Effects.

Personalize o espaço de trabalho

No decorrer desse projeto, talvez você tenha redimensionado ou reposicionado alguns painéis, ou tenha aberto novos. À medida que você modifica o espaço de trabalho, o After Effects salva essas modificações para que, na próxima vez que você abrir o projeto, a versão mais recente do espaço de trabalho seja utilizada. Mas você pode optar por restaurar o espaço de trabalho original a qualquer momento escolhendo Window > Workspace > Reset "Standard".

Alternativamente, se utilizar frequentemente painéis que não são parte do espaço de trabalho Standard, ou se preferir redimensionar ou agrupar painéis para vários tipos de projetos, economize tempo personalizando o espaço de trabalho para que ele se ajuste às suas necessidades. Salve qualquer configuração de espaço de trabalho ou utilize um dos espaços de trabalho predefinidos que vêm com o After Effects. Esses espaços de trabalho predefinidos são convenientes para diversos fluxos de trabalho, como trabalho de animação ou efeitos.

Utilize espaços de trabalho predefinidos

Pare por um minuto para explorar os espaços de trabalho predefinidos do After Effects.

1 Se fechou o projeto Lesson01_Finished.aep, abra-o – ou outro projeto – para explorar os espaços de trabalho.

2 Escolha Window > Workspace > Animation. O After Effects abre os seguintes painéis no lado direito da janela do aplicativo: Info e Audio (agrupados), Preview, Smoother, Wiggler, Motion Sketch e Effects & Presets.

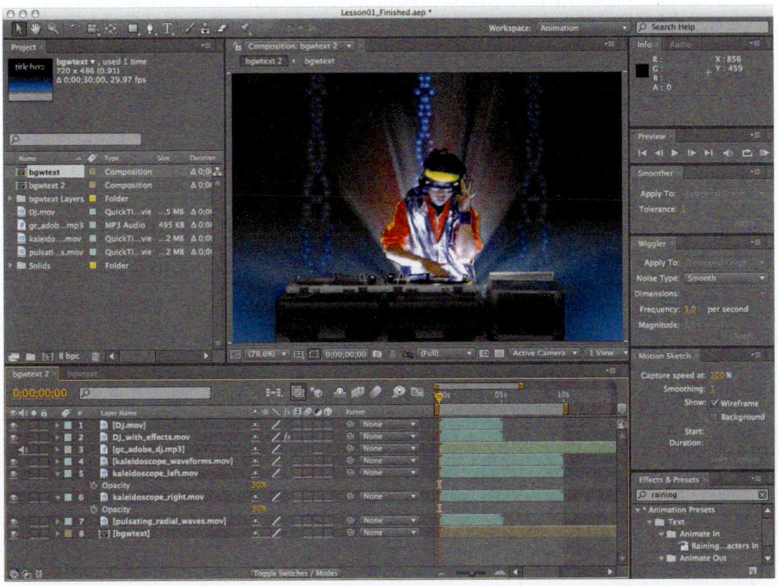

Você também pode alterar os espaços de trabalho utilizando o menu Workspace na parte superior da janela.

3 Escolha Paint no menu Workspace na parte superior da janela do aplicativo, ao lado da caixa Search Help. Os painéis Paint e Brushes se abrem. O painel Composition é substituído pelo painel Layer, para acesso fácil às ferramentas e aos controles necessários para pintar suas composições.

Salve um espaço de trabalho personalizado

Você pode salvar qualquer espaço de trabalho, a qualquer momento, como um espaço de trabalho personalizado. Depois de salvos, os espaços de trabalho novos e editados aparecem no submenu Window > Workspace e no menu Workspace na parte superior da janela do aplicativo. Se um projeto com um espaço de trabalho personalizado for aberto em um sistema diferente daquele em que foi criado, o After Effects irá procurar um espaço de trabalho com um nome correspondente. Se o After Effects localizar uma correspondência (e a configuração do monitor corresponder), ele utilizará esse espaço de trabalho; se ele não conseguir localizar uma correspondência (ou a configuração do monitor não corresponder), ele abrirá o projeto utilizando o atual espaço de trabalho.

1 Feche os painéis Paint e Brushes clicando no pequeno *x* ao lado dos nomes dos painéis.

2 Escolha Window > Effects & Presets para abrir esse painel e, então, arraste-o até um grupo com o painel Preview.

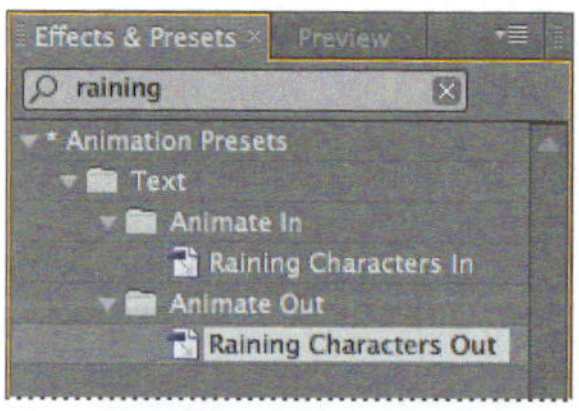

3 Escolha Window > Workspace > New Workspace. Digite um nome para o espaço de trabalho e clique em OK para salvá-lo, ou clique em Cancel se você não quiser salvá-lo.

Controle o brilho da interface do usuário

Você pode clarear ou escurecer a interface do usuário do After Effects. Alterar a preferência de brilho afeta painéis, janelas e caixas de diálogo.

1 Escolha Edit > Preferences > Appearance (Windows) ou After Effects > Preferences > Appearance (Mac OS).

2 Arraste o controle deslizante Brightness para a esquerda ou para a direita e observe como a tela muda.

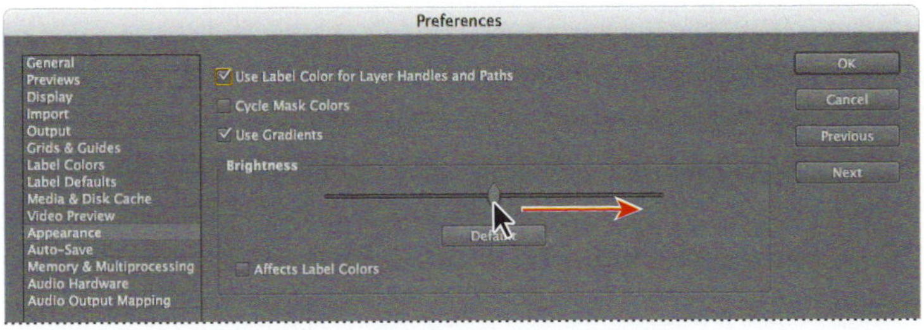

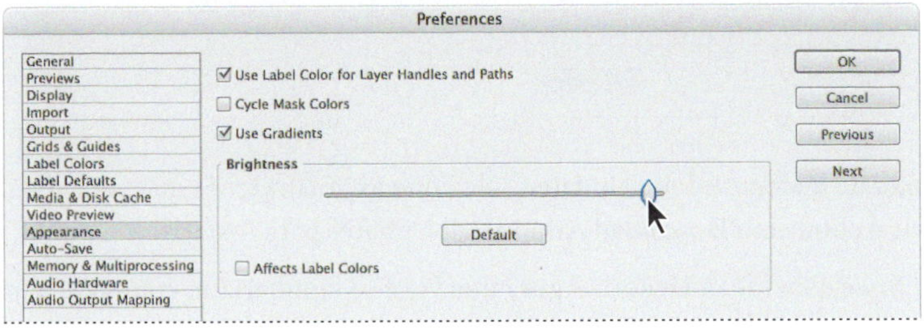

3 Clique em OK para salvar a nova configuração de brilho ou em Cancel para deixar suas preferências inalteradas. Você pode clicar em Default para restaurar a configuração de brilho padrão.

Localize recursos para utilizar o After Effects

Para informações completas e atualizadas sobre como utilizar painéis, ferramentas e outros recursos do aplicativo After Effects, visite o site Web da Adobe. Para pesquisar informações no After Effects Help, documentos de suporte e outros sites Web relevantes para os usuários do After Effects, simplesmente digite um termo de pesquisa na caixa Search Help no canto superior direito da janela do aplicativo. Você também pode limitar os resultados e visualizar apenas o Adobe Help e documentos de suporte.

Se planeja trabalhar no After Effects sem estar conectado à Internet, baixe a versão PDF mais atual do After Effects Help em www.adobe.com/go/documentation.

Para recursos adicionais, como dicas e técnicas, e informações mais recentes sobre produtos, acesse a página Community Help em adobe.com/help/main.

Nota: Se o After Effects detectar que você não está conectado à Internet ao iniciar o aplicativo, escolher Help > After Effects Help abre as páginas Help HTML instaladas no After Effects. Para mais informações atualizadas, acesse os arquivos de ajuda online ou faça o download do PDF atual para referência.

Verifique se há atualizações

A Adobe oferece periodicamente atualizações do software, que podem ser facilmente obtidas por meio do Updater Adobe, desde que você tenha uma conexão ativa com a Internet.

1 No After Effects, escolha Help > Updates. O Updater Adobe verifica automaticamente as atualizações disponíveis para seu software Adobe.

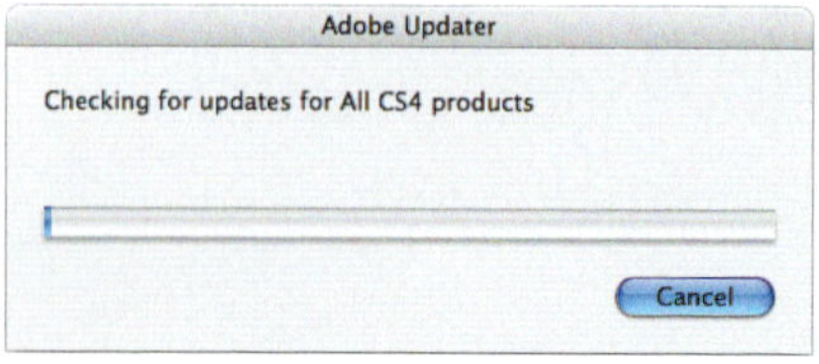

● **Nota:** Para configurar suas preferências para futuras atualizações, clique em Preferences. Selecione a frequência com que você quer que o Updater Adobe verifique atualizações, para quais aplicativos e se é preciso fazer o download delas automaticamente. Clique em OK para aceitar as novas configurações.

2 Na caixa de diálogo Adobe Updater, selecione as atualizações que você quer instalar e clique em Download And Install Updates para instalá-las.

Parabéns. Você concluiu a Lição 1. Agora que você se familiarizou com o espaço de trabalho do After Effects, passe para a Lição 2 a fim de aprender como criar e animar composições utilizando efeitos e animações predefinidas, ou passe para outra lição deste livro.

Perguntas de revisão

1 Quais são os componentes básicos do fluxo de trabalho do After Effects?

2 O que é uma composição?

3 Descreva três maneiras de visualizar seu trabalho no After Effects.

4 Como você pode personalizar o espaço de trabalho do After Effects?

Respostas

1 A maioria dos fluxos de trabalho do After Effects inclui estes passos: importar e organizar arquivos, criar composições e organizar camadas, adicionar efeitos, animar elementos, visualizar seu trabalho e exportar a composição final.

2 Uma composição é onde você cria toda a animação, divisão em camadas e efeitos. Uma composição do After Effects tem dimensões espaciais e temporais. Composições incluem uma ou mais camadas – vídeo, áudio, imagens estáticas – organizadas no painel Composition e no painel Timeline. Projetos simples podem incluir uma única composição, enquanto projetos complexos podem ter várias composições para organizar inúmeros arquivos ou sequências de efeitos intricados.

3 Você pode visualizar manualmente seu trabalho no After Effects movendo o indicador de tempo atual ou utilizando uma visualização padrão ou RAM. Uma visualização padrão reproduz sua composição do indicador de tempo atual até o final da composição, normalmente mais lentamente do que em tempo real. Uma visualização RAM (RAM Preview) aloca memória RAM suficiente para reproduzir a visualização (com áudio) tão rápido quanto o sistema permite, até o frame rate (velocidade de projeção) da composição.

4 Você pode personalizar o espaço de trabalho do After Effects arrastando os painéis até a configuração mais adequada ao seu estilo de trabalho. É possível arrastar painéis até novas localizações, mover painéis para dentro ou fora de grupos, posicionar painéis um ao lado do outro e desencaixar um painel para que ele flutue acima da janela do aplicativo. À medida que você reorganiza os painéis, outros painéis são redimensionados automaticamente para que se ajustem na janela do aplicativo. Salve espaços de trabalho personalizados escolhendo Window > Workspace > New Workspace.

2 CRIANDO UMA ANIMAÇÃO COM PREDEFINIÇÕES E EFEITOS BÁSICOS

Visão geral da lição

Nesta lição, você vai aprender a:

- Utilizar o Adobe Bridge para visualizar e importar arquivos
- Trabalhar com as camadas de um arquivo importado do Adobe Illustrator
- Aplicar sombra e efeitos de relevo
- Aplicar uma predefinição de animação de texto
- Ajustar o intervalo de tempo de uma predefinição de animação de texto
- Precompor camadas
- Aplicar um efeito de transição do tipo dissolve
- Ajustar a transparência de uma camada
- Renderizar uma animação para broadcast
- Exportar uma animação no formato SWF para a Web

Nesta lição, você vai continuar a aprender os conceitos básicos do fluxo de trabalho de projeto do Adobe After Effects. Você vai conhecer novas maneiras de realizar tarefas básicas à medida que cria um elemento gráfico simples para identificar o noticiário de uma estação de TV imaginária, o Channel 5. Você vai animar a identidade do noticiário de modo que ele esmaeça até se tornar uma marca d'água que aparecerá no canto inferior direito da tela durante outros programas do canal. Em seguida, você vai exportar a identidade para uso em TV e como um arquivo SWF para a Web. Esta lição levará aproximadamente 60 minutos.

O After Effects oferece uma variedade de predefinições de animação prontas para uso, que podem ser utilizadas para criar animações poderosas de maneira rápida e fácil.

Introdução

1 Certifique-se de que os seguintes arquivos estão na pasta AECS4_CIB/Lessons/Lesson02 no disco rígido ou copie-os agora do DVD do *Adobe After Effects CS4 Classroom in a Book*.

- Na pasta Assets: 5logo.ai, ggbridge.jpg
- Na pasta Sample_Movie: Lesson02.mov

2 Abra e reproduza o vídeo de exemplo Lesson02.mov para ver o que será criado nesta lição. Ao concluir, feche o QuickTime Player. Exclua esse vídeo de exemplo do disco rígido se houver pouco espaço de armazenamento.

Ao começar a lição, restaure as configurações de aplicativo padrão do After Effects. Consulte "Restaure as preferências padrão", na página 15.

3 Pressione Ctrl+Alt+Shift (Windows) ou Command+Option+Shift (Mac OS) ao iniciar o After Effects. Quando solicitado se você quer excluir seu arquivo de preferências, clique em OK.

4 Clique em Close para fechar a janela Welcome. O After Effects se abre e exibe um novo projeto.

5 Escolha File > Save As.

6 Na caixa de diálogo Save As, navegue até a pasta AECS4_CIB/Lessons/Lesson02/Finished_Project.

7 Nomeie o projeto **Lesson02_Finished.aep** e clique em Save.

Importe arquivos utilizando o Adobe Bridge

Na Lição 1, você escolheu File > Import > File para importar arquivos. Mas o After Effects oferece outra maneira mais poderosa e flexível de importar arquivos para uma composição por meio do Adobe Bridge. Utilize o Adobe Bridge para organizar, navegar e localizar os conteúdos necessários a fim de elaborar trabalhos para impressão, Web, televisão, DVD, filme e dispositivos móveis. O Adobe Bridge mantém arquivos Adobe nativos (como arquivos PSD e PDF) e arquivos de aplicativos não Adobe disponíveis para fácil acesso. Você pode arrastar conteúdos para seus layouts, projetos e composições quando necessário; visualizar conteúdos; e até mesmo adicionar metadados (informações de arquivo) aos conteúdos para facilitar a localização dos arquivos.

▶ **Dica:** Para abrir o Adobe Bridge diretamente, escolha Adobe Bridge no menu Iniciar (Windows) ou dê um clique duplo no ícone do Adobe Bridge na pasta Applications / Adobe Bridge (Mac OS).

Neste exercício, você vai utilizar o Adobe Bridge para importar o arquivo de imagem estática que servirá como fundo da sua composição.

1 Escolha File > Browse In Bridge. Se receber uma mensagem sobre adicionar uma extensão ao Adobe Bridge, clique em OK.

O Adobe Bridge se abre, exibindo vários painéis, menus e botões.

2 Clique na guia Folders no canto superior esquerdo do Adobe Bridge.

3 No painel Folders, navegue até a pasta AECS4_CIB/Lessons/Lesson02/Assets. Clique nas setas para abrir as subpastas. Você também pode dar um clique duplo nos ícones de pasta no painel Content.

● **Nota:** Estamos utilizando o espaço de trabalho Essentials, que é o espaço de trabalho padrão no Bridge.

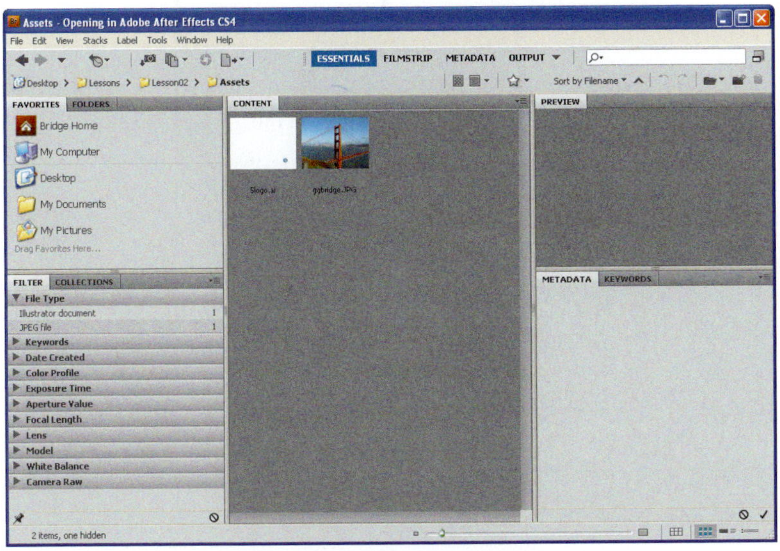

O painel Content atualiza interativamente. Por exemplo, ao selecionar a pasta Assets no painel Folders, as visualizações em miniatura do conteúdo da pasta aparecem no painel Content. O Adobe Bridge exibe visualizações dos arquivos de imagem, como aqueles nos formatos PSD, TIFF e JPEG, bem como arquivos vetoriais do Illustrator, arquivos Adobe PDF com múltiplas páginas, arquivos de filme QuickTime e outros.

4 Arraste o controle deslizante na parte inferior da janela do Adobe Bridge para expandir as visualizações em miniatura.

▶ **Dica:** Você pode destacar diferentes informações no Adobe Bridge alterando o espaço de trabalho. Para alterar o espaço de trabalho, escolha Window > Workspace e então selecione um espaço de trabalho. Consulte o Adobe Bridge Help para aprender mais sobre como personalizar o Adobe Bridge.

5 Selecione o arquivo ggbridge.jpg no painel Content e observe que ele também aparece no painel Preview. As informações sobre o arquivo, incluindo sua data de criação, profundidade em bits e tamanho de arquivo, aparecem no painel Metadata.

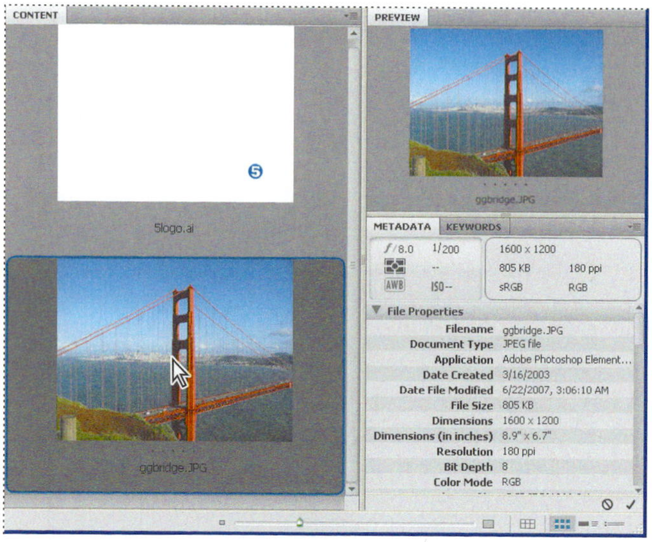

6 Dê um clique duplo na miniatura ggbridge.jpg no painel Content para inserir o arquivo no seu projeto do After Effects. Alternativamente, você pode arrastar a miniatura até o painel Project no After Effects.

O Adobe Bridge abre o After Effects quando o arquivo é inserido. Feche o Adobe Bridge se preferir, pois você não vai utilizá-lo nesta lição.

Crie a composição

Seguindo o fluxo de trabalho do After Effects visto na Lição 1, o próximo passo para criar a identidade do noticiário de TV é criar uma nova composição. Na Lição 1, você criou a composição baseada em arquivos que foram selecionados no painel Project. Você também pode criar uma composição nova e adicionar a ela seus arquivos.

1 Crie uma nova composição seguindo um destes passos:
   - Clique no botão Create A New Composition (▣) na parte inferior do painel Project.
   - Escolha Composition > New Composition.
   - Pressione Ctrl+N (Windows) ou Command+N (Mac OS).

2 Na caixa de diálogo Composition Settings, faça o seguinte:
   - Nomeie a composição **Channel_5_News**.
   - Escolha NTSC D1 no menu pop-up Preset. NTSC D1 é a resolução padrão utilizada em televisores nos Estados Unidos e em alguns outros países. Essa predefinição configura automaticamente a largura, a altura, a proporção de pixel e a velocidade de projeção da composição como padrões NTSC.
   - No campo Duration, digite **300** para especificar 3 segundos.
   - Clique em OK.

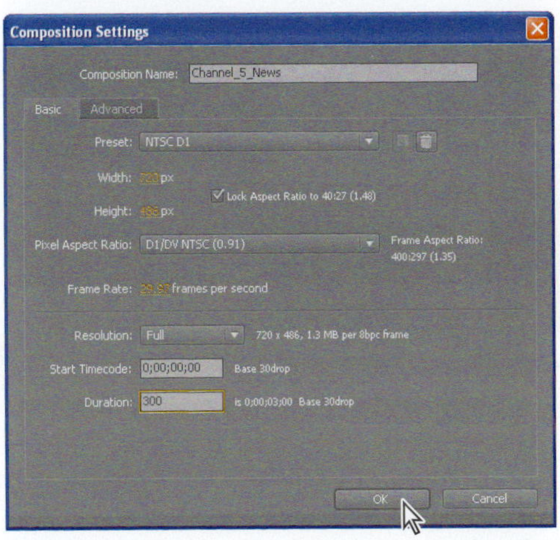

O After Effects exibe uma composição vazia nomeada Channel_5_News nos painéis Composition e Timeline. Agora, você vai adicionar o fundo.

3 Arraste o arquivo ggbridge.jpg do painel Project até o painel Timeline para adicioná-lo à composição Channel_5_News.

▶ **Dica:** O atalho de teclado para ajustar uma camada a uma composição é Ctrl+Alt+F (Windows) ou Command+Option+F (Mac OS).

4 Com a camada ggbridge selecionada no painel Timeline, escolha Layer > Transform > Fit To Comp para redimensionar a imagem de fundo de acordo com as dimensões da composição.

Importe o elemento de primeiro plano

O fundo já está posicionado. O objeto de primeiro plano é um gráfico vetorial em camadas criado no Illustrator.

1 Escolha File > Import > File.

2 Na caixa de diálogo Import File, navegue até o arquivo 5logo.ai na pasta AECS4_CIB/Lessons/Lesson02/Assets. (O arquivo aparece como 5logo se você ocultou as extensões de arquivo no Windows.)

3 Selecione Composition no menu Import As e clique em Open.

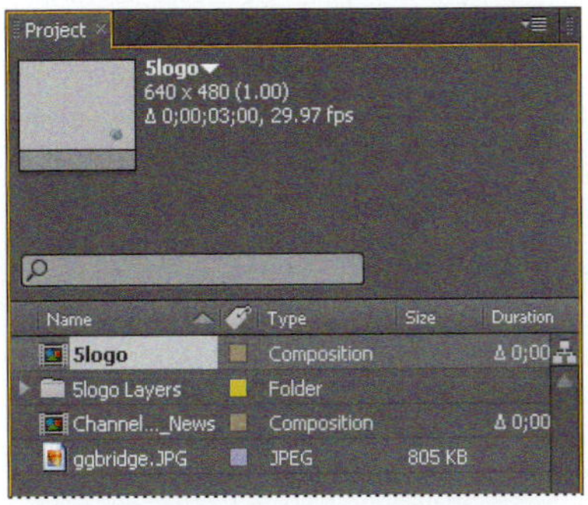

O arquivo do Illustrator é adicionado ao painel Project como uma composição nomeada 5logo. Uma pasta nomeada 5logo Layers também aparece. Essa pasta contém três camadas do arquivo Illustrator. Se quiser, clique no triângulo para abrir a pasta e ver o conteúdo.

4 Arraste o arquivo de composição 5logo do painel Project até o painel Timeline acima da camada ggbridge.

Você agora deve ver a imagem de fundo e o logotipo nos painéis Composition e Timeline.

Trabalhe com camadas importadas do Illustrator

O logotipo Channel 5 foi criado no Illustrator; seu trabalho no After Effects é adicionar texto e animá-lo para o noticiário do canal de TV. Para trabalhar com as camadas do arquivo do Illustrator independentemente da cena de fundo, abra a composição 5logo nos painéis Composition e Timeline separados.

1 Dê um clique duplo na composição 5logo no painel Project. A composição abre nos painéis Composition e Timeline separados.

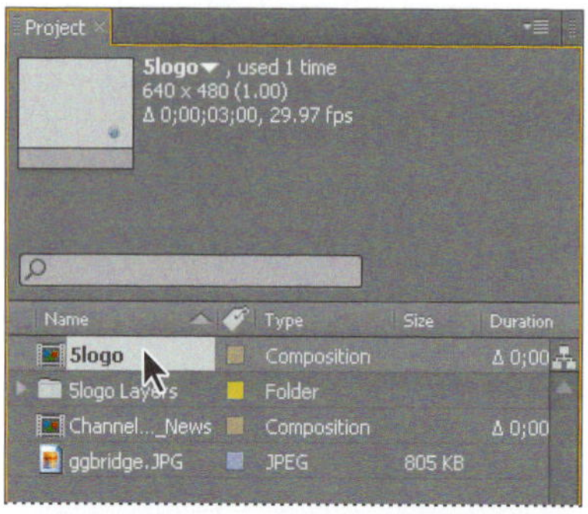

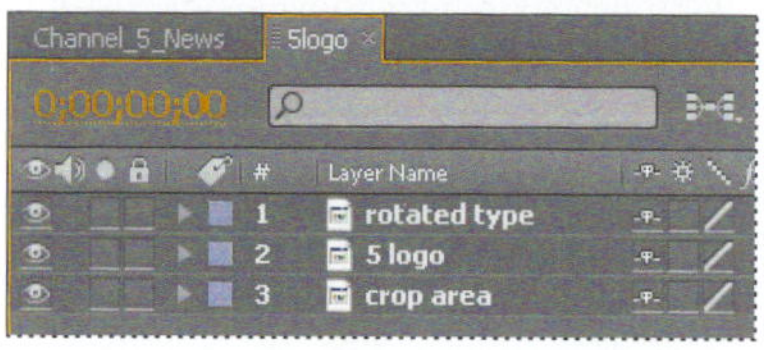

2 Selecione a ferramenta Horizontal Type (T) no painel Tools e clique no painel Composition à esquerda do logotipo Channel 5.

3 Digite **NEWS**, todas maiúsculas, e selecione todo o texto que você acabou de inserir.

4 No painel Character, selecione uma fonte sem serifa, como Myriad Pro, e altere Font Size para **30** pixels. Deixe todas as outras opções no painel Character nos seus padrões.

5 No painel Paragraph, clique no botão Right Align Text (☰). Deixe todas as outras opções no painel Paragraph nos seus padrões. Você vai aprender mais sobre como trabalhar com texto na Lição 3, "Animando texto".

● **Nota:** Se o painel Character não estiver aberto, escolha Window > Character.

● **Nota:** Se o painel Paragraph não estiver aberto, escolha Window > Paragraph.

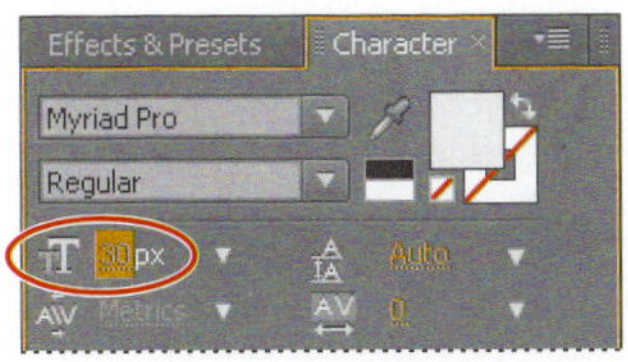

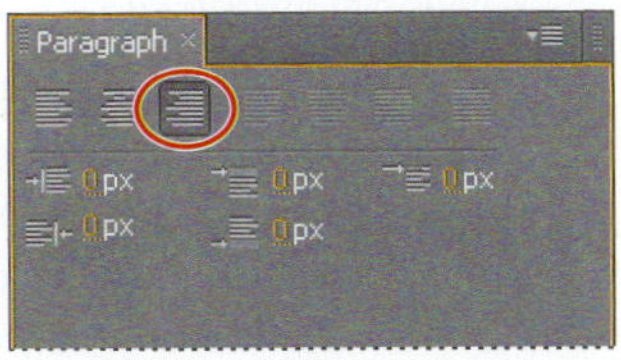

6 Selecione a ferramenta Selection (↖) e arraste o texto no painel Composition para posicioná-lo da maneira como ele aparece na figura a seguir. Observe que, ao mudar para a ferramenta Selection, o nome genérico da camada Text 1 no painel Timeline muda para NEWS, o texto que você digitou.

▶ **Dica:** Escolha View > Show Grid para tornar visível a grade não imprimível a fim de facilitar o posicionamento dos objetos. Escolha View > Show Grid novamente para ocultar a grade ao concluir.

Aplique efeitos a uma camada

Agora você voltará à composição principal, Channel_5_News, e aplicará um efeito à camada 5logo. Isso aplicará o efeito em todas as camadas aninhadas na composição 5logo.

Aplique e controle efeitos

É possível aplicar ou remover um efeito a qualquer momento. Depois de aplicar efeitos a uma camada, você pode desativar temporariamente um ou todos os efeitos na camada para se concentrar em outro aspecto da sua composição. Os efeitos desativados não aparecem no painel Composition e não são incluídos quando a camada é visualizada ou exibida.

Por padrão, ao aplicar um efeito a uma camada, o efeito permanece ativo por toda a duração da camada. Mas você pode fazer um efeito iniciar e parar em momentos específicos, ou tornar o efeito mais ou menos intenso ao longo do tempo. Você vai aprender mais sobre como criar animação utilizando keyframes ou expressões na Lição 5, "Animando uma apresentação multimídia" e na Lição 6, "Animando camadas". Você pode aplicar e editar efeitos nas camadas de ajuste da mesma maneira como você faz com outras camadas.

Mas, ao aplicar um efeito a uma camada de ajuste, o efeito é aplicado a todas as camadas abaixo dela no painel Timeline.

É possível salvar, pesquisar e aplicar efeitos como predefinições de animação.

1 Clique na guia Channel_5_News no painel Timeline e selecione a camada 5logo. O efeito que você vai criar a seguir só será aplicado aos elementos do logotipo, não à imagem de fundo da ponte.

2 Escolha Effect > Perspective > Drop Shadow. Uma sombra com uma borda suave aparece atrás das camadas aninhadas da camada 5logo – o elemento gráfico do logotipo, o texto girado e a palavra *news* – no painel Composition.

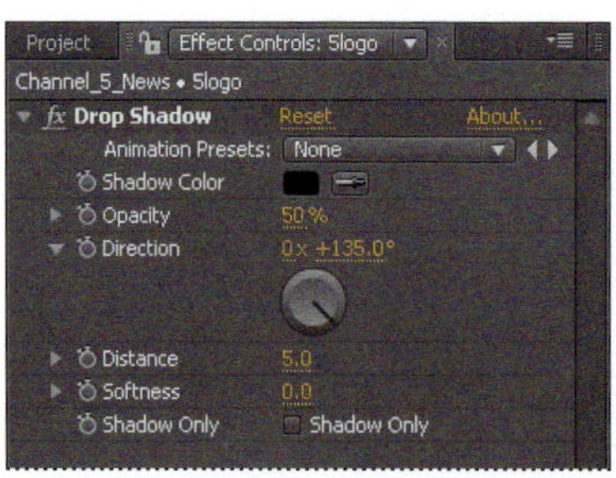

Você pode personalizar o efeito utilizando o painel Effect Controls, que aparece na frente do painel Project quando você aplica um efeito.

3 No painel Effect Controls, reduza Distance da sombra para **3** e aumente Softness para **4**. Você pode configurar esses valores clicando no campo e digitando o número, ou arrastando o valor sublinhado na cor laranja.

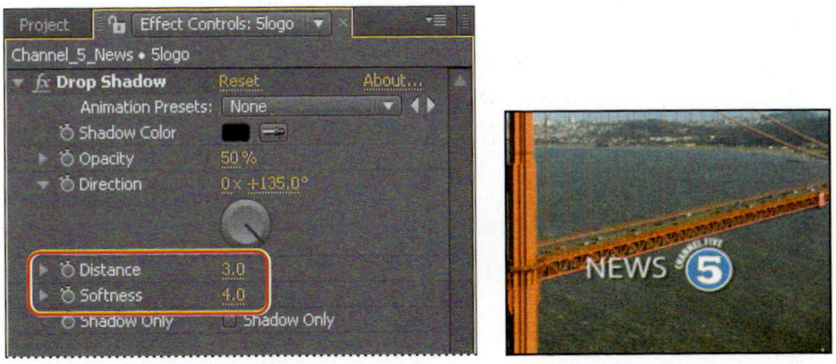

A sombra está perfeita, mas o logotipo vai se destacar ainda mais se você aplicar um efeito de relevo. Utilize o menu Effect ou o painel Effects & Presets para localizar e aplicar efeitos.

4 Clique na guia Effects & Presets para exibir esse painel. Em seguida, clique no triângulo ao lado de Stylize para expandir essa categoria.

5 Com a camada 5logo selecionada no painel Timeline, arraste o efeito Color Emboss até o painel Composition. O efeito Color Emboss torna mais nítida as bordas dos objetos na camada sem suprimir as cores originais. O painel Effect Controls exibe o efeito Color Emboss abaixo do efeito Drop Shadow.

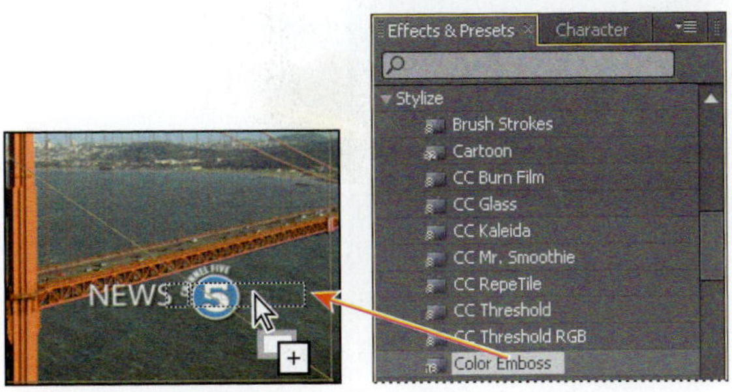

6 Escolha File > Save para salvar seu trabalho.

Aplique uma predefinição de animação

Você posicionou o logotipo do noticiário e aplicou e ele alguns efeitos, mas é hora de adicionar animação. Você vai aprender várias maneiras de animar o texto na Lição 3. Por enquanto, será utilizada uma predefinição de animação simples que fará uma fusão na palavra *news* na tela ao lado do logotipo Channel 5. Você precisa trabalhar na composição 5logo para conseguir aplicar a animação apenas à camada de texto NEWS.

1 Clique na guia 5logo no painel Timeline e selecione a camada NEWS.

2 Mova o indicador de tempo atual para 1:10, que é a posição em que você quer que o texto comece a fundir.

3 No painel Effects & Presets, navegue até Animation Presets > Text > Blurs.

4 Arraste a predefinição de animação Bullet Train até a camada NEWS no painel Timeline ou sobre a palavra *news* no painel Composition. Não se preocupe se o texto desaparecer. Você está vendo o primeiro frame da animação, que atualmente está em branco.

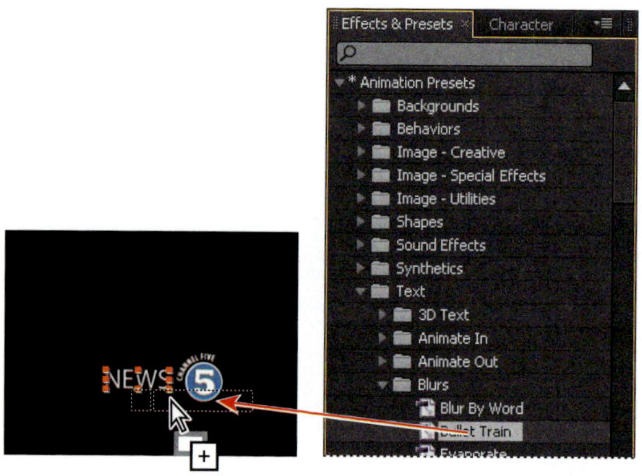

5 Clique em uma área em branco do painel Timeline para desmarcar a camada NEWS e arraste o indicador de tempo atual até a posição 2:10 para visualizar manualmente a animação do texto. O texto aparece, letra por letra, até que a palavra *news* esteja totalmente formada na tela na posição 2:10.

Precomponha camadas para uma nova animação

Até agora a identidade do noticiário está muito boa e é provável que você esteja ansioso para visualizar a animação completa. Mas, antes de fazer isso, você vai adicionar um tipo de fusão a todos os elementos do logotipo, exceto à palavra *news*. Para fazer isso, você precisa precompor as outras três camadas da composição 5logo: uma para o texto rotacionado, uma para o logo 5 e uma para a área de corte.

A *precomposição* é uma maneira de aninhar camadas dentro de uma composição. A precomposição move as camadas para uma nova composição. Essa nova composição ocupa o lugar das camadas selecionadas. Quando você quer alterar a ordem em que os componentes na camada são exibidos, a precomposição é um modo rápido de criar níveis intermediários de aninhamento em uma hierarquia existente.

1 Clique com a tecla Shift pressionada para selecionar as camadas rotated type (texto girado), 5 logo e crop area (área de corte) no painel Timeline em 5logo.

2 Escolha Layer > Pre-compose.

3 Na caixa de diálogo Pre-compose, nomeie a nova composição **Dissolve_logo**. A opção Move All Attributes Into The New Composition é selecionada por padrão. Em seguida, clique em OK.

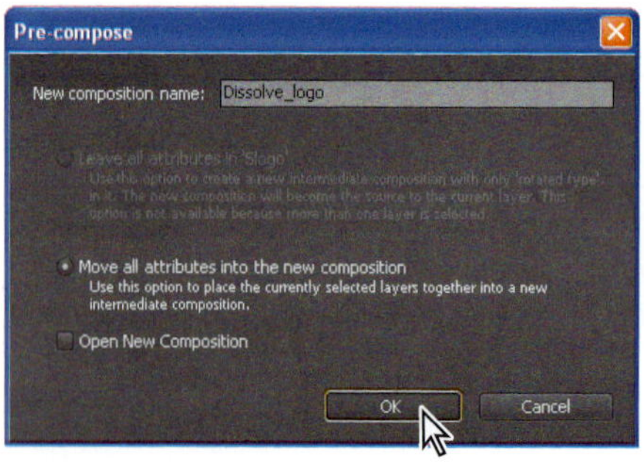

As três camadas são substituídas no painel Timeline em 5logo por uma só camada, Dissolve_logo. Essa nova camada pré-composta contém as três camadas selecionadas no passo 1. Você pode aplicar a ela o efeito do tipo Dissolve (fusão) sem afetar a camada de texto NEWS e sua animação Bullet Train.

4 Certifique-se de que a camada Dissolve_logo está selecionada no painel Timeline e pressione a tecla Home para ir para a posição 0:00.

▶ **Dica:** Para localizar a predefinição Dissolve - Vapor rapidamente, digite **vap** na caixa de pesquisa no painel Effects & Presets.

5 No painel Effects & Presets, abra a categoria Animation Presets > Transitions – Dissolves e arraste a predefinição de animação Dissolve – Vapor até a camada Dissolve_logo no painel Timeline ou no painel Composition.

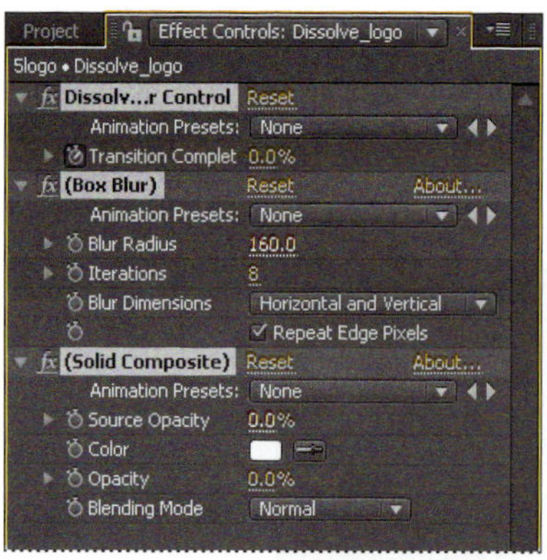

A predefinição de animação Dissolve – Vapor inclui três componentes –uma fusão mestre (Dissolve), um efeito Box Blur e um composto sólido, os quais aparecem no painel Effect Controls. As configurações padrão são adequadas para esse projeto.

6 Escolha File > Save.

Visualize os efeitos

É hora de visualizar todos os efeitos em conjunto.

1 Clique na guia Channel_5_News no painel Timeline para mudar para a composição principal. Pressione a tecla Home para certificar-se de que você está no início da régua de tempo.

2 Certifique-se de que a chave Video (◉) está selecionada para ambas as camadas do painel Channel_5_ News Timeline.

3 Clique no botão Play (▶) no painel Preview ou pressione a barra de espaço para assistir à visualização. Pressione a barra de espaço para parar a reprodução a qualquer momento.

Adicione transparência

Muitos canais de TV exibem logotipos semitransparentes no canto do frame para enfatizar a marca. Você vai reduzir a opacidade da identidade para que ela seja utilizada dessa maneira.

1 Ainda no painel Channel_5_News Timeline, vá para a posição 2:24.

2 Selecione a camada 5logo e pressione **T** para exibir a propriedade Opacity. Por padrão, Opacity é 100% – completamente opaca. Clique no ícone de cronômetro (⏱) para configurar um keyframe Opacity nessa localização.

3 Pressione a tecla End para ir ao final da régua de tempo (2:29) e altere Opacity para **40%**. O After Effects adiciona um keyframe.

Agora, o logotipo aparece, a palavra *news* está na tela e tudo se funde até uma opacidade de 40%.

4 Assista a uma visualização da sua composição clicando no botão Play no painel Preview, pressionando a barra de espaço ou pressionando 0 no teclado numérico. Pressione a barra de espaço para parar a reprodução quando você concluir.

5 Escolha File > Save para salvar seu projeto.

Renderize a composição

Você está pronto para preparar a identidade do noticiário do Channel 5 para saída. Ao gerar saída, as camadas de uma composição e as máscaras, os efeitos e as propriedades de cada camada são exibidos frame a frame em um ou mais arquivos de saída ou, no caso de uma sequência, em uma série de arquivos consecutivos.

Produzir um vídeo a partir da sua composição final pode levar alguns minutos ou várias horas, dependendo do tamanho do frame, da qualidade, da complexidade e do método de compressão da composição. Ao inserir sua composição na fila de renderização, ela torna-se um item de renderização que utiliza as configurações de renderização atribuídas a ele. Enquanto o After Effects renderiza o item, você não poderá trabalhar no programa.

Nota: Para mais sobre renderização e formatos de saída, consulte a Lição 14, "Renderizando e gerando saída."

O After Effects oferece vários formatos e tipos de compressão para renderizar a saída; o formato que você escolhe depende do meio em que a saída final será reproduzida ou dos requisitos do seu hardware, por exemplo, um sistema de edição de vídeo. Você vai preparar essa animação para dois formatos: para ser utilizada em TVs e em sites Web.

Exporte com qualidade broadcast

Você vai começar exibindo e exportando a composição para que ela seja transmitida pela televisão.

1 Siga um destes passos para adicionar a composição à fila de renderização:

- Selecione a composição Channel_5_News no painel Project e escolha Composition > Add Render Queue. O painel Render Queue se abre automaticamente.
- Escolha Window > Render Queue para abrir o painel Render Queue e arraste a composição Channel_5_News do painel Project para o painel Render Queue.

2 Escolha Maximize Frame no menu do painel Render Queue para que o painel preencha a janela de aplicativo.

▶ **Dica:** O atalho de teclado para o comando Maximize Frame é o caractere (`) de acento grave, que compartilha uma tecla com o caractere til (~).

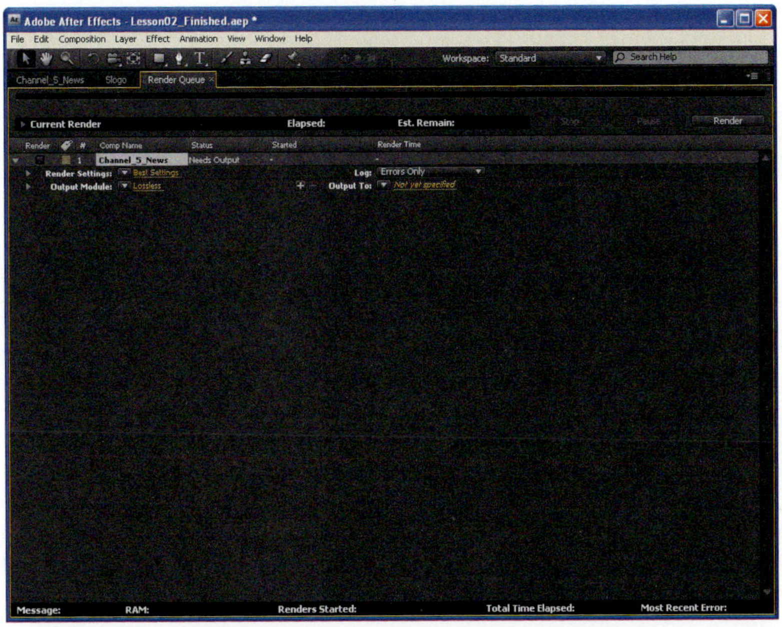

3 Clique no triângulo para expandir as opções Render Settings. Por padrão, o After Effects exibe composições como Best Quality e Full Resolution. As configurações padrão são suficientes para esse projeto.

4 Clique no triângulo para expandir as opções Output Module. Por padrão, o After Effects utiliza Lossless ("sem compressão") para descarregar a composição exibida em um arquivo de vídeo, o que é perfeito para esse projeto. Mas você precisa dizer onde salvar o arquivo.

5 Clique nas palavras sublinhadas *Not Yet Specified* ao lado do menu pop-up Output To.

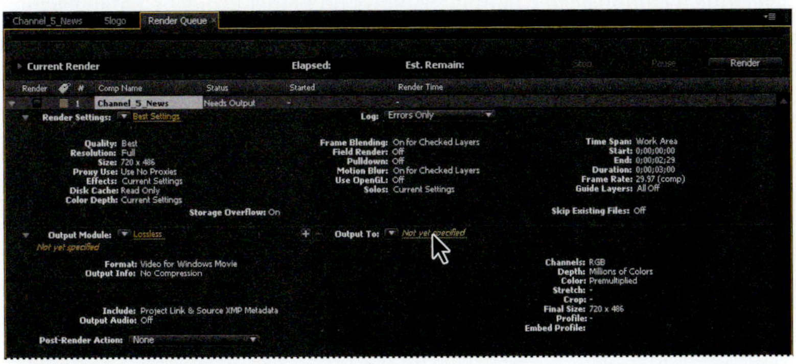

6 Na caixa de diálogo Output Movie To, aceite o nome padrão do vídeo (Channel_5_News), selecione a pasta AECS4_CIB/Lessons/Lesson02/ Finished_Project para a localização e clique em Save.

7 No painel Render Queue, clique no botão Render.

O After Effects exibe uma barra de progresso no painel Render Queue à medida que ele renderiza o arquivo e emite um alerta de áudio depois que todos os itens em Render Queue foram exibidos e renderizados.

8 Quando o vídeo estiver finalizado, escolha Restore Frame Size no menu do painel Render Queue para restaurar seu espaço de trabalho.

Exporte uma composição para a Web

O diretor de produção no Channel 5 também quer utilizar essa identidade do noticiário no site Web da estação de TV. Para essa finalidade, você precisa renderizar e exportar a composição no formato SWF. Amplamente utilizado para a Web, esse formato é compacto, binário e pode conter objetos vetoriais e áudio. Navegadores Web com o plug-in Flash Player podem reproduzir arquivos SWF.

Antes de exportar para o formato SWF, você precisa ajustar um pouco a composição para exibição online.

1 Selecione a composição Channel_5_News no painel Project e então escolha Composition > Composition Settings.

2 Na guia Basic da caixa de diálogo Composition Settings, escolha Web Video, 320 x 240 no menu Preset e clique em OK.

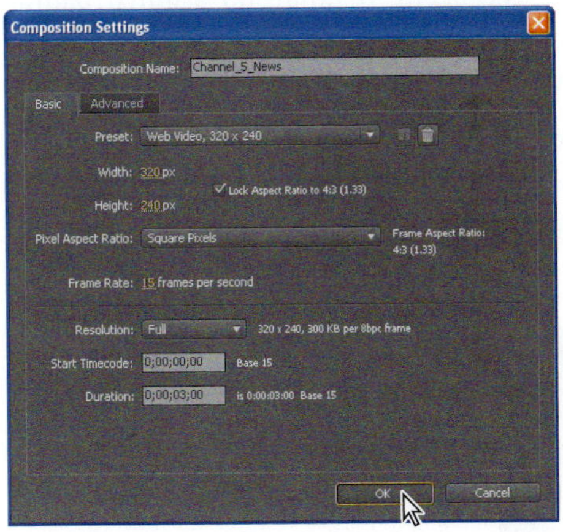

O After Effects aplica a nova resolução Web apropriada – 320 x 240 pixels – à composição. Como resultado, tanto a camada de fundo como a camada 5logo têm um tamanho duas vezes maior do que a composição, que agora é menor e apresenta proporção de pixel e velocidade de projeção (15 fps, frames/s) diferentes. Portanto, você precisa reposicionar e redimensionar as camadas para a nova saída, incluindo centralizar o logotipo na composição.

3 Abra o painel Channel_5_News Timeline, selecione a camada ggbridge e pressione Ctrl+Alt+F (Windows) ou Command+Option+F (Mac OS) para ajustar a camada de acordo com o tamanho da composição.

4 Vá para 2:12, que é a posição em que o logotipo começa a se fundir na nova velocidade de projeção.

5 Selecione a camada 5logo no painel Timeline e pressione **P** para exibir a propriedade Position.

6 Altere os valores de Position para **-4.4, -26.1** a fim de centralizar o logotipo na composição.

Agora, você está pronto para renderizar e exportar a composição para o formato SWF.

Nota: Os arquivos SWF podem ser reproduzidos diretamente pelo Flash Player. O comando Flash Video (FLV) no submenu Export salva o conteúdo do vídeo a fim de que ele seja publicado online, mas ele precisa ser incorporado a um arquivo SWF para ser reproduzido pelo Flash Player.

7 Com a composição Channel_5_News selecionada no painel Project, escolha File > Export > Adobe Flash Player (SWF).

8 Na caixa de diálogo Save File As, aceite o nome do arquivo padrão (Channel_5_News.swf), selecione a pasta AECS4_CIB/Lessons/Lesson02/ Finished_Project para a localização e clique em Save.

9 Na caixa de diálogo SWF Settings, selecione Medium no menu JPEG Quality. Essa configuração preserva a qualidade da imagem e reduz um pouco o tamanho do arquivo. Deixe todas as outras configurações nos seus padrões e clique em OK.

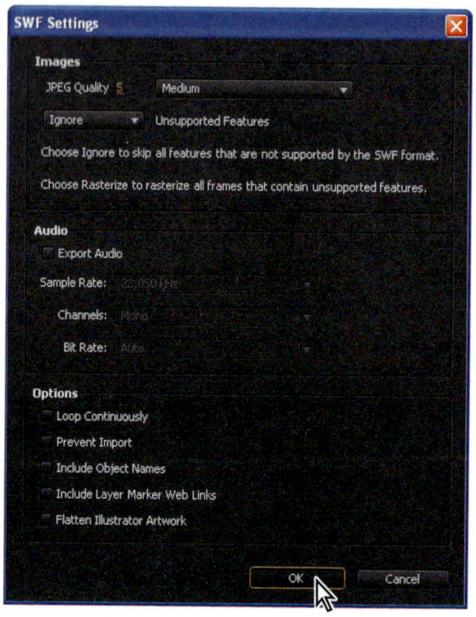

Nota: O After Effects exporta camadas de texto para o formato SWF como uma imagem vetorial. Alguns tipos de camada e as chaves de camada não são suportados, como 3D Layers, 3D Cameras e 3D Lights. Camadas aninhadas são rasterizadas. Para mais sobre como exportar arquivos SWF, consulte o After Effects Help.

O After Effects exibe uma barra de progresso à medida que ele renderiza o arquivo e exporta-o para o formato SWF. Além disso, ele salva um relatório em HTML na mesma pasta que o arquivo SWF.

10 Escolha File > Save para salvar o arquivo final.

11 No Explorer (Windows) ou no Finder (Mac OS), navegue até a pasta AECS4_ CIB/ Lessons/Lesson02/Finished_Project.

12 Dê um clique duplo no arquivo HTML para abri-lo no navegador Web padrão e visualize o arquivo SWF clicando no link na página. Essa animação em Flash pode ser utilizada como parte de uma tela splash no site do canal de TV ou como parte de um anúncio.

Parabéns. Você criou uma identidade para um noticiário de TV e uma marca d'água.

Perguntas de revisão

1 Como você utiliza o Adobe Bridge para visualizar e importar arquivos?

2 O que é *precomposição*?

3 Como você personaliza um efeito?

4 Como você modifica a transparência de uma camada em uma composição?

Respostas

1 Escolha File > Browse In Bridge para passar do After Effects para o Adobe Bridge, onde você pode pesquisar e visualizar arquivos ou fontes de imagem. Depois de localizar o arquivo que você quer utilizar em um projeto do After Effects, dê um clique duplo nele para arrastá-lo até o painel Project.

2 A *precomposição* é uma maneira de aninhar camadas dentro de uma composição. A precomposição move as camadas para uma nova composição, que ocupa o lugar das camadas selecionadas. Quando você quer alterar a ordem em que as camadas são exibidas, a precomposição é um modo rápido de criar níveis intermediários de aninhamento em uma hierarquia existente.

3 Depois de aplicar um efeito a uma camada em uma composição, é possivel personalizar suas propriedades no painel Effect Controls. Esse painel se abre automaticamente quando o efeito é aplicado, ou você pode abri-lo a qualquer momento selecionando a camada com o efeito e escolhendo Window > Effect Controls.

4 Para modificar a transparência de uma camada, reduza sua opacidade. Selecione a camada no painel Timeline, pressione **T** para exibir sua propriedade Opacity e digite um valor menor que 100%.

3 ANIMANDO TEXTO

Visão geral da lição

Nesta lição, você vai aprender a:

- Criar e animar camadas de texto
- Estilizar o texto utilizando os painéis Character e Paragraph
- Animar o texto utilizando predefinições de animação
- Visualizar as predefinições de animação no Adobe Bridge
- Personalizar uma predefinição de animação
- Animar o texto utilizando keyframes
- Animar camadas utilizando relacionamento pai/filho (parenting)
- Editar e animar texto importado do Adobe Photoshop
- Utilizar um grupo de animadores de texto para animar caracteres selecionados em uma camada
- Aplicar uma animação de texto a um objeto gráfico
- Importar arquivos SWF
- Exportar um projeto para trabalho adicional no Adobe Flash

O Adobe After Effects oferece várias maneiras de animar o texto. Você pode animar camadas de texto criando manualmente keyframes no painel Timeline ou utilizando predefinições de animação ou expressões. É possível animar caracteres ou palavras específicas em uma camada de texto. Nesta lição, você vai empregar diferentes técnicas de animação, incluindo algumas que são específicas para texto, ao criar os créditos de abertura para um documentário animado chamado *The Pond*. Esta lição levará aproximadamente 2 horas.

Seu texto não precisa permanecer estático enquanto seu público o lê. Nesta lição, você vai aprender várias maneiras de animar texto no After Effects, incluindo métodos específicos para camadas de texto que economizam tempo.

Introdução

Como em outros projetos, você vai visualizar o vídeo que será criado e, depois, abrir o After Effects.

1 Certifique-se de que os seguintes arquivos estão na pasta AECS4_CIB/Lessons/Lesson03 no disco rígido ou copie-os agora do DVD do *Adobe After Effects CS4 Classroom in a Book.*

- Na pasta Assets: credits.psd, dragonfly.ai, Lotus.swf, pondbackground.mov
- Na pasta Sample_Movie: Lesson03.mov

2 Abra e reproduza o vídeo de exemplo Lesson03.mov para ver os créditos do título que será criado nesta lição. Ao concluir, feche o QuickTime Player. Exclua esse vídeo de exemplo do disco rígido se houver pouco espaço de armazenamento.

À medida que inicia o aplicativo, restaure as configurações padrão do After Effects. Consulte "Restaure as preferências padrão", na página 15.

3 Pressione Ctrl+Alt+Shift (Windows) ou Command+Option+Shift (Mac OS) ao iniciar o After Effects. Quando solicitado se você quer excluir seu arquivo de preferências, clique em OK.

4 Clique em Close para fechar a janela Welcome.

O After Effects se abre e exibe um novo projeto.

5 Escolha File > Save As e navegue até a pasta AECS4_CIB/Lessons/Lesson03/Finished_Project.

6 Nomeie o projeto **Lesson03_Finished.aep** e clique em Save.

Importe arquivos

Você precisa importar dois arquivos para começar esta lição.

1 Dê um clique duplo em uma área vazia do painel Project para abrir a caixa de diálogo Import File.

2 Navegue até a pasta AECS4_CIB/Lessons/Lesson03/Assets no disco rígido, clique com a tecla Ctrl pressionada (Windows) ou clique com a tecla Command pressionada (Mac OS) para selecionar os arquivos Lotus.swf e pondbackground.mov e clique em Open.

O After Effects pode importar vários formatos de arquivo, incluindo arquivos Adobe Photoshop, Adobe Illustrator e SWF, bem como filmes AVI e QuickTime. Isso torna o After Effects um aplicativo incrivelmente poderoso para trabalhar com composições e elementos gráficos em movimento.

Crie a composição

Agora, você vai criar a composição.

1 Pressione Ctrl+N (Windows) ou Command+N (Mac OS) para abrir a caixa de diálogo Composition Settings.

2 Na caixa de diálogo Composition Settings, nomeie a composição **Pond_Title_Sequence**, selecione NTSC DV no menu Preset e configure Duration como **10:00**, que é a duração do filme de fundo do lago. Em seguida, clique em OK.

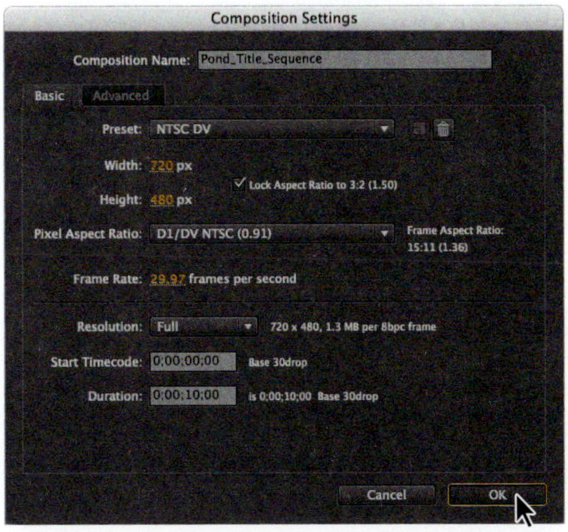

3 Arraste os arquivos pondbackground.mov e Lotus.swf do painel Project para o painel Timeline. Organize as camadas para que Lotus.swf esteja acima de pondbackground.mov na pilha de camadas.

Agora, posicione e redimensione a camada Lotus.swf na composição.

4 Com a camada Lotus selecionada no painel Timeline, pressione a tecla **S** para exibir sua propriedade Scale.

5 Altere o valor de Scale para **30%** tanto para os valores horizontais como verticais. Como os dois valores estão vinculados (⚭), alterar um valor automaticamente altera os dois.

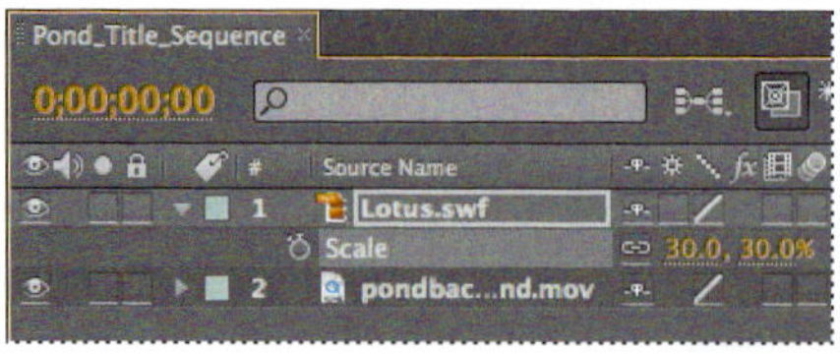

6 Pressione a tecla **P** para exibir a propriedade Position e altere seus valores para **170, 520**. A flor de lótus move-se para o canto inferior esquerdo da composição a fim de que apenas uma pequena parte da flor esteja na tela.

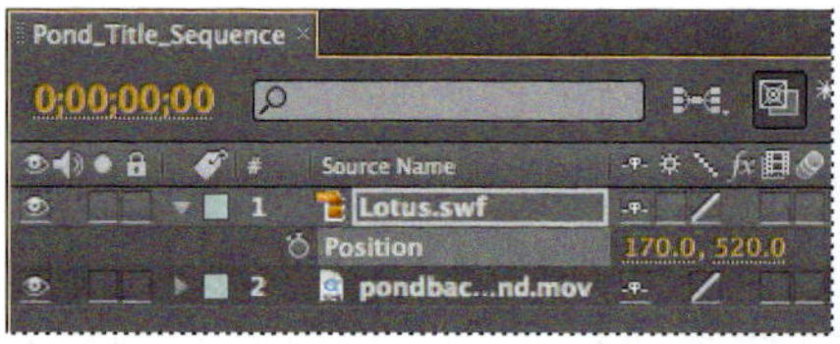

7 Pressione **P** para ocultar a propriedade Position e escolha File > Save.

Você está pronto para adicionar o texto à composição.

Sobre camadas de texto

No After Effects, é possível adicionar texto a camadas com flexibilidade e precisão. Crie e edite o texto diretamente na tela no painel Composition e mude rapidamente a fonte, o estilo, o tamanho e as cores do texto. Você pode adicionar texto na horizontal ou vertical em qualquer lugar em uma composição. Os painéis Tools, Character e Paragraph contêm inúmeros controles de texto. Aplique modificações a caracteres específicos e configure opções de formatação para parágrafos inteiros, incluindo alinhamento, justificação e quebra de linha automática. Além de todos esses recursos de estilo, o After Effects oferece ferramentas para animar facilmente caracteres e propriedades específicos, como a opacidade e o matiz de um texto.

O After Effects utiliza dois tipos de texto: texto pontual e texto de parágrafo. Utilize *texto pontual* para inserir uma única palavra ou uma linha de caracteres; utilize *texto de parágrafo* para inserir e formatar texto como um ou mais parágrafos.

De muitas maneiras, as camadas de texto são como qualquer outra camada no After Effects. Você pode aplicar efeitos e expressões a camadas de texto, animá-las, especificá-las como camadas 3D e editar o texto 3D exibindo-o em múltiplas visualizações. Assim como camadas importadas do Illustrator, camadas de texto são continuamente rasterizadas; logo, ao redimensionar a camada ou o texto, ele mantém as bordas nítidas, independentemente da resolução. As diferenças básicas entre as camadas de texto e outras camadas são que você não pode abrir uma camada de texto em um painel Layer separado e que você pode animar o texto em uma camada de texto utilizando seletores e propriedades especiais do Animator.

Crie e formate texto pontual

Ao inserir texto pontual, cada linha do texto é independente – o tamanho de uma linha aumenta ou diminui à medida que você edita o texto, mas ele não passa para a próxima linha. O texto que você insere aparece em uma nova camada de texto. A pequena linha que atravessa o cursor na forma de I marca a posição da linha de base do texto.

1 No painel Tools, selecione a ferramenta Horizontal Type (T).

2 Clique em qualquer lugar no painel Composition e digite **The Pond**. Em seguida, pressione Enter no teclado numérico para fechar o modo de edição de texto e selecionar a camada de texto no painel Composition. Ou, selecione o nome da camada para fechar o modo de edição de texto.

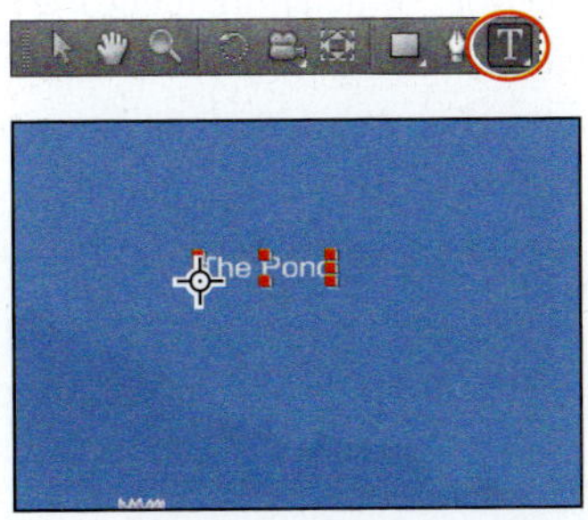

Nota: Se pressionar Enter ou Return no teclado normal, em vez de no teclado numérico, você iniciará um novo parágrafo.

Utilize o painel Character

O painel Character oferece opções para formatar caracteres. Se o texto estiver destacado, as modificações que você faz no painel Character só afetam o texto destacado. Se nenhum texto estiver destacado, as modificações que você faz no painel Character afetam as camadas de texto selecionadas e os keyframes Source Text selecionados das camadas de texto, se houver algum. Se nenhum texto estiver destacado e nenhuma camada de texto selecionada, as modificações que você faz no painel Character tornam-se os novos padrões para a próxima entrada de texto.

Dica: Para abrir os painéis individualmente, escolha Window > Character ou Window > Paragraph. Para abrir ambos os painéis, selecione a ferramenta Horizontal Type e, então, clique no botão Toggle The Character And Paragraph Panels no painel Tools.

1 Escolha Window > Workspace > Text para exibir apenas aqueles painéis que você precisa ao trabalhar com o texto.

▶ **Dica:** Para selecionar uma fonte rapidamente, comece a digitar o nome na caixa Font Family. O menu Font Family pula para a primeira fonte no seu sistema que corresponde às letras que você digitou e o texto no painel Composition assume a fonte recém-selecionada.

2 No painel Character, escolha Myriad Pro no menu Font Family. Se Myriad Pro não estiver disponível, escolha outra fonte sem serifa densa, como Verdana.

3 Selecione Bold no menu Font Style. Se Bold não estiver disponível, clique no botão Faux Bold (T) no canto inferior esquerdo do painel.

4 Configure Font Size como **72** pixels.

5 Deixe todas as outras opções nas suas configurações padrão.

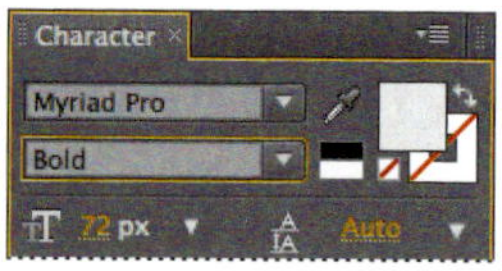

Utilize o painel Paragraph

Utilize o painel Paragraph para configurar as opções que se aplicam a parágrafos inteiros, como alinhamento, recuo e entrelinha. Para o texto pontual, cada linha é um parágrafo separado. Além disso, no painel Paragraph é possível configurar as opções de formatação para um único parágrafo, múltiplos parágrafos ou todos os parágrafos em uma camada de texto. Você só precisa fazer um ajuste no painel Paragraph para o texto dessa composição.

1 No painel Paragraph, clique no botão Center Text (≣). Isso alinha o texto horizontalmente no centro da camada, não no centro da composição.

2 Deixe todas as outras opções nas suas configurações padrão.

Posicione o texto

Para posicionar precisamente as camadas, como a camada de texto em que está trabalhando agora, você pode exibir réguas, guias e grades (tanto regular como proporcional) no painel Composition. Essas ferramentas de referência visual não aparecem no vídeo final.

1 Selecione a camada de texto The Pond no painel Timeline.

2 Escolha Layer > Transform > Fit To Comp Width. Isso redimensiona a camada para ajustá-la à largura da composição.

Agora, você pode posicionar a camada de texto utilizando uma grade.

3 Escolha View > Show Grid e, então, View > Snap to Grid.

4 Com a ferramenta Selection (), arraste o texto verticalmente no painel Composition até que a base das letras esteja sobre a linha de grade horizontal no centro da composição. Pressione Shift depois de começar a arrastar para limitar o movimento e ajudá-lo a posicionar o texto.

5 Quando a camada estiver na posição, escolha View > Show Grid novamente para ocultar a grade.

Esse projeto não é concebido para transmissão televisiva, portanto, não tem problemas se o título e a flor de lótus se estendem além das áreas de segurança para título e ação da composição no início da animação.

6 Escolha Window > Workspace > Standard para voltar ao espaço de trabalho Standard e escolha File > Save para salvar seu projeto.

Utilize uma predefinição de animação de texto

Agora você está pronto para animar o título. O modo mais fácil de fazer isso é utilizar uma das muitas predefinições de animação que vêm com o After Effects. Depois de aplicar uma predefinição de animação, você pode personalizá-la, salvá-la e reutilizá-la em outros projetos.

1 Pressione a tecla Home para certificar-se de que o indicador de tempo atual está no início da régua de tempo. O After Effects aplica as predefinições de animação a partir do tempo atual.

2 Selecione a camada de texto The Pond.

Navegue pelas predefinições de animação

Você já aplicou uma predefinição de animação na Lição 2, "Criando uma animação utilizando predefinições e efeitos básicos". Mas e se não estiver seguro sobre qual predefinição de animação você quer utilizar? Para ajudá-lo a escolher a predefinição de animação certa para seus projetos, visualize-as no Adobe Bridge.

1 Escolha Animation > Browse Presets. O Adobe Bridge abre e exibe o conteúdo da pasta After Effects Presets.

2 No painel Content, dê um clique duplo na pasta Text e, então, na pasta Blurs.

3 Clique para selecionar a primeira predefinição, Blur By Word. O Adobe Bridge reproduz uma amostra da animação no painel Preview.

4 Selecione outras predefinições e assista a elas no painel Preview.

5 Visualize a predefinição Evaporate e, então, dê um clique duplo na visualização em miniatura. Alternativamente, você pode clicar com o botão direito do mouse (Windows) ou clicar com a tecla Control pressionada (Mac OS) na miniatura e escolher Place In After Effects. O After Effects aplica a predefinição à camada selecionada, que é The Pond.

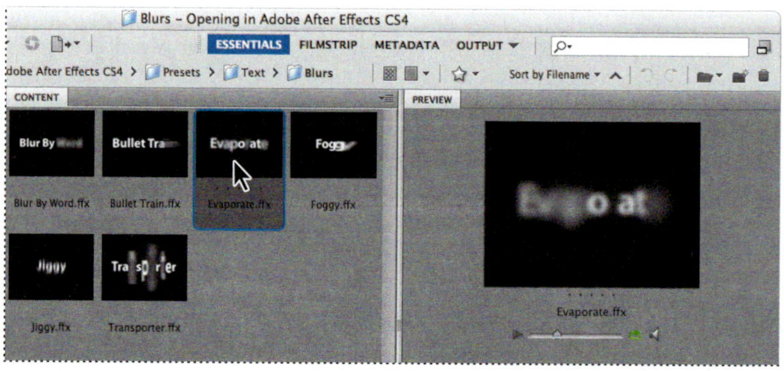

● **Nota:** Deixe o Adobe Bridge aberto no fundo. Você vai utilizá-lo novamente mais adiante na lição.

Nada parece mudar na composição. Isso ocorre porque na posição 0:00, o primeiro frame da animação, as letras ainda não se dissiparam.

Visualize uma série de frames

Agora, visualize a animação. Embora a composição tenha 10 segundos de duração, você só precisa visualizar os primeiros segundos, que é onde a animação do texto ocorre.

1 No painel Timeline, mova o indicador de tempo atual para 3:00 e pressione **N** para configurar o colchete de final da área de trabalho.

2 Pressione **0** no teclado numérico ou clique no botão RAM Preview (▶) no painel Preview para assistir a uma visualização RAM (RAM Preview) da animação. As letras parecem dissipar-se gradualmente no fundo. Isso é fantástico – mas você quer que as letras esmaeçam e permaneçam na tela. Portanto, você vai personalizar a predefinição para que ela se ajuste às suas necessidades.

3 Pressione a barra de espaço para parar a visualização e, então, pressione a tecla Home para mover o indicador de tempo atual de volta à posição 0:00.

▶ **Dica:** Se pressionar **U** duas vezes (**UU**), o After Effects exibe todas as propriedades modificadas em uma camada, em vez de apenas as propriedades animadas. Pressione a tecla **U** novamente para ocultar todas as propriedades da camada.

Personalize uma predefinição de animação

Depois de aplicar uma predefinição de animação a uma camada, todas as propriedades e keyframes são listados no painel Timeline.

1 Selecione a camada de texto The Pond no painel Timeline e pressione **U**. A tecla U, às vezes chamada *überkey*, é um atalho de teclado muito útil pois exibe todas as propriedades animadas de uma camada.

2 Clique no nome da propriedade Offset para selecionar os dois keyframes. A propriedade Offset especifica o deslocamento entre o início e o fim da seleção.

3 Escolha Animation > Keyframe Assistant > Time-Reverse Keyframes. Esse comando alterna a ordem dos dois keyframes Offset para que as letras permaneçam invisíveis no início da composição e, então, se tornem visíveis.

4 Arraste o indicador de tempo atual da posição 0:00 para a posição 3:00 a fim de visualizar manualmente a animação editada. As letras agora esmaecem gradualmente em vez de desaparecerem da composição.

5 Pressione **U** para ocultar as propriedades da camada.

6 Pressione a tecla End para mover o indicador de tempo atual para o fim da régua de tempo e, então, pressione **N** para configurar o colchete de final da área de trabalho.

7 Escolha File > Save para salvar seu projeto.

Anime com keyframes de escala

A camada de texto foi redimensionada a mais de 200% quando você aplicou o comando Fit To Comp anteriormente nesta lição. Agora, você vai animar a escala da camada para que o texto diminua gradualmente até voltar ao seu tamanho original.

1 No painel Timeline, mova o indicador de tempo atual para a posição 3:00.

2 Selecione a camada de texto The Pond e pressione a tecla **S** para exibir a propriedade Scale.

3 Clique no ícone de cronômetro (◉) para adicionar um keyframes Scale no tempo atual, 3:00.

4 Mova o indicador de tempo atual para a posição 5:00.

5 Reduza os valores de Scale da camada para **100**, **100%**. O After Effects adiciona um novo keyframe Scale no tempo atual.

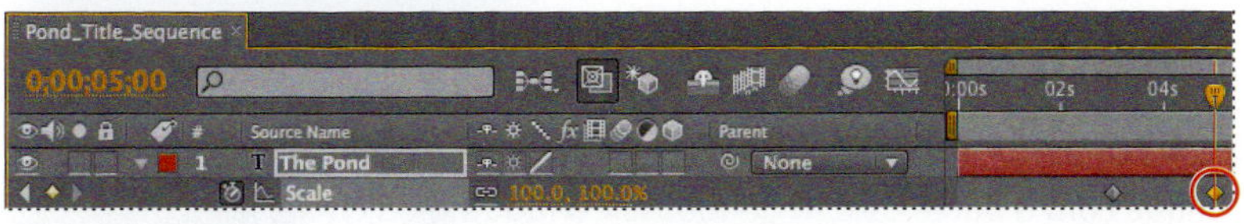

Visualize a animação em escala

Agora, visualize a modificação.

1 Mova o indicador de tempo atual para a posição 5:10 e pressione **N** para configurar o final da área de trabalho. A animação em escala termina um pouco antes da posição 5:10.

2 Assista ao RAM Preview da animação entre as posições 0:00 e 5:10. O título do filme esmaece gradualmente e, então, é redimensionado para um tamanho menor.

3 Pressione a barra de espaço para parar a reprodução depois de visualizar a animação.

► **Dica:** Você pode testar as predefinições de animação de texto em escala, incluídas no After Effects. Elas estão localizadas na pasta Presets/Text/Scale na pasta do After Effects CS4 na unidade de disco rígido.

Adicione Easy Ease

O início e fim da animação em escala é meio abrupto. Na natureza, nada para de repente. Em vez disso, os pontos inicial e final dos movimentos são lentos e graduais.

1 Clique com o botão direito do mouse (Windows) ou clique com a tecla Control pressionada (Mac OS) no keyframe Scale na posição 3:00 e escolha Keyframe Assistant > Easy Ease Out. O keyframe torna-se um ícone que aponta para a esquerda.

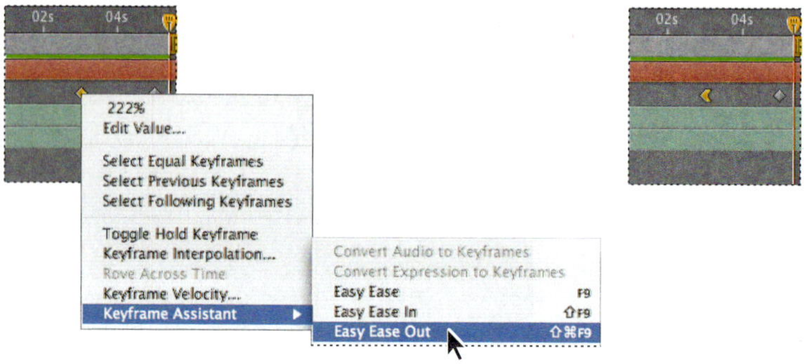

2 Clique com o botão direito do mouse (Windows) ou clique com a tecla Control pressionada (Mac OS) no keyframe Scale na posição 5:00 e escolha Keyframe Assistant > Easy Ease In. O keyframe torna-se um ícone que aponta para a direita.

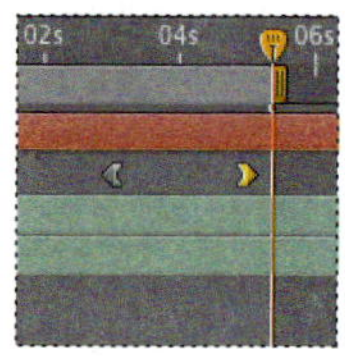

3 Assista ao RAM Preview. Pressione a barra de espaço para pará-la quando terminar.

4 Escolha File > Save.

Anime utilizando relacionamentos pai/filho (parenting)

O próximo passo é fazer como se a câmera virtual estivesse dando um zoom out da composição. A animação do texto em escala aplicada há pouco resolve isso parcialmente, mas também é necessário animar a escala da flor de lótus. Você pode animar manualmente a camada Lotus, mas é mais fácil aproveitar os relacionamentos pai/filho (parenting) do After Effects.

1 Pressione a tecla Home para ir até o início da régua de tempo.

2 No painel Timeline, clique no menu pop-up Parent da camada Lotus e escolha 1. The Pond. Isso configura a camada de texto The Pond como o pai da camada Lotus que, por sua vez, torna-se a camada filha.

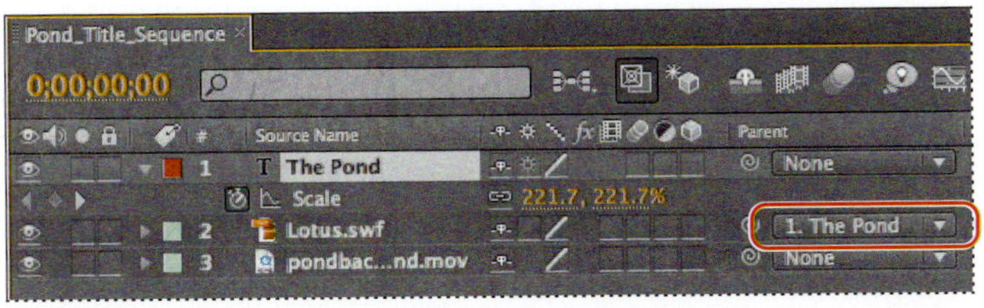

Como camada filha, a camada Lotus herda os keyframes Scale da sua camada pai (The Pond). Isso não é apenas um modo rápido de animar a flor de lótus, como também assegura que a flor de lótus seja redimensionada na mesma taxa e quantidade que a camada de texto.

3 Mova o indicador de tempo atual da posição 3:00 à posição 5:00 para visualizar manualmente o redimensionamento. Tanto o texto como a flor de lótus se ajustam ao tamanho, dando a impressão de que a câmera está se afastando da cena.

4 Pressione a tecla Home para voltar à posição 0:00 e arraste o colchete de final da área de trabalho até o fim da régua de tempo.

5 Selecione a camada The Pond no painel Timeline e pressione **S** para ocultar a propriedade Scale. Então, escolha File > Save.

Sobre camadas pai/filho

O relacionamento pai/filho (parenting) atribui as transformações de uma camada a outra camada, chamada *camada filha*.

Criar um relacionamento pai/filho entre as camadas sincroniza as modificações na camada pai com os valores de transformação correspondentes das camadas filhas, exceto a opacidade. Por exemplo, se uma camada pai for movida 5 pixels para a direita da sua posição inicial, a camada filha também será movida 5 pixels para a direita da sua posição inicial. Uma camada só pode ter um pai, mas ela pode ser pai de qualquer número de camadas 2D e 3D dentro da mesma composição. A configuração de relacionamentos pai/filho é útil para criar animações complexas, como vincular os movimentos de uma marionete ou representar as órbitas dos planetas no sistema solar.

Para informações adicionais sobre relacionamentos pai/filho, consulte o After Effects Help.

Anime texto importado do Photoshop

Se todas as animações de texto envolvessem somente duas palavras curtas, como *The Pond*, a vida seria mais fácil. Mas, no mundo real, muitas vezes é necessário trabalhar com blocos mais longos de texto e inseri-los manualmente pode ser entediante. Felizmente, o After Effects permite importar texto do Photoshop ou do Illustrator. Você pode preservar camadas de texto, editá-las e animá-las no After Effects.

Você importará o texto de um arquivo em camadas do Photoshop para o título dessa sequência e continuará a animá-lo.

Importe texto

Parte do texto restante dessa composição está em um arquivo em camadas do Photoshop, que será importado agora.

1 Dê um clique duplo em uma área vazia no painel Project para abrir a caixa de diálogo Import File.

2 Selecione o arquivo credits.psd na pasta AECS4_CIB/Lessons/Lesson03/Assets. Escolha Composition – Cropped Layers no menu Import As e clique em Open.

3 Na caixa de diálogo Credits.psd, selecione Editable Layer Styles e clique em OK.

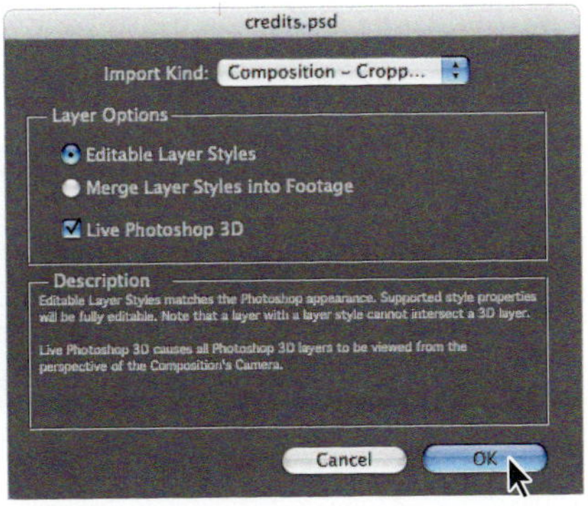

O After Effects pode importar estilos de camada do Photoshop, retendo a aparência das camadas que você está importando. O arquivo importado é adicionado como uma composição ao painel Project; suas camadas são adicionadas a uma pasta separada.

4 Arraste a composição dos créditos do painel Project em direção ao painel Timeline, posicionando-a no alto da pilha de camadas.

Como o arquivo credits.psd foi importado como uma composição com as camadas intactas, você pode trabalhar nele no painel Timeline separado, editando e animando as camadas de maneira independente.

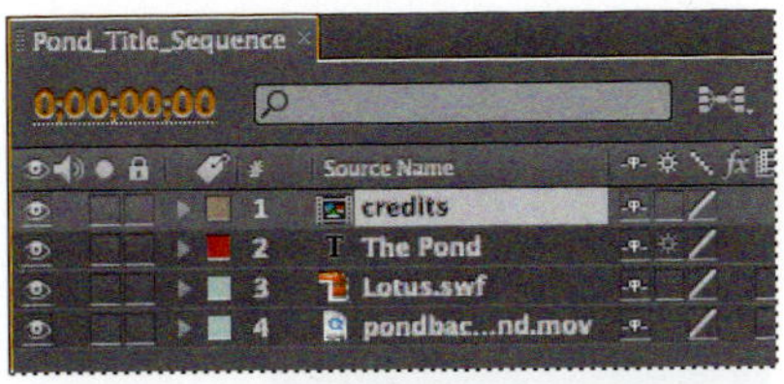

Edite o texto importado

O texto importado atualmente não é editável no After Effects. Isso será modificado para que você possa controlar o texto e aplicar animações. Se tiver um olho clínico, você vai ver alguns erros de digitação no texto importado. Portanto, primeiro você vai limpar o texto.

1 Dê um clique duplo na composição dos créditos no painel Project para abri-la em um painel Timeline separado.

2 Clique com a tecla Shift pressionada para selecionar ambas as camadas no painel Credits Timeline e escolha Layer > Convert To Editable Text. (Clique em OK se vir um alerta sobre fontes ausentes.) Agora as camadas de texto podem ser editadas e os erros de digitação, corrigidos.

3 Desmarque ambas as camadas e dê um clique duplo no layer 2 no painel Timeline para selecionar o texto e alternar automaticamente para a ferramenta Horizontal Type (T).

4 Digite um *e* entre o *t* e o *d* na palavra *animated.* Em seguida, altere *k* para um *c* em *documentary.*

Nota: O nome da camada não muda no painel Timeline quando você corrige a grafia do texto na camada. Isso ocorre porque o nome da camada original foi criado no Photoshop. Para mudar o nome de uma camada, selecione-o no painel Timeline, pressione Enter (Windows) ou Return (Mac OS), digite o novo nome e pressione Enter ou Return mais uma vez.

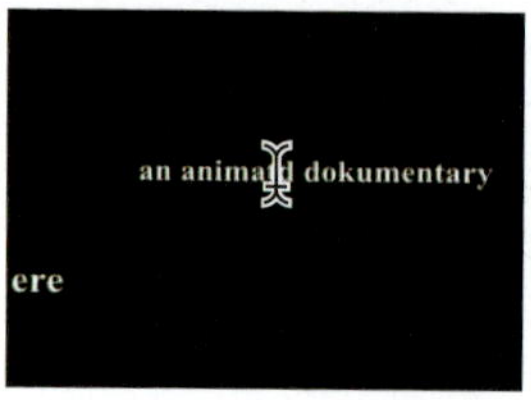

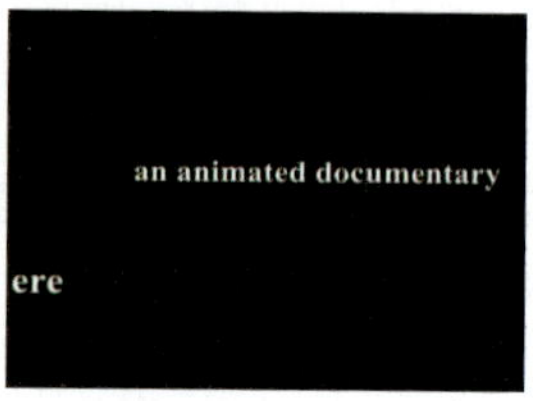

5 Alterne para a ferramenta Selection (▶) a fim de fechar o modo de edição de texto.

6 Clique com a tecla Shift pressionada para selecionar ambas as camadas no painel Timeline.

7 Se o painel Character não estiver aberto, escolha Window > Character para abri-lo.

8 Escolha a mesma fonte utilizada para as palavras *The Pond.* (Myriad Pro.) Deixe todas as outras configurações como estão.

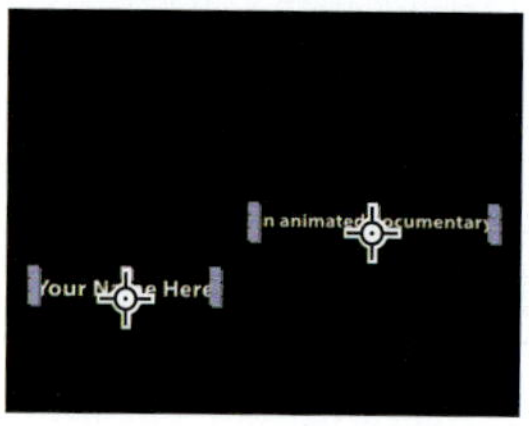

Anime o subtítulo

Você quer que as letras do subtítulo, *an animated documentary*, desapareçam gradualmente da esquerda para a direita sob do título do filme. O modo mais fácil de fazer isso é utilizar outra predefinição de animação de texto.

1 Vá para a posição 5:00 na linha do tempo. Nesse ponto, o título e a flor de lótus já foram redimensionados de acordo com o tamanho final.

2 Selecione a camada do subtítulo (camada 2) no painel Timeline.

3 Pressione Ctrl+Alt+Shift+O (Windows) ou Command+Option+Shift+O (Mac OS) para alternar para o Adobe Bridge.

4 Navegue até a pasta Presets/Text/Animate In.

5 Selecione a predefinição de animação Fade Up Characters e assista a ela no painel Preview. Isso funcionará muito bem.

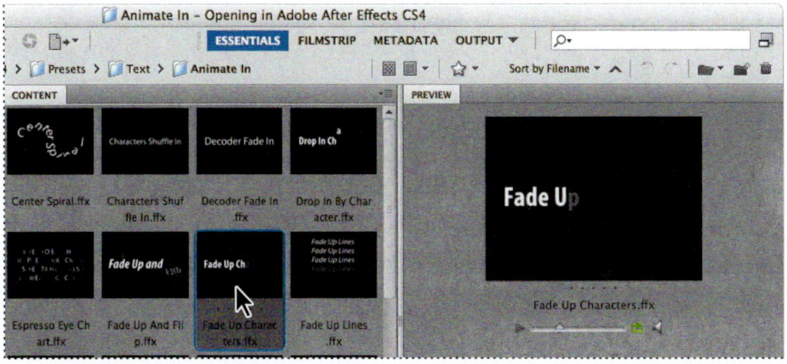

6 Dê um clique duplo na predefinição Fade Up Characters para aplicá-la à camada do subtítulo no After Effects.

7 Com a camada do subtítulo selecionada no painel Timeline, pressione **UU** para ver as propriedades modificadas pela predefinição de animação. Você deve ver dois keyframes para Range Selector 1 Start: um na posição 5:00 e outro na posição 7:00. Ainda há muita animação a ser feita nessa composição, portanto, você vai acelerar o efeito em 1 segundo.

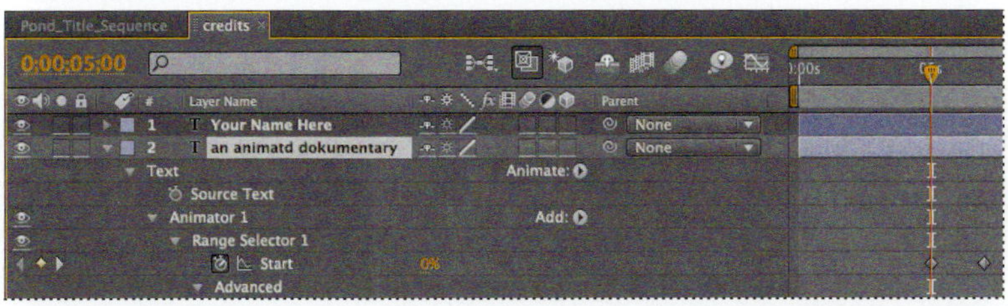

8 Vá até a posição 6:00 e arraste o segundo keyframe Range Selector 1 Start até a posição 6:00.

9 Arraste o indicador de tempo atual ao longo da régua de tempo entre as posições 5:00 e 6:00 para ver as letras desaparecerem gradualmente.

10 Ao concluir, selecione a camada do subtítulo e pressione **U** para ocultar as propriedades modificadas. Então, escolha File > Save para salvar seu trabalho.

Anime texto utilizando uma predefinição de animação de caminho

Você viu como as predefinições de animação de texto podem ser versáteis e convenientes. Outro tipo de predefinição de animação de texto será utilizado para animar as palavras *directed by* ao longo de um caminho de movimento. O After Effects inclui várias predefinições de animação que animam o texto ao longo de um caminho (path) pré-construído. Essas predefinições também fornecem texto formatado para reservar espaço quando você as aplica, assim, neste exercício, você vai inserir e formatar o texto *depois* de aplicar a predefinição de animação.

1 Selecione a guia Pond_Title_Sequence no painel Timeline.

2 Desmarque todas as camadas e vá até a posição 5:00.

3 Pressione Ctrl+Alt+Shift+O (Windows) ou Command+Option+Shift+O (Mac OS) para alternar para o Adobe Bridge.

4 Navegue até a pasta Presets/Text/Paths.

5 Dê um clique duplo na predefinição de animação Pipes. O Adobe Bridge pula para o After Effects, onde a predefinição cria automaticamente uma nova camada, pipes, com um caminho predefinido que ziguezagueia pela composição. O texto no caminho está obscurecido pelo título do filme. Isso será corrigido em breve.

Personalize o caminho predefinido

Agora, você precisa alterar a palavra do espaço reservado *pipes* para *directed by.*

1 No painel Timeline, vá até 6:05, quando a palavra *pipe* está visível – e na horizontal – na tela.

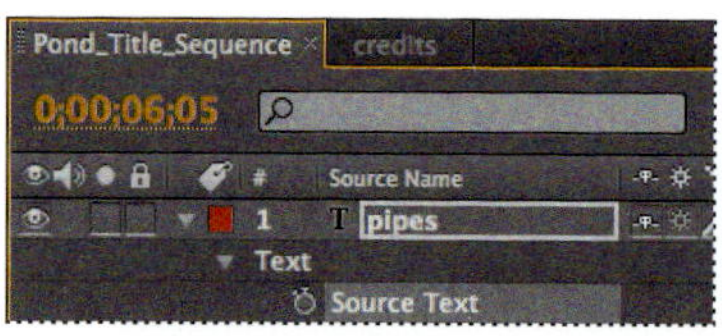

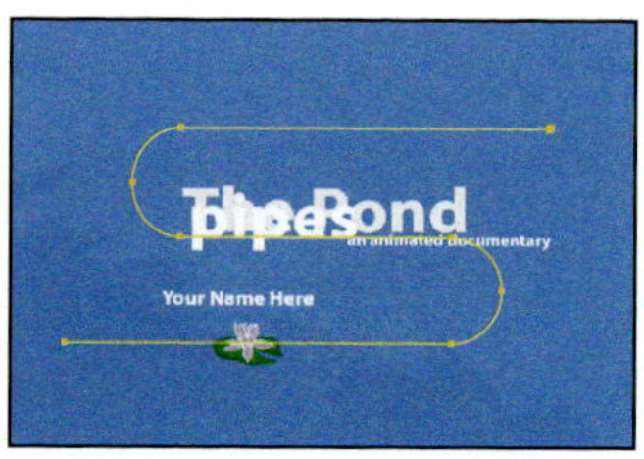

2 Dê um clique duplo na camada pipes no painel Timeline. O After Effects alterna para a ferramenta Horizontal Type (T) e seleciona a palavra *pipes* no painel Composition.

3 Digite **directed by** para substituir a palavra *pipes*. Pressione Enter no teclado numérico ou selecione o nome da camada quando terminar. O After Effects atualiza o painel Timeline com o novo nome da camada.

4 No painel Character, faça o seguinte:

- Configure Font Family como Minion Pro ou outra fonte com serifa.
- Configure Font Style como Regular.
- Configure Font Size como **20** pixels.
- Deixe todas as outras configurações em seus padrões.

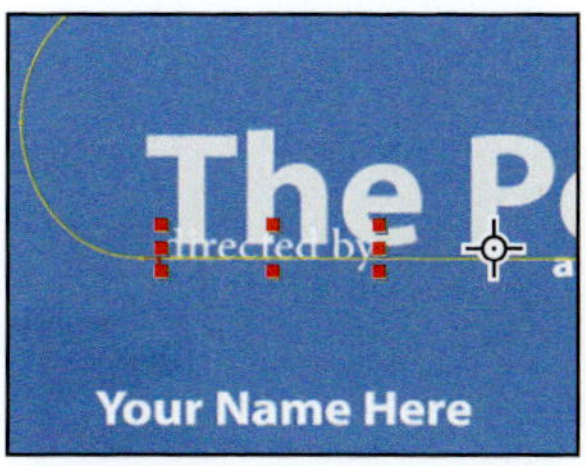

5 Arraste o indicador de tempo atual ao longo da régua de tempo entre as posições 5:00 e 8:00 para ver como as palavras *directed by* se movem na tela e então fora da tela. Você vai corrigir o texto para que ele permaneça na tela, mas agora é uma boa hora de ajustar a posição do caminho na composição para que ele não interfira no título do filme.

6 Com a ferramenta Selection (), dê um clique duplo no caminho de movimento amarelo no painel Composition.

7 Arraste o caminho até que as palavras *The Pond* estejam centralizadas na curva superior e a flor de lótus esteja centralizada na curva inferior. Talvez seja mais fácil utilizar as teclas de seta.

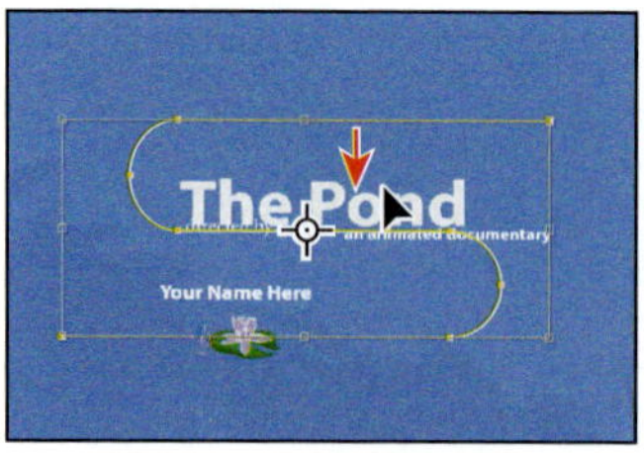

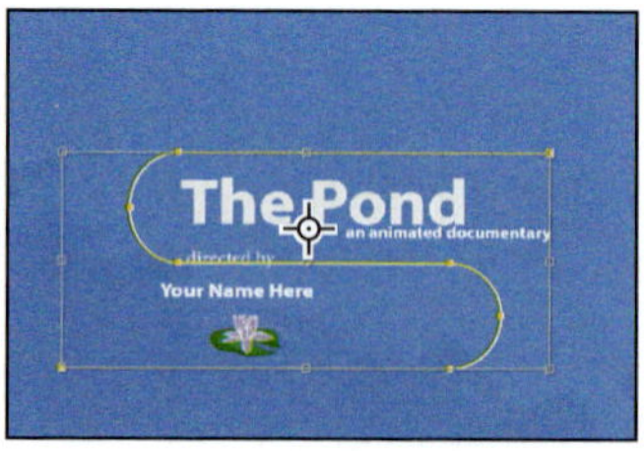

8 Pressione Enter (Windows) ou Return (Mac OS) para aceitar a modificação.

Mais adiante na lição, você vai anexar o elemento gráfico de uma libélula ao caminho para que ela pareça atrair o texto. Mas, primeiro, você vai terminar a animação dos créditos.

9 Selecione a camada Directed by no painel Timeline e oculte suas propriedades. Então, escolha File > Save para salvar seu trabalho.

Anime o tracking de texto

Em seguida, você vai animar a aparência do nome do diretor na composição utilizando uma predefinição de tracking de texto. Com a animação de tracking, é possível fazer com que as palavras pareçam expandir-se em todas as direções a partir de um ponto central.

● **Nota:** Ao editar o texto dessa camada, a posição do indicador de tempo atual não é importante. Atualmente, o texto permanecerá na tela até o final da composição. Isso vai mudar depois que você animá-lo.

Personalize o texto de reserva de espaço

Atualmente, o nome do diretor é simplesmente uma camada com o texto de reserva de espaço *Your Name Here*. Antes de animá-lo, mude-o para seu próprio nome.

1 Alterne para a linha do tempo Credits no painel Timeline e selecione a camada Your Name Here.

2 Selecione a ferramenta Horizontal Type (T) e substitua *Your Name Here* no painel Composition pelo seu próprio nome. Utilize seu nome completo, incluindo um nome do meio, para ter um longo texto para animar. Clique no nome da camada ao concluir.

● **Nota:** Mais uma vez, o nome da camada não muda porque ela foi nomeada no Photoshop.

Aplique uma predefinição de tracking

Agora você vai animar o nome do diretor com uma predefinição de tracking para que o nome comece a aparecer na tela logo depois que as palavras *directed by* alcançarem o centro da composição.

1 Vá para a posição 7:10.

2 Selecione a camada Your Name Here no painel Timeline.

3 Pule para o Adobe Bridge e abra a pasta Presets/Text/Tracking. Dê um clique duplo na predefinição Increase Tracking para aplicá-la à camada Your Name Here no After Effects.

▶ **Dica:** Se estiver cansado de pular para o Adobe Bridge e não quiser visualizar a predefinição, simplesmente digite **Increase Tracking** na caixa de pesquisa do painel Effects & Presets. Em seguida, dê um clique duplo para aplicá-lo à camada selecionada no painel Timeline.

4 Arraste o indicador de tempo atual ao longo da régua de tempo entre as posições 7:10 e 9:10 para visualizar manualmente a animação de tracking.

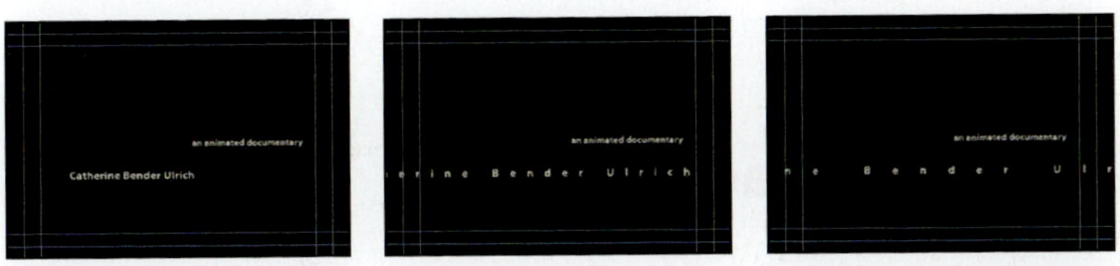

Personalize a predefinição de animação de tracking

O texto se expande, mas inicialmente é necessário posicionar as letras o mais perto possível para que estejam uma sobre a outra e então expandi-las até uma distância razoável, legível separadamente. A animação também deve ocorrer mais rapidamente. Você vai ajustar o Tracking Amount para corrigir os dois problemas.

1 Selecione a camada Your Name Here no painel Timeline e pressione **UU** para exibir as propriedades que foram modificadas.

2 Vá para a posição 7:10.

3 Sob Animator 1, altere Tracking Amount para **-5** a fim de que as letras permaneçam comprimidas.

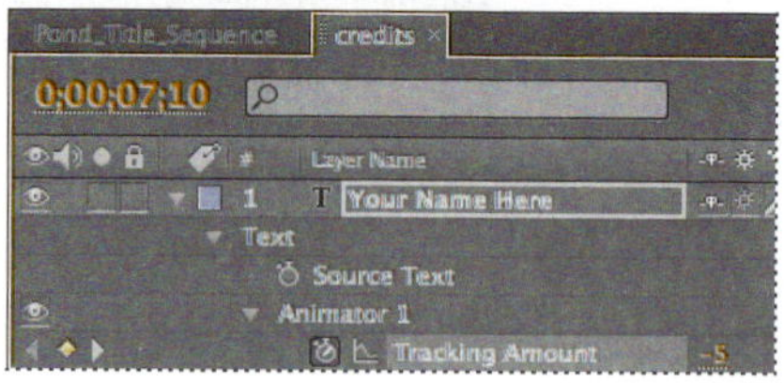

4 Clique na seta Go To Next Keyframe para a propriedade Tracking Amount e altere o valor para 0.

5 Arraste o indicador de tempo atual ao longo da régua de tempo entre as posições 7:10 e 9:10. As letras se expandem à medida que elas aparecem na tela e a animação para no último keyframe.

Anime a opacidade do texto

Você vai melhorar a animação do nome do diretor fazendo com que ela esmaeça na tela à medida que as letras se expandem. Para fazer isso, você animará a propriedade Opacity da camada.

1 Selecione a camada Your Name Here na linha do tempo Credits.

2 Pressione **T** para exibir apenas a propriedade Opacity.

3 Vá para 7:10 e configure Opacity como **0%**. Em seguida, clique no ícone de cronômetro (⏱) para configurar um keyframe Opacity.

4 Vá para 07:20:00 e configure Opacity como **100%**. O After Effects adiciona um segundo keyframe. Agora, as letras do nome do diretor devem esmaecer à medida que elas se expandem na tela.

5 Arraste o indicador de tempo atual ao longo da régua de tempo entre as posições 7:10 e 8:10 para ver as letras do nome do diretor esmaecerem gradualmente à medida que se expandem.

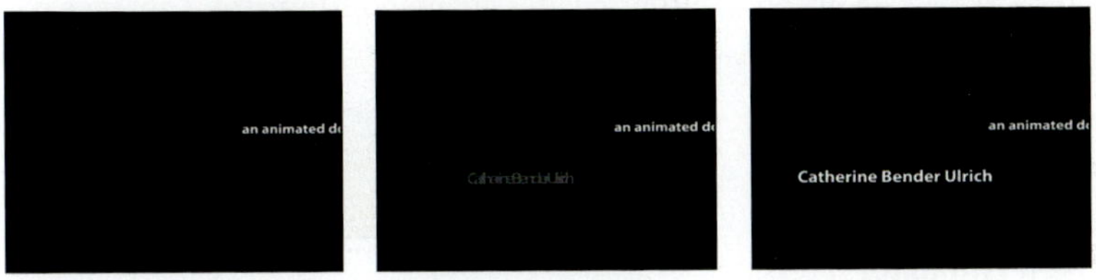

6 Clique com o botão direito do mouse (Windows) ou clique com a tecla Control pressionada (Mac OS) no keyframe Opacity final e escolha Keyframe Assistant > Easy Ease In.

7 Escolha File > Save.

Utilize um grupo de animadores de texto

Grupos de animadores de texto permitem animar letras específicas dentro de um bloco de texto em uma camada. Você vai utilizar um grupo de animadores de texto para animar apenas os caracteres no seu nome do meio sem afetar a animação do tracking e da opacidade dos outros nomes na camada.

Sobre grupos de animadores de texto

Um grupo de animadores de texto inclui um ou mais *seletores* e uma ou mais *propriedades de animador*. Um seletor é como uma máscara – ele especifica quais caracteres ou seção de uma camada de texto você quer que a propriedade de animador afete. Utilizando um seletor, você pode definir uma porcentagem do texto, caracteres específicos no texto ou um intervalo específico do texto.

Com uma combinação de propriedades e seletores de animadores, é possível criar animações complexas de texto que, do contrário, exigiriam uma interpolação meticulosa. A maioria das animações de texto exige que você só anime os valores do seletor – não os valores da propriedade. Consequentemente, animadores de texto utilizam poucos keyframes mesmo para animações complexas.

Para mais informações sobre grupos de animadores de texto, consulte o After Effects Help.

1 No painel Timeline, vá até a posição 8:10.

2 Oculte a propriedade Opacity da camada Your Name Here. Em seguida, expanda a camada para ver o nome do grupo da propriedade Text.

3 Ao lado do nome da propriedade Text, clique no menu pop-up Animate e escolha Skew. Um grupo de propriedades chamado Animator 2 aparece nas propriedades Text da camada.

4 Selecione Animator 2, pressione Enter (Windows) ou Return (Mac OS) e renomeie-o **Skew Animator**. Pressione Enter ou Return novamente para aceitar o novo nome.

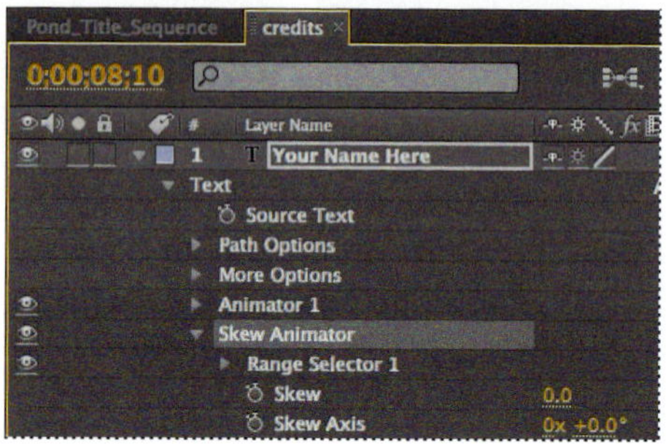

Agora, é possível definir o intervalo de letras que você quer inclinar.

5 Expanda as propriedades Range Selector 1 do Skew Animator. Cada grupo de animadores inclui um seletor de intervalos padrão. Seletores limitam a animação a letras específicas na camada de texto. Você pode adicionar seletores a um grupo de animadores, ou aplicar múltiplas propriedades de animação ao mesmo seletor.

6 Ao visualizar o painel Composition, arraste o valor Range Selector 1 Start do Skew Animator para cima (para a direita) até que o indicador do seletor esquerdo (⧐) esteja um pouco antes da primeira letra do seu nome do meio (a letra *B* em *Bender*, nesse exemplo).

7 Arraste o valor Range Selector 1 End do Skew Animator para baixo (para a esquerda) até que o indicador (⧏) esteja um pouco depois da última letra do seu nome do meio (a letra *r* em *Bender*, nesse exemplo) no painel Composition.

Agora, quaisquer propriedades que você animar com o Skew Animator só afetarão o nome do meio que foi selecionado (*Bender*, aqui).

Incline o intervalo do texto

Agora, faça esse nome do meio tremer e trepidar configurando os keyframes Skew.

1 Arraste o valor Skew do Skew Animator para a esquerda e para a direita e observe que apenas o nome do meio inclina. Os outros nomes na linha do texto permanecem fixos.

2 Configure o valor Skew do Skew Animator como **0**.

3 Vá até 8:05 e clique no ícone de cronômetro ( ) para Skew a fim de adicionar um keyframe à propriedade.

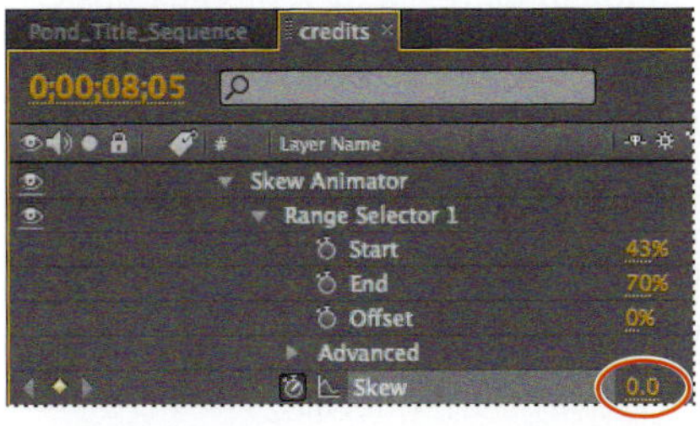

4 Vá até 8:08 e configure o valor Skew como **50**. O After Effects adiciona um keyframe.

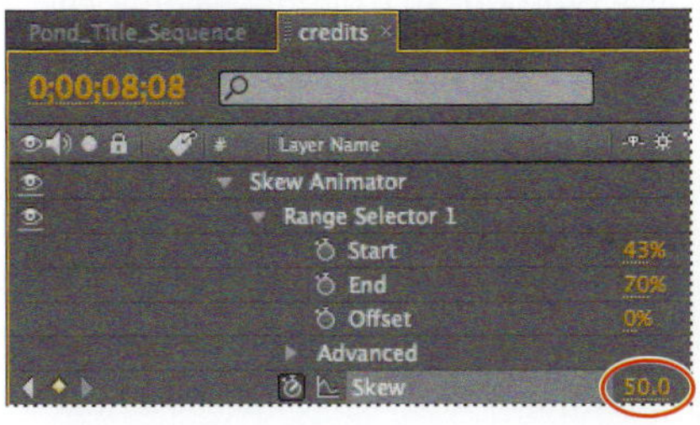

5 Vá até 8:15 e altere o valor Skew para **-50**. O After Effects adiciona outro keyframe.

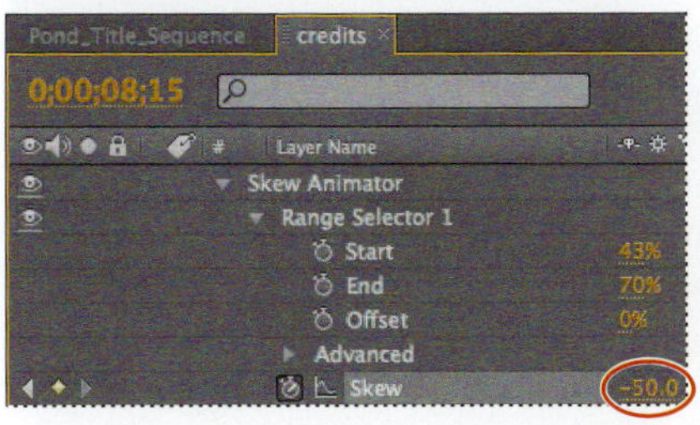

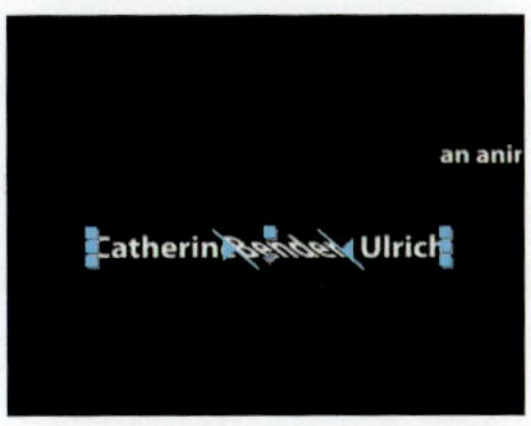

6 Vá até 8:20 e altere o valor Skew para **0** a fim de configurar o keyframe final.

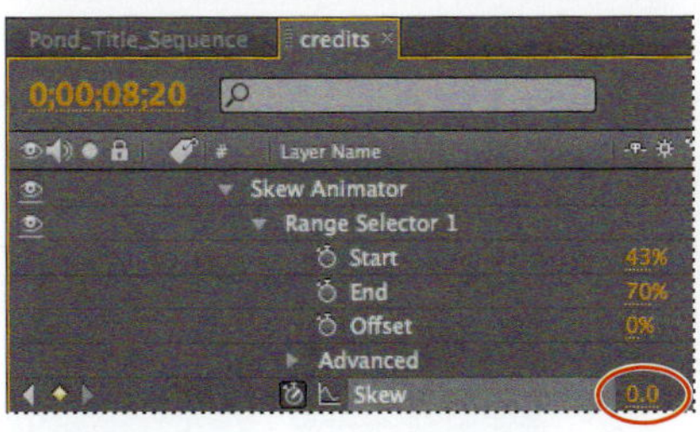

7 Clique no nome da propriedade Skew para selecionar todos os keyframes Skew. Em seguida, escolha Animation > Keyframe Assistant > Easy Ease. Isso adiciona um Easy Ease a todos os keyframes.

8 Arraste o indicador de tempo atual ao longo da régua de tempo da posição 7:10 até 8:20 para ver como o nome do diretor esmaece e se expande na tela e o nome do meio se agita enquanto os outros nomes permanecem inalterados.

9 Oculte as propriedades da camada Your Name Here no painel Timeline.

10 Selecione a guia Pond_Title_Sequence para abrir a linha do tempo.

11 Pressione End, e então **N**, para configurar o colchete de final da área de trabalho no fim da composição.

12 Pressione Home para ir ao início da régua de tempo e faça um RAM Preview da composição inteira.

13 Pressione a barra de espaço para parar a reprodução e depois escolha File > Save para salvar seu trabalho.

▶ **Dica:** Para remover rapidamente todos os animadores de texto de uma camada de texto, selecione a camada no painel Timeline e escolha Animation > Remove All Text Animators. Para remover um único animador, selecione o nome no painel Timeline e pressione Delete.

Limpe a animação de caminho

Atualmente, as palavras *directed by* aparecem e desaparecem gradualmente à medida que o caminho delas muda na predefinição Pipe. Você vai modificar as propriedades de texto para que as palavras se tornem opacas durante toda a animação e permaneçam paradas um pouco acima do seu nome.

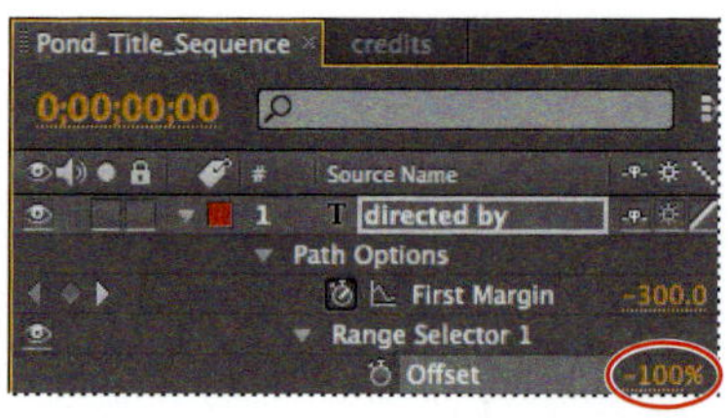

1 Com o layer Directed by selecionada no painel Timeline, pressione **U** para exibir as propriedades animadas da camada.

2 Clique no ícone de cronômetro (◉) para a propriedade Range Selector 1 Offset para excluir todos os keyframes.

3 Dependendo de onde o indicador de tempo atual está localizado na régua de tempo, o valor resultante para Range Selector 1 Offset poderia ou não ser configurado como 0%. Configure-o como **0%** se não estiver. Agora, *directed by* permanecerá visível por toda a composição.

Em seguida, você vai modificar a propriedade First Margin para fazer a animação do texto parar acima do seu nome.

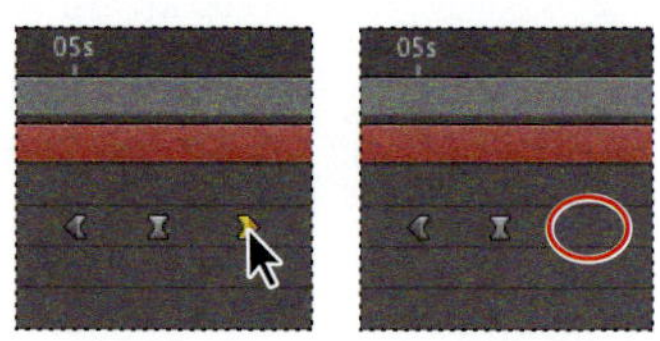

4 Selecione o último keyframe da propriedade First Margin no painel Timeline e exclua-o. Como o keyframe no meio (agora o último keyframe) está configu-

rado como Easy Ease, as palavras *directed by* permanecem paradas acima da flor de lótus.

5 Vá até a posição 6:14 e altere o valor First Margin para **685**.

Você também precisa ajustar a forma do caminho para que ele inicie e termine fora da tela.

6 Utilizando a ferramenta Selection (↖) no painel Composition, arraste com a tecla Shift pressionada o ponto de controle no topo da curva na forma de um S para a direita e para fora da tela. Arraste-o longe o suficiente para que essa libélula não fique visível.

7 Clique no ponto de controle no final da curva na forma de um S e arraste com a tecla Shift pressionada o ponto de controle para fora e para a esquerda da tela para que a libélula não fique visível.

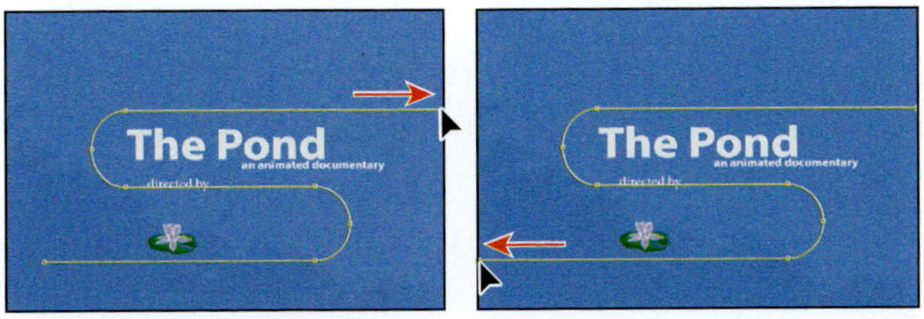

8 Visualize a animação mais ou menos entre as posições 5:00 e 6:20 para ver o caminho corrigido.

9 Se o texto não parar diretamente acima da flor de lótus, ajuste o keyframe final para o valor First Margin novamente.

10 Oculte as propriedades para a camada directed by no painel Timeline e escolha File > Save.

Nota: Dependendo da distância que você move os pontos de controle iniciais e finais do caminho, talvez seja necessário alterar o valor First Margin mais uma vez para reposicionar o texto.

Anime uma camada não texto ao longo de um caminho de movimento

Para finalizar esse projeto, será utilizada uma máscara a partir de uma camada de texto para animar uma camada não texto. Especificamente, você vai usar a forma da máscara para o path *directed by* a fim de criar um caminho de movimento para que a imagem da libélula pareça atrair o texto. Primeiro, você vai importar a imagem da libélula e adicioná-la à sua composição.

1 Dê um clique duplo em uma área vazia no painel Project para abrir a caixa de diálogo Import File.

2 Na pasta AECS4_CIB/Lessons/Lesson03/Assets, selecione o arquivo dragonfly.ai, escolha Composition – Cropped Layers no menu Import As e clique em Open.

3 Arraste a composição da libélula do painel Project para o topo da pilha de camadas no painel Pond_Title_Sequence Timeline.

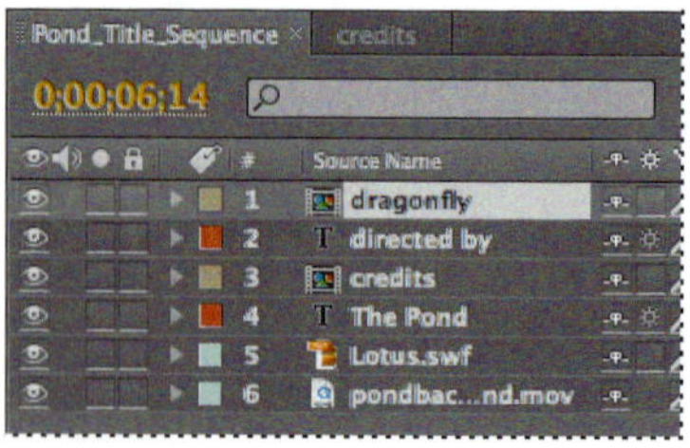

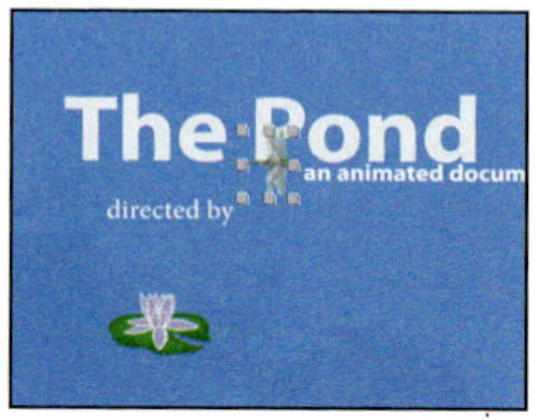

Copie a forma da máscara

Agora você está pronto para copiar a forma da máscara do caminho da camada Directed by para a camada Dragonfly.

1 Vá para a posição 5:00.

2 Selecione a camada Directed by no painel Timeline e pressione **M** para exibir a propriedade Mask Path.

3 Clique no nome da propriedade Mask Path para selecioná-lo e escolha Edit > Copy.

4 Selecione a camada Dragonfly e pressione **P** para exibir a propriedade Position.

5 Clique no nome da propriedade Position para selecioná-lo e escolha Edit > Paste.

O After Effects copia os keyframes Position da camada Directed by para o layer Dragonfly.

Oriente o objeto

Infelizmente, a libélula está voando para trás, mas isso é fácil de corrigir.

1 Com a camada Dragonfly selecionada no painel Timeline, escolha Layer > Transform > Auto-Orient.

2 Na caixa de diálogo Auto-Orientation, selecione Orient Along Path e clique em OK.

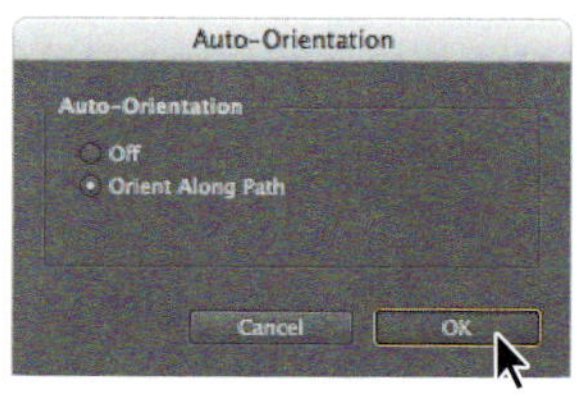

Agora, a libélula está voando para frente.

3 Selecione a camada Dragonfly no painel Timeline e pressione **P** para ocultar sua propriedade Position.

Coordene a sincronização de texto e objeto

Em seguida, você precisa coordenar a sincronização do movimento da libélula com as palavras *directed by* para que as palavras acompanhem corretamente o movimento atrás da libélula.

1 Selecione a camada Directed by e pressione **U** para exibir Path Options no painel Timeline.

2 Vá até a posição 5:18 e altere o valor First Margin para **373**. O After Effects adiciona um keyframe e o texto se move atrás da libélula.

3 Vá até a posição 5:25 e altere o valor First Margin para **559**.

4 Vá para 4:24 e arraste o primeiro keyframe First Margin até essa posição.

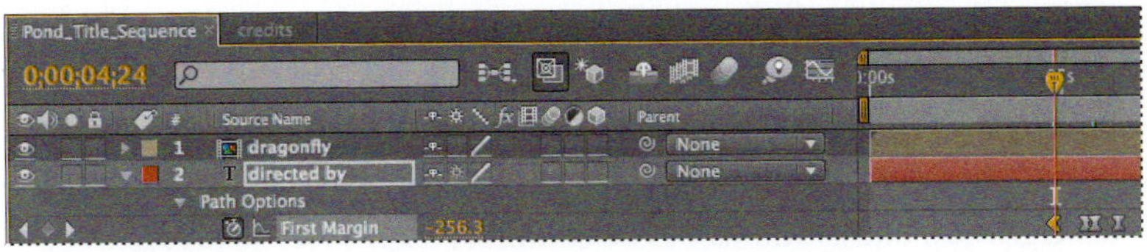

5 Visualize manualmente a animação com a trajetória corrigida arrastando o indicador de tempo atual ao longo da régua de tempo entre mais ou menos 4:20 e 7:10. As palavras seguem a libélula e param sobre seu nome, enquanto a libélula continua a voar ao longo do caminho e para fora da tela.

6 Oculte as propriedades da camada Directed by e pressione a tecla Home para passar para o início da régua de tempo.

Adicione o efeito Motion Blur

O efeito Motion Blur (desfoque de movimento) é o desfoque que ocorre quando um objeto se move. Você vai aplicar o Motion Blur para refinar a composição e fazer com que o movimento pareça mais natural.

1 No painel Timeline, ative o Motion Blur para todas as camadas, *exceto* as camadas Credits e Pondbackground.

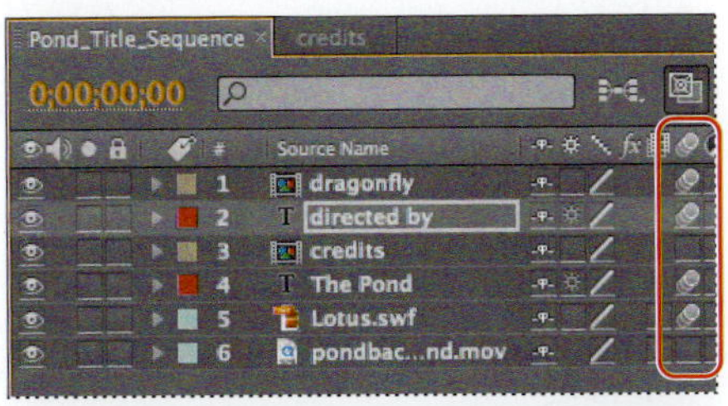

Agora, aplique o Motion Blur às camadas na composição dos créditos.

2 Alterne para o painel Credits Timeline e ative o Motion Blur para as duas camadas.

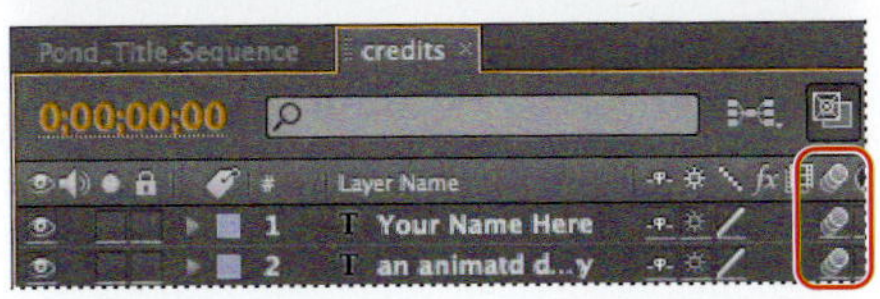

3 Volte ao painel Pond_Title_Sequence Timeline e agora selecione a chave Motion Blur da camada Credits. Em seguida, clique no botão Enable Motion Blur (◉) na parte superior do painel Timeline para conseguir ver o Motion Blur no painel Composition.

4 Faça uma visualização RAM (RAM Preeview) da animação inteira, finalizada.

5 Escolha File > Save.

Exporte para o Adobe Flash CS4 Professional

● **Nota:** Se o After Effects não puder exportar um elemento de uma composição como dados não renderizados, ele irá ignorar o elemento ou irá renderizá-lo em um formato PNG ou FLV, dependendo se você optar por ignorar os recursos não suportados.

Se estiver preparando um projeto para uma página Web, talvez você queira continuar a trabalhar com ele no Adobe Flash CS4 Professional. É possível exportar uma composição do After Effects como um arquivo XFL para uso no Flash. O formato XFL retém as camadas e dados de keyframe da composição para as propriedades Transform (Position, Opacity, Scale e Rotation).

Você exportará seu projeto para o formato XFL a fim de trabalhar com ele no Flash e integrá-lo a outras animações ou continuar a aprimorá-lo para a Web.

1 Selecione a composição Pond_Title_Sequence no painel Project.

2 Escolha File > Export > Adobe Flash Professional (XFL).

3 Na caixa de diálogo Adobe Flash Professional (XFL) Settings, selecione Rasterize To e então selecione FLV no menu pop-up Format. Em seguida, clique em OK.

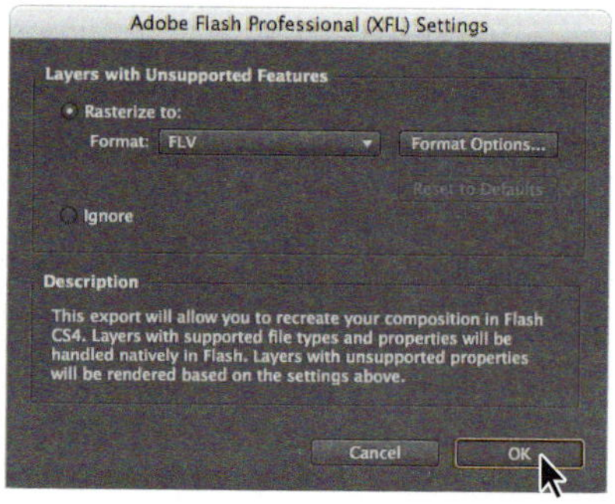

Com essa configuração, o After Effects exibirá os elementos que ele não pode exportar nativamente como componentes FLV.

4 Na caixa de diálogo Export As Adobe Flash Professional (XFL), clique em Save.

O After Effects exporta o projeto. Esse processo pode demorar, dependendo do tamanho do projeto. O After Effects exibe uma barra de progresso à medida que ele exporta a composição.

5 Se o Adobe Flash CS4 Professional estiver instalado, inicie-o. Escolha File > Open, e abra o arquivo XFL que você acabou de exportar a partir do After Effects.

Parabéns: você completou animações de texto complexas. Se quiser exportar a composição como um arquivo de filme, consulte algumas instruções na Lição 14, "Renderizando e gerando saída".

Perguntas de revisão

1 Quais são algumas semelhanças e diferenças entre camadas de texto e outros tipos de camadas no After Effects?

2 Como você pode visualizar uma predefinição de animação de texto?

3 Como você pode atribuir transformações de uma camada para outra camada?

4 Quais são os grupos de animadores de texto?

Respostas

1 De muitas maneiras, as camadas de texto são como qualquer outra camada no After Effects. É possível aplicar efeitos e expressões, animá-las, especificá-las como camadas 3D e editar o texto 3D exibindo-o em múltiplas visualizações. Camadas de texto, porém, são como camadas de forma pelo fato de que você não pode abri-los em seu próprio painel layers. O texto em uma camada de texto pode ser animado utilizando propriedades e seletores especiais de animadores de texto.

2 Visualize as predefinições de animação de texto no Adobe Bridge escolhendo Animation > Browse Presets. O Adobe Bridge abre e exibe o conteúdo da pasta After Effects Presets. Navegue até as pastas que contêm as categorias das predefinições de animação de texto, como Blurs ou Paths, e assista aos exemplos no painel Preview. Em seguida, dê um clique duplo em uma predefinição para adicioná-la à camada atualmente selecionada no painel Timeline do After Effects.

3 Você pode utilizar relacionamentos pai/filho (parenting) no After Effects para atribuir as transformações entre uma camada e outra (exceto transformações de opacidade). Quando uma camada é convertida num pai de outra camada, a outra camada é chamada *camada filha*. Criar um relacionamento pai/filho entre as camadas sincroniza as modificações na camada pai com os valores de transformação correspondentes das camadas filhas.

4 Grupos de animadores de texto permitem animar as propriedades de caracteres específicos em uma camada de texto ao longo do tempo. Grupos de animadores de texto contêm um ou mais *seletores*. Seletores são como máscaras: eles permitem especificar quais caracteres ou seção de uma camada de texto você quer que uma propriedade do animador afete. Utilizando um seletor, você pode definir uma porcentagem, caracteres ou um intervalo específico do texto.

4 TRABALHANDO COM CAMADAS DE FORMA

Visão geral da lição

Nesta lição, você vai aprender a:

- Criar formas personalizadas
- Personalizar o preenchimento e contorno de uma forma
- Utilizar operações de caminho para transformar formas
- Animar formas
- Repetir formas
- Explorar as opções de design com o recurso Brainstorm
- Adicionar um efeito Cartoon a uma camada de vídeo para dar uma aparência diferenciada
- Usar o Adobe After Effects no fluxo de trabalho da interface de um DVD

Camadas de forma são criadas automaticamente quando você desenha uma forma com uma das ferramentas de desenho. É possível personalizar e transformar uma forma específica ou sua camada inteira para criar resultados interessantes. Nesta lição, camadas de forma serão utilizadas a fim de criar um fundo dinâmico para a introdução de um programa de reality show chamado *DJ Quad Master*. O novo efeito Cartoon será aplicado para alterar a aparência geral do vídeo. Esse efeito tem melhor desempenho em placas de vídeo que suportam o OpenGL. Você pode pular o exercício do efeito Cartoon; se fizer isso, você vai conseguir terminar o projeto, mas ele não ficará igual ao vídeo de exemplo. Esta lição levará aproximadamente 60 minutos.

Camadas de forma (shape layers) facilitam a criação de fundos expressivos e resultados intrigantes. Você pode animar formas, aplicar predefinições de animação e adicionar Repeaters para intensificar o impacto delas.

Introdução

Primeiro, você vai visualizar o vídeo final e configurar o projeto.

1 Certifique-se de que os seguintes arquivos estão na pasta AECS4_CIB/Lessons/Lesson04 no disco rígido ou copie-os agora do DVD do *Adobe After Effects CS4 Classroom in a Book.*

- Na pasta Assets: DJ.mov, gc_adobe_dj.mp3
- Na pasta Sample_Movie: Lesson04.mov

2 Abra e reproduza o vídeo de exemplo Lesson04.mov para ver o que será criado nesta lição. Ao concluir, feche o QuickTime Player. Exclua esse vídeo de exemplo do disco rígido se houver pouco espaço de armazenamento.

À medida que o After Effects inicia, restaure as configurações padrão do aplicativo. Consulte "Restaure as preferências padrão", na página 15.

3 Pressione Ctrl+Alt+Shift (Windows) ou Command+Option+Shift (Mac OS) ao iniciar o After Effects. Quando solicitado se você quer excluir seu arquivo de preferências, clique em OK.

4 Clique em Close para fechar a janela Welcome.

O After Effects se abre e exibe um novo projeto.

5 Escolha File > Save As e navegue até a pasta AECS4_CIB/Lessons/Lesson04/Finished_Project.

6 Nomeie o projeto **Lesson04_Finished.aep** e clique em Save.

Crie a composição

Em seguida, você vai importar os arquivos necessários e criar a composição.

1 Dê um clique duplo em uma área vazia do painel Project para abrir a caixa de diálogo Import File.

2 Navegue até a pasta AECS4_CIB/Lessons/Lesson04/Assets no disco rígido, clique com a tecla Shift pressionada para selecionar os arquivos DJ.mov e gc_adobe_dj.mp3 e clique em Open.

3 Escolha File > New > New Folder para criar uma nova pasta no painel Project.

4 Nomeie a pasta **Assets**, pressione Enter ou Return para aceitar o nome e arraste os arquivos que você importou para a pasta Assets.

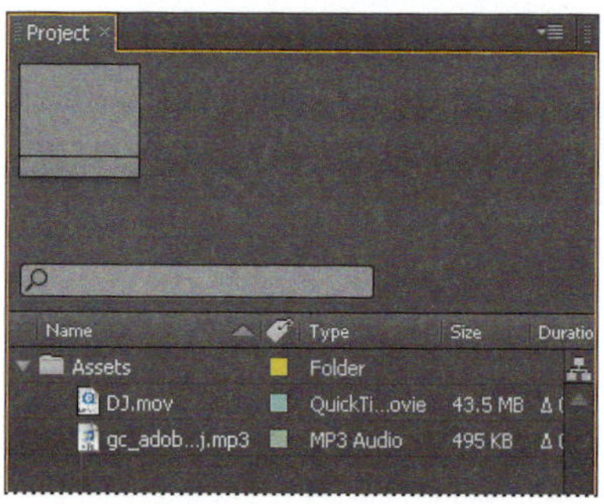

5 Pressione Ctrl+N (Windows) ou Command+N (Mac OS) para criar uma nova composição.

6 Na caixa de diálogo Composition Settings, nomeie a composição **Shapes background**, certifique-se de que a predefinição NTSC DV está selecionada e configure Duration como **10:00**. Em seguida, clique em OK.

▶ **Dica:** Para especificar 10 segundos, digite **10.** na caixa Duration. O ponto indica que não há unidades nessa posição. Para especificar 10 minutos, digite **10..** na caixa.

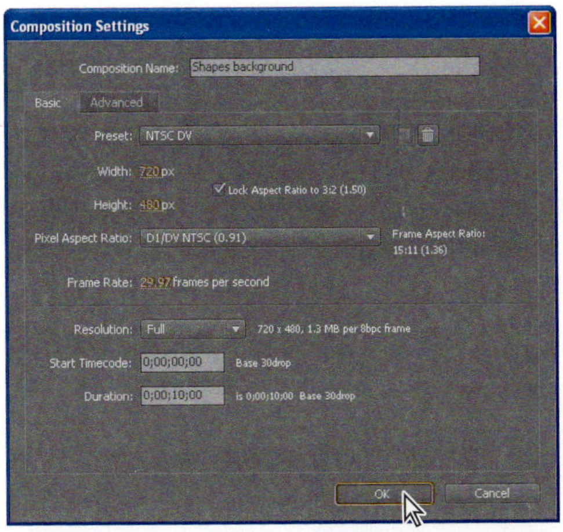

O After Effects abre a nova composição nos painéis Composition e Timeline.

Adicione uma camada de forma

Uma das vantagens de utilizar uma camada de forma (shape layer), em vez de um sólido, é que a opção Fill pode ser empregada para criar um degradê linear ou radial. A ferramenta Rectangle será usada para criar um fundo degradê para a composição.

Sobre formas

O After Effects inclui cinco ferramentas de forma: Rectangle, Rounded Rectangle, Ellipse, Polygon e Star. Ao desenhar uma forma diretamente no painel Composition, o After Effects adiciona uma nova camada de forma à composição. É possível aplicar configurações de contorno e preenchimento a uma forma, modificar seu caminho e aplicar predefinições de animação. Todos os atributos de forma são representados no painel Timeline e você pode animar cada configuração ao longo do tempo.

As mesmas ferramentas de desenho podem tanto criar formas como máscaras. Máscaras são aplicadas a camadas para ocultar ou exibir áreas de uma imagem, enquanto formas têm camadas próprias. Ao selecionar uma ferramenta de desenho, é possível especificar se a ferramenta desenha uma forma ou uma máscara.

Desenhe uma forma

Você vai começar desenhando o retângulo que conterá o preenchimento degradê.

1 Selecione a ferramenta Rectangle (■).

2 Escolha 50% no menu pop-up Magnification Ratio na parte inferior do painel Composition para ver a composição inteira.

3 Clique um pouco fora do canto superior esquerdo da composição e arraste a ferramenta para fora do canto inferior direito para que um retângulo abranja toda a composição. A forma (shape) aparece no painel Composition e o After Effects adiciona uma camada de forma (shape layer) nomeada Shape Layer 1 ao painel Timeline.

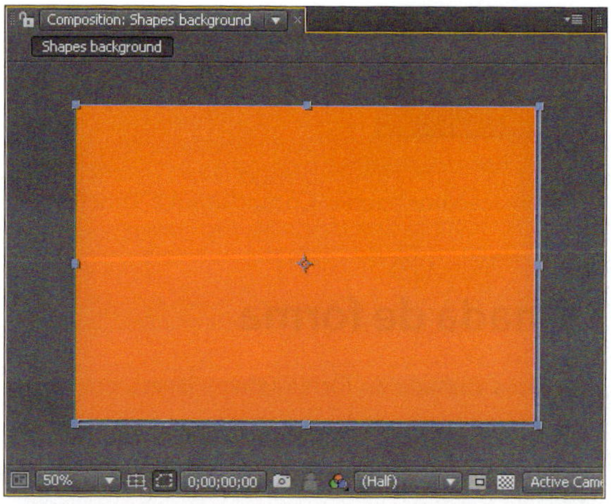

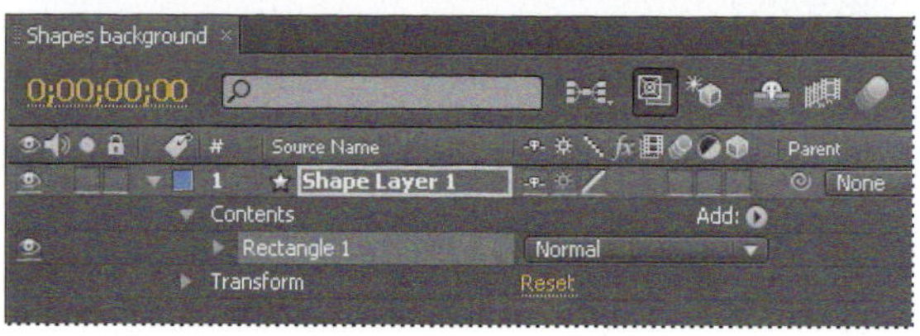

Aplique um preenchimento de degradê

É possível alterar as cores da forma modificando suas configurações Fill no painel Tools. Clicar na palavra *Fill* abre a caixa de diálogo Fill Options, onde você pode selecionar o tipo de preenchimento, seu modo de mesclagem e sua opacidade. Clicar na caixa Fill Color abre o Adobe Color Picker se o preenchimento for sólido, ou o Gradient Editor se o preenchimento for um degradê.

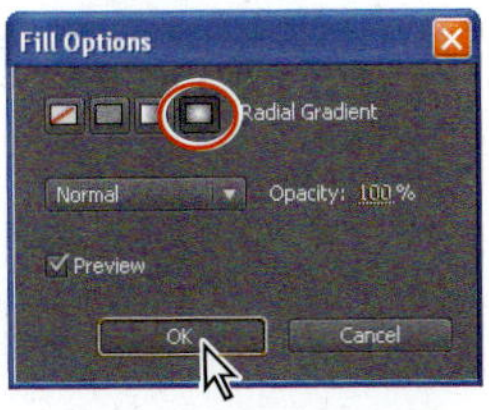

1 Clique na palavra *Fill* para abrir a caixa de diálogo Fill Options.

2 Selecione a opção Radial Gradient (■) e clique em OK.

3 Clique na caixa Fill Color (ao lado de *Fill*) para abrir o Gradient Editor.

4 Selecione o limite de cor branca e escolha um azul claro. (Utilizamos RGB 100, 185, 240.)

5 Selecione o limite de cor preta e escolha um azul escuro. (Utilizamos RGB 10, 25, 150.)

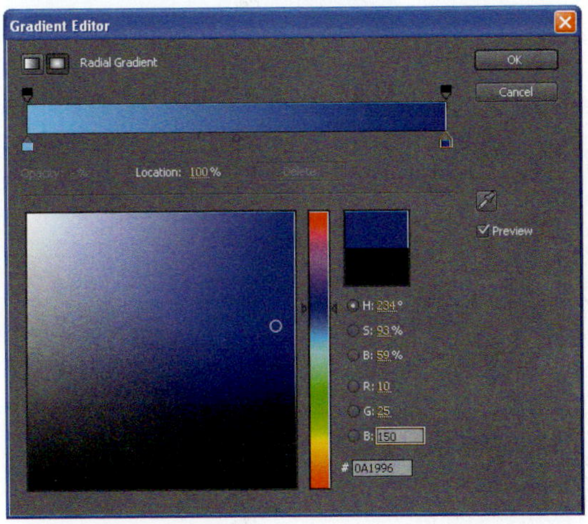

6 Clique em OK para aplicar as novas cores de degradê.

Modifique as configurações do degradê

O tamanho do degradê é um pouco pequeno e diminui rapidamente. Você vai ajustar as configurações da camada de forma (shape layer) para expandir o degradê.

1 No painel Timeline, expanda Shape Layer 1 > Contents > Rectangle 1 > Gradient Fill 1.

2 Altere Start Point para **0,225** e End Point para **0,740**.

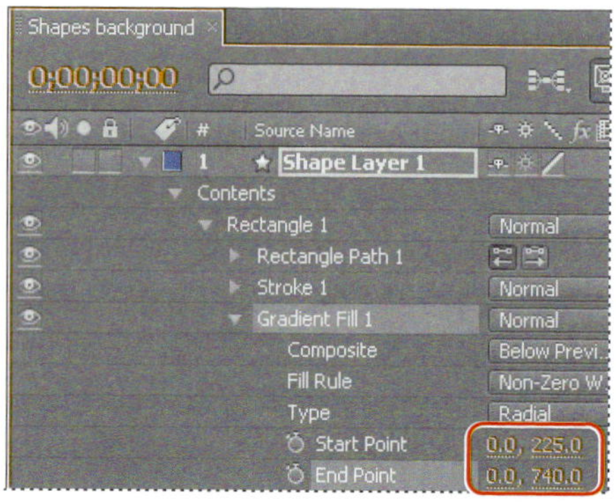

Agora o degradê começa na parte inferior da tela e diminui perto da parte superior e das bordas da composição.

3 Oculte as propriedades de Shape Layer 1.

4 Selecione o nome da camada (Shape Layer 1), pressione Enter ou Return e digite **Background**. Pressione Enter ou Return para aceitar o novo nome da camada.

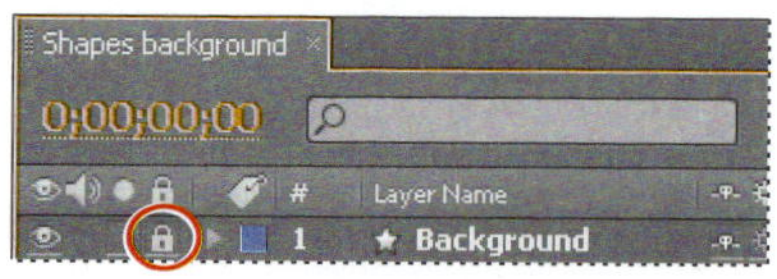

5 Clique na coluna Lock (🔒) para a camada Background a fim de bloqueá-la para que você não a selecione acidentalmente.

Crie formas personalizadas

Embora haja apenas cinco ferramentas de forma, é possível modificar os caminhos que você desenha para criar várias formas. A ferramenta Polygon oferece uma excelente flexibilidade.

Você vai utilizá-la para criar um sol girando no fundo.

Desenhe um polígono

Por padrão, a ferramenta Polygon desenha uma forma utilizando as configurações da última forma desenhada com essa ferramenta. Mas, ajustando pontos, posição, rotação, raio externo, redondeza externa e outros valores é possível alterar consideravelmente a forma inicial. Você vai modificar um polígono simples para criar uma forma muito mais interessante.

1 Selecione a ferramenta Polygon (⬣), oculta atrás da ferramenta Rectangle (■).

2 Arraste uma forma de polígono na área Composition.

3 No painel Timeline, expanda Shape Layer 1 > Polystar 1 > Polystar Path 1.

▶ **Dica:** Ao arrastar a forma, você pode pressionar a barra de espaço para reposicionar a forma no painel Composition.

4 Altere Points para **6**, Rotation para **0** graus e Outer Radius para **150**.

5 Altere Outer Roundness para **-500%**.

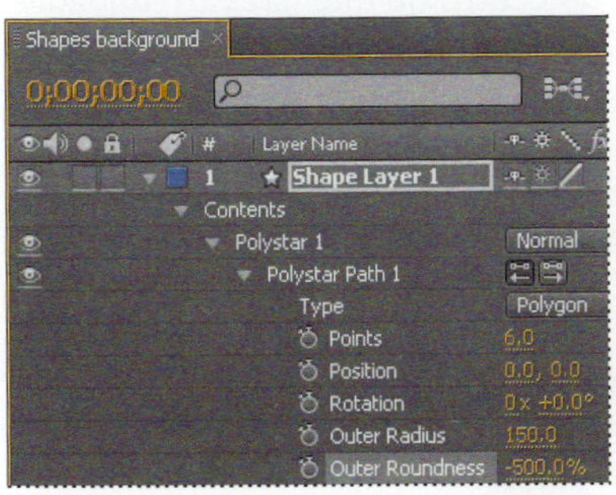

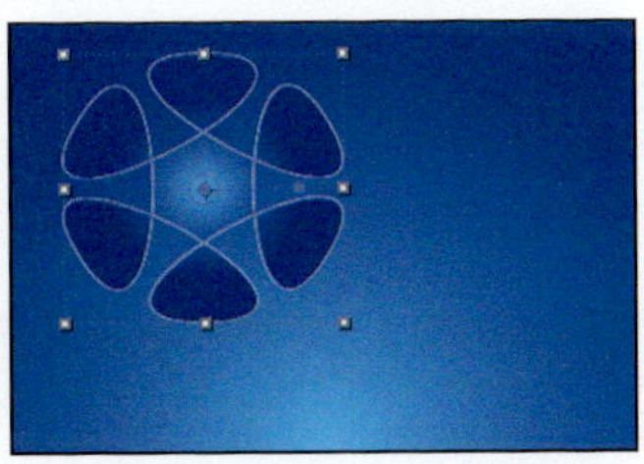

▶ **Dica:** Você pode alterar as configurações para valores abaixo de 0 e acima de 100% para resultados mais impressionantes.

6 Oculte as propriedades Polystar Path 1.

7 Clique na palavra *Fill* no painel Tools para abrir a caixa de diálogo Fill Options. Selecione o ícone Solid Color (■) e clique em OK.

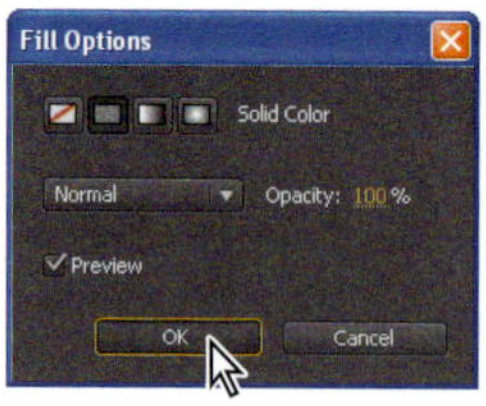

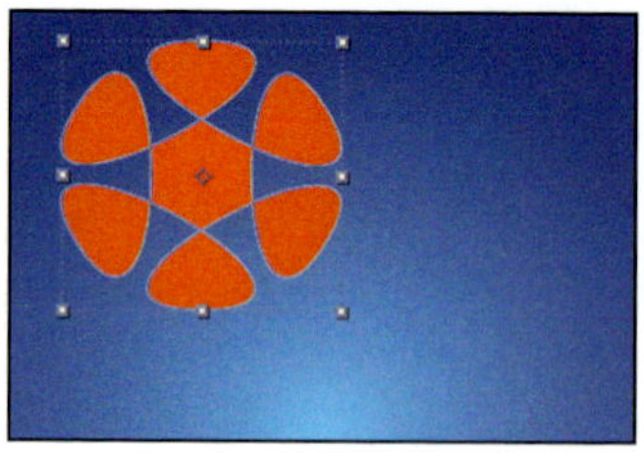

8 Clique na caixa Fill Color e selecione um amarelo brilhante. (Utilizamos RGB 250, 250, 0.) Clique em OK.

9 Clique na caixa Stroke Color e selecione um cinza brilhante. (Utilizamos RGB 230, 230, 230.) Clique em OK.

10 Altere Stroke Width no painel Tools para **5** pixels a fim de destacar o contorno.

Torça uma forma

A operação Twist gira um caminho mais no centro do que nas extremidades. Valores positivos torcem no sentido horário; valores negativos torcem no sentido anti-horário. Você vai utilizar a operação Twist para dar à forma um pouco mais de definição.

1 No painel Timeline, abra o menu pop-up Add, ao lado de Contents na camada Shape Layer 1, e escolha Twist.

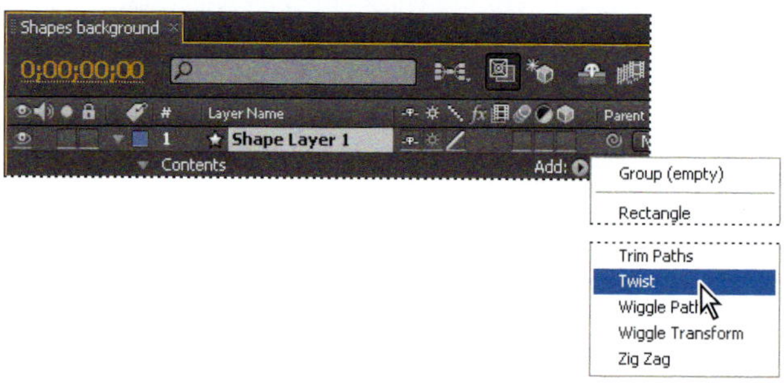

2 Expanda Twist 1.

3 Altere Angle para **160**.

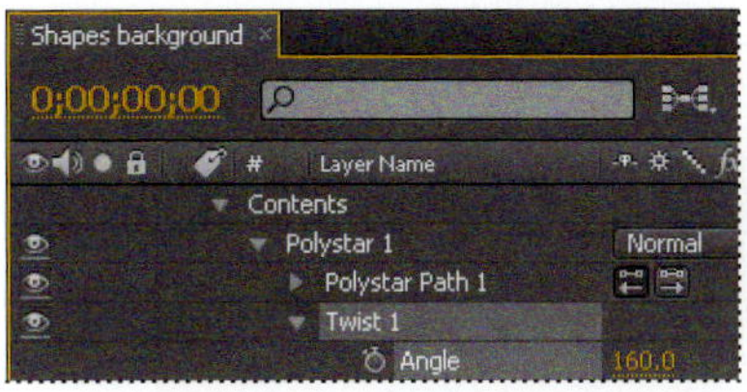

4 Oculte as propriedades Polystar 1.

5 Escolha File > Save para salvar seu trabalho até agora.

Repita uma forma

Você criou a forma básica que pode ser utilizada no fundo, mas serão necessárias outras cópias dela para preencher a composição. É possível duplicar a forma manualmente, mas, em vez disso, você vai utilizar a operação Repeater para criar múltiplas linhas do sol.

1 Selecione Shape Layer 1. Você está selecionando a camada porque quer adicionar o Repeater ao grupo inteiro de formas, não a uma forma específica.

2 Abra o menu pop-up Add e escolha Repeater.

3 Expanda Repeater 1.

4 Altere o número de cópias para **5**.

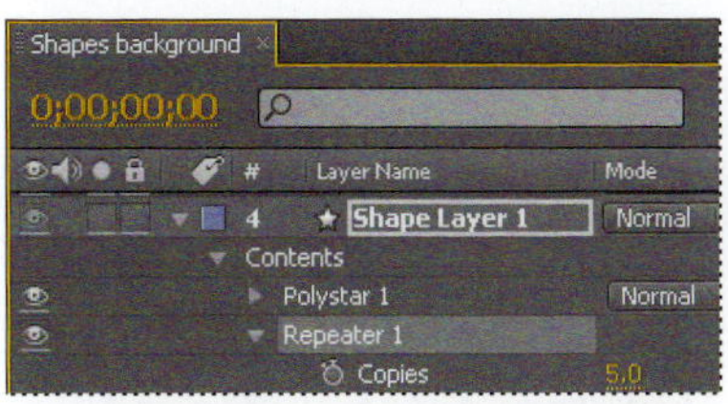

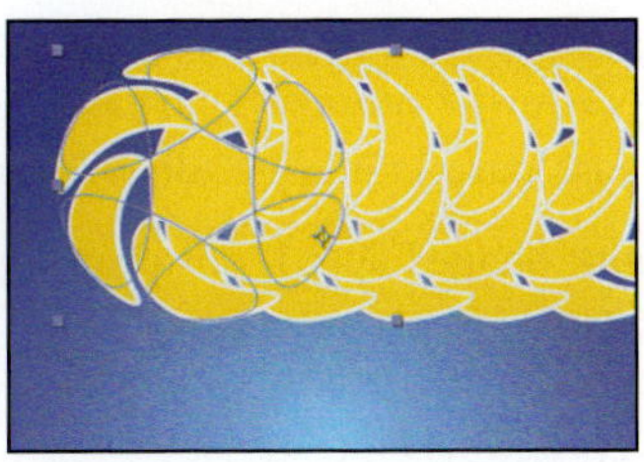

O Repeater cria quatro cópias da forma, sobrepondo-as. Você vai separá-las em seguida.

5 Expanda Transform: Repeater 1.

Nota: Há múltiplas propriedades Transform no painel Timeline que são aplicadas a diferentes operadores de caminho. Certifique-se de selecionar a propriedade Transform apropriada para o objeto ou camada que deve ser afetado. Nesse caso, você só quer afetar o Repeater.

6 Altere Position para **345,0**. O primeiro valor representa o eixo x. Para que as formas permaneçam mais próximas, utilize um valor menor para o eixo x; para separá-las, utilize um valor maior.

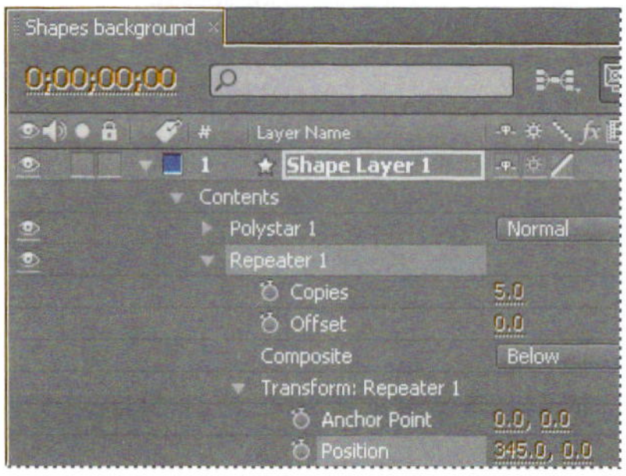

Agora as formas estão separadas. Mas você não pode ver todas ao mesmo tempo. Para mover todas as formas, você precisa mover a camada de forma inteira.

7 Oculte as propriedades de Transform: Repeater 1.

8 Selecione Shape Layer 1, pressione **P** para exibir a propriedade Position e altere-a para **-50, 65**.

A camada de forma agora está no canto superior esquerdo da composição. Você vai redimensionar a camada e adicionar mais linhas.

Nota: Como os valores horizontal e vertical estão vinculados, os dois valores mudam quando você altera um deles.

9 Selecione Shape Layer 1, pressione **S** para exibir a propriedade Scale e altere-a para **50%**.

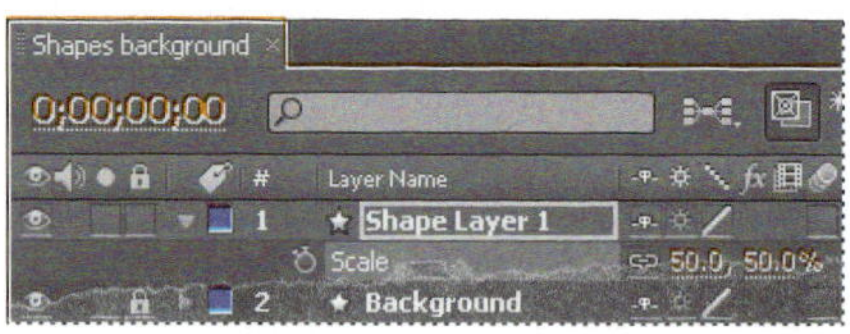

10 Pressione **S** para ocultar a propriedade Scale.

11 Expanda Shape Layer 1 > Contents.

12 Selecione Shape Layer 1 e escolha Repeater no menu pop-up Add.

13 Expanda Repeater 2 > Transform: Repeater 2.

14 Altere Position para **0, 385** para que haja espaço vertical entre as linhas.

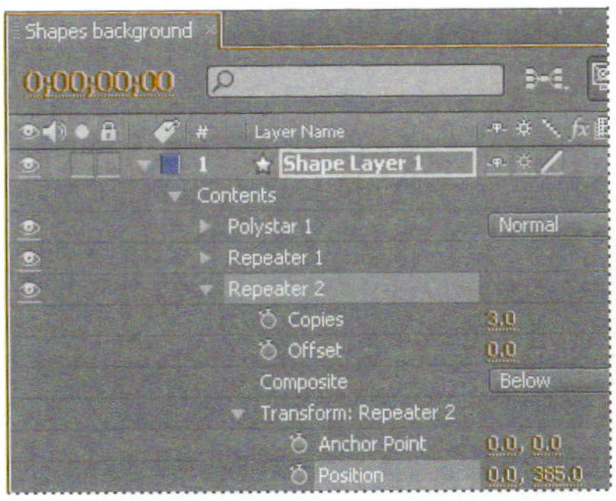

15 Oculte as propriedades de Repeater 2.

Rotacione formas

Os sóis devem girar no fundo. Você vai animar a propriedade Rotation da forma original e as modificações serão automaticamente aplicadas às formas duplicadas.

1 No painel Timeline, expanda Shape Layer 1 > Contents > Polystar 1 > Transform: Polystar 1.

2 Pressione a tecla Home para certificar-se de que o indicador de tempo atual está no início da linha do tempo.

3 Clique no cronômetro (◔) ao lado da propriedade Rotation para criar um keyframe inicial para a camada.

4 Pressione a tecla End para mover o indicador de tempo atual para o final da linha do tempo.

5 Altere Rotation para **3x+0** graus. Essa configuração faz a forma girar três vezes a 10 segundos.

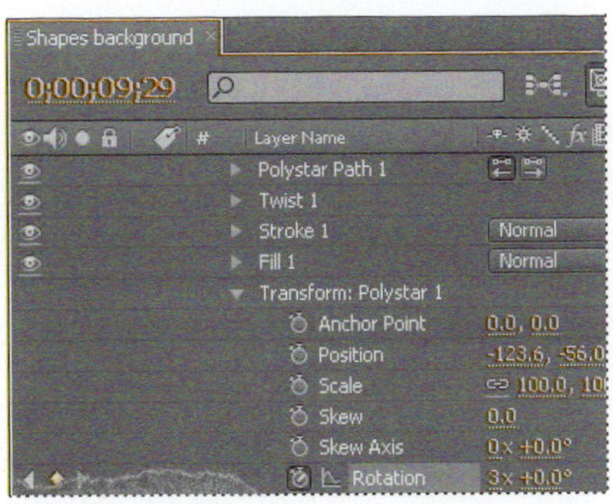

6 Oculte as propriedades de Shape Layer 1.

7 Arraste o indicador de tempo atual ao longo da linha do tempo para visualizar a rotação.

Mescle formas com o fundo

Os sóis girando parecem bons, mas eles contrastam excessivamente com o fundo. O caractere no vídeo principal deve ser o foco da atenção. Você vai alterar o modo de mesclagem e opacidade da camada de forma para que o fundo se torne mais sutil.

1 Clique em Toggle Switches/Modes na parte inferior do painel Timeline.

2 Escolha Overlay no menu pop-up Mode para a camada Shape Layer 1.

3 Selecione Shape Layer 1 e pressione **T** para exibir a propriedade Opacity para a camada.

4 Altere Opacity para **25%**.

5 Pressione **T** para ocultar a propriedade Opacity.

6 Selecione Shape Layer 1, pressione Enter ou Return e digite **Suns** para o nome da camada. Pressione Enter ou Return novamente para aceitar o novo nome.

7 Bloqueie a camada para evitar modificações acidentais.

● **Nota:** Em vez de alterar a opacidade da camada inteira, você pode alterar a opacidade da forma original. O valor será aplicado a todas as duplicatas.

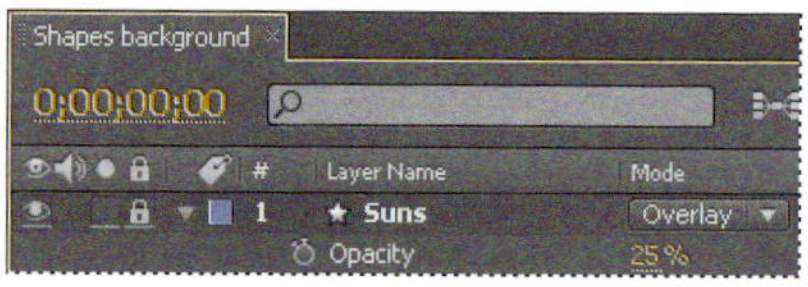

Crie estrelas

A ferramenta Star é semelhante à ferramenta Polygon. Um polígono é simplesmente uma estrela sem a propriedade Inner Roundness ou Inner Radius; ambas as ferramentas criam formas chamadas poliestrelas. A ferramenta Star será empregada para desenhar uma estrela para o fundo, e a operação Pucker & Bloat, para alterar a forma da estrela. Em seguida, você vai duplicar a estrela e girar as estrelas em torno do ponto de ancoragem da camada.

Desenhe uma estrela

A ferramenta Star está agrupada com outras ferramentas de forma. Para desenhar uma estrela, arraste a ferramenta Star no painel Composition.

1 Selecione a ferramenta Star ( ), que está oculta sob a ferramenta Polygon ( ).

2 Altere as configurações de preenchimento e contorno da forma antes de desenhar a estrela:

- Clique na caixa Fill Color e selecione um azul médio. (Utilizamos RGB 75, 120, 200.) Em seguida, clique em OK.
- Clique na palavra *Stroke* e clique em None ( ) na caixa de diálogo Stroke Options. Clique em OK.

3 Desenhe uma estrela perto do centro da composição. O After Effects adiciona uma camada de forma nomeada Shape Layer 1 ao painel Timeline.

4 No painel Timeline, expanda Shape Layer 1 > Polystar 1 > Polystar Path 1.

5 Altere Points para **6** e Rotation para **150** graus.

6 Altere Inner Radius para **50** e Outer Radius para **90**. Os valores do raio alteram a forma da estrela.

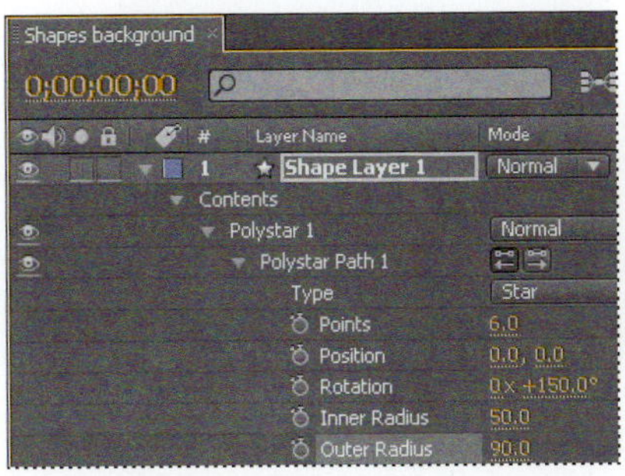

● **Nota:** Se não conseguir ver a estrela na frente do fundo, oculte temporariamente as camadas Suns e Background clicando nos seus ícones de visibilidade no painel Timeline.

7 Expanda as propriedades de Transform: Polystar 1.

8 Altere Position para **-180, -70**.

9 Recolha as propriedades de Polystar 1 para ocultá-las.

Aplique Pucker & Bloat

O After Effects tem uma poderosa ferramenta para manipular caminhos e formas chamada Pucker & Bloat. Você pode contrair uma forma puxando os vértices do caminho para fora enquanto curva os segmentos para dentro; ou expandir uma forma puxando os vértices para dentro enquanto curva os segmentos para fora. Valores negativos permitem contrair ou "emagrecer" uma forma; valores positivos permitem expandir ou "engordar" uma forma. Você vai contrair a estrela para que ela tenha uma aparência distinta.

1 Selecione Shape Layer 1.

2 Escolha Pucker & Bloat no menu pop-up Add.

3 Expanda Pucker & Bloat 1.

4 Altere Amount para **-125** para contrair a estrela.

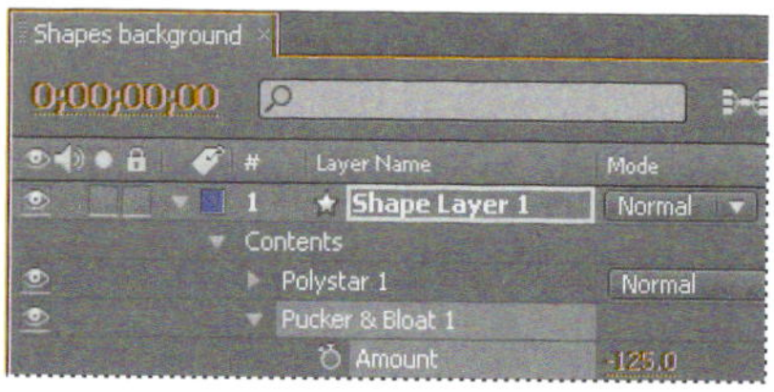

A forma dessa estrela será adequada para o fundo. Agora você pode duplicá-la e animá-la.

Duplique formas

Você quer ter múltiplas estrelas em tamanhos ligeiramente diferentes girando na tela. A operação Repeater será utilizada novamente, mas dessa vez as propriedades Transform para o Repeater serão modificadas a fim de obter resultados diferentes.

1 Selecione Shape Layer 1 e escolha Repeater no menu pop-up Add.

2 Expanda Repeater 1 e mude o número de cópias para **6**.

Agora há seis estrelas na tela.

3 Expanda Transform: Repeater 1.

4 Altere Position para **0, 0** e Rotation para **230** graus.

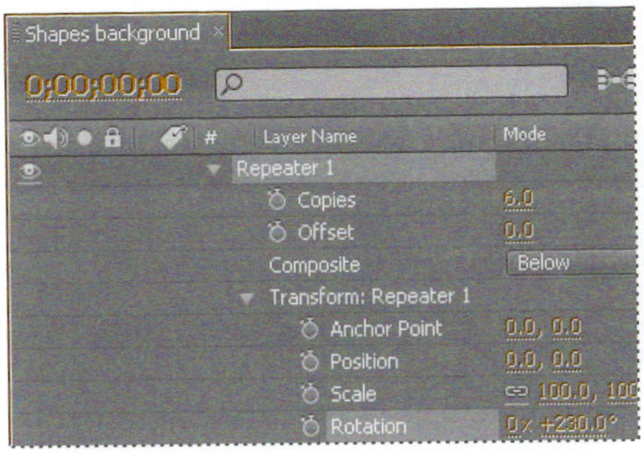

Como a rotação foi aplicada ao Repeater e não à forma, cada estrela rotacionou em torno do ponto de ancoragem da camada em um grau diferente. Ao alterar as propriedades Transform para o Repeater, a modificação é multiplicada pelo número de cópias criadas. Por exemplo, se houver 10 cópias de uma forma e você alterar o valor de Rotation para 10 graus, a primeira forma reterá o valor original de 0, a segunda forma rotaciona 10 graus, a terceira forma rotaciona 20 graus, etc. O mesmo conceito se aplica a todas as propriedades Transform.

Nesse projeto, o ponto de ancoragem da camada difere da posição das formas, assim, a sequência de estrelas começa a rotacionar em torno dela mesma.

5 Altere End Opacity para **65%**. Cada estrela está mais transparente do que a anterior.

6 Oculte as propriedades de Repeater 1.

7 Selecione a camada Shape Layer 1 e escolha Repeater no menu pop-up Add novamente para adicionar outro Repeater.

8 Expanda Repeater 2 > Transform: Repeater 2.

9 Altere Position para **-140,0** e Rotation para **40** graus.

10 Altere Scale para **80%**.

Cada estrela duplicada será menor do que a anterior. Como há três duplicatas do primeiro grupo de estrelas, algumas terão 64% do tamanho da original.

11 Altere End Opacity para **0%**.

12 Recolha as propriedades de Repeater 2 para ocultá-las.

13 Escolha File > Save.

Rotacione formas

As estrelas foram rotacionadas em torno do ponto de ancoragem da camada. Agora você quer animar todas as estrelas para que elas girem em torno do seu próprio eixo. Para fazer isso, você vai animar a propriedade Rotation da forma da poliestrela, não a camada ou o Repeater.

1 Expanda Polystar 1 > Transform: Polystar 1.

2 Pressione a tecla Home para mover o indicador de tempo atual para o início da linha do tempo.

3 Clique no ícone de cronômetro ( ) para a propriedade Rotation a fim de criar um keyframe inicial.

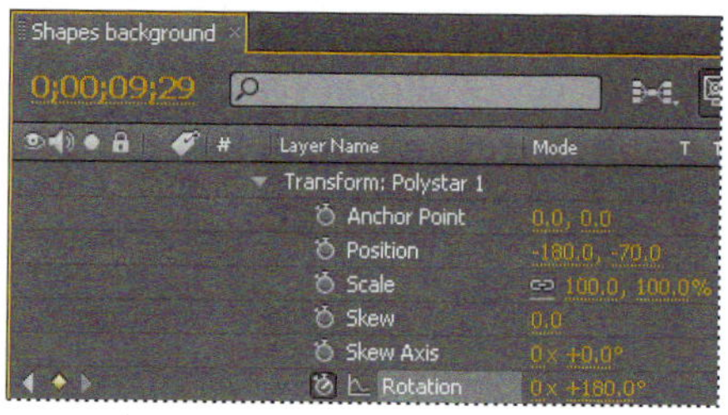

4 Pressione a tecla End para mover-se para o final da linha do tempo.

5 Altere Rotation para **180** graus.

6 Visualize manualmente a composição arrastando o indicador de tempo atual ao longo da linha do tempo. Depois de confirmar que tudo está rotacionando, recolha a camada.

7 Renomeie a camada Shape Layer 1 como **Stars** e pressione Enter ou Return para aceitar o nome.

8 Bloqueie a camada Stars.

Incorpore camadas de vídeo e áudio

O fundo está no lugar. Agora você pode adicionar o vídeo do DJ e a trilha de áudio que o acompanha.

Adicione arquivos de áudio e vídeo

Os arquivos que você importou no início da lição agora serão adicionados à composição. O clipe DJ.mov não tem um fundo e foi exibido com um canal alfa premultiplied, portanto, as camadas subjacentes estão visíveis. Você vai aprender a fazer chroma keys na Lição 9, "Keying".

1 Pressione Home para mover o indicador de tempo atual para o início da composição.

2 Abra a pasta Assets no painel Project.

3 Arraste o item DJ.mov até o painel Timeline, posicionando-o acima das outras camadas.

4 Arraste o item gc_adobe_dj.mp3 do painel Project até o painel Timeline, inserindo-o abaixo das outras camadas.

5 Bloqueie a camada de áudio que você acabou de adicionar ao painel Timeline para não selecioná-la e movê-la acidentalmente mais tarde. Então, escolha File > Save.

● **Nota:** Você pode inserir uma camada de áudio em qualquer lugar na pilha de camadas, mas movê-la para a parte inferior torna-a invisível enquanto você trabalha.

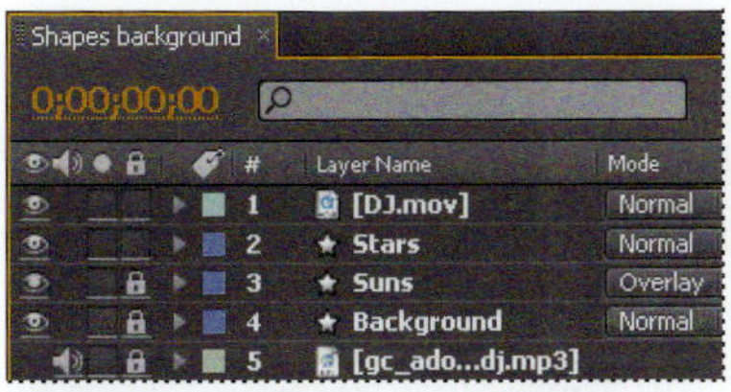

Corte a área de trabalho

O clipe DJ.mov tem apenas 5 segundos, mas a composição tem 10 segundos. Se exibisse esse vídeo agora, o DJ desapareceria na metade. Para corrigir o problema, você vai mover o ponto final da área de trabalho para a marca de 5 segundos. Assim, apenas os 5 primeiros segundos serão exibidos.

Nota: Como alternativa, se não quiser manter os últimos cinco segundos da composição, você pode alterar a duração da composição para 5 segundos. Para fazer isso, escolha Composition > Composition Settings e digite **5.00** na caixa Duration.

1 Mova o indicador de tempo atual até a marca de 5 segundos. Você pode arrastar o indicador de tempo atual no painel Timeline ou clicar na caixa Current Time e digitar **500** na caixa de diálogo Go To Time.

2 Pressione **N** para mover o ponto final da área de trabalho até o tempo atual.

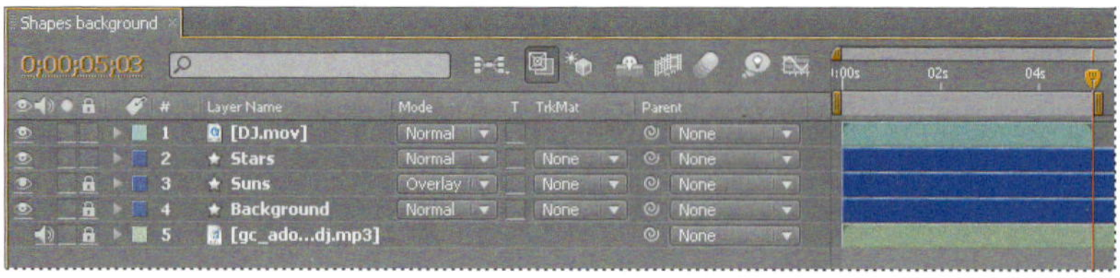

Aplique o efeito Cartoon

O After Effects possui um novo efeito Cartoon, que permite que seu vídeo se pareça com um cartoon. Como essa introdução do reality show *DJ Quad Master* é bem diferente de outros programas do gênero, o efeito Cartoon será perfeito aqui.

O efeito Cartoon tem melhor desempenho em sistemas com uma placa de vídeo que suporta o OpenGL. Você pode optar por pular este exercício e continuar com "Adicione uma barra de título."

1 Selecione a camada DJ.mov no painel Timeline.

2 Escolha Effect > Stylize > Cartoon.

O efeito Cartoon realiza três operações em uma camada. Primeiro, ele suaviza a camada, removendo inúmeros detalhes. Portanto, ele funciona melhor em uma sequência de vídeo do que em uma camada gráfica, como o fundo nesse projeto. Em seguida, o efeito Cartoon enfatiza as bordas das imagens com base nos valores de brilho. Por fim, ele simplifica as cores na camada.

Dica: Para resultados interessantes, tente alterar as opções Cartoon Render de Fill & Edges para Fill (para um efeito de uma única cor) ou Edges (para a arte a traço em preto e branco).

As configurações padrão são adequadas, mas você vai ajustá-las no painel Effect Controls.

3 No painel Effect Controls, escolha Fill no menu pop-up Render.

Neste projeto, você só está selecionando Fill temporariamente para ver com mais facilidade os resultados das configurações Fill à medida que faz os ajustes.

4 Altere o valor Detail Radius para **20** e o valor Detail Threshold para **50**.

Essas configurações controlam a quantidade de detalhes que é removida e o grau de suavização. Valores mais altos removem mais detalhes.

5 Na área Fill, altere o valor de Shading Steps para **10** e certifique-se de que o valor de Shading Smoothness é **70**.

Essas configurações determinam como as cores são reduzidas e como os degradês são preservados. Neste projeto, alterar esses valores reduz o número de cores na camisa do DJ, criando um design mais simples.

6 Escolha Edges no menu pop-up Render para focalizar os controles de borda. A camada torna-se P&B temporariamente.

7 Na área Edge, altere Threshold para **1.25** e Width para **1**.

Essas configurações reduzem o número de linhas pretas no tema.

8 Deixe o valor Softness na sua configuração atual, mas reduza Opacity a **60%** para tornar as linhas mais sutis.

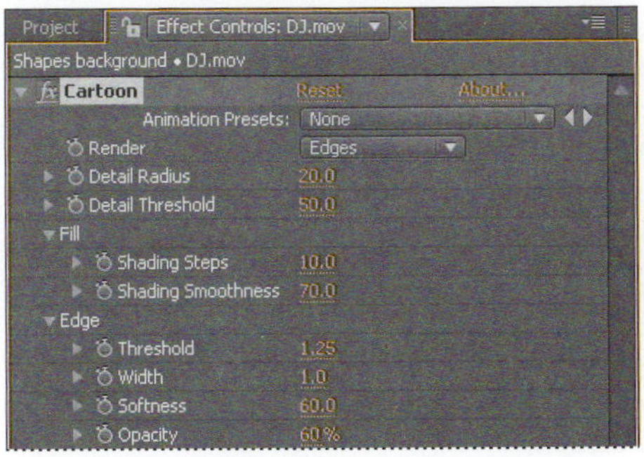

9 Escolha Fill & Edges no menu pop-up Render para restaurar as cores.

10 Expanda Advanced para ver os controles avançados, que fornecem um controle preciso em relação às bordas.

11 Altere o valor Edge Enhancement para **50** a fim de tornar mais nítidas as bordas da camada.

12 Altere Edge Black Level para **2** a fim de preencher mais áreas da imagem com preto sólido. Isso torna a imagem ainda mais caricatural.

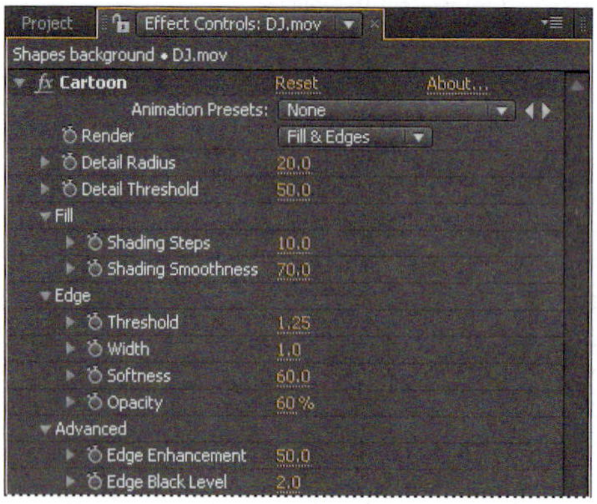

13 Bloqueie a camada DJ.mov para assegurar que ela não seja modificada acidentalmente à medida que você continua com o projeto.

Adicione uma barra de título

Você criou um bom fundo e adicionou o vídeo do DJ e a trilha de áudio. A única coisa que falta é o título para identificar o programa. Você vai utilizar a ferramenta Rectangle e operações com caminhos para criar uma forma dinâmica e posteriormente adicionará o texto.

Crie uma forma autoanimada

Wiggle Paths convertem um retângulo padrão em uma série de picos e vales serrilhados. Você vai utilizá-lo para criar uma forma que se parece com uma onda sonora. Como a operação é autoanimada, você só precisa alterar algumas propriedades e a forma inteira irá se mover por conta própria.

1 Selecione a ferramenta Rectangle (■) oculta sob a ferramenta Star (★).

2 Clique na caixa Fill Color e selecione um amarelo brilhante. (Utilizamos RGB 255, 255, 130.) Clique em OK.

3 Clique na palavra *Stroke*. Na caixa de diálogo Stroke Options, selecione Solid Color e clique em OK.

4 Clique na caixa Stroke Color e selecione um cinza claro. (Utilizamos RGB 200, 200, 200.) Clique em OK.

5 Altere Stroke Width para **10** pixels.

6 Desenhe um retângulo ao longo da composição, perto da parte inferior, com uma altura aproximada de 50 pixels.

7 No painel Timeline, expanda Rectangle 1 > Rectangle Path 1.

8 Desvincule os valores Size e altere-os para **680, 50**.

9 Expanda Stroke 1 e altere Stroke Opacity para **30%**.

10 Oculte as propriedades de Rectangle 1.

11 Selecione Shape Layer 1 e escolha Wiggle Paths no menu pop-up Add.

12 Expanda Wiggle Paths 1 e altere Size para **150** e Detail para **80**.

13 Selecione Smooth no menu Points para tornar o caminho menos irregular.

14 Mude Wiggles/Second para **5** a fim de acelerar o movimento.

15 Mova o indicador de tempo atual ao longo da linha do tempo para ver o movimento da forma. Ela não é exatamente uma forma de onda de áudio, mas é uma versão estilizada de uma.

16 Oculte todas as propriedades da camada.

17 Renomeie a camada **Lower Third** e bloqueie-a.

Adicione texto

Tudo o que você precisa fazer é adicionar o título do programa. Você vai utilizar uma predefinição de animação para destacar o texto.

1 Pressione Home para mover o indicador de tempo atual para o início da composição.

2 Selecione a ferramenta Horizontal Type (T). No painel Character, selecione uma fonte sem serifa, como Arial Black, e especifique um tamanho de **60** pixels.

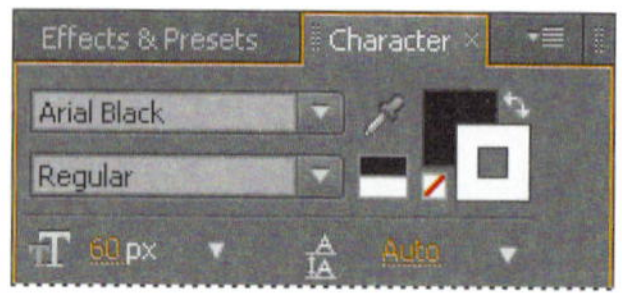

3 Clique na caixa Fill Color no painel Character e selecione preto (RGB 0, 0, 0). Em seguida, clique na caixa Stroke Color e escolha branco (RGB 255, 255, 255).

4 Altere Stroke Width para **2** pixels.

5 Clique em um ponto de inserção no painel Composition e digite **DJ Quad Master**.

6 Selecione a ferramenta Selection e reposicione o texto sobre a forma da onda.

7 Selecione o texto no painel Composition e escolha Animation > Browse Presets. O Adobe Bridge se abre, exibindo as predefinições de animação disponíveis.

8 Navegue até a pasta Text/3D Text e dê um clique duplo na miniatura 3D Rotate In By Character. O After Effects aplica a predefinição ao texto selecionado.

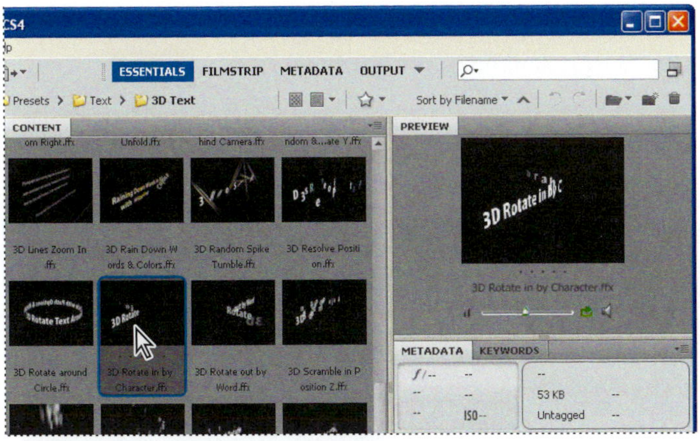

9 Faça uma visualização RAM (RAM Preview) para ver seu vídeo. Pressione a barra de espaço para parar a visualização.

● **Nota:** Com o efeito Cartoon inserido, a exibição e a reprodução da visualização RAM podem levar mais tempo do que o normal.

Utilize Brainstorm para experimentação

O recurso Brainstorm permite testar diferentes configurações para os efeitos e aplicar rapidamente aquele que você preferir. Para utilizar o recurso Brainstorm, selecione a camada ou as propriedades que você quer incluir e clique no ícone Brainstorm. A caixa de diálogo Brainstorm exibe múltiplas variações da sua imagem, com base em configurações aleatórias. Você pode salvar uma ou mais das variantes, aplicar aquela escolhida a uma composição ou refazer a operação de Brainstorm.

O recurso Brainstorm é especialmente adequado para predefinições de animação. Você vai utilizá-lo para explorar as possibilidades da camada Suns criada para este projeto.

1 Salve o projeto e escolha File > Save As. Nomeie a nova cópia do projeto **Brainstorm** e salve-a na pasta Lesson04/Finished_Project.

2 Desbloqueie a camada Suns no painel Timeline.

3 Clique nas caixas Solo (●) para as camadas Suns e Background para ver apenas essas duas camadas no painel Composition.

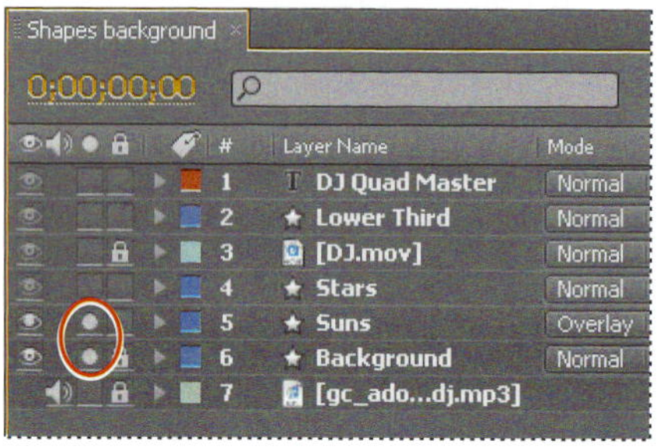

> **Nota:** Selecting Contents seleciona todas as propriedades da camada para que o recurso Brainstorm inclua todas elas na operação. Você também pode utilizar o recurso Brainstorm para testar uma ou várias propriedades específicas.

Você pode isolar uma ou mais camadas para animar, visualizar ou renderizar fazendo o que se costuma chamar de *solo* (*soloing*). O solo exclui todas as outras camadas do mesmo tipo do painel Composition.

4 Expanda a camada Suns e selecione Contents.

5 Clique no ícone Brainstorm ( ) na parte superior do painel Timeline para abrir a caixa de diálogo Brainstorm.

6 Escolha o nível de aleatoriedade que o Brainstorm deve aplicar às propriedades da camada. O valor padrão é 25%; para modificações significativas, tente **100**%.

7 Clique no botão Brainstorm. O recurso torna as propriedades aleatórias e exibe variantes. Você pode clicar no botão Brainstorm várias vezes; a cada vez, ele torna as configurações aleatórias de acordo com a porcentagem que você selecionou.

▶ **Dica:** Para voltar a uma variação anterior, clique no botão Back. Para ver todas as variantes em ação, clique no botão Play.

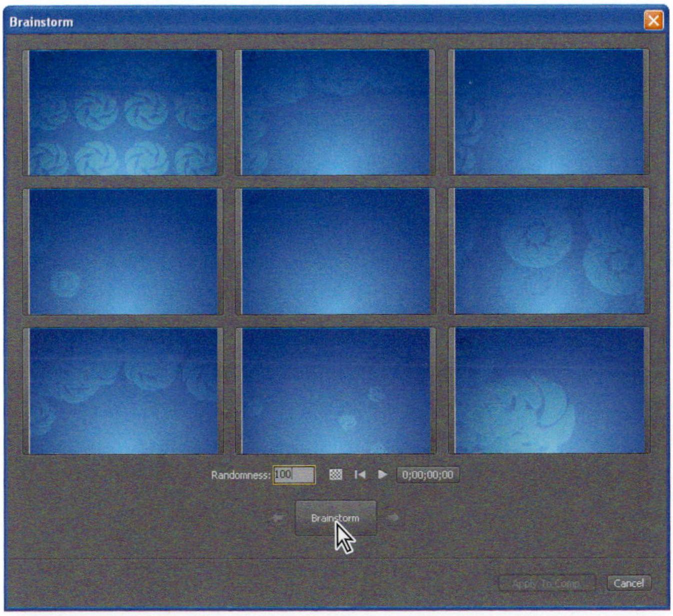

8 Quando achar uma variação que lhe agrade, mova o cursor sobre a variante e clique no ícone de marca de verificação para aplicá-la à composição.

Criando um menu de DVD

É possível utilizar o After Effects para criar botões para um menu de DVD que está sendo projetado no Adobe Encore. Ao selecionar um grupo de camadas para criar um botão Encore, o After Effects precompõe as camadas e nomeia a precomposição de acordo com o padrão utilizado pelo Encore para nomear botões.

O After Effects inclui projetos-modelo com menus de DVD completos para você utilizar como base para seus próprios menus. Visualize-os no Adobe Bridge escolhendo File > Browse Project Templates in After Effects.

- Para criar um botão, selecione as camadas que você quer incluir e escolha Layer > Adobe Encore > Create Button. Nomeie o botão para que ele corresponda à função, como Play Movie ou Scene Selection. Em seguida, utilize os menus para atribuir até três camadas de destaque e uma camada de miniatura de vídeo.
- Para atribuir uma camada a uma subimagem, selecione a camada e escolha Layer > Adobe Encore > Assign To Subpicture.
- Para exportar o botão, selecione a composição no painel Project e escolha Composition > Save Frame As > Photoshop Layers.

Perguntas de revisão

1 O que é uma camada de forma (shape layer) e como você cria uma?

2 Como você pode criar rapidamente múltiplas cópias de uma forma (shape)?

3 Qual é a vantagem do recurso Brainstorm?

4 O que o comando Pucker & Bloat faz?

5 Como o efeito Cartoon funciona?

Respostas

1 Um camada de forma é simplesmente uma camada que contém uma imagem vetorial chamada forma. Para criar uma camada de forma, desenhe uma forma diretamente no painel Composition utilizando uma das ferramentas de desenho ou a ferramenta Pen.

2 Para duplicar rapidamente uma forma múltiplas vezes, aplique o comando Repeater à camada de forma. O comando Repeater cria cópias de todos os caminhos, contornos e preenchimentos incluídos na camada.

3 O recurso Brainstorm cria variantes da sua composição com base em configurações aleatórias nas propriedades que você selecionou. O recurso permite explorar inúmeras possibilidades com rapidez e facilidade e salvá-las ou aplicá-las com um único clique.

4 O comando Pucker & Bloat puxa os vértices do caminho para fora e ao mesmo tempo curva os segmentos para dentro (contração), ou puxa os vértices para dentro e ao mesmo tempo curva os segmentos para fora (expansão). Valores negativos permitem contrair ou "emagrecer" uma forma; valores positivos permitem expandir ou "engordar" uma forma.

5 O efeito Cartoon estiliza uma camada removendo alguns detalhes, destacando outros e simplificando as cores. Você pode alterar as configurações no painel Effect Controls para ajustar o comportamento do efeito.

5 ANIMANDO UMA APRESENTAÇÃO MULTIMÍDIA

Visão geral da lição

Nesta lição, você vai aprender a:

- Criar uma animação complexa com múltiplas camadas
- Ajustar a duração de uma camada
- Cortar vídeo em movimento ao vivo utilizando uma camada de forma
- Animar com keyframes Position, Scale e Rotation
- Animar uma camada precomposta
- Aplicar o efeito Radio Waves a uma camada sólida
- Adicionar áudio a um projeto
- Fazer um loop em uma trilha de áudio utilizando o remapeamento de tempo

Nesta lição, você vai trabalhar no projeto de uma animação mais complexa. Ao longo do processo, você vai aprender a misturar mídias, incluindo vídeo em movimento e arte do Adobe Photoshop; trabalhar com áudio; e a utilizar o painel Timeline para realizar animações com keyframes. O projeto desta lição é um portfólio animado de um ilustrador profissional, concebido para ser um material autopromocional útil e real, que pode ser entregue em um CD ou pela Web. Esta lição levará aproximadamente 2 horas.

Illustration by Gordon Studer, www.gordonstuder.com

Os projetos do Adobe After Effects costumam utilizar vários arquivos importados, organizados em uma composição, que são editados e animados utilizando o painel Timeline. Nesta lição, você vai se familiarizar com os conceitos básicos de animação à medida que cria uma apresentação multimídia.

Introdução

Para esse projeto, o ilustrador profissional Gordon Studer criou um arquivo do Photoshop de uma cena de uma cidade com vários objetos em camadas separadas que você vai animar no After Effects. Na verdade, ele preparou um projeto do After Effects que já contém esse arquivo em camadas do Photoshop, bem como clipes de vídeo e áudio que serão necessários mais adiante na lição.

Você vai animar uma ilustração do artista dirigindo um carro em uma rua da cidade. A animação termina com um cavalete que exibe uma apresentação de slides com trabalhos do artista.

Trata-se de uma animação complexa. Você vai começar animando o fundo e alguns objetos para que a câmera virtual pareça mover-se da esquerda para a direita ao longo da cena. Posteriormente, vai animar o carro na rua e mascarar uma fotografia do rosto do ilustrador no banco do motorista. Em seguida, você vai animar parte do movimento do tráfego e edifícios para adicionar interesse ao fundo. Por fim, você vai animar a apresentação de slides no cavalete.

1 Certifique-se de que os seguintes arquivos estão na pasta AECS4_CIB/Lessons/Lesson05 no disco rígido ou copie-os agora do DVD do *Adobe After Effects CS4 Classroom in a Book*.
   - Na pasta Start_Project_File: Lesson05_Start.aep
   - Na pasta Assets: CarRide.psd, GordonsHead.mov, piano.wav e várias imagens JPG cujos nomes dos arquivos iniciam com "studer_"
   - Na pasta Animation_preset: HeadShape.ffx
   - Na pasta Sample_Movie: Lesson05.mov

2 Abra e reproduza o vídeo de exemplo Lesson05.mov para ver o que será criado nesta lição. Ao concluir, feche o QuickTime Player. Exclua o vídeo de exemplo do disco rígido se houver pouco espaço de armazenamento.

À medida que o After Effects inicia, restaure as configurações padrão do aplicativo. Consulte "Restaure as preferências padrão", na página 15.

3 Pressione Ctrl+Alt+Shift (Windows) ou Command+Option+Shift (Mac OS) ao iniciar o After Effects. Quando solicitado se você quer excluir seu arquivo de preferências, clique em OK.

4 Clique em Close para fechar a janela Welcome.

5 Escolha File > Open Project.

6 Navegue até a pasta AECS4_CIB/Lessons/Lesson05/Start_Project_File, selecione Lesson05_Start.aep e clique em Open.

▶ **Dica:** Para ver o conteúdo de cada camada do arquivo Photoshop, dê um clique duplo em cada item na pasta CarRide Layers no painel Project e visualize-o no painel Footage. Feche o painel Footage ao concluir.

7 Se necessário, dê um clique duplo na composição CarRide no painel Project para abri-la nos painéis Timeline e Composition.

8 Escolha File > Save As.

9 Na caixa de diálogo Save As, navegue até a pasta AECS4_CIB/Lessons/Lesson05/Finished_Project. Nomeie o projeto **Lesson05_Finished.aep** e clique em Save.

Anime o cenário utilizando parenting

Para animar vários elementos do cenário de maneira eficaz como fundo, você vai utilizar relacionamentos pai/filho (parenting). Como aprendeu na Lição 3, "Animando texto", criar um relacionamento pai/filho entre as camadas sincroniza as modificações na camada pai com os valores de transformação correspondentes das camadas filhas. Na Lição 3, os relacionamentos pai/filho foram utilizados para aplicar rapidamente a transformação de escala de uma camada a outra. Agora, esse recurso será utilizado para sincronizar o movimento dos objetos nas três camadas – as camadas das folhas, do horizonte completo e do primeiro plano – com a camada do fundo da animação.

Configure relacionamentos pai/filho (parenting)

Primeiro, configure o relacionamento pai/filho entre as camadas relevantes no painel Timeline.

1 No painel Timeline, clique com a tecla Ctrl pressionada (Windows) ou clique com a tecla Command pressionada (Mac OS) para selecionar as camadas das folhas, do primeiro plano e do horizonte completo.

▶ **Dica:** Se não vir a coluna Parent, escolha Columns > Parent no menu do painel Timeline.

2 Na coluna Parent, para qualquer uma das camadas selecionadas, escolha 8. BG no menu pop-up. Isso estabelece as três camadas selecionadas como camadas filhas da camada pai, que é a camada 8, nomeada BG (o fundo).

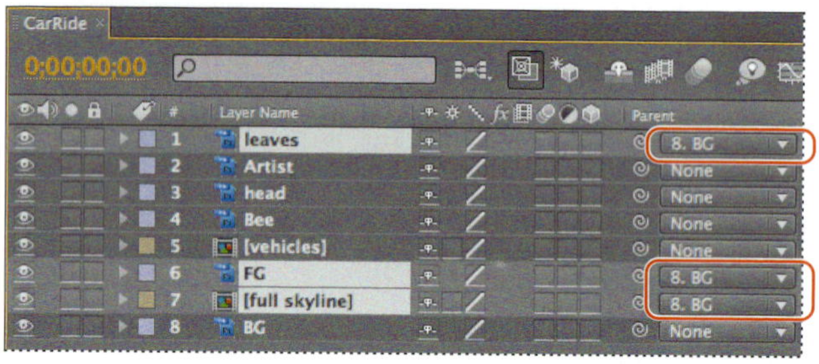

Anime a camada pai

Agora, você vai animar a posição da camada de fundo – a camada pai – para que ela se mova horizontalmente. Isso, por sua vez, animará as camadas filhas da mesma maneira.

1 Pressione a tecla Home para certificar-se de que o indicador de tempo atual está no início da régua de tempo.

2 Selecione a camada BG no painel Timeline e pressione **P** para exibir sua propriedade Position.

3 Configure os valores Position da camada BG como **1029, 120** e clique no ícone de cronômetro (◉) para criar um keyframe Position. Isso move a camada de fundo para fora, à esquerda da cena, como se a câmera tivesse sido movida.

▶ **Dica:** Um modo rápido de acessar um frame é pressionar Alt+Shift+J (Windows) ou Option+Shift+J (Mac OS) para abrir a caixa de diálogo Go To Time. Em seguida, digite o tempo desejado sem pontuação (como em **1015** para 10:15) e pressione Enter ou Return.

4 Vá para a posição 10:15.

5 Configure os valores Position da camada BG como **-626, 120**. O After Effects cria automaticamente um segundo keyframe e mostra o caminho do movimento da animação no painel Composition. O fundo agora se move de um lado a outro na composição e, como as camadas das folhas, do horizonte completo e do primeiro plano são camadas filhas da camada BG (pai), elas também se movem horizontalmente a partir da mesma posição inicial.

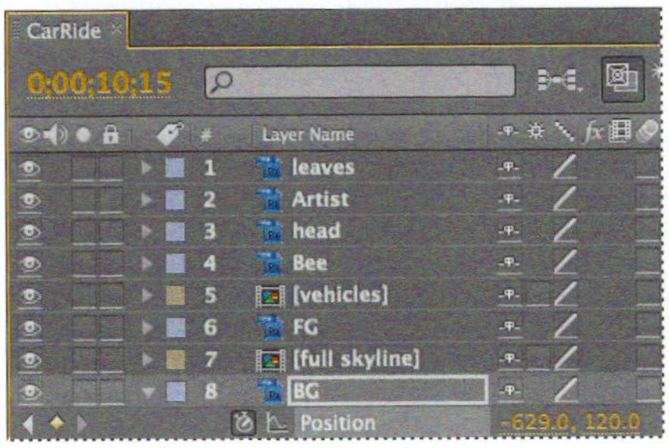

6 Selecione a camada BG e pressione **P** para ocultar sua propriedade Position e manter o painel Timeline organizado.

Anime a posição da abelha

Outro elemento da composição que se move pela cena no início da animação é a abelha, que será animada em seguida.

1 Pressione a tecla Home para ir até a posição 0:00.

2 Selecione a camada Bee no painel Timeline e pressione **P** para exibir sua propriedade Position. (A abelha não permanece visível na posição 0:00 no painel Composition.)

3 Configure os valores Position da camada Bee como **825, 120** para que a abelha permaneça fora da tela à esquerda no início da animação. Então, clique no ícone de cronômetro (⏱) para criar um keyframe Position.

4 Vá até a posição 1:00 e configure os valores Position da camada Bee como **1411, 120**, posicionando a abelha fora da tela à direita. O After Effects adiciona um keyframe.

▶ **Dica:** Você também pode alterar os valores Position da camada Bee arrastando a camada no painel Composition, com a ferramenta Selection, até que a camada esteja na posição correta.

5 Selecione a camada Bee e pressione **P** para ocultar sua propriedade Position no painel Timeline.

Apare uma camada

Como você não quer que a abelha apareça na composição depois da posição 1:00, será necessário *cortar* a camada. Cortar (ocultar) a filmagem no início ou no fim de uma camada permite modificar quais frames são os primeiros ou os últimos na composição. O primeiro frame a aparecer é chamado *ponto In* (Entrada), e o último frame é chamado *ponto Out* (Saída). Você pode cortar a cena alterando os pontos In e Out no painel Layer ou no painel Timeline, dependendo do que você quer alterar. Aqui, você irá alterar o ponto Out da camada Bee no painel Timeline.

▶ **Dica:** Você também pode arrastar o lado direito da barra de duração da camada para alterar o ponto Out.

- Com o indicador de tempo atual em 1:00 e a camada Bee selecionada no painel Timeline, pressione a tecla Alt+] (Windows) ou Option+] (Mac OS) para configurar o Out como o tempo atual.

Aplique o Motion Blur

Para finalizar a animação da abelha, você vai aplicar o Motion Blur (desfoque de movimento) para criar um movimento mais real.

1 Clique na chave Motion Blur (◉) da camada Bee para aplicar o o efeito.

2 Clique no botão Enable Motion Blur (◉) na parte superior do painel Timeline para visualizar o Motion Blur no painel Composition.

Visualize a animação

Uma visualização manual rápida mostrará como os elementos no cenário se movem.

1 Arraste o indicador de tempo atual da posição 0:00 até a posição 10:15. A animação dos objetos no fundo, nas folhas, na abelha, no primeiro plano e os objetos no horizonte dão a impressão de que uma câmera está fazendo uma panorâmica ao longo da cena.

2 Depois de visualizar, volte o indicador de tempo atual à posição 0:00 e escolha File > Save para salvar seu trabalho.

Ajuste um ponto de ancoragem

O fundo está se movendo; agora é hora de animar o artista no seu carro vermelho para dar a impressão de que ele está dirigindo de um lado a outro na composição. Para começar esse processo, você primeiro precisa mover o ponto de ancoragem da camada que contém o carro vermelho, sem mover a posição relativa da camada na composição. O carro vermelho está na camada Artist. Para editar o ponto de ancoragem da camada Artist, você tem de trabalhar na camada Artist no painel Layer.

1 Dê um clique duplo na camada Artist no painel Timeline para abri-la no painel Layer.

2 Na parte inferior do painel Layer, escolha Anchor Point Path no menu View. Essa visualização exibe o ponto de ancoragem da camada que, por padrão, permanece no centro.

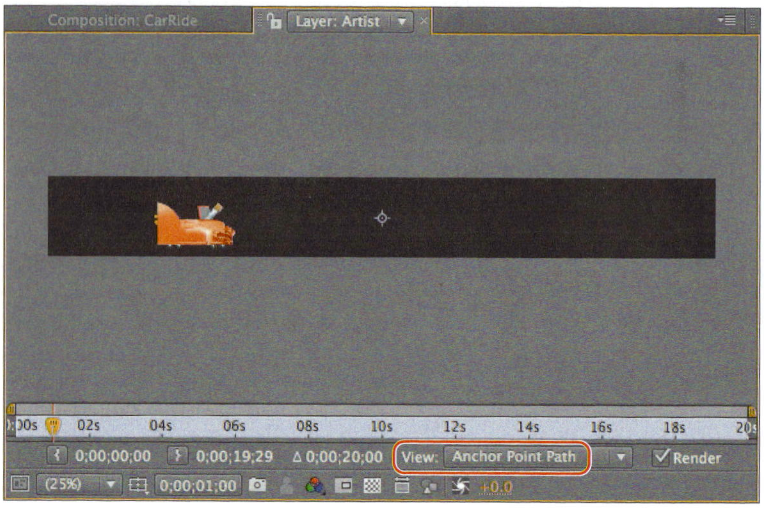

3 Selecione a ferramenta Pan Behind (icon) no painel Tools (ou pressione **Y** para ativá-la).

4 Escolha Fit Up To 100% no menu pop-up Magnification Ratio para ver a camada inteira e arraste o ponto de ancoragem até o canto inferior esquerdo do carro.

5 Clique na guia Composition: CarRide para visualizar a composição CarRide.

6 Selecione a camada Artist no painel Timeline e pressione **P** para exibir sua propriedade Position.

7 Configure os valores Position da camada Artist como **50, 207** para que o carro permaneça no centro do frame e clique no ícone de cronômetro (◉) para configurar um keyframe Position. Essa é uma posição temporária que permite visualizar o carro na tela enquanto você mascara o motorista no lugar, que é sua próxima tarefa. Em seguida, você vai animar o carro para que ele se mova de um lado a outro na composição.

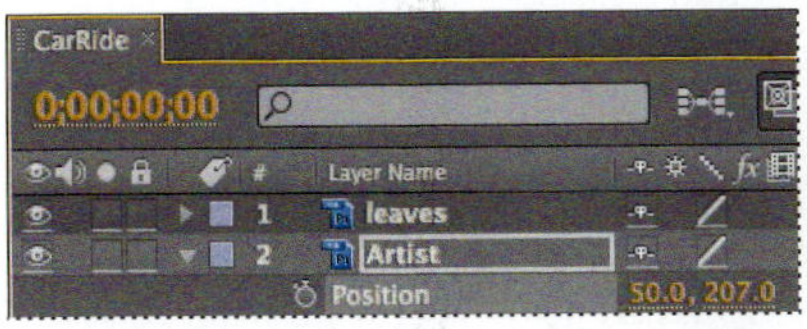

8 Selecione a camada Artist e pressione **P** para ocultar a propriedade Position e, então, escolha File > Save para salvar seu trabalho.

Mascare vídeo utilizando formas vetoriais

Com o carro posicionado na tela, você pode adicionar o motorista. Uma predefinição personalizada de animação será utilizada para criar uma máscara a partir de uma camada de forma. Essa forma converte uma vista frontal em uma de perfil, que é um estilo cubista característico do trabalho do artista.

● **Nota:** Você aprenderá muito mais sobre como criar máscaras na Lição 7.

Crie uma nova composição

Para ajudá-lo a gerenciar o movimento dessa camada posteriormente, você vai criar uma nova composição, que será adicionada à composição principal.

1 Arraste o clipe GordonsHead.mov da pasta Source no painel Project até o botão Create A New Composition (▣) na parte inferior do painel.

O After Effects cria uma nova composição nomeada GordonsHead com base nas configurações do vídeo, e ele abre a nova composição nos painéis Composition e Timeline.

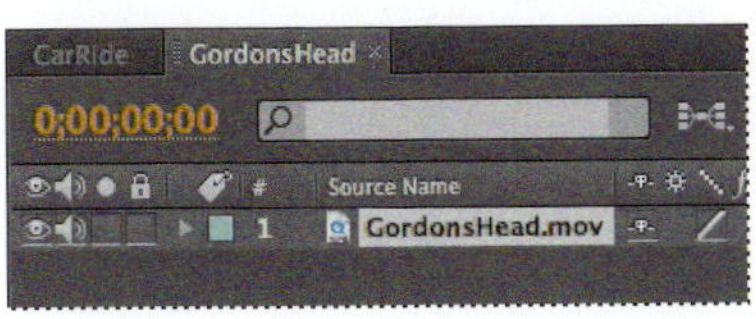

Infelizmente, o filme GordonsHead tem uma resolução diferente do que a composição CarRide. Você precisa corrigir isso agora.

2 Selecione a composição GordonsHead no painel Project e escolha Composition > Composition Settings.

3 Na caixa de diálogo Composition Settings, altere Width para **360** pixels. Se a opção Lock Aspect Ratio estiver selecionada, o After Effects mudará automaticamente Height para 240 pixels. Clique em OK.

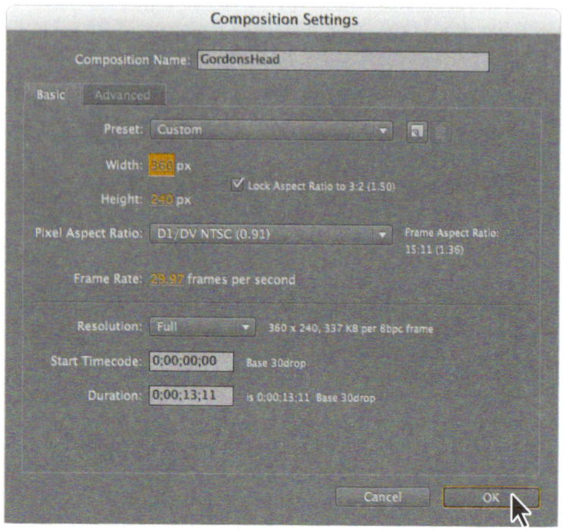

Agora você vai redimensionar a camada para que ela se ajuste à composição.

4 Selecione a camada GordonsHead no painel Timeline e escolha Layer > Transform > Fit To Comp.

Utilize predefinições de animação com camadas de forma

Se for do tipo criativo, como Gordon Studer, você pode criar camadas de forma e salvá-las como predefinições de animação para aplicar a futuros projetos. Você vai aplicar uma predefinição de animação a uma camada de forma para alterar a aparência da cabeça de Gordon.

1 Escolha Layer > New > Shape Layer. O After Effects adiciona uma nova camada de forma à composição.

2 Selecione Shape Layer 1 no painel Timeline e escolha Animation > Browse Presets. O Adobe Bridge se abre.

3 No Adobe Bridge, navegue até a pasta de predefinição AECS4_CIB/Lessons/Lesson05/Animation_ no disco rígido.

4 Dê um clique duplo no arquivo HeadShape.ffx para aplicá-lo a Shape Layer 1. Você pode fechar o Adobe Bridge ou deixá-lo aberto para uso mais adiante nesta lição.

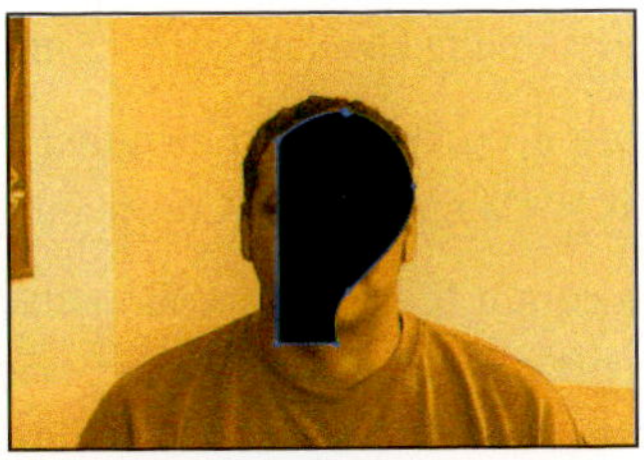

Limite uma camada com um alpha matte

Há muitos modos de mascarar camadas no After Effects. Por exemplo, é possível desenhar a máscara com as ferramentas de forma ou com a ferramenta Pen. Nesta lição, você vai utilizar um alpha matte, que usa o canal alfa de uma camada para mascarar outra camada.

1 Clique em Toggle Switches/Modes na parte inferior do painel Timeline para visualizar a coluna Mode.

2 No menu TrkMat para a camada GordonsHead, escolha Alpha Matte "Shape Layer 1".

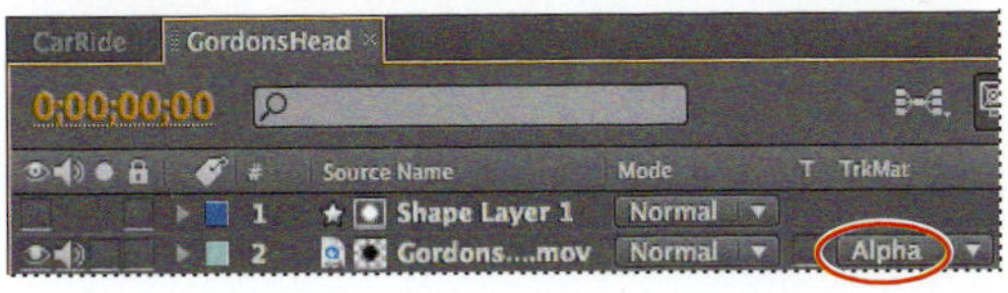

A camada agora está limitada pela camada de forma.

Transforme uma composição em uma camada

Agora que o rosto de Gordon Studer está limitado pela forma vetorial, você precisa anexá-lo ao carro. Você voltará à composição CarRide principal e transformará a composição GordonsHead na camada Head, que atualmente é uma camada sólida que serve como reserva de espaço.

1 Clique na guia CarRide no painel Timeline.

2 Selecione a camada Head no painel Timeline e siga um destes passos:

- Selecione a composição GordonsHead no painel Project e pressione Ctrl+Alt +/ (Windows) ou Command+Option +/ (Mac OS).
- Arraste com a tecla Alt pressionada (Windows) ou arraste com a tecla Option pressionada (Mac) a composição GordonsHead do painel Project até a camada Head no painel Timeline.

3 Com a ferramenta Selection (), arraste a camada Head no painel Composition para que Gordon Studer fique sentado apropriadamente no carro.

Agora, utilize o relacionamento pai/filho novamente para que a cabeça de Gordon Studer mova-se com o carro.

4 Na camada Head no painel Timeline, escolha 2. Artist no menu Parent.

5 Escolha File > Save para salvar seu trabalho.

Interpole um caminho de movimento

Por fim, você está pronto para animar o carro de modo que ele se mova pela tela no início, cresça no meio da composição – como se o carro estivesse se aproximando da câmera – e então empine na frente da câmera e saia de cena. Você vai começar marcando keyframes na posição do carro para posicioná-lo na tela.

1 Pressione a tecla Home para certificar-se de que o indicador de tempo atual está no início da régua de tempo.

2 Clique na chave Video (●) da camada das folhas no painel Timeline para ocultar essa camada a fim de ver claramente a camada Artist abaixo dele.

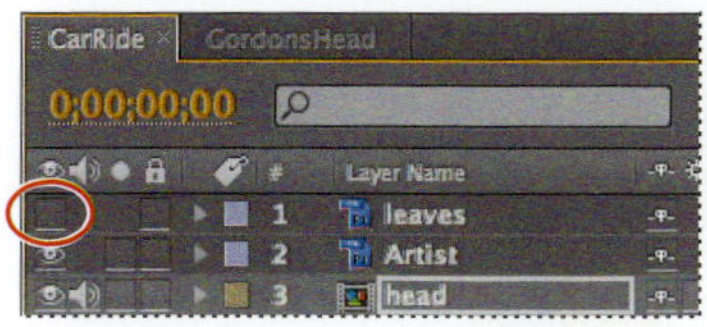

3 Selecione a camada Artist no painel Timeline e expanda suas propriedades Transform.

4 Altere seus valores Position para **-162, 207** a fim de mover a camada para fora da tela à esquerda (atrás das folhas).

● **Nota:** Nesse momento, já há um keyframe do exercício sobre o ponto de ancoragem.

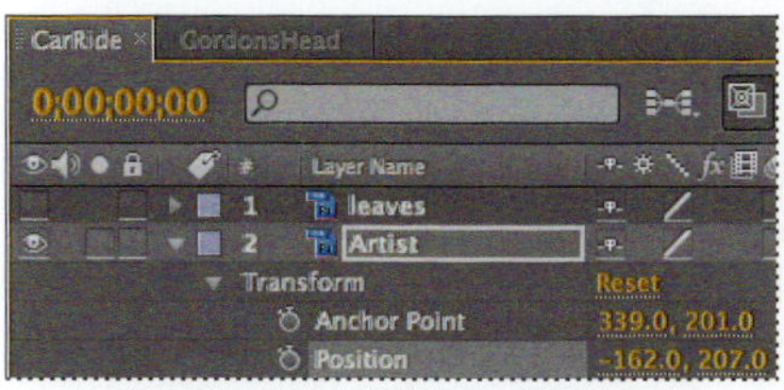

5 Vá até a posição 2:20 e altere os valores Position da camada Artist para **54.5, 207**. O After Effects adiciona um keyframe.

6 Vá até a posição 6:00 e clique no botão Add/Remove Keyframe (na coluna Switches) da camada Artist para adicionar um keyframe Position à camada Artist com os mesmos valores (54.5, 207).

Ao animar a propriedade Position, o After Effects exibe o movimento como um caminho de movimento. Você pode criar um caminho de movimento para a posição da camada ou para o ponto de ancoragem de uma camada. Um caminho de movimento de posição aparece no painel Composition; um caminho de movimento de eixo aparece no painel Layer. O caminho de movimento aparece como uma sequência de pontos em que cada ponto marca a posição da camada em cada frame. Uma caixa no caminho marca a posição de um keyframe. A densidade dos pontos entre as caixas em um caminho de movimento indica a velocidade relativa da camada. Pontos próximos um do outro indicam uma velocidade mais lenta; pontos mais separados indicam uma velocidade mais rápida.

Interpole transformações de escala e rotação

Por enquanto, o carro parece apenas entrar em cena; agora, você vai fazer ele dar a impressão de se aproximar da câmera redimensionando-o para um tamanho maior. Em seguida, você vai fazer ele empinar na frente da câmera interpolando a propriedade Rotation.

1 Vá até a posição 7:15 e configure os valores Scale da camada Artist como **80, 80%**. Em seguida, clique no cronômetro (●) para configurar um keyframe Scale.

2 Vá até a posição 10:10 e configure os valores Position da camada Artist como **28, 303**. O After Effects adiciona um keyframe.

3 Ainda na posição 10:10, altere os valores Scale para **120, 120%**. O After Effects adiciona um keyframe.

4 Ainda na posição 10:10, clique no ícone de cronômetro (◉) da propriedade Rotation para configurar um keyframe Rotation no valor padrão, 0.0°.

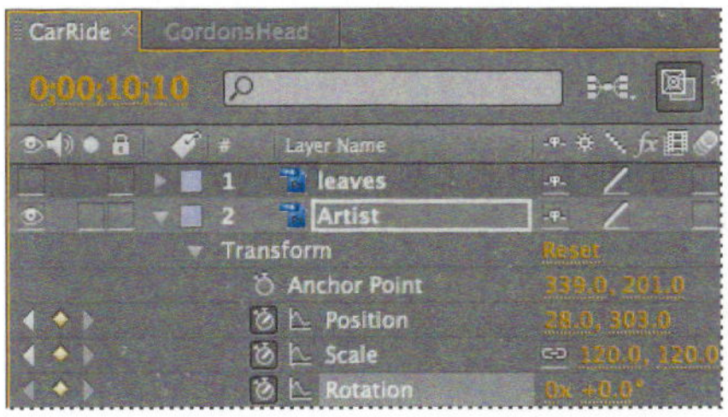

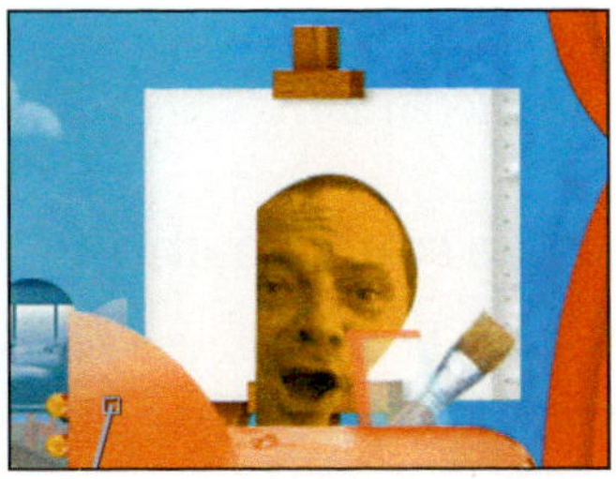

5 Vá até a posição 10:13 e altere o valor Rotation para **0x-14.0** °. O After Effects adiciona um keyframe e agora o carro exibe uma frente empinada.

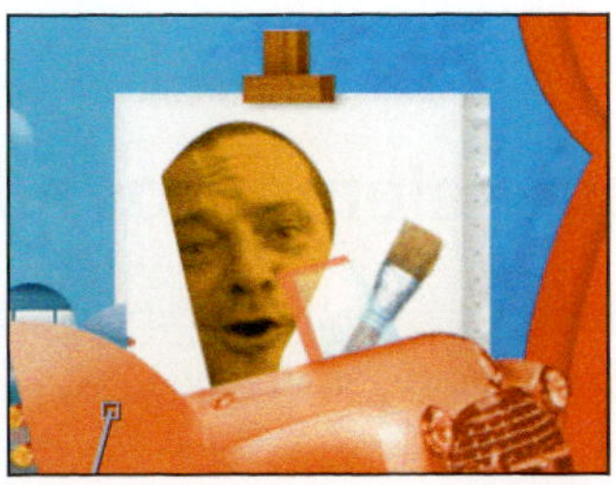

Agora, você vai animar o carro movendo-o para fora da tela.

6 Vá até a posição 10:24 e configure os valores Position da camada Artist como **369, 258**. O After Effects adiciona um keyframe.

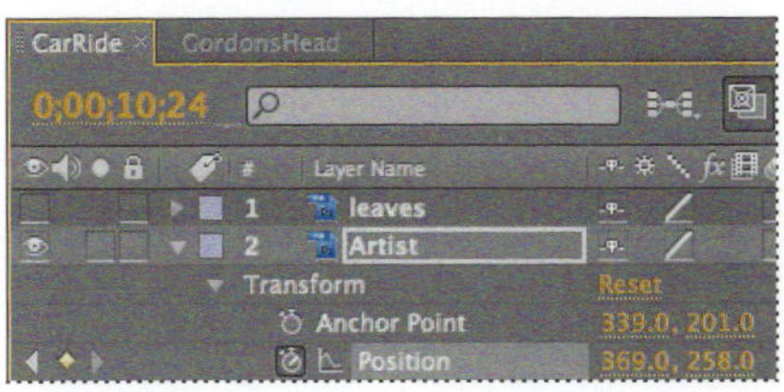

Adicione o efeito Motion Blur

Por fim, aplique o efeito Motion Blur para suavizar a sequência do movimento do carro.

1 Oculte as propriedades da camada Artist no painel Timeline.

2 Ative a chave Motion Blur (◉) para as camadas Artist e Head.

O desfoque será visível à medida que o carro move-se para fora da tela, e também para a abelha voando, porque você aplicou o desfoque de movimento a essa camada anteriormente na lição. Você verá tudo isso ao visualizar a composição.

Visualize seu trabalho

Agora que os keyframes estão configurados para o carro em movimento, visualize o clipe inteiro e certifique-se de que o motorista está enquadrado para criar uma composição agradável.

1 Clique na chave Video (◉) da camada das folhas para torná-la visível e clique no botão RAM Preview no painel Preview para visualizar a animação.

2 Escolha File > Save para salvar seu trabalho até agora.

Anime elementos adicionais

Você obterá mais prática ao criar animações de keyframe à medida que anima o tráfego e os edifícios ao fundo.

Anime o tráfego

● **Nota:** Lembre-se, uma precomposição é simplesmente uma camada com camadas aninhadas. Nesse exemplo, a camada dos veículos contém uma camada aninhada com um carro azul e uma camada aninhada com um carro amarelo.

Talvez você tenha percebido na visualização que acabou de assistir que o carro azul vem colado na traseira do vermelho. Na verdade, o carro azul está em uma camada precomposta que também contém um carro amarelo. Em seguida, você vai tornar a cena mais dinâmica animando os carros azul e amarelo para que eles ultrapassem o carro do artista no fundo.

1 Selecione a camada dos veículos no painel Timeline e clique na chave Solo (●) para isolá-la à medida que você trabalha. Pressione a tecla **P** para exibir a propriedade Position da camada.

2 Vá para a posição 3:00.

3 Com a ferramenta Selection (↖), arraste a camada dos veículos no painel Composition para que os dois carros permaneçam fora da tela à direita. Pressione Shift depois de começar a arrastar para limitar o movimento verticalmente. Ou simplesmente configure os valores Position da camada dos veículos como **684, 120**.

4 Clique no ícone de cronômetro (◉) para criar um keyframe Position para a camada dos veículos.

5 Vá até a posição 4:00 e arraste a camada dos veículos no painel Composition para que os dois carros permaneçam fora da tela à esquerda. Ou, simplesmente configure os valores Position da camada como **93, 120**. O After Effects adiciona um keyframe.

6 Ative o Motion Blur para a camada dos veículos.

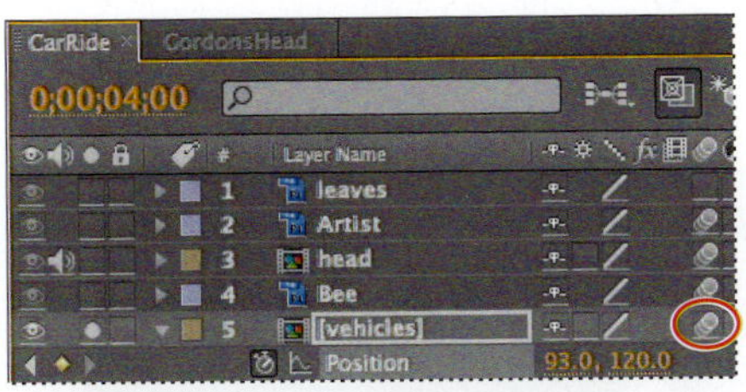

7 Selecione a camada dos veículos no painel Timeline e pressione **P** para ocultar sua propriedade Position.

8 Separe a camada dos veículos e visualize manualmente o tráfego arrastando o indicador de tempo atual entre mais ou menos 2:25 e 4:06.

Anime os edifícios

Edifícios animados? Pode apostar. Você vai animar alguns edifícios que se elevam e "pulam" no fundo à medida que o artista atravessa o centro da cidade de San Francisco. Mais uma vez, será utilizada uma precomposição (full skyline), mas você vai abri-la para animar suas camadas aninhadas individualmente.

1 Dê um clique duplo na composição full skyline no painel Project para abri-la em painéis Composition e Timeline separados. Observe que essa composição tem três camadas: Skyline, Building e Buildings. Você vai começar com a camada Buildings.

2 Vá até a posição 5:10, selecione a camada Buildings no painel Timeline e pressione **P** para exibir sua propriedade Position.

3 Clique no ícone de cronômetro (⏱) para configurar um keyframe Position para a camada Buildings nos valores padrão (160, 120).

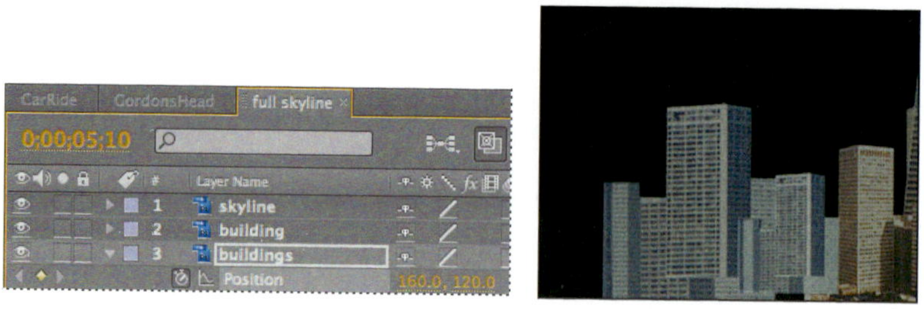

▶ **Dica:** Arrastar a camada até a posição é recomendável, mas você também pode inserir diretamente as coordenadas y nos passos 4 e 5 se não quiser arrastar a camada no painel Composition.

4 Vá até a posição 4:20 e, no painel Composition, utilize a ferramenta Selection (↖) para arrastar a camada Buildings em direção à parte inferior da composição até que seu valor y Position seja 350. Pressione Shift depois de começar a arrastar para limitar o eixo horizontal. O After Effects adiciona um keyframe.

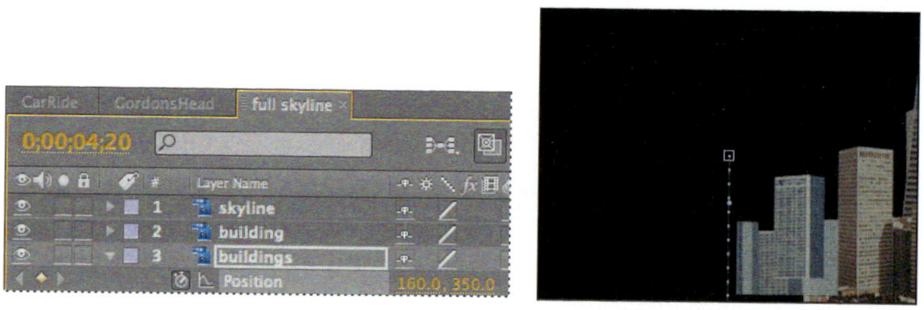

5 Vá até a posição 5:02 e arraste a camada Buildings para cima no painel Composition até que sua coordenada y seja 90. O After Effects adiciona um keyframe.

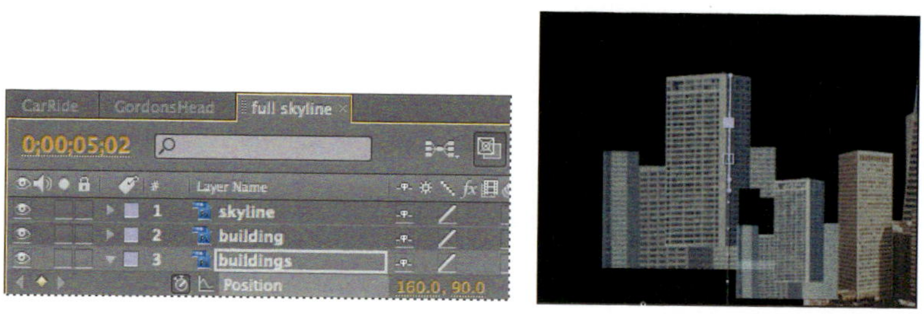

Excelente. Você criou seu primeiro edifício animado e agora vai refinar o movimento no ponto alto do salto para torná-lo mais natural. (Edifícios que pulam? Qual é? Vamos nessa! É divertido!)

Adicione um efeito de Easy Ease

Refine o movimento no ponto alto do salto adicionando um efeito Easy Ease.

1 Clique com o botão direito do mouse (Windows) ou clique com a tecla Control pressionada (Mac OS) no keyframe em 5:02 e escolha Keyframe Assistant > Easy Ease. Isso ajusta a velocidade da modificação à medida que o movimento se aproxima e se afasta do keyframe.

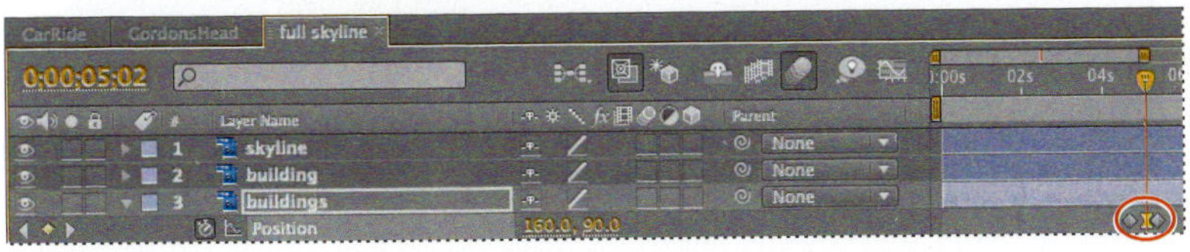

2 Arraste o indicador de tempo atual da posição 4:20 para a posição 5:10 a fim de visualizar o edifício pulando.

Copie a animação do edifício

Para animar as outras camadas na composição do full skyline, você vai copiar e colar os keyframes da camada Buildings para essas outras camadas – mas em momentos diferentes – para que os elementos pulem em sequência.

1 Clique no nome da propriedade Position da camada Buildings para selecionar todos os keyframes da propriedade e escolha Edit > Copy ou pressione Ctrl+C (Windows) ou Command+C (Mac OS).

2 Vá até a posição 5:00 e selecione a camada Building no painel Timeline. Escolha Edit > Paste ou pressione Ctrl+V (Windows) ou Command+V (Mac OS) para colar os keyframes nessa camada. (Você não verá os keyframes colados se a propriedade Position não estiver visível.)

3 Vá até a posição 5:10 e selecione a camada Skyline. Escolha Edit > Paste ou pressione Ctrl+V (Windows) ou Command+V (Mac OS) novamente para colar os keyframes nessa camada.

4 Selecione o nome da camada Building e pressione a tecla **P** para ver os keyframes copiados. Faça o mesmo para a camada Skyline.

5 Aplique o Motion Blur às três camadas, alterne para o painel CarRide Timeline e ative o Motion Blur para a camada precomposta full skyline. Isso aplica o Motion Blur a todas as camadas aninhadas.

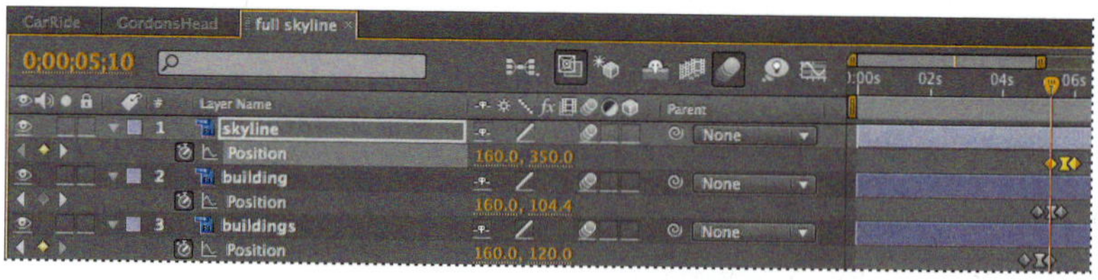

Várias coisas foram feitas. Visualize a animação desde o início.

6 Assista ao RAM Preview.

7 Escolha File > Save para salvar seu trabalho.

Aplique um efeito

Diversos animações com keyframes foram criadas nesse projeto. No próximo exercício, você vai aplicar um efeito que animará algumas ondas de rádio emitidas a partir do edifício Transamerica Pyramid.

Adicione uma camada sólida

Você tem de aplicar o efeito da onda de rádio a uma camada separada, que será uma camada colorida sólida.

Sobre camadas sólidas

Você pode criar imagens sólidas de qualquer cor ou tamanho (até 30.000 × 30.000 pixels) no After Effects. O After Effects trata corpos sólidos como qualquer outro item: é possível modificar a máscara, transformar propriedades e aplicar efeitos a uma camada sólida. Se alterar as configurações de uma camada sólida utilizada por mais de uma camada, você pode aplicar as modificações a todas as camadas que usam a camada sólida ou apenas a uma só ocorrência da camada sólida.

Utilize camadas sólidas para colorir um fundo ou criar imagens gráficas simples.

1 Certifique-se de que o painel CarRide Timeline está aberto.

2 Escolha Layer > New > Solid. Na caixa de diálogo Solid Settings, nomeie a camada **radio waves** e clique no botão Make Comp Size. Clique em OK para criar a camada.

3 Arraste a camada Radio Waves no painel Timeline para que ele esteja diretamente acima da camada BG.

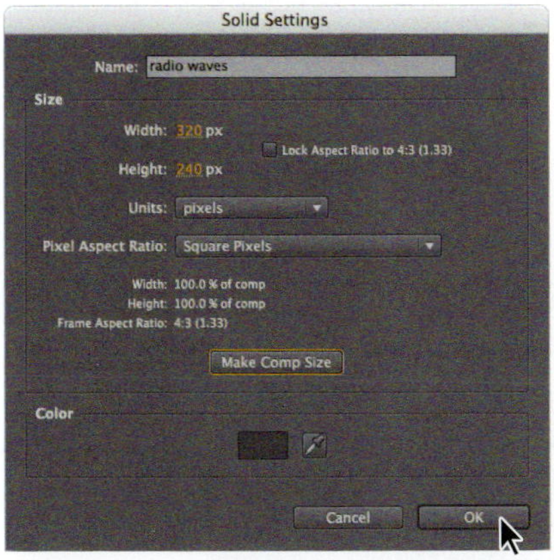

Por padrão, a duração da camada Radio Waves é igual à da composição. Mas ela só precisa ter alguns segundos para que o efeito seja reproduzido. Portanto, você vai alterar a duração da camada.

4 Clique no botão Expand Or Collapse The In/Out/Duration/Stretch Panes (⇹) no canto inferior esquerdo do painel Timeline para visualizar essas quatro colunas.

5 Clique no valor laranja Duration da camada Radio Waves.

6 Na caixa de diálogo Time Stretch, configure New Duration como **8:00** e clique em OK.

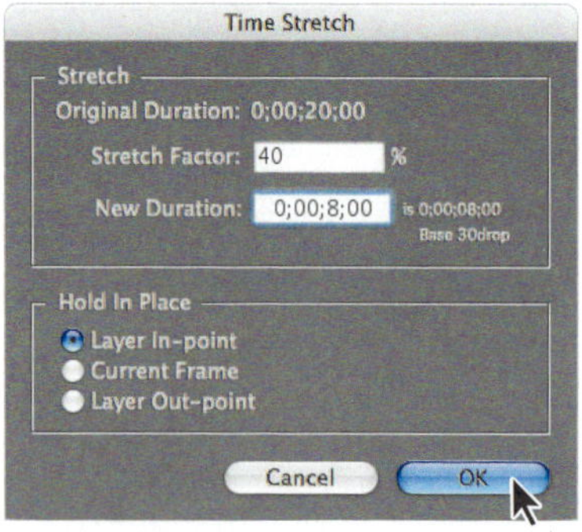

7 Na régua de tempo, arraste a barra de duração da camada Radio Waves (a partir do centro) para que ela inicie em 6:00. Observe o valor In da camada para ver quando ele está em 6:00.

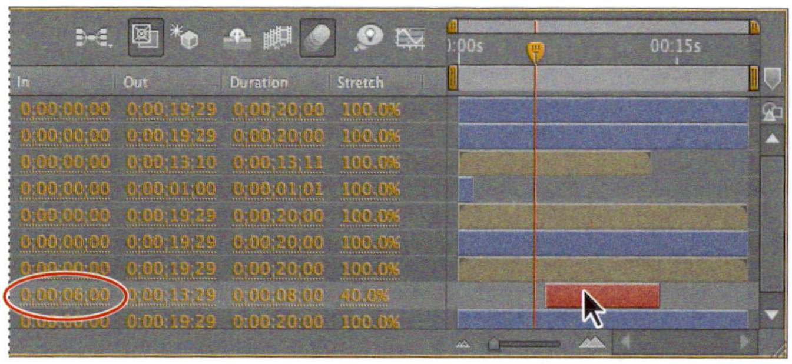

8 Vá até a posição 6:00, o primeiro frame do efeito de ondas de rádio.

Aplique o efeito

Agora, você está pronto para aplicar o efeito de ondas de rádio à camada sólida.

1 Com a camada Radio Waves selecionada no painel Timeline, escolha Effect > Generate > Radio Waves. Nada muda no painel Composition porque a primeira onda ainda não foi emitida.

2 No painel Effect Controls, expanda as propriedades de Wave Motion e Stroke, se elas ainda não estiverem visíveis. Faça o seguinte:

- Escolha Each Frame no menu Parameters Are Set At.
- Configure Expansion como **0.40**.
- Configure Velocity como **1.00**.
- Configure Color como branco (RGB **255**, **255**, **255**).
- Configure Opacity como **0.50**.
- Configure Start Width e End Width como **3.00**.

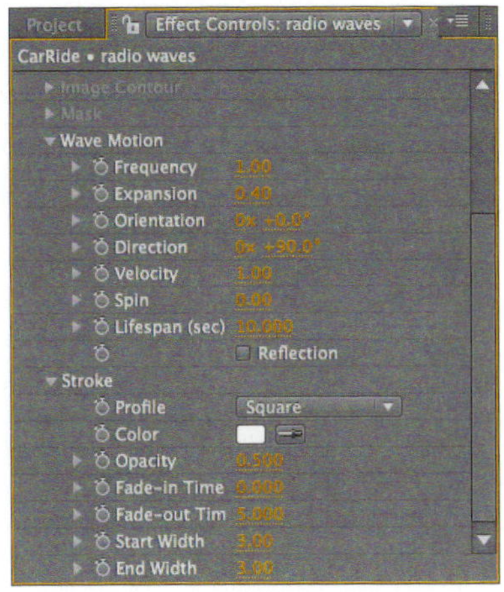

3 Ainda no painel Effect Controls, clique no botão em forma de cruz para a configuração Producer Point perto da parte superior do painel. Em seguida, no painel Composition, clique para configurar o Producer Point no topo da torre.

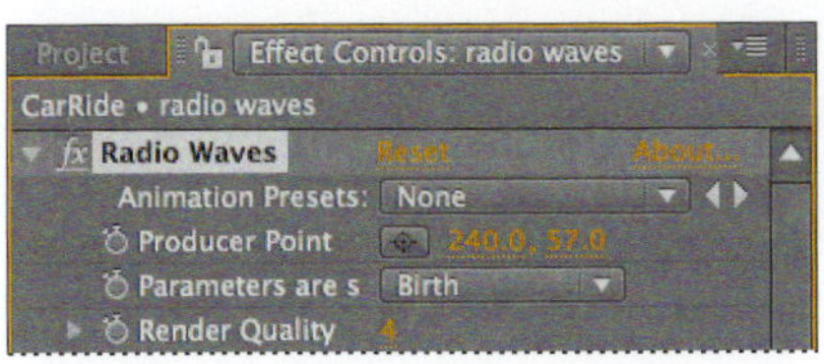

As ondas radiofônicas com as configurações especificadas agora serão emitidas do topo do edifício da torre de transmissão. Você só precisa criar um relacionamento pai/filho entre a camada Radio Waves e camada Full Skyline para que as ondas sejam emitidas do edifício até a composição.

4 Na coluna Parent da camada Radio Waves, escolha 7. full skyline no menu pop-up.

5 Vá até a posição 5:28, um pouco antes de o efeito Radio Waves começar e, no painel Preview, selecione From Current Time. (Talvez seja necessário expandir o painel Preview para ver todas as opções.)

6 Clique no botão RAM Preview (▶) para ver uma visualização RAM do ponto em que o efeito Radio Waves começa.

Depois da visualização, organize o painel Timeline.

7 Clique no botão Expand Or Collapse The In/Out/Duration/Stretch Panes (⇹) para ocultar essas colunas e pressione a tecla Home para ir ao início da régua de tempo.

8 Escolha File > Save para salvar seu trabalho.

Crie uma apresentação de slides animada

Agora que você finalizou essa animação complexa do artista dirigindo de um lado a outro pela cidade estilizada, é hora de adicionar os trabalhos dele ao cavalete. A questão, afinal de contas, é mostrar o trabalho do artista a potenciais clientes. Essa técnica de apresentação de slides pode ser facilmente adaptada a outros usos, por exemplo, mostrar fotos da família ou fazer uma apresentação de negócios.

Importe os slides

O artista forneceu uma pasta com trabalhos de exemplo, mas você vai utilizar apenas algumas imagens. Para ajudá-lo a escolher, visualize-as no Adobe Bridge.

1 Escolha File > Browse In Bridge para pular para o Adobe Bridge.

2 No painel Folders, navegue até a pasta AECS4_CIB/Lessons/Lesson05/Assets no disco rígido.

3 Clique nas várias imagens "studer_" e analise-as no painel Preview.

4 Clique com a tecla Ctrl pressionada (Windows) ou clique com a tecla Command pressionada (Mac OS) para selecionar suas cinco imagens favoritas e dê um clique duplo para adicioná-las ao painel Project do After Effects. Escolhemos studer_Comcast.jpg, studer_Map.jpg, studer_music.jpg, studer_Puzzle.jpg, e studer_Real_Guys.jpg.

5 Deixe o Adobe Bridge aberto no fundo.

Crie uma nova composição

Você vai adicionar essas imagens a uma composição própria, o que facilitará convertê-las em uma apresentação de slides completa com efeitos de transição entre os slides.

1 No After Effects, clique na guia Project para visualizar o painel Project.

2 Desmarque todos os itens no painel Project. Em seguida, clique com a tecla Shift pressionada para selecionar as cinco imagens Studer e arraste-as até o botão Create A New Composition (▣) na parte inferior do painel.

3 Na caixa de diálogo New Composition From Selection, faça o seguinte:

- Na área Create, selecione Single Composition.
- Na área Options, configure Still Duration como **2:00**.
- Selecione as opções Sequence Layers e Overlap.
- Configure Duration como **0:10**.
- Escolha Cross Dissolve Front And Back Layers no menu Transition.
- Clique em OK.

A opção de transição cria uma sequência de imagens estáticas que se fundem uma na outra. Ao clicar em OK, o After Effects abre a nova composição, nomeada para a imagem Studer no topo da lista no painel Project, nos painéis Timeline e Composition. Antes de continuar, você vai atribuir à composição um nome mais intuitivo.

4 Escolha Composition > Composition Settings e renomeie a composição **Artwork**. Em seguida, clique em OK.

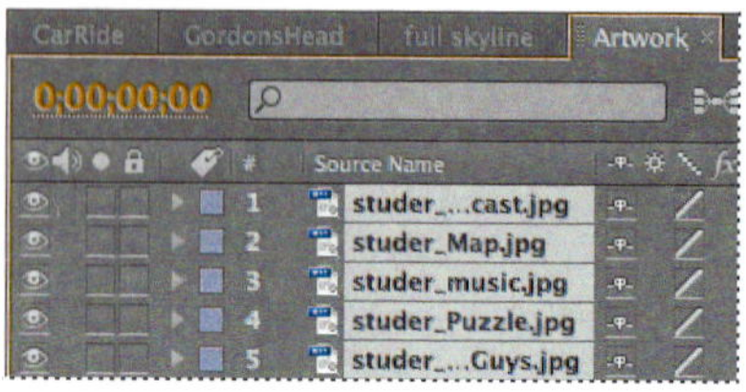

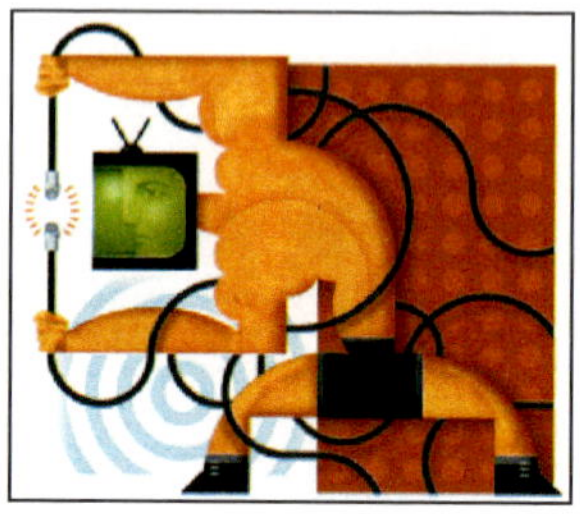

Posicione a apresentação de slides

Não foi fácil criar a apresentação de slides? Agora, você vai posicionar a apresentação de slides na tela do cavalete. Na verdade, os slides são maiores do que a tela, mas, como eles estão em uma composição, é possível ajustá-los como uma unidade.

1 Alterne para o painel CarRide Timeline e vá até a posição 11:00, onde a tela está centralizada na composição.

2 Arraste a composição Artwork no painel Project até o painel CarRide Timeline, inserindo-a em cima da pilha de camadas.

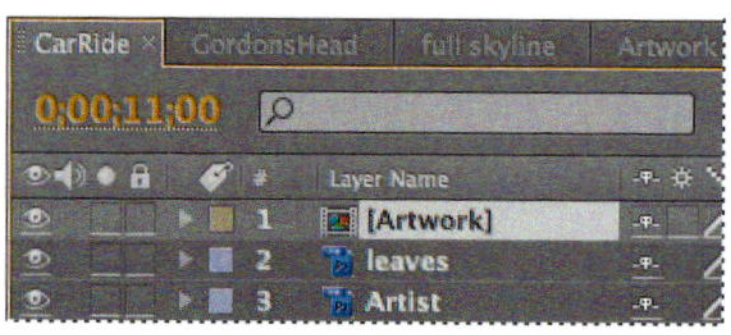

Atualmente, a camada Artwork está configurada para iniciar em 0:00. Você precisa ajustar a sincronização da camada para que ela apareça em 11:00.

3 Arraste a barra de duração de camada (a partir do centro) da camada Artwork na régua de tempo para que seu ponto In esteja na posição 11:00.

Agora, você vai redimensionar os slides para que eles se ajustem à tela no cavalete.

4 Com a camada Artwork selecionada no painel Timeline, pressione **S** para exibir sua propriedade Scale.

5 Configure os valores Scale como **45, 45%**.

6 Selecione a camada Artwork no painel Timeline e escolha Layer > Blending Mode > Darken. Isso remove o branco puro de cada imagem e o substitui pelo branco mais suave da tela.

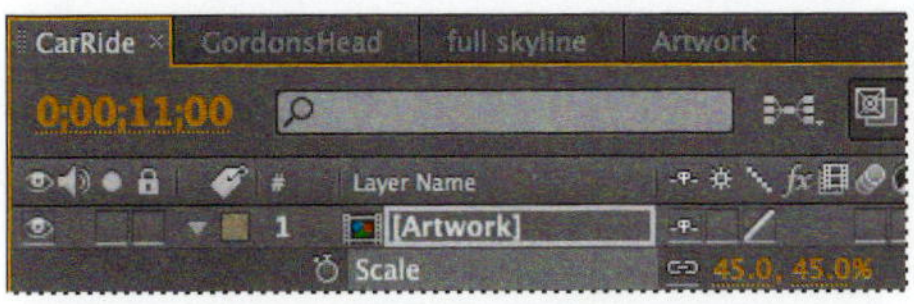

7 Clique no botão RAM Preview (▶) no painel Preview para assistir a uma visualização RAM da apresentação de slides. (Certifique-se de que From Current Time está selecionado para iniciar a visualização RAM em 11:00.)

Esmaeça o primeiro slide

Como ele está, o primeiro slide aparece instantaneamente no cavalete na posição 11:00. Você vai animar a opacidade da camada Artwork para que o primeiro slide esmaeça.

1 Selecione a camada Artwork no painel Timeline e pressione **T** para exibir sua propriedade Opacity.

2 Vá para a posição 11:00.

3 Configure Opacity da camada Artwork como **0%** e clique no ícone de cronômetro (⏱) para configurar um keyframe Opacity.

4 Vá para 11:03 e configure Opacity da camada Artwork como **100%**. O After Effects adiciona um keyframe. Isso deve ser suficiente.

5 Visualize manualmente a animação entre 11:00 e 11:03 para ver o primeiro slide esmaecer.

6 Selecione a camada Artwork no painel Timeline e pressione **T** para ocultar sua propriedade Opacity. Então, escolha File > Save para salvar seu trabalho.

Utilizando arquivos SWF e FLV no After Effects

O Adobe Flash CS4 Professional e o Adobe After Effects CS4 funcionam bem em conjunto. Cada um tem ferramentas únicas para ajudá-lo a obter diferentes resultados.

Importando arquivos SWF

Se já criou animações no Flash, você pode importá-las para o After Effects como arquivos SWF e então combiná-las com outro vídeo ou exibi-las como vídeo com efeitos criativos adicionais. Arquivos SWF são pequenos arquivos muitas vezes utilizados para criar imagens vetoriais animadas (como cartoons), áudio e outros tipos de dados para a Internet. Quando o After Effects importa um arquivo SWF, ele preserva os keyframes na linha do tempo raiz a fim de que você continue a utilizá-los para sincronizar outros efeitos.

Cada arquivo SWF importado para o After Effects é achatado em uma só camada continuamente rasterizada, com seu canal alfa preservado. Rasterização contínua significa que as imagens gráficas retêm a nitidez à medida que elas são redimensionadas. Esse método de importação permite utilizar a camada ou objeto raiz do seu arquivo SWF como um elemento exibido uniformemente no After Effects, unindo as melhores capacidades de cada ferramenta.

Exportando arquivos XFL

É possível exportar uma composição do After Effects para um arquivo XFL que contém as camadas e keyframes da composição a partir de quaisquer propriedades Transform para que você possa continuar a trabalhar no arquivo no Flash. Você já exportou um projeto para um arquivo XFL na Lição 3, "Animando texto".

Exportando arquivos FLV e F4V

Arquivos FLV e F4V contêm apenas vídeo baseado em pixels (rasterizado), não imagens vetoriais, e eles não são interativos. Para reproduzir um filme no formato FLV, você deve importar o arquivo FLV para o Flash e publicá-lo em um arquivo SWF.

FLV e F4V são formatos contêineres, cada um dos quais se associa ao grupo de formatos de vídeo e áudio. Arquivos FLV geralmente contêm dados de vídeo que são codificados utilizando o codec On2 VP6 ou o Sorenson Spark e os dados de áudio são codificados com um codec de áudio mp3. Os arquivos F4V geralmente contêm dados de vídeo codificados com o codec de vídeo H.264 e o codec de áudio AAC.

Marcadores do After Effects podem ser incluídos como cue points em um arquivo FLV de saída. Para transferir keyframes ou valores globais de propriedades para o Flash a partir do After Effects, execute o script Convert Selected Properties To Markers.jsx antes de exibir e exportar um arquivo FLV.

Para aprender mais sobre como utilizar o Flash e o After Effects em conjunto, consulte o After Effects Help.

Adicione uma trilha de áudio

Facilite as coisas. Você já criou muitas animações nesse projeto, mas ainda falta algo. Gordon Studer fala com o telespectador enquanto ele dirige o carro ao longo da composição, então você vai melhorá-la incorporando uma trilha de áudio ao fundo.

1 Escolha File > Browse In Bridge para pular para o Adobe Bridge.

2 No painel Content, selecione a visualização em miniatura piano.wav. O Adobe Bridge permite ouvir uma prévia do áudio.

3 Se o arquivo não reproduzir automaticamente quando você o selecionar, clique no botão Play (▶) no painel Preview para ouvir a trilha. Clique no botão Pause (II) ou pressione a barra de espaço para parar.

4 Dê um clique duplo no arquivo piano.wav para importá-lo para o painel Project do After Effects.

5 Arraste o item piano.wav do painel Project até o painel CarRide Timeline, inserindo-o na parte inferior da pilha de camadas.

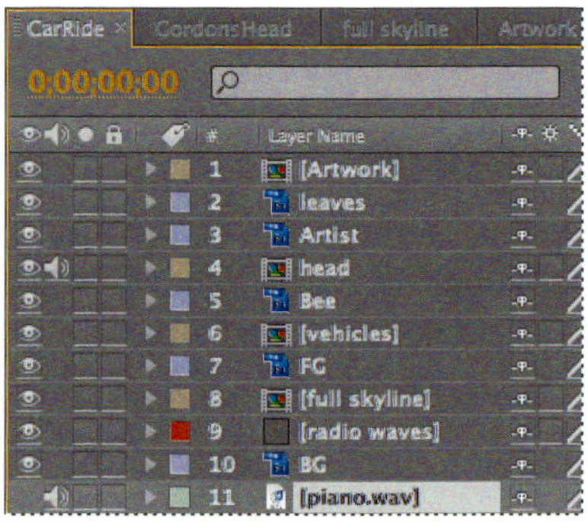

Formatos de arquivo de áudio suportados

É possível importar qualquer um dos seguintes tipos de arquivos de áudio para o After Effects:

- Adobe Sound Document (ASND; arquivos multitrilha importados como única trilha mesclada)
- Advanced Audio Coding (AAC, M4A)
- Audio Interchange File Format (AIF, AIFF)
- MP3 (MP3, MPEG, MPG, MPA, MPE)
- Vídeo para Windows (AVI, WAV; exige o QuickTime no Mac OS)
- Waveform (WAV)

Fazendo um loop na trilha de áudio

A duração da camada Piano não é tão extensa quanto a da composição, assim, será necessário fazer um loop nela. Felizmente, essa trilha de música foi composta para se repetir continuamente, sem um corte brusco. Você fará o clipe de áudio se repetir utilizando o recurso remapeamento de tempo, que será mostrado detalhadamente na Lição 6, "Animando camadas".

1 Selecione a camada Piano.wav no painel Timeline.

2 Escolha Layer > Time > Enable Time Remapping. Uma propriedade Time Remap aparece para a camada no painel Timeline e dois keyframes Time Remap aparecem para a camada na régua de tempo.

3 Clique com a tecla Alt pressionada (Windows) ou clique com a tecla Option pressionada (Mac OS) no ícone de cronômetro (◉) para a propriedade Time Remap da camada. Isso configura a expressão padrão para o remapeamento de tempo e não tem efeito imediato no painel Composition.

4 Na propriedade Expression: Time Remap para a camada Piano, clique no menu pop-up Expression Language e escolha Property > loopOut(type = "cycle", numKeyframes = 0).

O áudio agora está configurado para fazer um loop em um ciclo, repetindo o clipe infinitamente. Tudo o que você tem de fazer é estender o ponto Out da camada até o final da composição.

5 Selecione a camada Piano no painel Timeline e pressione a tecla End para ir ao fim da régua de tempo. Em seguida, pressione a tecla Alt +] (Windows) ou Option +] (Mac OS) para estender a camada até o final da composição.

Mais adiante você vai visualizar a composição inteira.

6 Oculte as propriedades da camada Piano e escolha File > Save para salvar seu trabalho.

Amplie para um close-up final

Tudo parece bom, mas ampliar para um close-up final da apresentação de slides vai chamar a atenção do telespectador à arte-final.

1 No painel Project, arraste a composição CarRide até o botão Create A New Composition (■) na parte inferior do painel. O After Effects cria uma nova composição, nomeada CarRide 2, e abre-a nos painéis Composition e Timeline. Você vai renomear a composição para evitar confusão.

2 Selecione a composição CarRide 2 no painel Project, pressione Enter ou Return e digite **Lesson05**. Pressione Enter ou Return novamente para aceitar o novo nome.

3 No painel Lesson05 Timeline, vá até 10:24, o primeiro frame em que o carro limpa o lado direito da composição.

4 Selecione a camada CarRide no painel Lesson05 Timeline e pressione **S** para exibir sua propriedade Scale.

5 Clique no ícone de cronômetro (◉) para configurar um keyframe Scale nos valores padrão, 100, 100%.

6 Vá até a posição 11:00 e altere os valores Scale para **110, 110%**. O After Effects adiciona um keyframe e, para o resto da composição, a apresentação de slides ficará destacada e atraente.

7 Selecione a camada CarRide e pressione **S** para ocultar sua propriedade Scale.

Visualize a composição inteira

É hora de ver como tudo isso se combina.

1 No painel Preview, desmarque From Current Time e clique no botão RAM Preview (▮▶) para assistir à visualização RAM da composição inteira.

2 Pressione a barra de espaço para parar a reprodução quando você concluir.

3 Escolha File > Save.

Envie o projeto a revisores

Se estiver trabalhando para um cliente, colaborando em um projeto grande com colegas, ou se simplesmente quer incrementar o trabalho com a opinião de outros profissionais de vídeo, envie o projeto para avaliação. O recurso Clip Notes no After Effects CS4 permite exportar a composição como um arquivo PDF. Os revisores podem abrir o arquivo no Adobe Acrobat ou Adobe Reader e adicionar notas que são anexadas a pontos específicos na linha do tempo.

Exporte a composição como um arquivo PDF

Você vai criar um arquivo PDF da composição atual para os revisores.

1 Selecione a composição CarRide no painel Project e escolha File > Export > Adobe Clip Notes.

2 Na caixa de diálogo Adobe Clip Notes, selecione Clip Notes: QuickTime no menu Format e NTSC Source To 512kbps no menu Preset. Selecione Export Video e Export Audio.

▶ **Dica:** Na guia Clip Notes, você pode personalizar as instruções que o revisor recebe e adicionar seu endereço de email para que o revisor saiba para onde enviar os comentários. Se quiser que o upload dos comentários seja feito via um site ftp, insira as informações do site na guia Others.

3 Clique em OK para fechar a caixa de diálogo Adobe Clip Notes. O After Effects abre o painel Render Queue.

4 No painel Render Queue, clique no nome do arquivo sublinhado ao lado de Output To.

5 Navegue até a pasta Lesson05/Finished_Project e nomeie o filme File_for_review.pdf. Clique em Save.

6 Clique em Render. O After Effects exibe e exporta o arquivo. Envie o arquivo PDF resultante aos revisores, que podem abri-lo, adicionar notas, clicar em Export e enviar de volta um pequeno arquivo (contendo apenas as notas e as informações sobre a localização deles).

7 Feche o painel Render Queue.

● **Nota:** Se não quiser renderizar o arquivo agora, continue a trabalhar no arquivo PDF completado na pasta Lesson05/End_Project_File.

Importe Clip Notes para projetos do After Effects

É possível importar comentários Clip Notes diretamente para o seu projeto do After Effects. Os comentários importados aparecem como marcadores no painel Timeline. Ao dar um clique duplo em um marcador, a caixa de diálogo Composition Marker se abre e exibe os comentários.

Nesta lição, seu cliente adicionou alguns comentários a essa composição e você vai importá-los aqui.

1 Abra o arquivo de projeto Lesson05_Finished.aep no After Effects, se ainda não estiver aberto.

2 No painel Project, selecione a composição CarRide, que é a composição a partir da qual você exibiu o arquivo PDF.

3 Escolha File > Import > Adobe Clip Notes Comments.

4 Navegue até a pasta Lesson05/End_Project_File e selecione o arquivo Final_ for_ review_data.xfdf. Em seguida, clique em Open.

5 Dê um clique duplo nos marcadores de comentário no painel Timeline para visualizar os comentários.

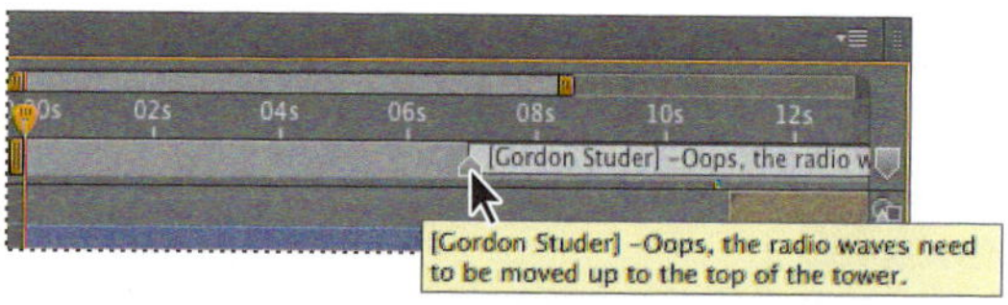

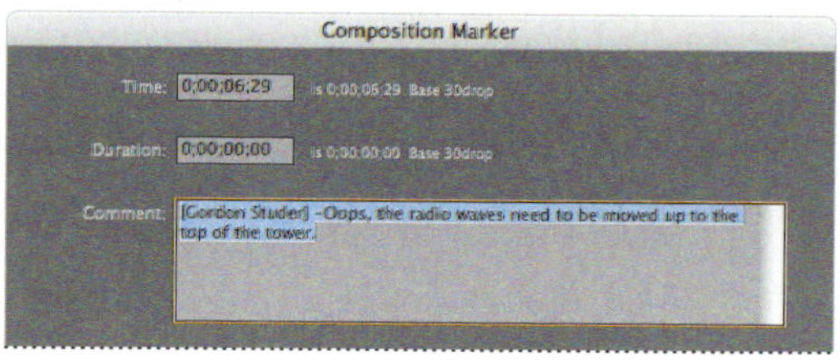

Parabéns. Você criou uma animação complexa, colocando em prática todos os tipos de técnicas e capacidades do After Effects ao longo do processo, desde relacionamentos pai/filho e loop de áudio até importação de Clip Notes. Você ainda não vai exportar esse projeto para saída final; ele será utilizado na Lição 14, "Renderizando e gerando saída". Você pode pular para esta lição se quiser aprender como gerar a saída desse projeto para algum tipo diferente de mídia, ou avançar sequencialmente pelo livro e exibi-lo mais tarde.

Perguntas de revisão

1 Como o After Effects exibe uma animação da propriedade Position?

2 O que é uma camada sólida e o que você pode fazer com ela?

3 Que tipos de áudio podem ser importados para um projeto do After Effects?

4 Como você pode enviar uma composição para revisão?

Respostas

1 Ao animar a propriedade Position, o After Effects exibe o movimento como um caminho de movimento. Você pode criar um caminho de movimento para a posição da camada ou para o ponto de ancoragem de uma camada. Um caminho de movimento de posição aparece no painel Composition; um caminho de movimento de ponto de ancoragem aparece no painel Layer. O caminho de movimento aparece como uma sequência de pontos, onde cada ponto marca a posição da camada em cada frame. Uma caixa no caminho marca a posição de um keyframe.

2 É possível criar imagens sólidas de qualquer cor ou tamanho (até 30.000 × 30.000 pixels) no After Effects. O After Effects trata corpos sólidos como qualquer outro item: você pode modificar a máscara, transformar propriedades e aplicar efeitos à camada sólida. Se alterar as configurações de uma camada sólida utilizadas por mais de uma camada, as modificações podem ser aplicadas a todas as camadas que usam a camada sólida ou apenas a uma só ocorrência da camada sólida. Camadas sólidas servem para colorir um fundo ou para criar imagens gráficas simples.

3 Os seguintes tipos de arquivos de áudio podem ser importados para o After Effects: Adobe Sound Document (ASND; arquivos multitrilhas importados como uma única trilha mesclada), Advanced Audio Coding (AAC, M4A), Audio Interchange File Format (AIF, AIFF), MP3 (MP3, MPEG, MPG, MPA, MPE), Video para Windows (AVI, WAV; exige o QuickTime no Mac OS) e Waveform (WAV).

4 Para enviar uma composição para revisão, exiba-a e exporte-a no formato Adobe Clip Notes. Em seguida, envie por email o arquivo PDF resultante aos revisores, que podem abri-lo no Adobe Acrobat ou Adobe Reader, e inserir e exportar os comentários em um pequeno arquivo para você. Ao receber os comentários, importe-os para o After Effects a fim de visualizá-los.

6 ANIMANDO CAMADAS

Visão geral da lição

Nesta lição, você vai aprender a:

- Animar um arquivo em camadas do Adobe Photoshop
- Duplicar uma animação utilizando o pick whip
- Trabalhar com estilos de camada importados do Photoshop
- Aplicar um track matte para controlar a visibilidade das camadas
- Animar uma camada utilizando o efeito Corner Pin
- Aplicar o efeito Lens Flare a uma camada sólida
- Utilizar o remapeamento de tempo e o painel Layer para ajustar o tempo dos arquivos
- Editar keyframes Time Remap no Graph Editor

O Adobe After Effects tem várias ferramentas e efeitos que permitem simular vídeo em movimento utilizando um arquivo em camadas do Photoshop. Nesta lição, você importará um arquivo em camadas do Photoshop do sol aparecendo através de uma janela e então irá animá-lo para simular o movimento do sol nascente através do vidro. Essa é uma animação estilizada na qual o movimento é primeiro acelerado e então diminui à medida que nuvens e pássaros atravessam o frame da janela no final. Esta lição levará aproximadamente 60 minutos.

Animar é fazer modificações na posição, opacidade, escala e outras propriedades de um objeto ou imagem ao longo do tempo. Esta lição permite praticar a animação de camadas de um arquivo do Photoshop, incluindo remapeamento de tempo.

Introdução

Primeiro, você vai visualizar o filme final e configurar o projeto.

1 Certifique-se de que os seguintes arquivos estão na pasta AECS4_CIB/Lessons/Lesson06 no disco rígido ou copie-os agora do DVD do *Adobe After Effects CS4 Classroom in a Book*.

- Na pasta Assets: clock.mov, sunrise.psd
- Na pasta Sample_Movies: Lesson06_regular.mov, Lesson06_retimed.mov

2 Abra e reproduza o arquivo Lesson06_regular.mov para ver a animação timelapse simples que será criada nesta lição.

3 Abra e reproduza o arquivo Lesson06_retimed.mov para ver a mesma animação depois que o tempo foi remapeado, o que também será feito nesta lição.

4 Ao concluir, feche o QuickTime Player. Exclua o vídeo de exemplo do disco rígido se houver pouco espaço de armazenamento.

Ao começar a lição, restaure as configurações de aplicativo padrão do After Effects. Consulte "Restaure as preferências padrão", na página 15.

5 Pressione Ctrl+Alt+Shift (Windows) ou Command+Option+Shift (Mac OS) ao iniciar o After Effects. Quando solicitado se você quer excluir seu arquivo de preferências, clique em OK. Clique em Close para fechar a janela Welcome.

O After Effects se abre para exibir um novo projeto.

6 Escolha File > Save As.

7 Na caixa de diálogo Save As, navegue até a pasta AECS4_CIB/Lessons/Lesson06/Finished_Project.

8 Nomeie o projeto **Lesson06_Finished.aep** e clique em Save.

Importe os arquivos

Você tem de importar um item de origem para esta lição.

1 Dê um clique duplo em uma área vazia do painel Project para abrir a caixa de diálogo Import File.

2 Navegue até a pasta AECS4_CIB/Lessons/Lesson06/Assets no disco rígido e selecione o arquivo sunrise.psd.

3 Escolha Composition – Cropped Layers no menu Import As para que as dimensões de cada camada correspondam ao conteúdo da camada.

4 Clique em Open.

5 Na caixa de diálogo Sunrise.psd, certifique-se de que Composition – Cropped Layers está selecionado no menu Import Kind e clique em OK.

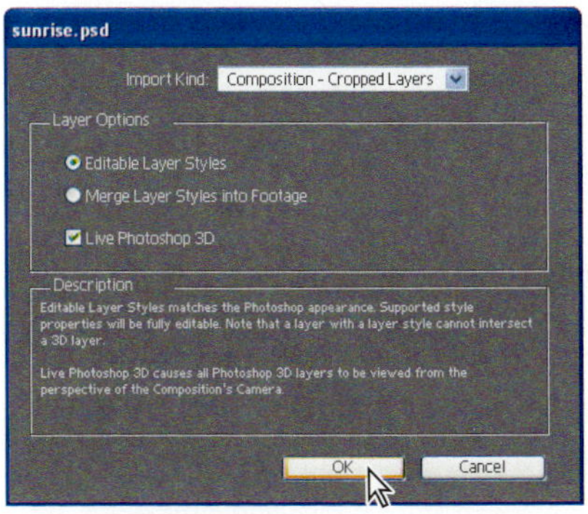

Antes de continuar, pare um pouco e analise as camadas do arquivo que você acabou de importar.

6 No painel Project, expanda a pasta Sunrise Layers para ver as camadas do Photoshop. Redimensione a coluna Name para aumentar a largura e facilitar a leitura, se necessário.

Cada um dos elementos que você vai animar no After Effects – as sombras, os pássaros, as nuvens e o sol – está em uma camada separada. Além disso, há uma camada representando as condições de iluminação iniciais, antes do nascer do sol na sala (Background) e uma segunda camada representando as condições finais da luz brilhante do dia na sala (Background Lit). Da mesma forma, há duas camadas para as duas condições de iluminação fora da janela: Window e Window Lit. A camada Window Pane inclui um estilo de camada do Photoshop que simula um vidro.

O After Effects preserva a ordem das camadas, os dados de transparência e os estilos de camada do documento Photoshop de origem, além de outros recursos, como camadas de ajuste e texto, que não serão utilizados neste projeto.

Prepare os arquivos em camadas do Photoshop

Antes de importar um arquivo em camadas do Photoshop, nomeie suas camadas atentamente para reduzir o tempo de visualização e renderização e evitar problemas ao importá-las e atualizá-las:

- Organize e nomeie as camadas. Se mudar o nome de uma camada em um arquivo do Photoshop depois de importá-lo para o After Effects, o After Effects retém o link para a camada original. Mas, se excluir uma camada importada, o After Effects não será capaz de localizar a camada original e a listará como ausente no painel Project.
- Certifique-se de que cada camada tem um nome único para evitar confusões.

Crie a composição

Nesta lição, você vai utilizar o arquivo importado do Photoshop como base da composição.

1 Dê um clique duplo na composição do sol nascente no painel Project para abri-la no painel Composition e no painel Timeline.

2 Escolha Composition > Composition Settings.

3 Na caixa de diálogo Composition Settings, altere Duration para **10:00** a fim de aumentar a duração da composição em 10 segundos e clique em OK.

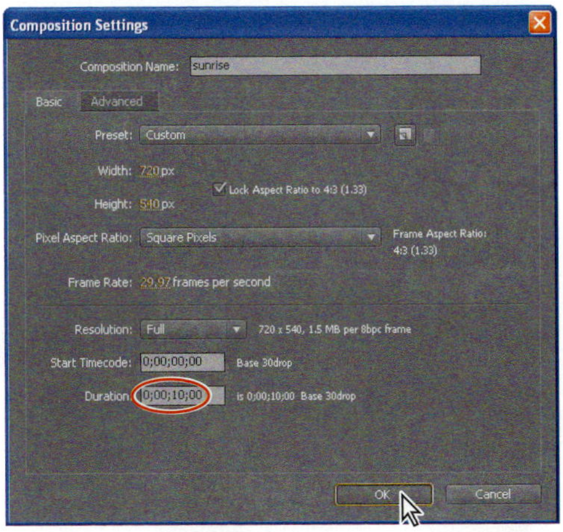

Sobre estilos de camada do Photoshop

O Adobe Photoshop oferece vários estilos de camada – como sombras, brilhos e relevos – que alteram a aparência de uma camada. O After Effects pode preservar esses estilos de camada quando você importa camadas do Photoshop. Estilos de camada também podem ser aplicados ao After Effects.

Embora os estilos de camada sejam chamados de efeitos no Photoshop, eles comportam-se mais como modos de mesclagem no After Effects. Estilos de camada seguem as transformações na ordem padrão de renderização, enquanto os efeitos precedem as transformações. Outra diferença é que cada estilo de camada se mescla diretamente com as camadas subjacentes na composição, enquanto um efeito é renderizado na camada à qual é aplicado, e o resultado interage então com as camadas subjacentes como um todo.

Há propriedades de estilo de camada disponíveis para a camada no painel Timeline.

Para aprender mais sobre como trabalhar com estilos de camada no After Effects, consulte o After Effects Help.

Simule modificações na iluminação

A primeira parte da animação envolve a iluminação da sala escura. Você vai utilizar keyframes Opacity para animar a luz.

1 No painel Timeline, clique na chave Solo (●) para as camadas Background Lit e Background. A separação das camadas acelera a animação, visualização e renderização.

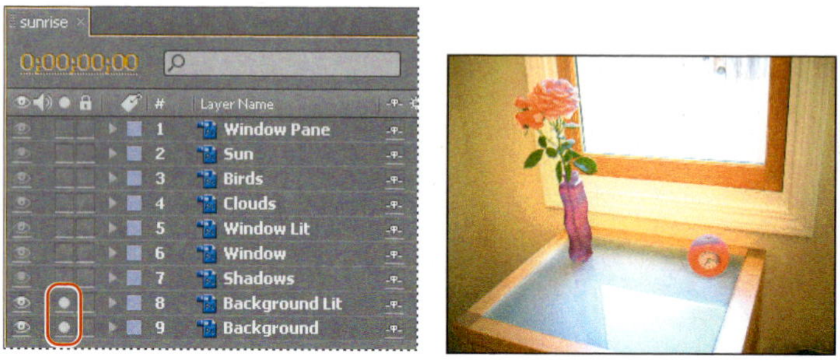

Atualmente, o fundo iluminado está sobre o fundo normal (mais escuro), obscurecendo-o e criando o frame inicial da luz da animação. Mas você quer que a animação inicialmente seja escura e então se torne mais clara. Para alcançar isso, inicialmente você vai tornar a camada Background Lit transparente e fazer ela "esmaecer" e parecer iluminar o fundo ao longo do tempo.

2 Vá para a posição 5:00.

3 Selecione a camada Background Lit no painel Timeline e pressione **T** para exibir sua propriedade Opacity.

4 Clique no ícone de cronômetro (⏱) para configurar um keyframe Opacity. Observe que o valor de Opacity é 100%.

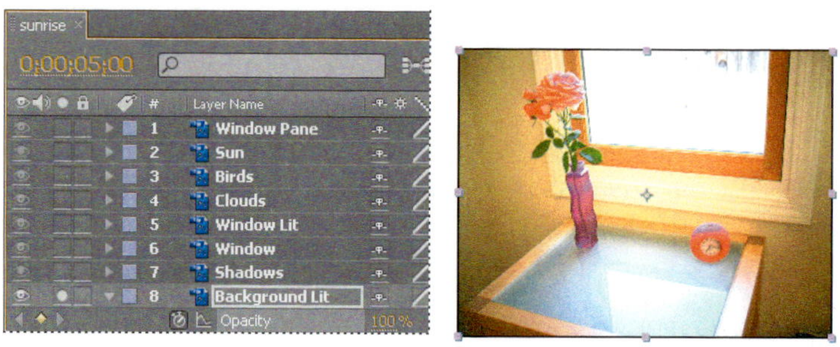

5 Pressione a tecla Home para ir até a posição 0:00 e configure Opacity da camada Background Lit como **0%**. O After Effects adiciona um keyframe. Agora, quando a animação inicia, a camada Background Lit permanece transparente, o que deixa a camada Background visível.

6 Clique nas chaves Solo (●) para as camadas Background Lit e Background a fim de restaurar a visualização das outras camadas, incluindo Window e Window Lit. Certifique-se de deixar a propriedade Opacity da camada Background Lit visível.

7 Expanda as propriedades Transform da camada Window Pane. A camada Window Pane tem um estilo de camada do Photoshop que cria um chanfro na janela.

8 Vá até a posição 2:00 e clique no cronômetro ao lado da propriedade Opacity da camada Window Pane para criar um keyframe no valor atual, 30%.

9 Pressione a tecla Home para ir ao início da régua de tempo e altere a propriedade Opacity para **0%**.

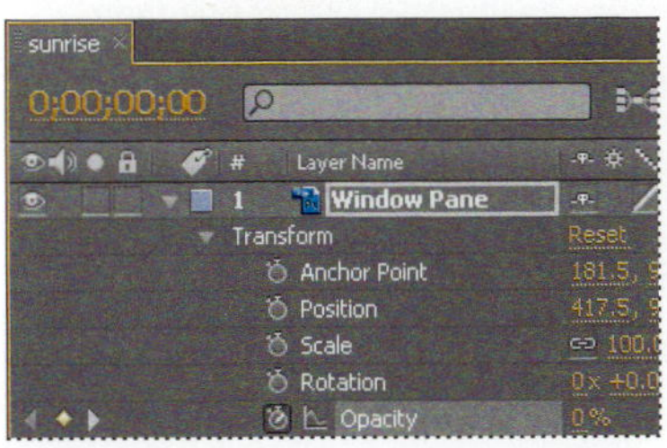

10 Oculte as propriedades de Window Pane.

11 Clique no botão Play/Pause (▶) no painel Preview, ou pressione a barra de espaço para visualizar a animação. A parte interna da sala muda de uma maneira suave de escura para intensamente iluminada.

12 Pressione a barra de espaço para interromper a reprodução em qualquer tempo depois de 5:00.

13 Escolha File > Save.

Duplique uma animação utilizando o pick whip

Agora, você tem de iluminar a vista pela janela. Para isso, será utilizado o pick whip para duplicar a animação que você acabou de criar. O pick whip pode ser empregado para criar expressões que vinculam os valores de uma propriedade ou efeito com os da outra.

Sobre expressões

Quando você quer elaborar e vincular animações complexas, como múltiplas rodas de carro girando, sem precisar criar dezenas ou centenas de keyframes à mão, utilize expressões. Com elas, você pode criar relacionamentos entre as propriedades da camada e utilizar um dos keyframes da propriedade para animar dinamicamente outra camada. Por exemplo, se configurar keyframes de rotação para uma camada e então aplicar o efeito Drop Shadow, você poderá utilizar uma expressão para vincular os valores da propriedade Rotation com os valores de Direction do efeito Drop Shadow; dessa maneira, a sombra projetada muda proporcionalmente à medida que a camada gira.

Expressões baseiam-se na linguagem JavaScript, mas não é necessário conhecer JavaScript para utilizá-las. É possível criar expressões utilizando exemplos simples e modificando-os para que se ajustem às suas necessidades, ou encadeando objetos e métodos em conjunto.

Você trabalha com expressões no painel Timeline ou no painel Effect Controls. Utilize o pick whip para criar expressões ou insira e edite expressões manualmente no campo de expressão, um campo Text no gráfico de tempo sob a propriedade.

Para mais sobre expressões, consulte o After Effects Help.

1 Pressione a tecla Home para ir até o início da régua de tempo.

2 Selecione a camada Window Lit e pressione **T** para exibir sua propriedade Opacity.

3 Clique com a tecla Alt pressionada (Windows) ou clique com a tecla Option pressionada (Mac OS) no cronômetro de Opacity da camada Window Lit para adicionar uma expressão ao valor de Opacity padrão, 100%. As palavras *transform.opacity* aparecem na régua de tempo da camada Window Lit.

4 Com a expressão transform.opacity selecionada na régua de tempo, clique no ícone do pick whip (◉) na linha Window Lit Expression: Opacity e arraste-o até o nome da propriedade Opacity na camada Background Lit. Ao soltar o mouse, o pick whip adere, e a expressão na régua de tempo da camada Window Lit agora é "thisComp.layer ("Background Lit").transform.opacity". Isso significa que o valor Opacity da camada Background Lit (0%) substitui o valor Opacity anterior (100%) da camada Window Lit.

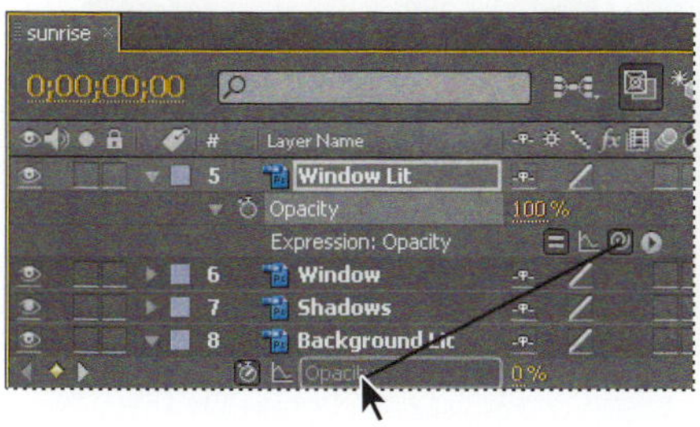

5 Arraste o indicador de tempo atual da posição 0:00 à posição 5:00. Observe que os valores de Opacity para as duas camadas correspondem.

6 Pressione a tecla Home e, então, a barra de espaço para visualizar a animação novamente. Observe que o céu e a sala clareiam.

7 Pressione a barra de espaço para interromper a reprodução.

8 Oculte as propriedades das camadas Window Lit e Background Lit para manter o painel Timeline organizado para sua próxima tarefa.

9 Escolha File > Save para salvar seu projeto.

Anime o movimento no cenário

O cenário fora da janela está artificialmente estático. Em primeiro lugar, o sol deveria estar subindo. Além disso, deslocar as nuvens e os pássaros voando daria vida a essa cena.

Anime o sol

Para criar o sol nascendo no céu, configure os keyframes para suas propriedades Position, Scale e Opacity.

1 No painel Timeline, selecione a camada Sun e expanda suas propriedades Transform.

2 Vá até a posição 4:07 e clique nos ícones de cronômetro (◉) para configurar os keyframes para as propriedades Position, Scale e Opacity nos seus valores padrão.

3 Vá para a posição 3:13.

4 Ainda trabalhando com a camada Sun, configure Scale como **33, 33%** e Opacity como **10%**. O After Effects adiciona um keyframe a cada propriedade.

5 Pressione a tecla End para ir até o final da composição.

6 Para a propriedade Position da camada Sun, configure o valor de y como **18** e os valores Scale como **150, 150%**. O After Effects adiciona dois keyframes.

Você acabou de configurar os keyframes que instruem o sol a subir e atravessar o céu e tornar-se ligeiramente maior e mais brilhante à medida que ele sobe.

7 Oculte as propriedades da camada Sun.

Anime os pássaros

Em seguida, você vai animar o movimento dos pássaros voando.

1 Selecione a camada Birds no painel Timeline e pressione **P** para exibir sua propriedade Position.

2 Vá até 4:20 e configure os valores Position da camada Birds como **200, 49**. Clique no cronômetro (⏱) para adicionar um keyframe Position.

3 Vá até 4:25 e configure os valores Position da camada Birds como **670, 49**. O After Effects adiciona um keyframe.

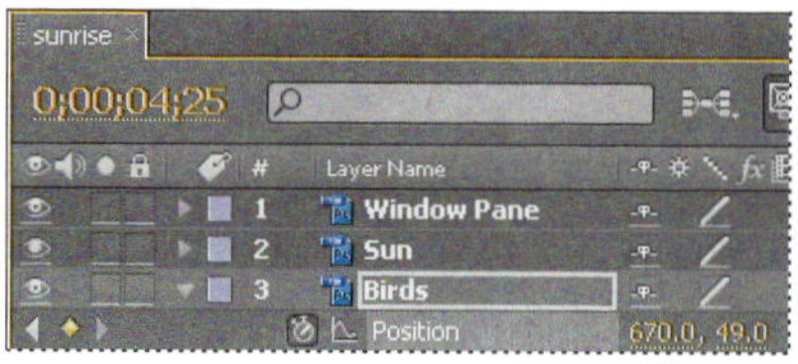

4 Selecione a camada Birds e pressione **P** para ocultar sua propriedade Position.

Anime as nuvens

Em seguida, você vai animar o deslocamento e a flutuação das nuvens no céu.

1 Selecione a camada Clouds no painel Timeline e expanda suas propriedades Transform.

2 Vá até a posição 5:22 e clique no ícone de cronômetro (◉) da propriedade Position para configurar um keyframe Position no valor atual (406.5, 58.5).

3 Ainda na posição 5:22, configure Opacity da camada Clouds como **33%** e clique no ícone de cronômetro para configurar um keyframe Opacity.

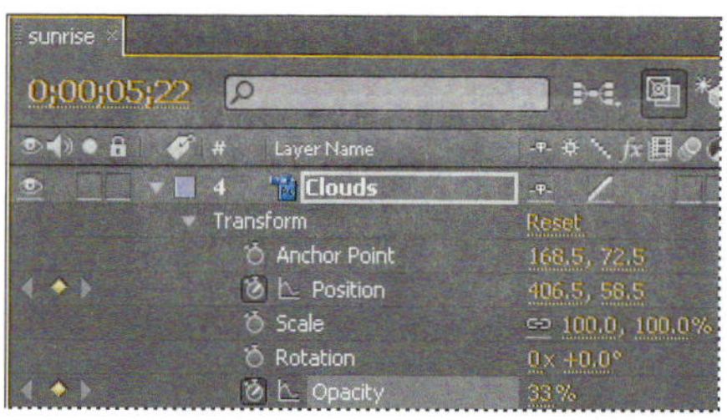

4 Vá até 5:02 e configure o valor de Opacity da camada Clouds como **0%**. O After Effects adiciona um keyframe.

5 Vá até 9:07 e configure o valor de Opacity da camada Clouds como **50%**. O After Effects adiciona um keyframe.

6 Pressione a tecla End para ir até o último frame da composição.

7 Configure Position da camada Clouds como **456.5, 48.5**. O After Effects adiciona um keyframe.

Visualize a animação

Agora, veja como tudo se combina.

1 Pressione a tecla Home para ir até a posição 0:00.

2 Pressione F2 para desmarcar tudo e pressione a barra de espaço para visualizar a animação. O sol se eleva no céu, os pássaros voam (rapidamente) e as nuvens se deslocam. Mas há um problema: todos esses elementos se sobrepõem à moldura da janela – os pássaros parecem estar voando dentro da sala. Você vai resolver isso a seguir.

3 Pressione a barra de espaço para interromper a reprodução.

4 Oculte as propriedades da camada Clouds e escolha File > Save.

Ajuste as camadas e crie um track matte

Para resolver o problema da sobreposição do sol, dos pássaros e das nuvens na moldura da janela, você primeiro deve ajustar a hierarquia das camadas dentro da composição e utilizar um alpha track matte para que o cenário externo permaneça visível através da janela, mas não pareça estar dentro da sala.

Faça a precomposição das camadas

Você vai começar precompondo as camadas Sun, Birds e Clouds em uma única composição.

1 Clique com a tecla Shift pressionada para selecionar as camadas Sun, Birds e Clouds no painel Timeline.

2 Escolha Layer > Pre-compose.

3 Na caixa de diálogo Pre-compose, nomeie a nova composição **Window Contents**. Certifique-se de que a opção Move All Attributes Into The New Composition está selecionada e escolha Open New Composition. Em seguida, clique em OK.

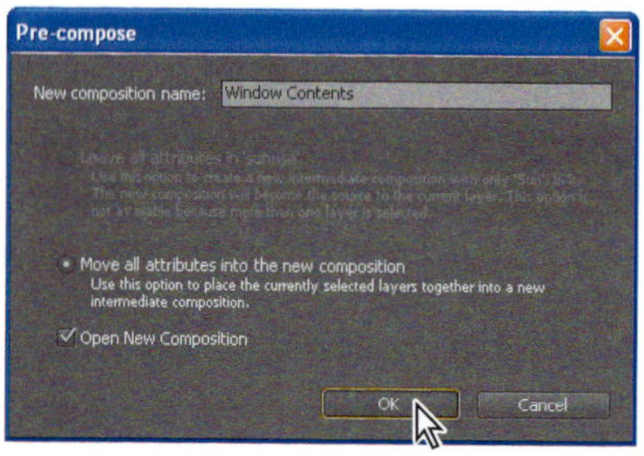

Um novo painel Timeline nomeado Window Contents aparece, contendo as camadas Sun, Birds e Clouds que você selecionou no passo 1 deste exercício. A composição Window Contents também aparece na janela Composition.

4 Clique no painel Sunrise Timeline para ver o conteúdo da composição principal. Observe que as camadas Sun, Birds e Clouds foram substituídas pela camada Window Contents, que se refere à composição Window Contents.

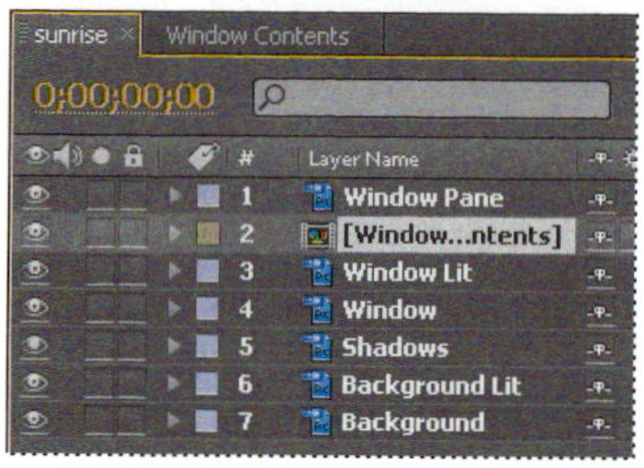

Crie o track matte

Agora, você vai criar o track matte para ocultar o cenário exterior atrás de todas as áreas da imagem, exceto a vidraça da janela. Para fazer isso, você vai duplicar a camada Window Lit e utilizar seu canal alfa.

Sobre track mattes e traveling mattes

Quando você quer que uma camada permaneça visível em um furo em outra camada, configure um *track matte*. Serão necessários duas camadas – uma para funcionar como um matte e outra para preencher o furo no matte. É possível animar a camada de track matte ou a camada de preenchimento. Ao animar a camada de track matte, você cria um *traveling matte*. Se quiser animar as camadas de track matte e de preenchimento utilizando configurações idênticas, basta precompô-las.

Você define a transparência em um track matte utilizando valores do canal alfa ou da luminosidade dos seus pixels. Utilize luminosidade quando você quer criar um track matte com uma camada sem um canal alfa, ou com uma camada importada de um programa que não pode criar um canal alfa. Tanto nos mattes de canal alfa como nos mattes de luminosidade, os pixels com valores mais altos são mais transparentes. Na maioria dos casos, um matte de alto contraste é usado para que as áreas permaneçam completamente transparentes ou completamente opacas. Tonalidades intermediárias devem aparecer apenas onde você quer uma transparência parcial ou gradual, como ao longo de uma borda suave.

O After Effects preserva a ordem de uma camada e seu track matte depois que você duplica ou divide a camada. Dentro das camadas duplicadas ou divididas, a camada de track matte permanece sobre a camada de preenchimento. Por exemplo, se seu projeto contiver as camadas A e B, onde A é o track matte e a camada B a de preenchimento, duplicar ou dividir essas duas camadas resulta na ordem de camadas ABAB.

A B C

Traveling matte

A. *Camada de track matte: um corpo sólido com uma máscara retangular, configurado como Luma Matte. A máscara é animada para ir de um lado a outro pela tela.*

B. *Camada de preenchimento: um corpo sólido com um efeito padrão.*

C. *Resultado: O padrão é visto na forma do track matte e adicionado à camada de imagem, que está abaixo da camada de track matte.*

1 No painel Sunrise Timeline, selecione a camada Window Lit.

2 Escolha Edit > Duplicate.

3 Arraste a camada duplicada, Window Lit 2, para cima na pilha de camadas para que ela esteja acima da camada Window Contents.

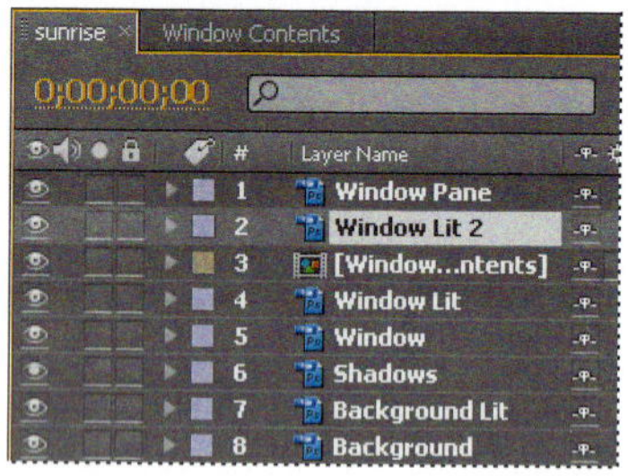

4 Clique em Toggle Switches/Modes no painel Timeline para exibir a coluna TrkMat a fim de aplicar o track matte.

5 Selecione a camada Window Contents e escolha Alpha Matte "Window Lit 2" no menu pop-up TrkMat. O canal alfa da camada acima (Window Lit 2) é utilizado para configurar a transparência da camada Window Contents a fim de que o cenário fora da janela permaneça visível nas áreas transparentes da moldura da janela.

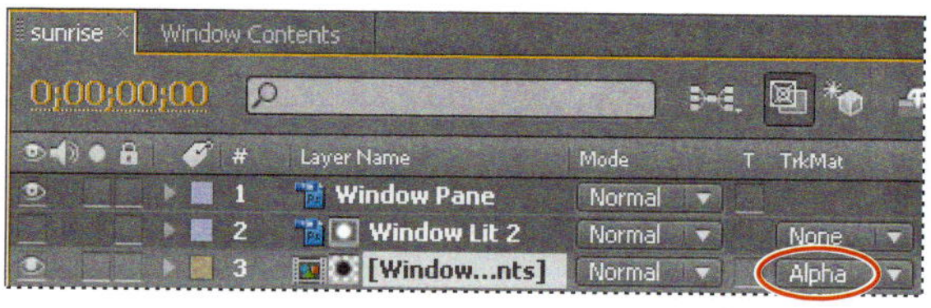

6 Pressione a tecla Home e, então, a barra de espaço para visualizar a animação.

Pressione a barra de espaço novamente ao terminar.

7 Escolha File > Save para salvar seu projeto.

Adicione o efeito Motion Blur

Os pássaros terão uma aparência mais autêntica se um desfoque de movimento (Motion Blur) for incluído. Você vai adicionar o Motion Blur e configurar o ângulo e a fase do obturador, o que controla a intensidade do desfoque.

1 Alterne para o painel Window Contents Timeline.

2 Vá até a posição 4:22 – o centro da animação dos pássaros. Em seguida, selecione a camada Birds e escolha Layer > Switches > Motion Blur para ativar o desfoque de movimento para a camada Birds.

3 Clique no botão Enable Motion Blur (◉) na parte superior do painel Timeline para exibir o desfoque de movimento para a camada Birds no painel Composition.

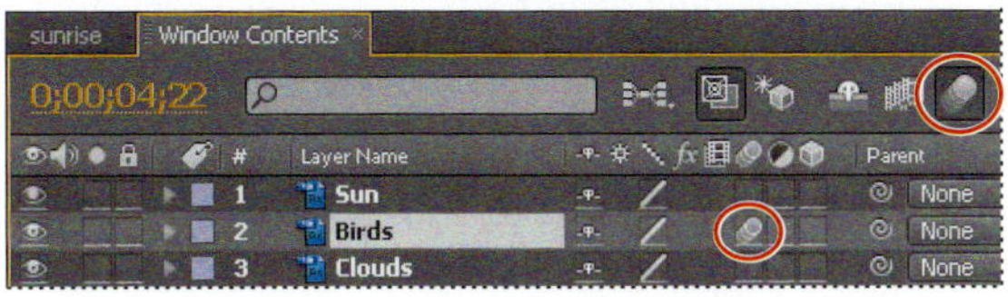

4 Escolha Composition > Composition Settings.

5 Na caixa de diálogo Composition Settings, clique na guia Advanced e reduza Shutter Angle para **30°**. Essa configuração simula o efeito do ajuste de um ângulo de obturador em uma câmara real, o que controla a duração de abertura da câmera, coletando luz. Valores maiores criam um desfoque maior.

6 Altere Shutter Phase para **0°** e clique em OK.

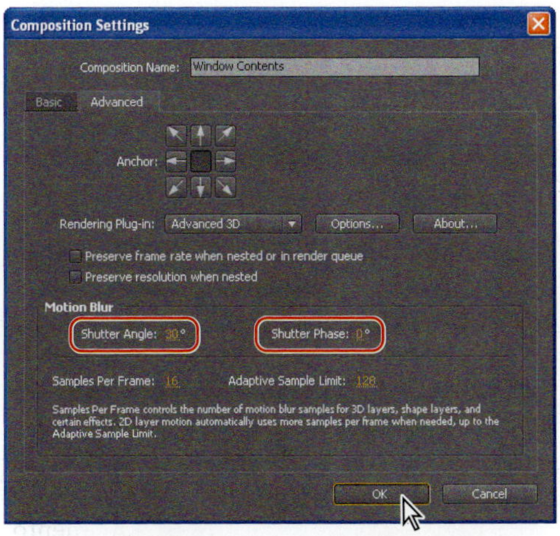

Anime as sombras

É hora de se concentrar na projeção das sombras sobre a mesa ao lado do relógio e do vaso. Em uma imagem real registrada com um lapso de tempo, essas sombras diminuiriam à medida que o sol se eleva.

Há várias maneiras de criar e animar sombras no After Effects. Por exemplo, é possível utilizar camadas 3D e luzes. Neste projeto, porém, o efeito Corner Pin será empregado para distorcer a camada Shadows da imagem importada do Photoshop. Utilizar o efeito Corner Pin é como animar com a ferramenta Photoshop Free Transform. O efeito distorce uma imagem reposicionando seus quatro cantos e serve para esticar, encolher, inclinar ou torcer uma imagem ou simular a perspectiva ou o movimento pivotante da borda de uma camada, como uma porta se abrindo.

1 Alterne para o painel Sunrise Timeline e pressione a tecla Home para certificar-se de que você está no início da régua de tempo.

● **Nota:** Se não vir os controles, escolha View Options no menu do painel Composition. Na caixa de diálogo View Options, selecione Handles and Effect Controls e clique em OK.

2 Selecione a camada Shadows no painel Timeline e escolha Effect> Distort > Corner Pin. Pequenos círculos aparecem em torno dos pontos de canto da camada Shadows no painel Composition.

Você vai configurar os quatro cantos da camada Shadows para que eles correspondam aos quatro cantos do tampo da mesa de vidro. Comece mais ou menos na metade da animação, quando o sol está alto o bastante para afetar a sombra.

▶ **Dica:** O canto inferior direito da camada Shadows está fora da tela. Para ajustar esse canto, alterne para a ferramenta Hand (✋) e arraste para cima no painel Composition a fim de ver parte da área de trabalho abaixo da imagem. Em seguida, mude para a ferramenta Selection (↖) e arraste a alça do canto inferior direito até a localização aproximada no canto inferior direito do tampo da mesa de vidro.

3 Vá até a posição 6:00 e arraste cada uma das quatro alças de canto até os respectivos cantos do tampo da mesa de vidro. Observe que as coordenadas x, y são atualizadas no painel Effect Controls.

Se tiver dificuldades para dar uma aparência correta às sombras, insira os valores manualmente, como mostrado na figura a seguir.

4 Configure um keyframe para cada canto na posição 6:00 clicando no ícone de cronômetro (⏱) para cada posição no painel Effect Controls.

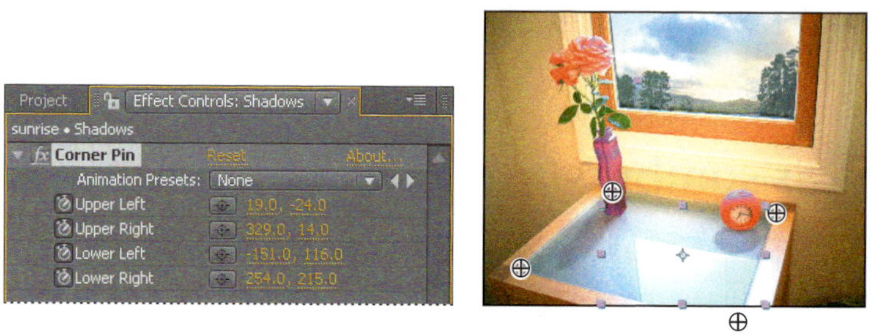

5 Pressione a tecla End para ir até o último frame da composição.

6 Com a ferramenta Selection (), arraste as duas alças de canto inferiores para diminuir as sombras: arraste-as cerca de 25% mais perto da borda traseira do tampo da mesa. Talvez também seja necessário mover um pouco os dois cantos superiores para que as bases das sombras continuem a se alinhar apropriadamente com o vaso e o relógio. Seus valores dos pinos de canto devem ser semelhantes àqueles na figura a seguir; insira os valores diretamente se preferir não arrastar os cantos. O After Effects adiciona keyframes.

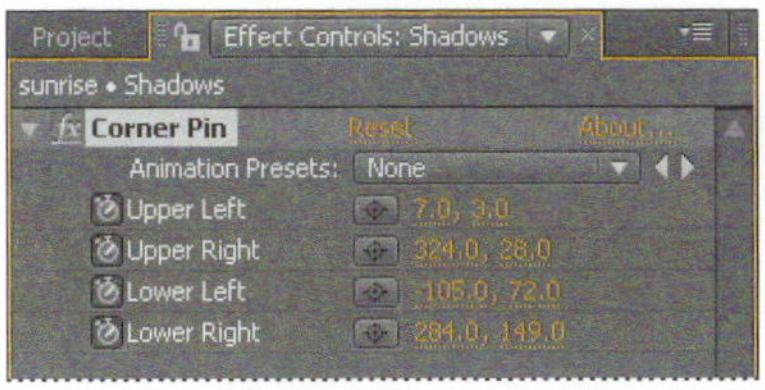

7 Se necessário, selecione a ferramenta Hand () e arraste a composição para centralizá-la verticalmente no painel Composition. Em seguida, mude para a ferramenta Selection () e desmarque a camada.

8 Pressione a tecla Home para ir até a posição 0:00 e, então, a barra de espaço para visualizar a animação inteira, incluindo o efeito corner-pin. Ao terminar, pressione a barra de espaço novamente.

9 Escolha File > Save para salvar seu projeto.

Adicione um efeito de reflexo de lente

Na fotografia, quando uma luz clara (como a luz do sol) reflete a partir da lente de uma câmera, ela causa um efeito reflexivo. Reflexos de lente podem ser halos e círculos brilhantes e coloridos, dependendo do tipo de lente na câmera. O After Effects oferece alguns efeitos de reflexo de lente. Agora você vai adicionar um para aprimorar o realismo dessa composição fotográfica de um lapso de tempo.

1 Vá até a posição 5:10, onde o sol está especialmente brilhante em direção à lente da câmera.

2 Escolha Layer > New > Solid.

3 Na caixa de diálogo Solid Settings, nomeie a camada **Lens Flare** e clique no botão Make Comp Size. Em seguida, configure Color como preto clicando na amostra de cores e configurando os valores RGB como 0 na caixa de diálogo Color Picker. Clique em OK para fechar o Color Picker e voltar à caixa de diálogo Solid Settings.

4 Clique em OK para criar a camada Lens Flare.

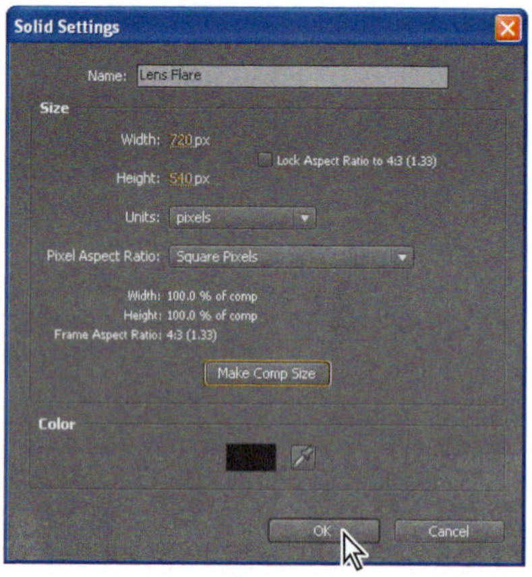

5 Com a camada Lens Flare selecionada no painel Sunrise Timeline, escolha Effect > Generate > Lens Flare. Os painéis Composition e Effect Controls exibem as configurações Lens Flare padrão visuais e numéricas, respectivamente; você vai personalizar o efeito para essa composição.

▶ **Dica:** Você também pode inserir os valores Flare Center diretamente no painel Effect Controls.

6 Arraste o ícone de cursor em forma de cruz Flare Center (⊕) no painel Composition até o centro do sol. Você não consegue ver o sol no painel Composition; as coordenadas x, y, que podem ser vistas no painel Effect Controls ou no painel Info, são aproximadamente 455, 135.

7 No painel Effect Controls, altere Lens Type para 35mm Prime, um efeito de reflexo de lente mais difuso.

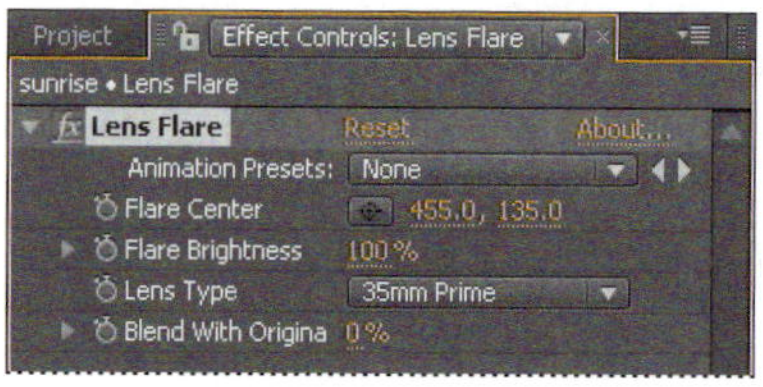

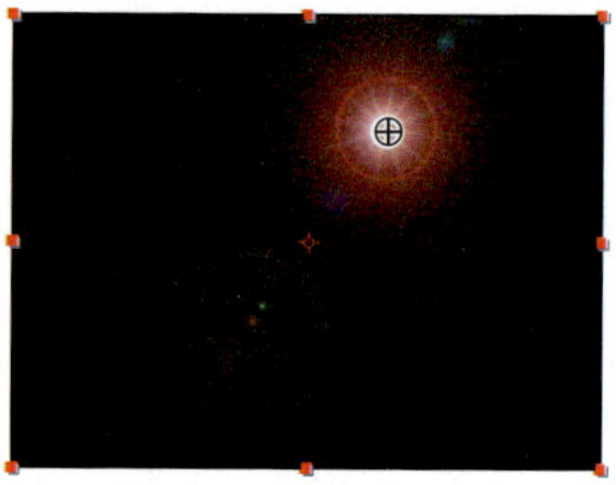

8 Certifique-se de que você ainda está na posição 5:10. No painel Effect Controls, clique no ícone de cronômetro (◉) da propriedade Flare Brightness para configurar um keyframe no valor padrão de 100%.

9 Agora, ajuste o brilho do reflexo de lente no ponto máximo quando o sol está mais alto.

- Vá até a posição 3:27 e configure o valor Flare Brightness como **0%**.
- Vá até a posição 6:27 e configure o valor Flare Brightness como **0%** .
- Vá até a posição 6:00 e configure Flare Brightness como **100%**.

10 Por fim, com a camada Lens Flare selecionada no painel Timeline, escolha Layer > Blending Mode > Screen para alterar o modo de mesclagem.

▶ **Dica:** Você também pode escolher Screen no menu pop-up Mode no painel Timeline.

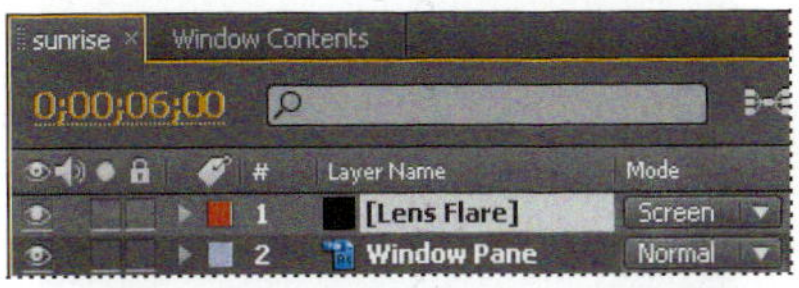

11 Pressione a tecla Home e, então, a barra de espaço para visualizar o efeito Lens Flare. Ao terminar, pressione a barra de espaço novamente.

12 Escolha File > Save para salvar seu projeto.

Anime o relógio

A animação agora se parece muito com uma foto tirada com um lapso de tempo – exceto o relógio, que ainda não está funcionando! Os ponteiros do relógio devem girar rapidamente para que exibam o progresso do tempo. Para isso, você vai adicionar uma animação criada no After Effects como um grupo de camadas 3D que são iluminadas, texturizadas e mascaradas para que se mesclem com a cena.

● **Nota:** Você aprenderá mais sobre camadas 3D nas Lições 11 e 12.

1 Exiba o painel Project. Feche a pasta Sunrise Layers e dê um clique duplo em uma área vazia no painel para abrir a caixa de diálogo Import File.

2 Na pasta AECS4_CIB/Lessons/Lesson06/Assets, selecione o arquivo clock.mov e clique em Open.

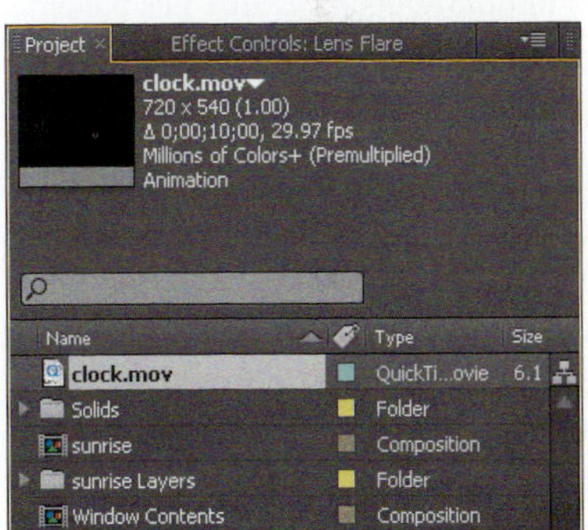

O vídeo clock.mov aparece na parte superior do painel Project.

3 Clique no painel Sunrise Timeline para ativá-lo e pressione a tecla Home para ir ao início da régua de tempo. Em seguida, arraste o arquivo clock.mov no painel Project até o topo da pilha de camadas no painel Timeline.

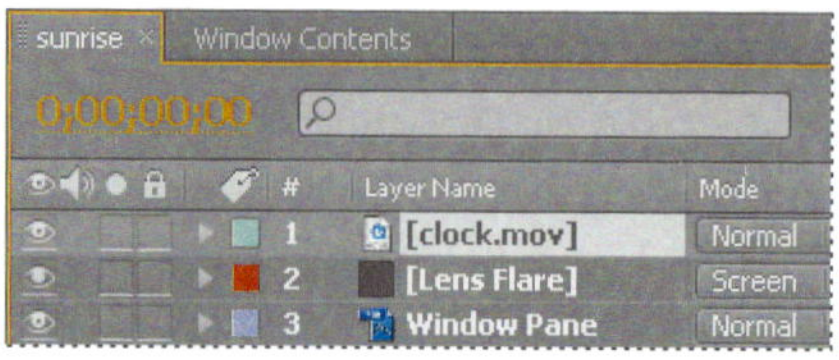

4 Visualize a animação pressionando a barra de espaço. Pressione-a novamente para parar a reprodução quando você concluir.

5 Escolha File > Save para salvar o projeto.

Renderize a animação

A fim de preparar-se para a próxima tarefa, que é ajustar o tempo da composição, você precisa renderizar a composição do nascer do sol e exportá-la como um vídeo.

1 Selecione a composição sunrise no painel Project e escolha Composition > Add to Render Queue.

O painel Render Queue se abre.

2 Escolha Maximize Frame no menu do painel Render Queue para tornar o painel maior.

3 Aceite Render Settings padrão no painel Render Queue e clique nas palavras sublinhadas na cor de laranja *Not Yet Specified* ao lado do menu pop-up Output To.

4 Navegue até a pasta AECS4_CIB/Lessons/Lesson06/Assets e nomeie o arquivo **Lesson06_retime.avi** (Windows) ou **Lesson06_retime.mov** (Mac OS). Em seguida, clique em Save.

5 Expanda o grupo Output Module e escolha Import no menu Post-Render Action. Isso importará o vídeo depois que ele estiver pronto.

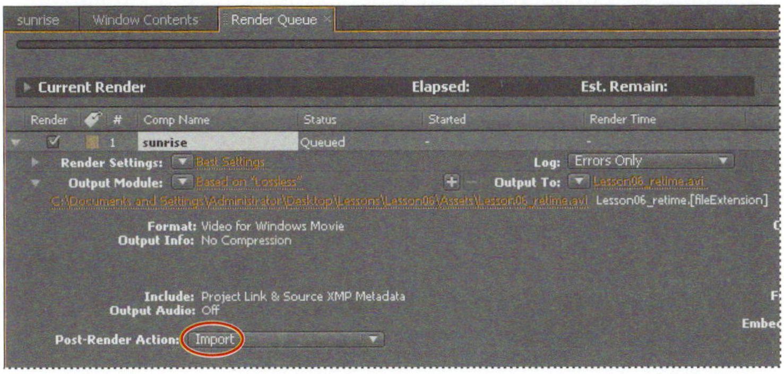

6 Oculte a seção Output Module.

7 Clique no botão Render no painel Render Queue.

O After Effects exibe uma barra de progresso à medida que ele renderiza e exporta a composição, e reproduz um alerta de áudio ao concluir. Ele também importa o vídeo resultante para o projeto.

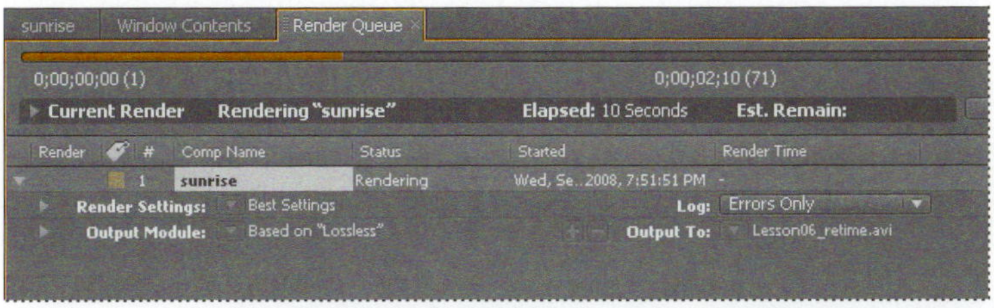

8 Quando o After Effects terminar de renderizar e exportar a composição, escolha Restore Frame Size no menu do painel Render Queue e feche o painel Render Queue.

Ajuste o tempo da composição

Até agora, você criou uma simulação simples de um lapso de tempo. Isso está ótimo, mas o After Effects oferece outras maneiras de reproduzir o tempo utilizando o recurso de remapeamento de tempo (time remapping). O remapeamento de tempo permite acelerar, desacelerar, parar ou reverter o clipe. Também é possível utilizá-lo para criar um resultado a partir de um frame congelado. O Graph Editor e o painel Layer são excelentes ao remapear o tempo, como será visto no exercício a seguir, em que você vai ajustar o tempo do projeto para que a velocidade do lapso de tempo mude dinamicamente.

Neste exercício, você vai utilizar o vídeo importado há pouco como base de uma nova composição, que será mais fácil de remapear.

1 Arraste o filme Lesson06_retime até o botão Create A New Composition (■) na parte inferior do painel Project. O After Effects cria uma nova composição nomeada Lesson06_retime e a exibe nos painéis Composition e Timeline. Agora você pode remapear todos os elementos do projeto ao mesmo tempo.

2 Com a camada Lesson06_retime.mov selecionado no painel Timeline, escolha Layer > Time > Enable Time Remapping. O After Effects adiciona dois keyframes, no primeiro e último frames da camada, visíveis na régua de tempo. Uma propriedade Time Remap também aparece sob o nome da camada no painel Timeline, que permite controlar qual frame é exibido em um dado ponto no tempo.

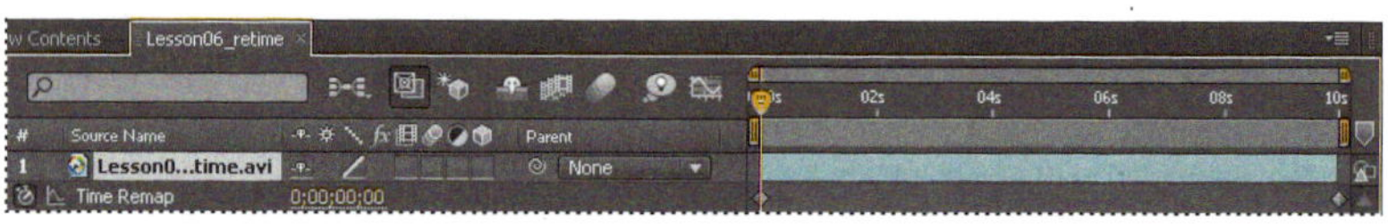

3 Dê um clique duplo no nome da camada Lesson06_retime no painel Timeline para abri-la no painel Layer. O painel Layer fornece uma referência visual aos frames que você altera ao remapear o tempo. Ele exibe duas réguas de tempo: a régua de tempo na parte inferior do painel exibe a hora atual; a régua Source Time, um pouco acima da régua de tempo, tem um marcador de remapeamento de tempo que indica o frame que está sendo reproduzido na hora atual.

4 Arraste o indicador de tempo atual ao longo da régua de tempo no painel Timeline e observe que os marcadores de tempo atual e de tempo de origem nas duas réguas do painel Layer são sincronizados. Isso mudará à medida que o tempo é remapeado.

5 Vá até a posição 4:00 e altere o valor Time Remap para **2:00**. Isso remapeia o tempo para que o frame na posição 2:00 reproduza em 4:00. Em outras palavras, a composição agora reproduz na metade da velocidade para os primeiros 4 segundos da composição.

6 Pressione a barra de espaço para visualizar a animação. A composição agora reproduz na metade da velocidade até a posição 4:00 e, depois disso, em uma velocidade normal. Pressione a barra de espaço novamente ao terminar de visualizar a animação.

Visualize o remapeamento de tempo no Graph Editor

Com o Graph Editor, você pode visualizar e manipular todos os aspectos dos efeitos e das animações, incluindo os valores de propriedade do efeito, keyframes e interpolação. O Graph Editor exibe as modificações nos efeitos e animações como um gráfico bidimensional, com o tempo de reprodução representado horizontalmente (da esquerda para a direita). Já no modo da barra de camada, a régua de tempo representa apenas o elemento temporal horizontal, sem mostrar uma representação visual dos valores em transformação.

- Certifique-se de que a propriedade Time Remap está selecionada para a camada Lesson06_retime no painel Timeline e, então, clique no botão Graph Editor (▣) para exibir o Graph Editor.

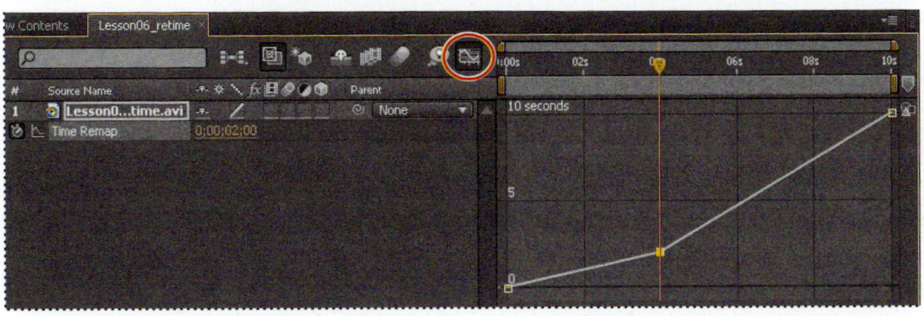

O Graph Editor exibe um gráfico de remapeamento de tempo que mostra uma linha branca que conecta os keyframes nas posições 0:00, 4:00 e 10:00. O ângulo da linha é reduzido até 4:00 e, então, torna-se mais acentuado. Quanto mais acentuada a linha, mais rápido o tempo de reprodução.

Utilize o Graph Editor para remapear o tempo

Ao remapear o tempo, você pode utilizar os valores no gráfico de remapeamento do tempo para determinar e controlar qual frame do filme é reproduzido em qual ponto no tempo. Cada keyframe Time Remap tem um valor de tempo associado que corresponde a um frame específico na camada; esse valor é representado verticalmente no gráfico de remapeamento do tempo. Ao ativar o remapeamento do tempo para uma camada, o After Effects adiciona um keyframe Time Remap aos pontos iniciais e finais da camada. Esses keyframes Time Remap iniciais têm valores temporais verticais iguais à sua posição horizontal.

Configurar keyframes Time Remap adicionais permite criar efeitos de movimento complexos. Sempre que um keyframe Time Remap é adicionado, outro ponto é criado no qual é possível alterar a velocidade ou direção da reprodução. À medida que move o keyframe para cima ou para baixo no gráfico de remapeamento do tempo, você ajusta qual frame do vídeo está configurado para reproduzir no tempo atual.

Divirta-se um pouco com a sincronização desse projeto.

▶ **Dica:** Observe o painel Info à medida que você arrasta para ajudá-lo a selecionar o valor exato do keyframe.

1 No gráfico de remapeamento do tempo, arraste o keyframe do meio verticalmente de 2 até 10 segundos.

2 Arraste o último keyframe até 0 segundos.

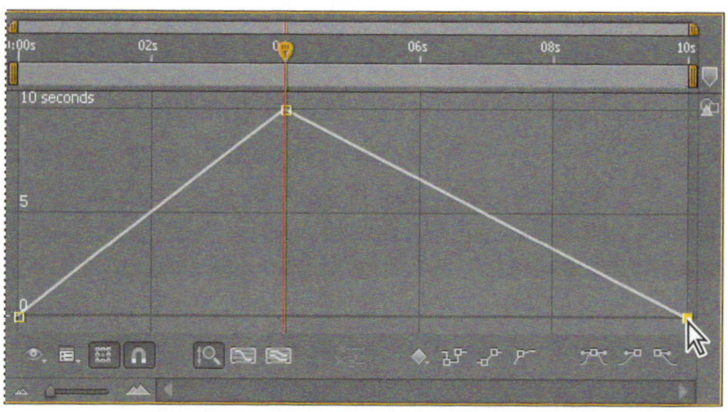

3 Pressione a tecla Home para ir até a posição 0:00 e, então, pressione a barra de espaço para visualizar os resultados. Observe a régua de tempo e a régua Source Time no painel Layer para ver quais frames são reproduzidos em um dado ponto no tempo. Agora a animação reproduz rapidamente os 4 primeiros segundos da composição, e depois reproduz no sentido reverso para o resto da composição.

4 Pressione a barra de espaço para parar a visualização.

Ainda está se divertindo? Vá em frente.

5 Clique com a tecla Ctrl pressionada (Windows) ou clique com a tecla Command pressionada (Mac OS) no último keyframe para excluí-lo. A composição ainda está no modo de avanço rápido para os 4 primeiros segundos, mas agora ela reproduz um único frame (o último frame) para o resto da composição.

6 Pressione a tecla Home e, então, a barra de espaço para visualizar a animação. Pressione a barra de espaço novamente ao terminar.

7 Clique com a tecla Ctrl pressionada (Windows) ou clique com a tecla Command pressionada (Mac OS) na linha pontilhada na posição 6:00 para adicionar um keyframe em 6:00 com o mesmo valor que o keyframe em 4:00.

● **Nota:** Pressionar Ctrl ou Command ativa temporariamente a ferramenta Add Vertex.

8 Clique com a tecla Ctrl pressionada (Windows) ou clique com a tecla Command pressionada (Mac OS) na posição 10:00 para adicionar outro keyframe e o arraste até 0 segundos. Agora a animação reproduz rapidamente, espera dois segundos no último frame e depois reproduz no sentido reverso.

9 Pressione a tecla Home e, posteriormente, a barra de espaço para visualizar a modificação. Pressione a barra de espaço novamente ao terminar.

Adicione o efeito Easy Ease Out

Suavize a mudança no tempo que ocorre nos 6 segundos com o efeito Easy Ease Out.

- Clique para selecionar o keyframe em 6:00 e depois no botão Easy Ease Out (⌝) na parte inferior do Graph Editor. Isso reduz a velocidade da mudança no sentido reverso – primeiro o arquivo reproduz lentamente no sentido reverso e depois acelera gradualmente.

▶ **Dica:** Você pode refinar a suavidade nessa transição arrastando a alça Bezier que aparece do lado direito do keyframe na posição 6:00. Se arrastá-la para a direita, a transição será mais suave; se arrastá-la para baixo ou para a esquerda, a transição será mais destacada.

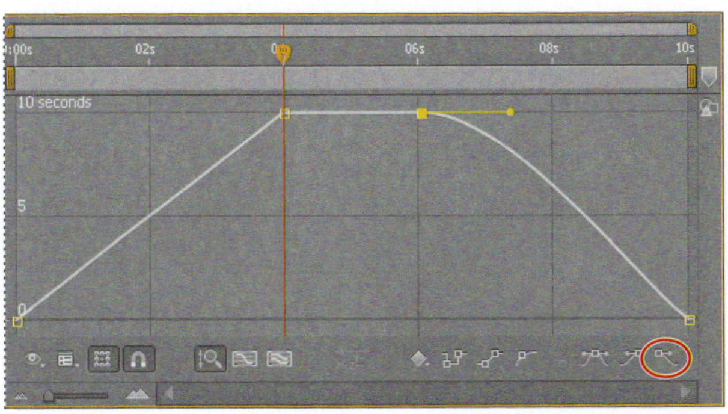

Redimensione a animação no tempo

Por fim, utilize o Graph Editor para redimensionar a animação inteira no tempo.

1 Clique no nome da propriedade Time Remap no painel Timeline para selecionar todos os keyframes Time Remap.

2 Certifique-se de que o botão Show Transform Box (▦) na parte inferior do Graph Editor está ativado; uma caixa de seleção free transform deve estar visível em torno de todos os keyframes.

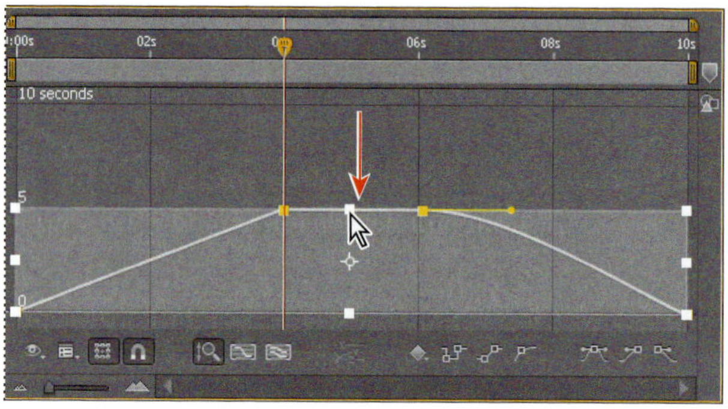

▶ **Dica:** Se pressionar Ctrl (Windows) ou Command (Mac OS) enquanto arrasta, toda a caixa free transform é redimensionada em torno do ponto central, que você também pode arrastar para deslocar. Se pressionar a tecla Alt (Windows) ou Option (Mac OS) e arrastar um canto da caixa free transform, a animação permanecerá inclinada nesse canto à medida que arrasta. Também é possível arrastar uma das alças de transformação direitas para a esquerda a fim de redimensionar a animação inteira de modo que ela ocorra mais rapidamente.

3 Arraste uma das alças de transformação na parte superior de 10 para 5 segundos. Todo o gráfico muda, reduzindo os valores dos keyframes no topo e reduzindo a velocidade de reprodução.

4 Pressione a tecla Home e, então, a barra de espaço para visualizar a modificação. Pressione a barra de espaço novamente ao terminar.

5 Escolha File > Save.

Parabéns. Você finalizou uma animação complexa, com mudanças no tempo. É possível renderizar e exportar o projeto de remapeamento do tempo se preferir. Siga as instruções em "Renderize a animação" nesta lição ou consulte a Lição 14, "Renderizando e gerando saída" para instruções detalhadas sobre como renderizar e exportar uma composição.

Perguntas de revisão

1 Como o After Effects importa arquivos do Photoshop?

2 O que é o pick whip e como você o utiliza?

3 O que é um track matte e como você o utiliza?

4 Como você remapeia o tempo no After Effects?

Respostas

1 Ao importar um arquivo em camadas do Photoshop para o After Effects como uma composição, o After Effects preserva a ordem das camadas, os dados de transparência e os estilos de camada do documento Photoshop de origem, além de outros recursos, como camadas de ajuste e texto. Mas, ao importar um arquivo em camadas do Photoshop como um único arquivo, o After Effects achata e mescla as camadas do Photoshop em uma imagem.

2 O pick whip cria expressões que vinculam os valores de uma propriedade ou efeito a outra camada. Para utilizar o pick whip, simplesmente arraste o ícone de pick whip entre uma propriedade e outra.

3 Quando você quer que uma camada permaneça visível em um furo em outra camada, utilize um track matte. Para criar um track matte, você precisa de duas camadas: uma para funcionar como um matte e outro para preencher o furo no matte. É possível animar a camada de track matte ou a camada de preenchimento. Ao animar a camada de track matte, você cria um *traveling matte*.

4 Há vários modos de remapear o tempo no After Effects. O remapeamento de tempo permite acelerar, desacelerar, parar ou reverter o vídeo. Ao remapear o tempo, você pode utilizar os valores no gráfico de remapeamento do tempo no Graph Editor para determinar e controlar qual frame do vídeo reproduz em qual ponto no tempo. Ao ativar o remapeamento do tempo para uma camada, o After Effects adiciona um keyframe Time Remap aos pontos iniciais e finais da camada. Configurar keyframes Time Remap adicionais permite criar efeitos de movimento complexos. Sempre que um keyframe Time Remap é adicionado outro ponto é criado no qual é possível alterar a velocidade ou direção da reprodução.

7 TRABALHANDO COM MÁSCARAS

Visão geral da lição

Nesta lição, você vai aprender a:

- Criar uma máscara utilizando a ferramenta Pen
- Alterar o modo de uma máscara
- Editar a forma de uma máscara controlando alças de direção e vértices
- Suavizar a borda de uma máscara
- Substituir o conteúdo da forma de uma máscara
- Ajustar a posição de uma camada no ambiente 3D para mesclá-la com o resto da tomada
- Criar um efeito de reflexo
- Criar uma vinheta
- Usar Auto Levels para corrigir a cor da tomada

Nesta lição, você vai criar uma máscara para a tela de um computador desktop e substituir o conteúdo original da tela por um anúncio no noticiário de TV. Em seguida, você vai corrigir o posicionamento do novo arquivo para que ele se ajuste à perspectiva da tomada. Por fim, você vai refinar a cena adicionando um reflexo, criando uma vinheta e ajustando as cores. Esta lição levará aproximadamente 60 minutos.

Haverá momentos em que não será necessário (ou desejável) que tudo na tomada seja incluído na composição final. Use máscaras para controlar o que aparece.

Sobre máscaras

Uma máscara (mask) no Adobe After Effects é um caminho (path), ou uma linha de contorno, utilizado para modificar os efeitos e as propriedades de uma camada. O uso mais comum de máscaras é modificar o canal alfa de uma camada. Uma máscara consiste em segmentos e vértices. Segmentos são linhas ou curvas que conectam vértices. Vértices definem onde cada segmento de um caminho começa e termina.

Uma máscara pode ser um caminho aberto ou fechado. Um caminho aberto tem um ponto inicial que não é o mesmo que o ponto final; uma linha reta é um caminho aberto. Um caminho fechado é contínuo e não tem início ou fim, como um círculo. Máscaras de caminho fechado podem criar áreas transparentes para uma camada. Caminhos abertos não podem criar áreas transparentes para uma camada, mas são úteis como parâmetros para um efeito. Por exemplo, você pode gerar uma luz direcional em torno de uma máscara utilizando o efeito Vegas.

Uma máscara pertence a uma camada específica e cada camada pode conter múltiplas máscaras.

Você pode desenhar máscaras em formas geométricas comuns – como polígonos, elipses e estrelas – com as ferramentas de forma, ou utilizar a ferramenta Pen para desenhar um caminho arbitrário.

Introdução

Comece visualizando o vídeo e configurando o projeto.

1 Certifique-se de que os seguintes arquivos estão na pasta AECS4_CIB/Lessons/Lesson07 no disco rígido ou copie-os agora do DVD do *Adobe After Effects CS4 Classroom in a Book.*

- Na pasta Assets: news_promo.mov, office_mask.mov
- Na pasta Sample_Movie: Lesson07.mov

2 Abra e reproduza o vídeo de exemplo Lesson07.mov para ver o que será criado nesta lição. Ao concluir, feche o QuickTime Player. Exclua o vídeo de exemplo do disco rígido se houver pouco espaço de armazenamento.

Ao começar a lição, restaure as configurações de aplicativo padrão do After Effects. Consulte "Restaure as preferências padrão", na página 15.

3 Pressione Ctrl+Alt+Shift (Windows) ou Option+Command+Shift (Mac OS) ao iniciar o After Effects CS4 para restaurar as configurações de preferências padrão. Quando solicitado se você quer excluir seu arquivo de preferências, clique em OK. Clique em Close para fechar a janela Welcome.

O After Effects se abre para exibir um novo projeto.

4 Escolha File > Save As e navegue até a pasta AECS4_CIB/Lessons/Lesson07/Finished_Project.

5 Nomeie o projeto **Lesson07_Finished.aep** e clique em Save.

Importe os arquivos

Você tem de importar dois arquivos para este exercício.

1 Dê um clique duplo em uma área vazia do painel Project para abrir a caixa de diálogo Import File.

2 Navegue até a pasta AECS4_CIB/Lessons/Lesson07/Assets, clique com a tecla Shift pressionada para selecionar os arquivos news_promo.mov e office_mask.mov e, então, clique em Open.

3 Na caixa de diálogo Interpret Footage que parece, selecione Ignore e clique em OK. Há um canal alfa no filme news_promo, mas ele não é necessário para este projeto.

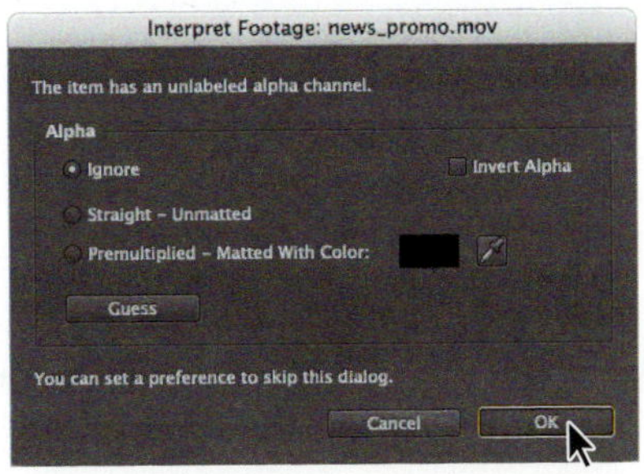

Sobre a caixa de diálogo Interpret Footage

O After Effects utiliza um conjunto de regras internas para interpretar automaticamente o arquivo que você importa. Geralmente, não é necessário alterar essas configurações. Mas se sua filmagem não for padrão, o After Effects pode interpretá-la incorretamente. Nesse caso, utilize as configurações na caixa de diálogo Interpret Footage para reinterpretar seu arquivo. As configurações na caixa de diálogo Interpret Footage devem corresponder com suas configurações de filmagem de origem; não a utilize para especificar as configurações para sua saída final.

Ao escolher Ignore, você instrui o After Effects a desconsiderar todos os dados de transparência no arquivo.

Para obter mais informações sobre as configurações na caixa de diálogo Interpret Footage, consulte o After Effects Help.

Você vai começar organizando os arquivos no painel Project.

4 Escolha File > New > New Folder para criar uma nova pasta no painel Project ou clique no botão Create A New Folder (■) na parte inferior do painel Project.

5 Digite **mov_files** para nomear a pasta, pressione Enter (Windows) ou Return (Mac OS) para aceitar o nome e arraste os dois vídeos até a pasta mov_files.

6 Clique no triângulo para expandir a pasta a fim de ver os arquivos dentro dela.

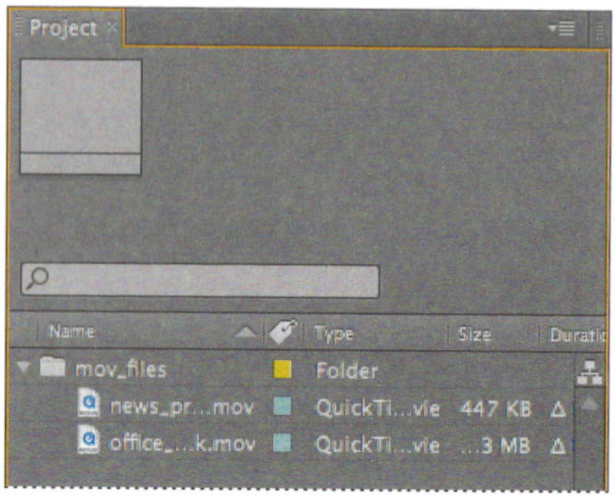

Crie a composição

Agora, você vai criar a composição com base na relação entre os eixos e duração de um dos arquivos.

1 Selecione o arquiivo office_mask.mov no painel Project e arraste-o para o botão Create A New Composition (▣) na parte inferior do painel.

O After Effects cria uma composição nomeada office_mask e abre-a nos painéis Timeline e Composition.

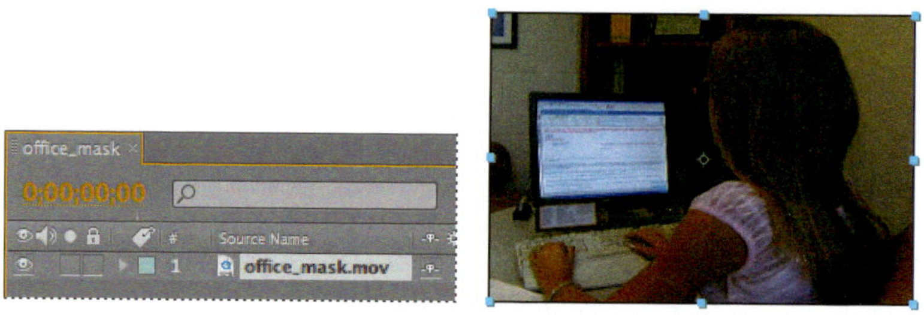

2 Escolha File > Save para salvar seu trabalho até agora.

Crie uma máscara com a ferramenta Pen

A tela do computador atualmente contém um documento de processamento de texto. Para substituí-lo pelo anúncio de noticiário, você precisa mascarar a tela.

1 Pressione a tecla Home para certificar-se de que o indicador de tempo atual está no início da régua de tempo.

2 Amplie o painel Composition até a tela do monitor quase preencher a visualização. Talvez você precise utilizar a ferramenta Hand (✋) para reposicionar a visualização no painel.

3 Selecione a ferramenta Pen (✒) no painel Tools. A ferramenta Pen cria linhas retas ou segmentos curvos. O monitor é quadrado, assim, você vai tentar utilizar linhas retas primeiro.

4 Clique no canto superior esquerdo da tela do monitor para inserir o primeiro vértice.

5 Clique no canto superior direito do monitor para inserir o segundo vértice. O After Effects conecta os dois pontos com um segmento.

6 Clique para inserir um terceiro vértice no canto inferior direito do monitor e, então, clique para inserir um quarto vértice no canto inferior esquerdo do monitor.

7 Mova a ferramenta Pen sobre o primeiro vértice (no canto superior esquerdo). Quando um círculo aparece ao lado do cursor (como na imagem central a seguir), clique para fechar o caminho da máscara.

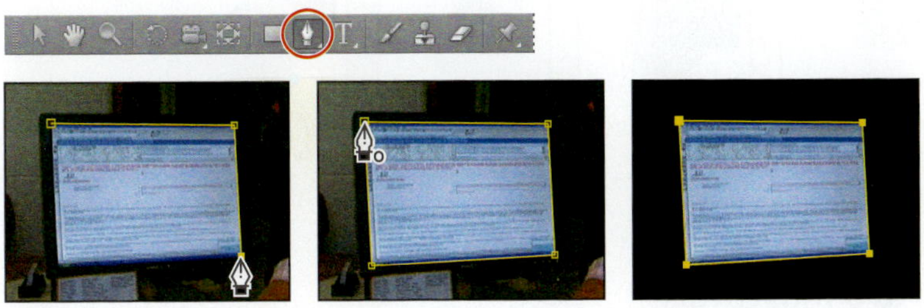

Edite uma máscara

A máscara parece muito boa, mas, em vez de mascarar as informações *dentro* do monitor, ela removeu o conteúdo de *fora* do monitor. Portanto, será necessário inverter a máscara. Como alternativa, é possível alterar o modo de máscara, que, por padrão, é configurado como Add.

Sobre modos de máscara

Modos de mesclagem para máscaras (modos de máscara) controlam como as máscaras dentro de uma camada interagem entre si. Por padrão, todas as máscaras são configuradas como Add, o que combina os valores de transparência de quaisquer máscaras que estão sobrepostas na mesma camada. É possível aplicar um modo a cada máscara, mas você não pode alterar o modo de uma máscara ao longo do tempo.

A primeira máscara que você cria interage com o canal alfa da camada. Se esse canal não definir a imagem inteira como opaca, a máscara irá interagir com o frame da camada. Cada máscara adicional que você cria interage com as máscaras localizadas acima dela no painel Timeline. Os resultados dos modos de máscara variam com base nos modos configurados para a máscara mais alta na pilha de máscaras no painel Timeline. Você só pode utilizar modos de máscara entre as máscaras na mesma camada. Utilizando modos de máscara, você pode criar formas complexas de máscara com múltiplas áreas transparentes. Por exemplo, é possível configurar um modo de máscara que combina duas máscaras e configura a área opaca como as áreas onde as duas máscaras interseccionam.

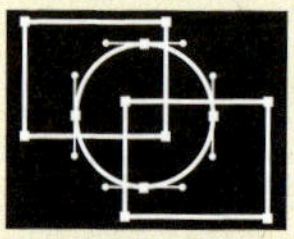

Máscaras originais (Original masks)

Nenhuma (None)

Adicionar (Add)

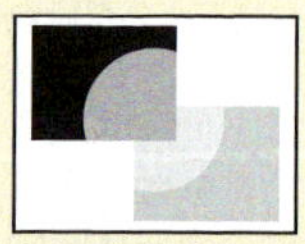

Subtrair (Subtract)

Interseccionar (Intersect)

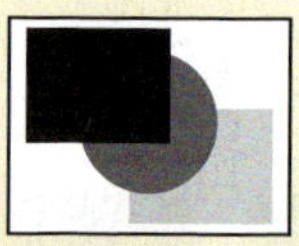

Iluminar (Lighten)

Escurecer (Darken)

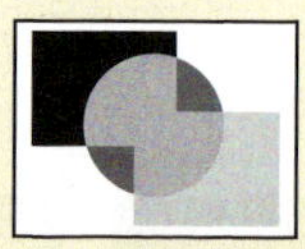

Diferenciar (Difference)

Inverta a máscara

Dica: Pressionar a tecla **M** duas vezes em uma sucessão rápida exibe todas as propriedades da máscara da camada selecionada.

Neste projeto, o que está dentro da máscara deve ser transparente e o que está fora precisa ser opaco. Agora, você vai inverter a máscara.

1 Selecione a camada office_mask no painel Timeline e pressione a tecla **M** para ver a propriedade Mask Path da máscara.

Há duas maneiras de inverter essa máscara: escolhendo Subtract no menu pop-up Mask Mode ou selecionando a opção Inverted.

2 Selecione a opção Inverted para Mask 1.

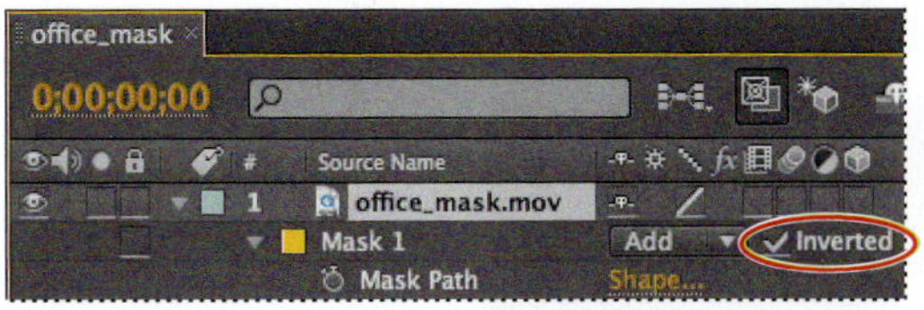

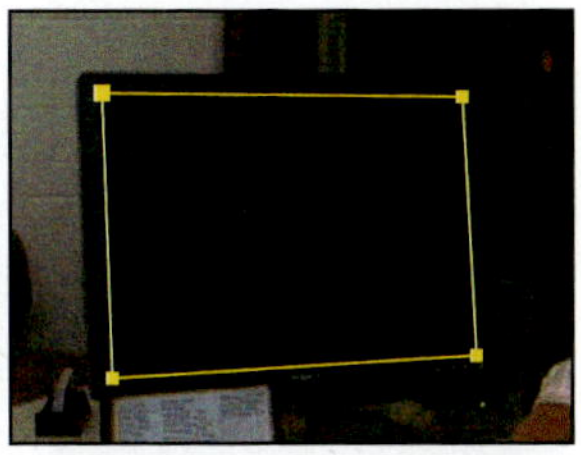

A máscara é invertida.

3 Pressione F2 para desmarcar a camada office_mask.

Se olhar atentamente o monitor, é provável que você veja partes da tela que ainda aparecem em torno das bordas da máscara.

Esses erros certamente chamarão a atenção para as modificações sendo feitas na camada e precisarão ser corrigidos. Para corrigi-los, você mudará as linhas retas para curvas.

Crie máscaras curvas

Máscaras curvas ou de forma livre utilizam curvas de Bezier para definir a forma da máscara (mask shape). Essas curvas oferecem melhor controle em relação à forma da máscara. Com elas, você pode criar linhas retas com ângulos agudos, curvas perfeitamente suaves ou uma combinação dos dois.

1 No painel Timeline, selecione Mask 1, a máscara para a camada office_mask. Selecionar Mask 1 ativa a máscara e seleciona todos os vértices.

2 No painel Tools, selecione a ferramenta Convert Vertex (ᛘ), que está oculta atrás da ferramenta Pen.

▶ **Dica:** O atalho de teclado para a ferramenta Pen é **G**. Pressione a tecla **G** múltiplas vezes para alternar as ferramentas Pen.

3 No painel Composition, clique em qualquer um dos vértices. A ferramenta Convert Vertex altera os vértices de canto para pontos suaves.

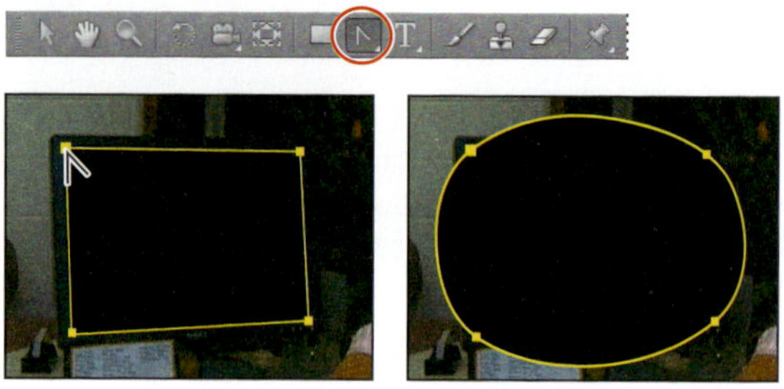

4 Alterne para a ferramenta Selection ( ) e clique em qualquer lugar no painel Composition para desmarcar a máscara; depois, clique no primeiro vértice que você criou.

Duas alças de direção se estendem a partir do ponto suave. O ângulo e o comprimento dessas alças controlam a forma da máscara.

5 Arraste a alça direita do primeiro vértice na tela. Observe como isso altera a forma da máscara. Quanto mais próximo você arrasta a alça para outro vértice, menos a forma do caminho é influenciada pela alça de direção do primeiro vértice, e mais ela é influenciada pela alça de direção do segundo vértice.

▶ **Dica:** Pressione Ctrl+Z (Windows) ou Command+Z (Mac OS) para desfazer uma modificação se cometer um erro. Você também pode alterar o nível de zoom e utilizar a ferramenta Hand para reposicionar a imagem no painel Composition à medida que trabalha.

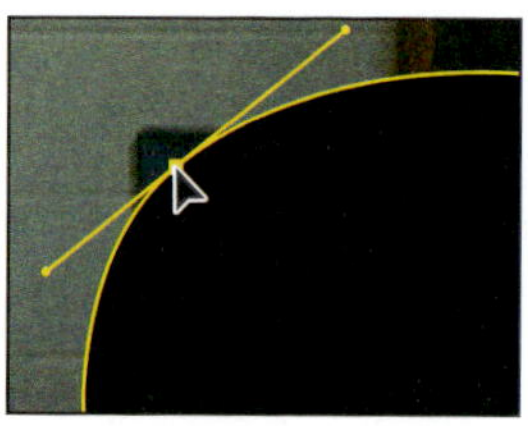

Clique no vértice

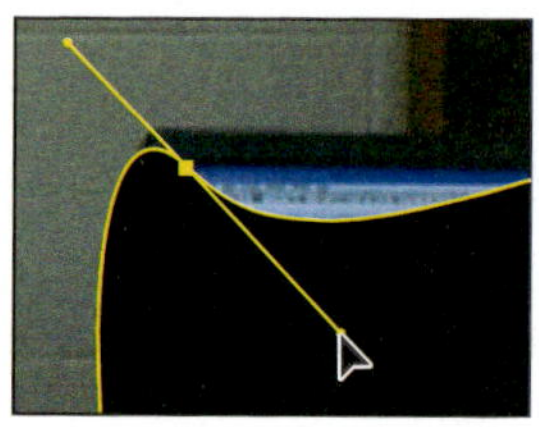

Arraste a alça

6 Depois de se acostumar com o processo de arrastar as alças, posicione a alça do vértice superior esquerdo como na figura anterior. Como vimos, é possível criar formas fluidas.

Quebre as alças de direção

Por padrão, as alças de direção de qualquer ponto suave são conectadas entre si.

À medida que arrasta uma alça, a alça oposta também se move. Mas você pode quebrar essa conexão para obter melhor controle em relação à forma da máscara e criar pontos agudos ou curvas suaves longas.

1 Selecione a ferramenta Convert Vertex ( ) no painel Tools.

2 Arraste a alça de direção direita do vértice superior esquerdo. A alça de direção esquerda permanece parada.

3 Ajuste a alça de direção direita até que o segmento na parte superior da forma da máscara siga a curva do monitor nesse canto. Isso não precisa ser perfeito.

4 Arraste a alça de direção esquerda do mesmo vértice até que o segmento esquerdo da forma siga a curva do monitor nesse canto.

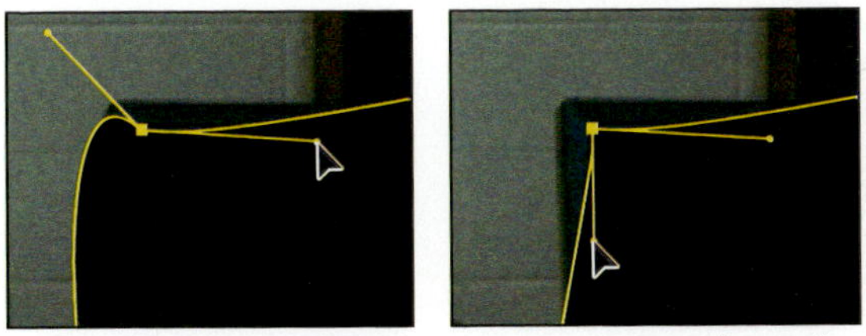

Arraste a alça de direção direita do vértice superior esquerdo e, então, a alça de direção esquerda para seguir a curva do monitor.

5 Repita os passos 2–4 para os outros três pontos de canto da máscara até que a forma da máscara corresponda à curvatura do monitor.

6 Ao terminar, desmarque a camada office_mask no painel Timeline para verificar a borda da sua máscara. Você não deve ver a tela do monitor.

▶ **Dica:** Talvez você precise ajustar a visualização no painel Composition à medida que trabalha. Você pode arrastar a imagem com a ferramenta Hand. Para alternar temporariamente para a ferramenta Hand, pressione e mantenha pressionada a barra de espaço.

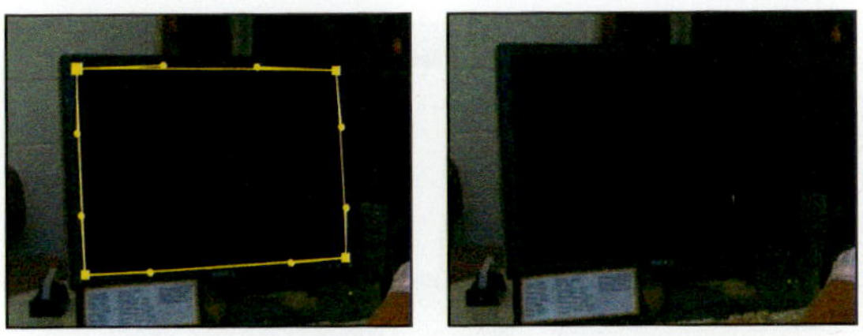

7 Escolha File > Save para salvar seu trabalho.

Crie uma máscara de Bezier

A ferramenta Convert Vertex foi utilizada para alterar um vértice de canto em um ponto suave com alças de Bezier, mas você pode criar uma máscara de Bezier primeiro. Para isso, clique no painel Composition com a ferramenta Pen onde quer inserir o primeiro vértice. Em seguida, clique onde você quer inserir o próximo vértice e arraste na direção que você quer criar uma curva. Quando estiver satisfeito com a curva, solte o botão do mouse. Continue a adicionar pontos até criar a forma desejada. Feche a máscara clicando no primeiro vértice ou dando um clique duplo no último vértice. Em seguida, alterne para a ferramenta Selection a fim de refinar a máscara.

Suavize as bordas de uma máscara

A máscara parece boa, mas você precisa suavizar um pouco as bordas.

1 Escolha Composition > Background Color.

2 Clique na amostra de cor e escolha branco para a cor de fundo (RGB **255, 255, 255**). Clique em OK para fechar o Color Picker e em OK novamente para fechar a caixa de diálogo Background Color.

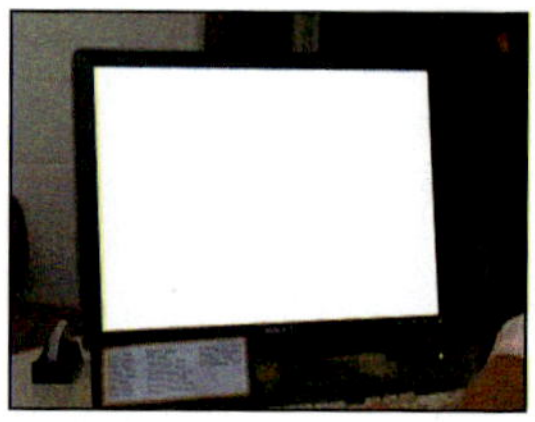

O fundo branco permite ver que a borda da tela do monitor está muito nítida e artificial. Para resolver isso, você sai suavizar as bordas.

3 Selecione a camada office_mask no painel Timeline e pressione a tecla **F** para exibir a propriedade Mask Feather.

4 Aumente o valor Mask Feather para **1.5, 1.5** pixels.

5 Oculte as propriedades da camada office_mask e escolha File > Save para salvar seu trabalho.

Substitua o conteúdo da máscara

Agora você está pronto para substituir o fundo pelo filme promocional do noticiário de TV e mesclá-lo com a tomada geral.

1 No painel Project, selecione o arquivo news_promo.mov e arraste-o até o painel Timeline, inserindo-o abaixo da camada office_mask.

2 Escolha Fit Up To 100% no menu pop-up Magnification Ratio na parte inferior do painel Composition para ver a composição inteira.

3 Com a ferramenta Selection (), arraste a camada news_promo no painel Composition até que o ponto de ancoragem esteja centralizado na tela do monitor.

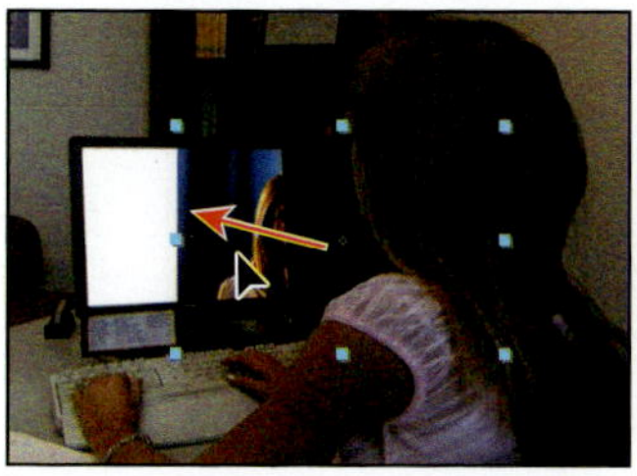

Reposicione e redimensione o clipe de notícias

O clipe promocional do noticiário é muito grande para a tela do monitor, portanto, você vai redimensioná-lo como uma camada 3D, o que dará mais controle em relação à forma e ao tamanho nessa tomada.

1 Com a camada news_promo selecionada no painel Timeline, ative a chave 3D para a camada.

2 Pressione a tecla **P** para exibir a propriedade Position da camada news_promo.

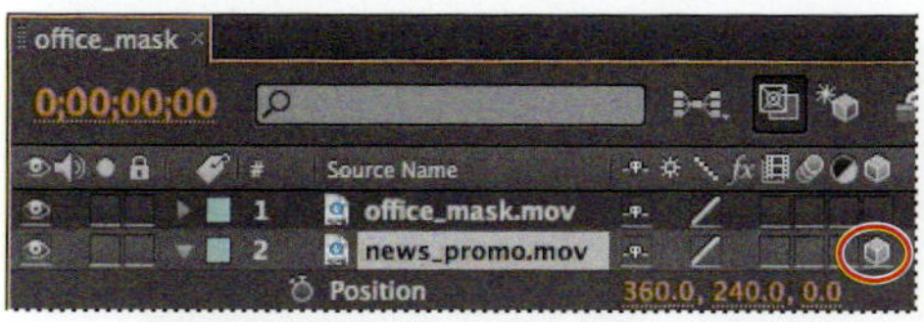

A propriedade Position para uma camada 3D tem três valores: da esquerda para a direita eles representam os eixos x, y e z da imagem. O eixo z controla a profundidade da camada. Você pode ver esses eixos representados no painel Composition.

Nota: Você aprenderá mais sobre camadas 3D nas Lições 11 e 12.

3 Posicione o cursor no painel Composition sobre a seta vermelha para que um pequeno *x* apareça. A seta vermelha controla o eixo x (horizontal) da camada.

4 Arraste para a esquerda ou para a direita conforme necessário para centralizar o clipe horizontalmente na tela do monitor.

5 Posicione o cursor no painel Composition sobre a seta verde para que um pequeno *y* apareça. Arraste para cima e para baixo conforme necessário a fim de posicionar o clipe verticalmente na tela do monitor.

6 Posicione o cursor no painel Composition sobre o cubo azul onde as setas vermelha e verde se cruzam para que um pequeno *z* apareça. Em seguida, arraste para baixo e para a direita a fim de aumentar a profundidade de campo.

▶ **Dica:** Você também pode inserir os valores Position diretamente no painel Timeline em vez de arrastar no painel Composition.

7 Continue a arrastar os eixos x, y e z até que o clipe inteiro se ajuste na tela do monitor, como mostrado na imagem a seguir. Os valores x, y e z finais devem ser aproximadamente 114, 219, 365.

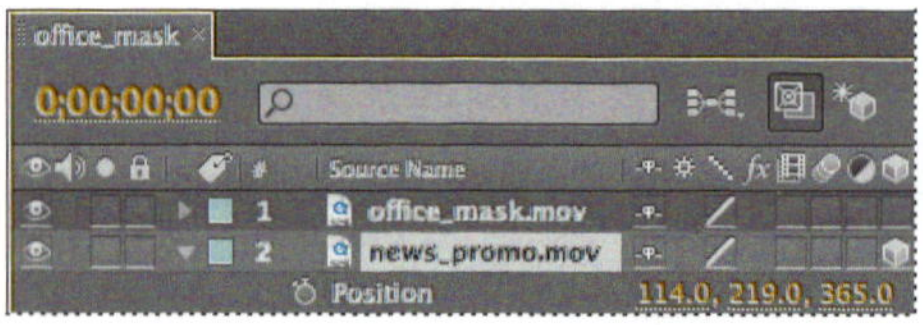

Gire o clipe

O clipe do noticiário está melhor, mas você precisa girá-lo um pouco para melhorar a perspectiva.

1 Selecione a camada news_promo no painel Timeline e pressione a tecla **R** para exibir suas propriedades Rotation. Como essa é uma camada 3D, você pode controlar a rotação nos eixos x, y e z.

2 Altere o valor de Y Rotation para **-10**°. Isso gira a camada a fim de que ela corresponda com a perspectiva do monitor.

3 Altere o valor de Z Rotation para **-2**°. Isso alinha a camada com o monitor.

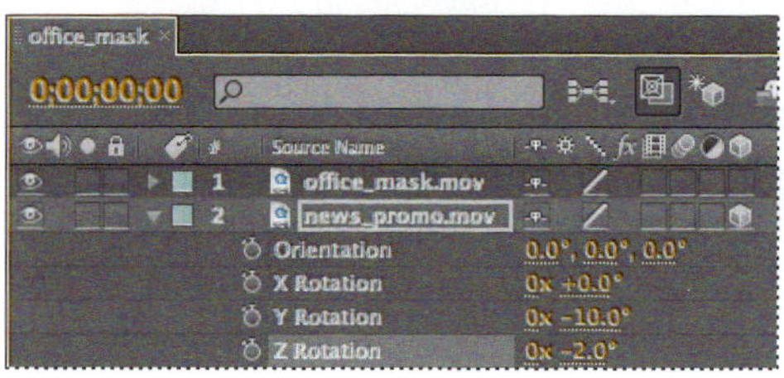

Sua composição agora deve se parecer com a imagem anterior.

4 Oculte as propriedades da camada news_promo e escolha File > Save para salvar seu trabalho.

Adicione um reflexo

A imagem mascarada parece convincente, mas você pode fazer com que ela seja ainda mais real adicionando um reflexo ao monitor.

1 Escolha Layer > New > Solid.

2 Na caixa de diálogo Solid Settings, nomeie a camada **Reflection**, clique no botão Make Comp Size, altere Color para White e clique em OK.

Em vez de tentar recriar exatamente a forma da máscara da camada office_mask, é mais fácil copiá-la para a camada Reflection.

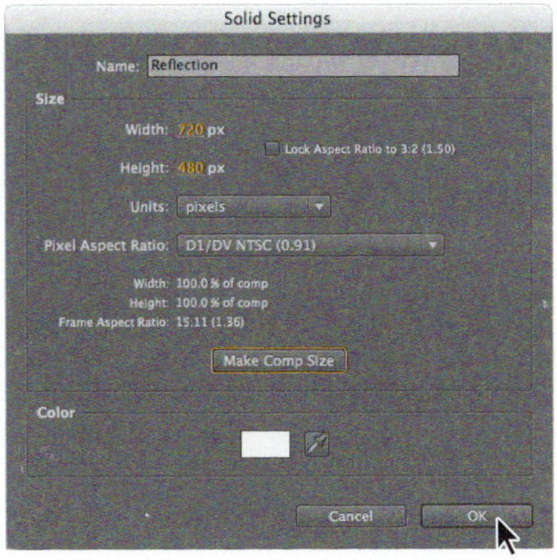

3 Selecione a camada office_mask no painel Timeline e pressione a tecla **M** para exibir a propriedade Mask Path.

4 Selecione Mask 1 e escolha Edit > Copy ou pressione Ctrl+C (Windows) ou Command+C (Mac OS).

5 Selecione a camada Reflection no painel Timeline e escolha Edit > Paste ou pressione Ctrl+V (Windows) ou Command+V (Mac OS).

Dessa vez, a área dentro da máscara deve ser opaca e a área fora da máscara, transparente.

6 Selecione a camada office_mask e pressione **U** para ocultar as propriedades da máscara.

7 Selecione a camada Reflection no painel Timeline e pressione a tecla **M** para exibir a propriedade Mask 1 Mask Path da camada.

8 Desmarque a opção Inverted. A camada Reflection agora obscurece a camada news_promo.

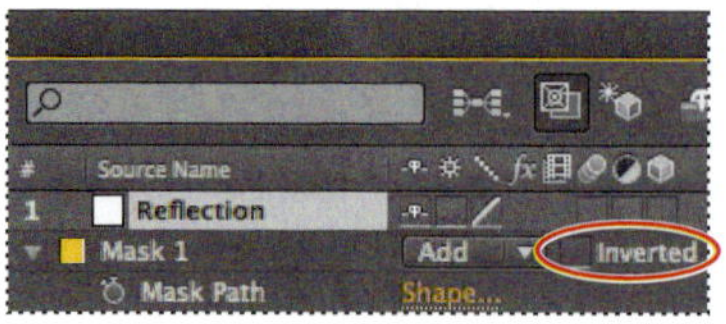

9 Amplie para ver a tela e selecione a ferramenta Selection ( ). No painel Composition, selecione o vértice inferior direito da máscara da camada Reflection e arraste-o em direção ao canto superior esquerdo da máscara.

10 Ajuste os outros vértices e as alças de direção até que sua forma se pareça com a figura a seguir.

11 Com a camada Reflection selecionada no painel Timeline, pressione a tecla **F** para exibir a propriedade Mask Feather da máscara.

12 Aumente o valor Feather para **90, 90** pixels.

Isso cria um reflexo aparente no monitor, mas, por causa da ordem de empilhamento das camadas, o reflexo abrange toda a tomada.

13 Selecione a camada Reflection no painel Timeline e arraste-a para baixo da camada office_mask.

14 Com a camada Reflection selecionada, pressione **T** para exibir sua propriedade Opacity.

15 Reduza o valor de Opacity para **65%** a fim de diminuir a intensidade do reflexo.

16 Pressione **T** para ocultar a propriedade Opacity e F2 para desmarcar todas as camadas.

Aplique um modo de mistura

Para criar interações únicas entre as camadas, teste os modos de mesclagem. Modos de mesclagem controlam como cada camada mescla ou reage com as camadas abaixo dela. Modos de mesclagem para camadas no After Effects são idênticos aos modos de mesclagem no Adobe Photoshop.

1 No menu do painel Timeline, escolha Columns > Modes para exibir o menu pop-up Mode.

2 Escolha Add no menu pop-up Mode da camada Reflection.

Isso cria um reflexo sólido na imagem da tela do monitor e aprimora as cores abaixo.

3 Escolha File > Save para salvar seu trabalho.

Adicione uma camada 3D clara

Em vez de criar o reflexo com uma camada sólida e uma máscara suavizada, também é possível utilizar uma camada 3D clara para criar um reflexo real na superfície. Como observado antes, você aprenderá mais sobre como utilizar camadas 3D, incluindo camadas 3D claras, nas Lições 11 e 12. Mas, se estiver interessado, siga estes passos para criar agora uma camada 3D clara para este projeto. Este exercício é opcional.

1 Oculte a camada Reflection clicando na sua chave Vídeo.

2 Escolha Layer > New > Light.

3 Clique em OK para aceitar os valores padrão na caixa de diálogo Light Settings.

4 Com a camada Light 1 selecionada no painel Timeline, pressione **P** para exibir sua propriedade Position, que afeta o posicionamento da luz na cena.

5 Configure os valores Position da camada Light 1 como **260**, **-10**, **-350**, o que move a luz acima do monitor e para fora da imagem.

6 Selecione a camada Light 1 no painel Timeline e pressione **A** para exibir sua propriedade Point Of Interest, que determina onde a luz é posicionada.

7 Configure os valores Point Of Interest como **135, 200, 0**.

8 Selecione a camada news_promo.mov no painel Timeline e pressione **AA** para exibir as propriedades Material Options, que determinam como uma camada 3D interage com a luz e a sombra, componentes importantes no realismo e na perspectiva da animação 3D.

9 Aumente o valor Specular para **75%** e o valor Shininess para **50%**.

10 Reduza o valor Metal, que determina a proporção das cores da camada que reflete a luz, para **50%**. Como há azuis escuros na camada, pouca luz é refletida. Como você está simulando o efeito de transparência na frente da camada, reduzir esse valor faz com que o reflexo ganhe a mesma cor que a da luz.

11 Oculte as propriedades da camada news_promo.mov.

É isso! Você criou o mesmo efeito utilizando uma camada 3D clara.

Crie uma vinheta

Um efeito famoso no design de imagens em movimento é aplicar uma vinheta à composição. Isso muitas vezes é feito para simular variações da luz de uma lente de vidro, o que cria uma aparência interessante que chama a atenção ao tema e diferencia a tomada.

1 Reduza para ver a imagem inteira.

2 Escolha Layer > New > Solid.

3 Na caixa de diálogo Solid Settings, nomeie essa camada como **Vignette**, clique no botão Make Comp Size, altere Color para preto (RGB 0, 0, 0) e clique em OK.

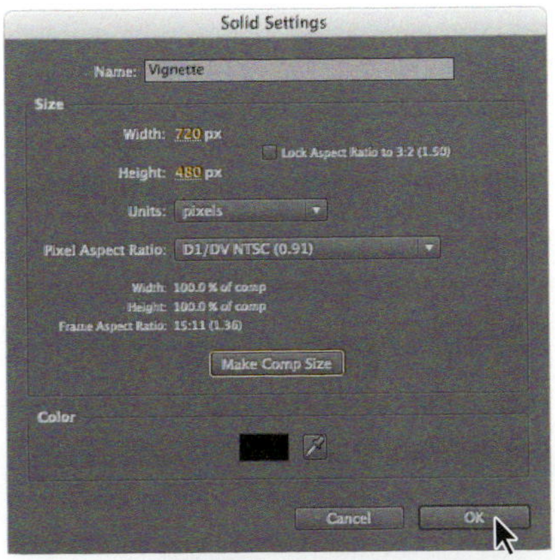

Além da ferramenta Pen, o After Effects oferece outras que permitem criar facilmente máscaras quadradas e elípticas.

4 No painel Tools, selecione a ferramenta Ellipse (●), oculta atrás da ferramenta Rectangle (■).

5 No painel Composition, posicione o cursor em forma de cruz no canto superior esquerdo da imagem. Arraste até o canto oposto para criar uma forma elíptica que preenche a imagem. Ajuste a forma e posição com a ferramenta Selection, se necessário.

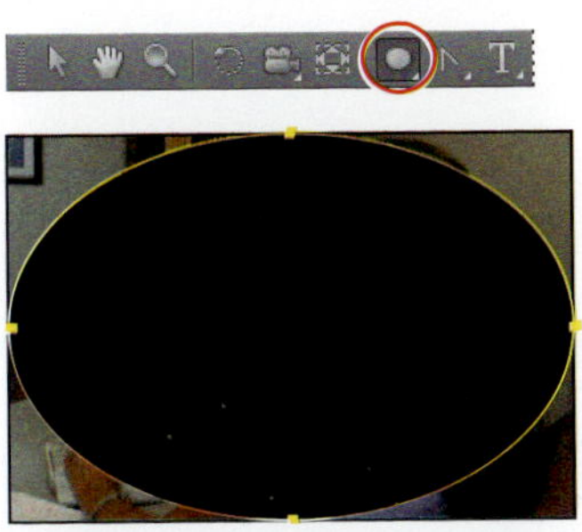

Utilize as ferramentas Ellipse e Rectangle

A ferramenta Rectangle, como o nome sugere, cria um retângulo ou um quadrado. A ferramenta Ellipse cria uma elipse ou um círculo. Você cria formas de máscara com essas ferramentas arrastando-as no painel Composition ou Layer.

Se quiser desenhar um quadrado ou círculo perfeito, pressione a tecla Shift à medida que arrasta com a ferramenta Rectangle ou Ellipse. Para criar sua máscara a partir do centro, pressione Ctrl (Windows) ou Command (Mac OS) depois de começar a arrastar. Pressione Ctrl+Shift ou Command+Shift depois de começar a arrastar para criar uma máscara quadrada ou círcular perfeita a partir de um ponto de ancoragem central.

Tenha cuidado! Se utilizar essas ferramentas sem uma camada selecionada, você desenhará uma forma, não uma máscara.

6 Expanda a propriedade Mask 1 na camada Vignette para exibir todas as propriedades da máscara para a camada.

7 Escolha Subtract no menu pop-up Mask 1 Mode.

8 Aumente o valor Mask Feather para **200, 200** pixels.

Sua composição agora deve se parecer com a figura a seguir.

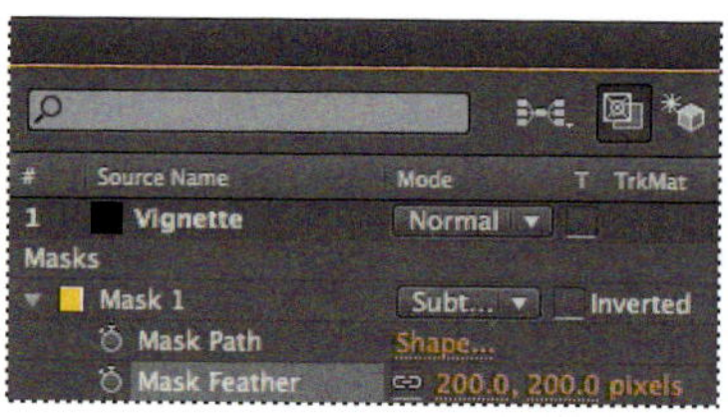

Mesmo com essa suavização, a vinheta está um pouco intensa e restrita. É possível dar à composição mais espaço ajustando a propriedade Mask Expansion, que representa, em pixels, a que distância da borda da máscara original você está expandindo ou contraindo a borda ajustada.

9 Aumente Mask Expansion para **90** pixels.

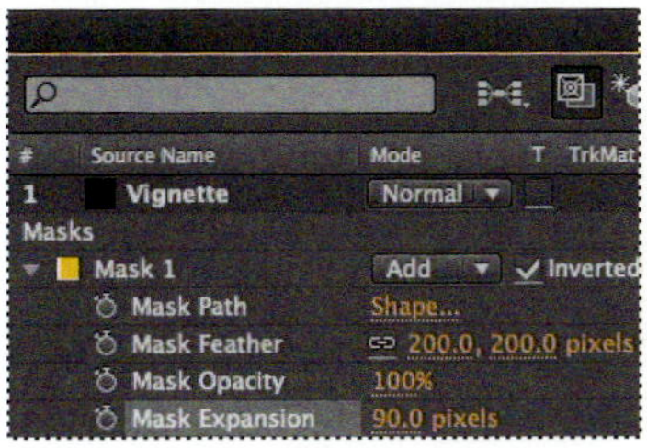

10 Oculte as propriedades da camada Vignette e escolha File > Save.

Dicas para criar máscaras

Se já trabalhou com outros programas, como o Adobe Illustrator ou Photoshop, é provável que você esteja familiarizado com máscaras e curvas de Bezier. Se não estiver, eis algumas dicas para criá-las com eficiência:

- Utilize o menor número possível de vértices.
- Como vimos nesta lição, você pode fechar uma máscara clicando no vértice inicial. Também é possível abrir uma máscara fechada: clique em um segmento de máscara, escolha Layer > Mask And Shape Path e desmarque Closed.
- Para adicionar pontos a um caminho aberto, pressione Ctrl (Windows) ou Command (Mac OS) e clique no último ponto no caminho. Quando o ponto está selecionado, você pode continuar a adicionar pontos.

Ajuste as cores

A tomada parece boa, mas as cores da camada office_mask.mov estão muito opacas. Torná-las mais quentes fará com que a imagem se destaque.

1 Selecione a camada office_mask.mov no painel Timeline.

2 Escolha Effect > Color Correction > Auto Levels. O efeito Auto Levels configura áreas claras e escuras definindo os pixels mais claros e mais escuros em cada canal de cor como branco e preto, e redistribui os valores em pixel intermediários proporcionalmente. Como o Auto Levels ajusta os canais de cor individualmente, ele pode remover ou adicionar predominâncias de uma cor (*color casts*).

Por que aplicar esse efeito? Às vezes câmaras de vídeo dão preferência a certo canal de cor que torna a imagem mais fria (mais azul) ou mais quente (mais vermelho). O efeito Auto Levels configura os pixels pretos e brancos para cada canal, com o resultado final parecendo muito mais natural.

A cor da camada office_mask.mov deve ficar bem melhor agora.

3 Escolha File > Save para salvar o projeto final.

Nesta lição você trabalhou com as ferramentas de máscara para ocultar, exibir e ajustar partes de uma composição a fim de criar uma tomada suplementar estilizada. Além de keyframes, máscaras são provavelmente o recurso mais utilizado do After Effects.

Você pode visualizar o clipe agora, se quiser, ou exibi-lo e exportá-lo seguindo os passos na Lição 14, "Renderizando e gerando saída".

Perguntas de revisão

1 O que é uma máscara?

2 Identifique duas maneiras de ajustar a forma de uma máscara.

3 Para que uma alça de direção é utilizada?

4 Qual é a diferença entre uma máscara aberta e uma máscara fechada?

Respostas

1 Uma máscara no After Effects é um caminho, ou contorno, utilizado para modificar efeitos e propriedades de uma camada. O uso mais comum de máscaras é modificar o canal alfa de uma camada. Uma máscara consiste em segmentos e vértices.

2 Você pode ajustar a forma da máscara arrastando vértices específicos, ou arrastando um segmento.

3 Uma alça de direção é utilizada para controlar a forma e o ângulo de uma curva de Bezier.

4 Uma máscara aberta pode ser utilizada para controlar efeitos ou o posicionamento do texto; ela não define uma região de transparência. Uma máscara fechada define uma região que afetará o canal alfa de uma camada.

8 DISTORCENDO OBJETOS COM AS FERRAMENTAS PUPPET

Visão geral da lição

Nesta lição, você vai aprender a:

- Inserir Deform Pins com a ferramenta Puppet Pin
- Definir áreas de sobreposição com a ferramenta Puppet Overlap
- Enrijecer parte de uma imagem com a ferramenta Puppet Starch
- Animar a posição dos Deform Pins
- Suavizar o movimento em uma animação
- Gravar a animação com a ferramenta Puppet Sketch

As ferramentas Puppet no Adobe After Effects permitem adicionar rapidamente movimento natural a imagens rasterizadas e vetoriais. Três ferramentas criam pins para definir o ponto de deformação, as áreas de sobreposição e as áreas que devem permanecer rígidas. A ferramenta Puppet Sketch permite registrar a animação em tempo real. Nesta lição, você vai utilizar as ferramentas Puppet para animar um personagem escorregando sobre uma casca de banana. Esta lição levará aproximadamente 60 minutos.

Puxe, comprima, estique e deforme objetos na tela com as ferramentas Puppet. Se estiver criando animações reais, cenários fantásticos ou arte moderna, as ferramentas Puppet expandem sua liberdade criativa.

Introdução

Primeiro visualize o vídeo final e, depois, configure o projeto.

1 Certifique-se de que os seguintes arquivos estão na pasta AECS4_CIB/Lessons/Lesson08 no disco rígido ou copie-os agora do DVD do *Adobe After Effects CS4 Classroom in a Book*.

- Na pasta Assets: backdrop.psd, banana.psd, man.psd
- Na pasta Sample_Movie: Lesson08.mov

2 Abra e reproduza o arquivo Lesson08.mov para ver o que será criado nesta lição. Ao concluir, feche o QuickTime Player. Exclua esse vídeo de exemplo do disco rígido se houver pouco espaço de armazenamento.

Ao iniciar esta lição, restaure as configurações de aplicativo padrão para o After Effects. Consulte "Restaure as preferências padrão", na página 15.

3 Pressione Ctrl+Alt+Shift (Windows) ou Command+Option+Shift (Mac OS) ao iniciar o After Effects. Quando for solicitado se você quer excluir seu arquivo de preferências, clique em OK. Clique em Close para fechar a janela Welcome.

O After Effects se abre e exibe um novo projeto.

4 Escolha File > Save As.

5 Na caixa de diálogo Save As, navegue até a pasta AECS4_CIB/Lessons/Lesson08/Finished_Project.

6 Nomeie o projeto **Lesson08_Finished.aep** e clique em Save.

Importe os arquivos

Você vai importar três arquivos do Adobe Photoshop, que serão utilizados para criar a cena.

1 Escolha File > Import > File.

2 Navegue até a pasta AECS4_CIB/Lessons/Lesson08/Assets. Clique com a tecla Shift pressionada para selecionar os arquivos backdrop.psd, banana.psd e man.psd e, então, clique em Open. Os arquivos aparecem no painel Project.

3 Clique no botão Create A New Folder na parte inferior do painel Project.

4 Nomeie a pasta **Assets** e arraste os arquivos para a pasta.

5 Expanda a pasta Assets para ver seu conteúdo.

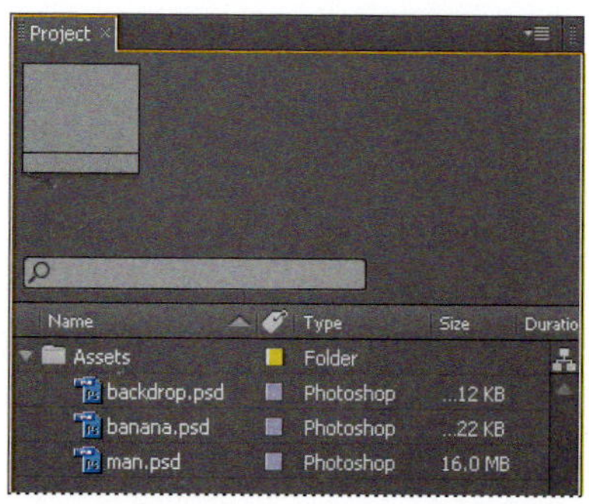

Crie a composição

Assim como qualquer projeto, você precisa criar uma nova composição.

1 Escolha Composition > New Composition.

2 Nomeie a composição **Walking Man**.

3 Certifique-se de que o menu pop-up Preset está configurado como NTSC DV. A predefinição configura automaticamente a largura, altura, proporção de pixel e velocidade de projeção da composição.

4 No campo Duration, digite **500** para especificar 5 segundos e clique em OK.

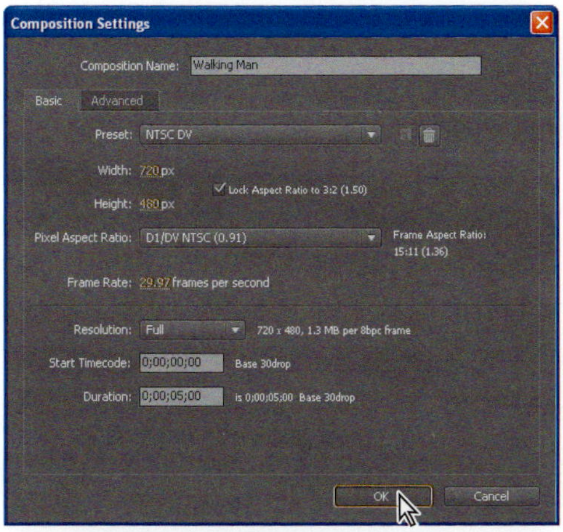

O After Effects abre a nova composição nos painéis Composition e Timeline.

Adicione o fundo

É mais fácil animar um personagem no contexto, portanto, primeiro você vai adicionar o fundo à composição.

1 Pressione a tecla Home para assegurar que o indicador de tempo atual está no início da composição.

2 Arraste o arquivo backdrop.psd até o painel Timeline.

3 Bloqueie a camada para evitar modificações acidentais.

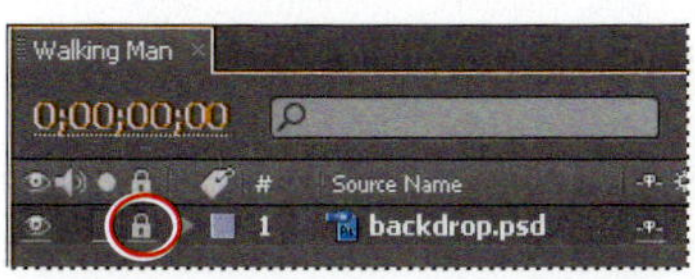

Redimensione um objeto

Em seguida, você vai adicionar a casca de banana. No seu tamanho padrão, ela é suficientemente grande para causar lesões a qualquer pessoa que escorregar nela. Você vai redimensioná-la a um tamanho mais proporcional para a cena.

1 Arraste o arquivo banana.psd do painel Project até a camada superior no painel Timeline.

2 Selecione a camada banana.psd no painel Timeline e pressione **S** para exibir sua propriedade Scale.

3 Altere Scale para **15%**.

4 Pressione **P** para exibir a propriedade Position da camada.

5 Altere Position para **160**, **420**. A casca de banana move-se para o lado esquerdo da composição.

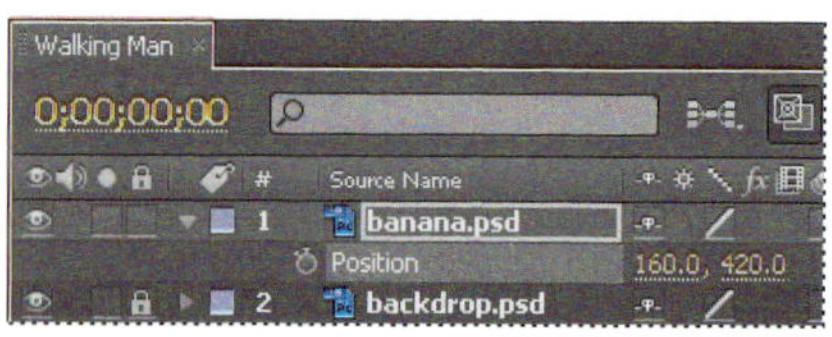

6 Oculte as propriedades da camada banana.psd.

Nota: No desenho original, o personagem já escorregou na casca de banana e caiu. Para facilitar a animação, o personagem foi modificado para permanecer mais ereto. Às vezes você pode facilitar seu trabalho fazendo alguns ajustes antes da animação.

Adicione o personagem

O último elemento na cena é o próprio personagem. Você vai adicioná-lo à composição e, então, redimensioná-lo e posicioná-lo apropriadamente.

1 Arraste o arquivo man.psd do painel Project até o painel Timeline no topo da pilha de camadas.

2 Selecione a camada man.psd e pressione **S** para exibir sua propriedade Scale.

3 Altere Scale para **15%**.

4 Pressione **P** para exibir a propriedade Position e altere-a para **575, 300**.

5 Pressione **P** novamente para ocultar a propriedade Position para a camada.

Sobre as ferramentas Puppet

As ferramentas Puppet transformam imagens rasterizadas e vetoriais em marionetes virtuais. Ao mover o fio de uma marionete, a parte do corpo presa a esse fio move-se; puxe o fio preso à mão e a mão sobe. A ferramenta Puppet utiliza pins para indicar onde os fios seriam presos.

O efeito Puppet deforma partes de uma imagem com base na posição dos pins que você insere e anima. Esses pins determinam as partes da imagem que devem se mover, as que devem permanecer rígidas e as que devem estar na frente quando as áreas se sobrepõem.

Há três tipos de pins, cada um inserido por uma ferramenta diferente:

- A ferramenta Puppet Pin () insere e move Deform pins, que deformam uma camada.
- A ferramenta Puppet Overlap () insere Overlap pins, que indicam as partes de uma imagem que devem estar na frente quando as áreas se sobrepõem.
- A ferramenta Puppet Starch () insere Starch pins, que enrijecem partes da imagem para evitar distorção.

Assim que você insere um pin, a área em contorno é automaticamente dividida em uma malha de triângulos. Cada parte da malha está associada aos pixels da imagem, assim, quando a malha se move, os pixels também se movem. Ao animar um Deform pin, a malha se deforma na área mais próxima ao pin, mantendo a forma geral o mais rígida possível. Por exemplo, se você animar um pin na mão de um personagem, a mão e o braço serão deformados, mas a maior parte do personagem permanecerá inalterada.

● **Nota:** A malha é calculada no frame ao qual os Deform pins são aplicados. Se você adicionar mais pins em qualquer lugar na linha do tempo, eles serão inseridos com base na posição original da malha.

Adicione Deform pins

Deform pins são o principal componente do efeito Puppet. Onde e como você insere esses pins determina como os objetos se movem na tela. Você vai inserir Deform pins e exibir a malha que o After Effects cria para determinar a área de influência para cada pin.

Ao selecionar a ferramenta Puppet Pin, o painel Tools exibe as opções da ferramenta Puppet. Cada pin tem suas próprias propriedades no painel Timeline, e o After Effects cria automaticamente um keyframe inicial para cada pin.

1 Selecione a ferramenta Puppet Pin (✖) no painel Tools.

● **Nota:** Tenha cuidado! O braço direito do personagem está no lado esquerdo da imagem, e vice-versa. Posicione os pins no personagem de acordo com os lados esquerdo e direito dele, não os seus!

2 No painel Composition, posicione um Deform pin no braço direito do personagem, perto do pulso. Talvez seja necessário ampliar para ver melhor o personagem. Um ponto amarelo representando o Deform pin aparece no painel Composition.

Se você utilizasse a ferramenta Selection (↖) para mover o Deform pin, todo o personagem se moveria com ele. São necessários mais pins para manter outras partes da malha no lugar.

3 Com a ferramenta Puppet Pin, posicione outro Deform pin no braço esquerdo perto do pulso.

Agora você pode mover a mão direita com a ferramenta Selection. Quanto mais pins você insere, menor a área de influência de cada pin, e menos cada área irá se expandir. Desfaça qualquer expansão pressionando Ctrl+Z (Windows) ou Command+Z (Mac OS).

4 Posicione Deform pins adicionais nas pernas direita e esquerda (perto dos tornozelos), no tronco (perto da parte inferior da gravata) e na testa do personagem.

5 No painel Timeline, expanda as propriedades Mesh 1 > Deform. Cada Deform pin é listado; para monitorá-los, você vai renomeá-los.

6 Selecione Puppet Pin 1, pressione Enter (Windows) ou Return (Mac OS) e renomeie o pin **Right Arm**. Pressione Enter ou Return novamente para aceitar o novo nome.

7 Renomeie os pins restantes (Puppet Pin 2 a Puppet Pin 6) **Left Arm**, **Right Leg**, **Left Leg**, **Torso** e **Head**, respectivamente.

8 Selecione Show na seção de opções do painel Tools para exibir a malha de distorção.

9 Altere o valor Triangles na seção de opções do painel Tools para **300**. Essa configuração determina quantos triângulos são incluídos na malha. Aumentar o número de triângulos resulta em uma animação mais suave, mas também aumenta o tempo de renderização.

▶ **Dica:** Você pode estender a malha para além do contorno da camada a fim de assegurar que um contorno é incluído na deformação. Para expandir a malha, aumente a propriedade Expansion na seção de opções do painel Tools.

Defina áreas de sobreposição

Movimentos humanos normais exigem que os braços balancem; para que o personagem ande na tela, partes do braço direito e da perna direita estarão atrás de outras áreas do corpo. Você vai utilizar a ferramenta Puppet Overlap para definir as áreas que devem aparecer na frente quando as áreas se sobrepõem.

● **Nota:** Você precisa selecionar a opção Show separadamente para cada ferramenta Puppet. Também é possível posicionar pins sem visualizar a malha.

1 Selecione a ferramenta Puppet Overlap (), que está oculta atrás da ferramenta Puppet Pin no painel Tools.

2 Selecione Show na área de opções do painel Tools para visualizar a malha de distorção.

3 Amplie e utilize a ferramenta Hand () para posicionar o homem na janela Composition a fim de ver o tronco e as pernas claramente. Em seguida, selecione a ferramenta Puppet Overlap novamente.

▶ **Dica:** Se a malha não aparecer quando você seleciona Show, clique fora da forma de caminho no painel Composition.

4 Na área de opções do painel Tools, altere In Front para **100%**. O valor In Front determina a proximidade aparente em relação ao observador; alterar o valor para 100% evita que essas partes do corpo que estão sobrepostas transpareçam.

5 Clique na malha para posicionar Overlap pins no tronco e na perna esquerda do personagem, que são as áreas que devem permanecer na frente. Ao adicionar um Pin, ajuste o valor Extent na área de opções do painel Tools. O valor Extent determina a que distância a influência de sobreposição se estende para o pin; a área afetada aparece mais clara no painel Composition. Utilize essa imagem como guia.

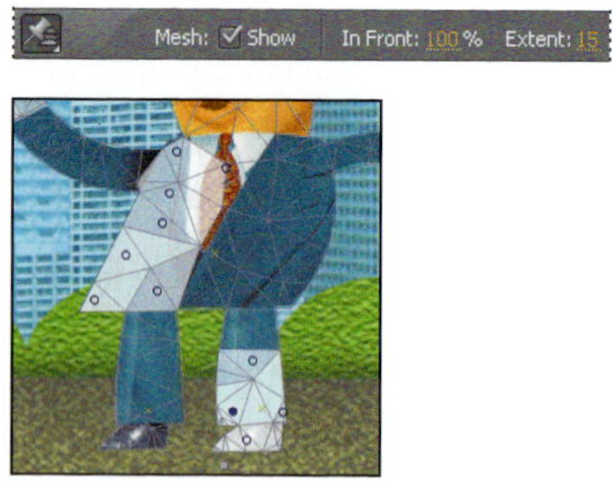

Enrijeça uma área

Os braços e as pernas do personagem devem mover-se à medida que ele anda, mas o tronco deve ficar relativamente firme. A ferramenta Puppet Starch será utilizada para adicionar Starch pins onde o personagem deve permanecer mais rígido.

1 Selecione a ferramenta Puppet Starch (), oculta atrás da ferramenta Puppet Overlap no painel Tools.
2 Selecione Show na área de opções do painel Tools para exibir a malha de distorção.
3 Posicione Starch pins na metade inferior do tronco, como nessa imagem.
4 Oculte as propriedades da camada man.psd no painel Timeline.

Nota: O valor Amount determina a rigidez da área. Em geral, um valor baixo é suficiente; valores mais altos tornam a área mais rígida. Também é possível utilizar números negativos para reduzir a rigidez de outro pin.

Anime as posições dos pins

Os Deform pins, Overlap pins e Starch pins estão posicionados. Agora você pode alterar as posições do Deform pin para animar o personagem. Os Overlap pins mantêm as áreas frontais visíveis e os Starch pins evitam que áreas específicas (nesse caso, o tronco) movam-se demais.

Crie um ciclo de caminhar

Inicialmente, o personagem deve andar pela tela. Para criar um ciclo de caminhar real, lembre-se de que, à medida que os seres humanos andam, padrões de onda se desenvolvem no caminho do movimento. Você vai criar um padrão de onda nas posições dos pins. No entanto, os valores irão variar ligeiramente para incorporar um pouco de aleatoriedade e evitar que o personagem pareça robótico.

1 Selecione a camada man.psd no painel Timeline e pressione **U** para exibir todos os keyframes da camada.

2 Pressione Home para mover o indicador de tempo atual para o início da linha do tempo.

3 No painel Timeline, altere a posição dos Deform pins desta maneira:

- Head (cabeça): **845, 295**
- Torso (tronco): **821.5, 1210**
- Left Leg (perna esquerda): **1000.5, 1734**
- Right Leg (perna direita): **580.5, 1734**
- Left Arm (braço esquerdo): **1384.5, 1214.7**
- Right Arm (braço direito): **478.5, 1108**

● **Nota:** O After Effects cria automaticamente keyframes quando Deform pins são inseridos para que você não precise clicar no cronômetro para cada pin antes de configurar sua posição inicial.

4 Para completar o ciclo de caminhar, mova os pins para estas posições nos tempos indicados no gráfico a seguir.

TEMPO	HEAD	TORSO	LEFT LEG	RIGHT LEG	LEFT ARM	RIGHT ARM
0:07	593,214	570.5,1095	604,1614.5			
0:15	314,295	312.5,1210	118.5,1748.3	580.5,1734	886.5,1208	-325.5,1214.7
0:18	-6,217	37.5,1098.3		352.5,1618.6		
1:00	-286,295	253.5,1210	118.5,1748.3	-561.5,1734	-121.5,1234.7	-325.5,1214.7
1:07	-614,218.3	-530,1094	-70.3,1628.8			
1:15	-883,300.7	-803.5,1213.3	-1003.5,1728.7	-561.5,1734	-121.5,1234.7	-1309.5,1101.3
1:23	-1153,212.7	-1055.5,1099.7	-789.3,1609.4			
2:00	-1412,319.3	-1283.5,1213	-1003.4,1728.7	-1545.5,1740.7	-1147.5,1241.3	-1309.5,1101.3
2:08	-1622,246	-1505.5,1099.7	-996,1617	-1926.5,1677.1		

▶ **Dica:** O painel Timeline mede o tempo em segundos e frames, dependendo da taxa de frames por segundo (fps, frames/s). Assim, 0:07 é igual a 7 frames, e 1:15 é igual a 1 segundo e 15 frames. A 29.97 frames/s, 1:15 é o frame 45 da composição.

Comprima e expanda

À medida que o personagem se move, seu corpo se comprime e se expande. Comprimir e expandir é uma técnica de animação tradicional que confere realismo e densidade aos objetos. É um exagero do efeito que ocorre na vida real quando um objeto em movimento entra em contato com um objeto parado, por exemplo, o solo. Quando a compressão e expansão são aplicadas corretamente, o volume do personagem não muda.

A maneira mais fácil de entender o princípio de compressão e expansão é visualizar a animação de uma bola rebatendo. À medida que a bola atinge o solo, ela se achata parcialmente, ou se comprime. À medida que rebate, ela se expande.

Para ver a compressão e expansão em ação, abra o arquivo de projeto Squash_and_stretch.aep na pasta Lesson08/End_Project_Files.

Anime uma queda

O personagem pisa em uma casca de banana, perde o equilíbrio e cai. Os movimentos da queda ocorrem mais rapidamente do que o ciclo de caminhar. Para surpreender o observador, você vai animar o personagem para que ele caia fora da tela.

1 Mova o indicador de tempo atual até 2:11 e altere a posição do pin Left Leg para **-2281, 1495.3**.

2 Em 2:15, mova os Deform pins para as posições a seguir:
   - Head (cabeça): **-1298, 532.7**
   - Torso (tronco): **-1667.5, 1246.3**
   - Left Leg (perna esquerda): **-2398.8, 1282.7**
   - Right Leg (perna direita): **-2277.5, 874**
   - Left Arm (braço esquerdo): **-1219.5, 1768**
   - Right Arm (braço direito): **-1753.5, 454.7**

3 Em 2:20, faça o personagem cair para fora da tela movendo os Deform pins para estas posições:
   - Head (cabeça): **-1094, 2452.7**
   - Torso (tronco): **-1643.5, 3219.7**
   - Left Leg (perna esquerda): **-2329.5, 2682**
   - Right Leg (perna direita): **-2169.5, 2234**
   - Left Arm (braço esquerdo): **-1189.5, 3088**
   - Right Arm (braço direito): **-1597.5, 2654.7**

4 Oculte as propriedades da camada man.psd.

Mova um objeto

Naturalmente, quando o personagem escorrega na casca de banana, a casca de banana também se move. A casca de banana deve escorregar abaixo dos pés do personagem e desaparecer da tela. Você não adicionou um pin à banana e nenhum será necessário. Em vez disso, você vai mover a camada inteira, utilizando as propriedades Rotation e Position.

1 Mova o indicador de tempo atual para a posição 2:00.

2 Selecione a camada banana.psd no painel Timeline e pressione **P** para exibir sua propriedade Position.

▶ **Dica:** Para visualizar múltiplas propriedades da camada ao mesmo tempo, pressione a tecla Shift enquanto você pressiona o atalho de teclado para a propriedade de camada adicional.

3 Pressione Shift+**R** para exibir a propriedade Rotation da camada.

4 Clique nos cronômetros ao lado de Position e Rotation para criar keyframes iniciais para cada propriedade.

5 Vá até 2:06 e modifique Position para **80**, **246** e Rotation para **19**°.

6 Vá até 2:15 e modifique Position para **-59**, **361** a fim de que a casca de banana desapareça da tela.

7 Em 2:15, modifique Rotation para **42**° a fim de que a casca continue a girar um pouco à medida que ela desaparece da tela.

8 Faca uma visualização RAM da animação. Se necessário, ajuste a propriedade Position para os Deform pins no painel Timeline. Escolha File > Save.

Crédito extra: suavize o movimento

O personagem nessa animação anda, mas seu movimento é um pouco rígido. Você pode fazer o movimento fluir mais naturalmente utilizando os recursos Easy Ease e o de keyframes variáveis.

O Easy Ease já foi utilizado em outras lições. As opções Easy Ease In, Easy Ease Out e Easy Ease ajustam a velocidade de um objeto.

O recurso de keyframes variáveis (*roving*) cria um movimento ao longo de vários keyframes ao mesmo tempo. Eles não estão vinculados a um tempo específico; sua velocidade e sincronização são determinadas pelos keyframes próximos deles. Para criar um keyframe variável, clique com o botão direito do mouse (Windows) ou clique com a tecla Control pressionada (Mac OS) no keyframe e selecione Rove Across Time no menu do keyframe.

Nota: O primeiro e último keyframes não podem ser keyframes variáveis.

Para suavizar o movimento do personagem, utilize a opção Easy Ease e keyframes variáveis. Você pode testar os recursos, mas comece tentando fazer com que seus keyframes correspondam àqueles na imagem a seguir.

Grave a animação

Alterar a propriedade Position para cada pin em cada keyframe funcionou, mas é provável que você tenha achado isso entediante. Se criasse uma animação muito mais longa, você rapidamente iria se cansar de inserir números exatos para cada keyframe. Em vez de animar keyframes manualmente, utilize a ferramenta Puppet Sketch para arrastar os objetos até a posição em tempo real. O After Effects começa a registrar o movimento assim que você começa a arrastar um pin, e para de registrar quando você solta o botão do mouse. A composição avança pelo tempo à medida que você move o pin. Quando você para a gravação, o indicador de tempo atual retorna ao ponto em que você começou a gravar a fim de que você possa registrar o caminho para outro pin durante o mesmo período de tempo.

Teste esse método de animação à medida que recria o movimento de escorregar utilizando a ferramenta Puppet Sketch.

1 Escolha File > Save As e nomeie o projeto **Motionsketch.aep**. Salve-o na pasta Lesson08/Finished_Project.

2 Exclua todos os keyframes na camada man.psd depois de 2:08. O ciclo de caminhar permanece, mas você removeu os keyframes que animam o personagem escorregando e caindo.

3 Mova o indicador de tempo atual para a posição 2:08.

4 Selecione a ferramenta Puppet Pin no painel Tools.

5 No painel Timeline, expanda a camada man.psd e, então, expanda Effects. Selecione Puppet para ver os pins no painel Composition.

6 Selecione um pin no painel Composition e pressione Ctrl (Windows) ou Command (Mac OS) para ativar a ferramenta Puppet Sketch (um ícone de relógio aparece ao lado do cursor).

7 Continue pressionando Ctrl ou Command à medida que arrasta o pin até uma nova posição. Solte o botão do mouse ao concluir. O indicador de tempo atual volta à posição 2:08.

8 Pressione Ctrl ou Command e arraste outro pin até a posição. Utilize o contorno do personagem como guia.

9 Continue com a ferramenta Puppet Sketch para mover todos os pins pela animação até que esteja satisfeito com o movimento.

10 Faça uma visualização RAM para ver a animação final.

Agora você utilizou todas as ferramentas Puppet para criar uma animação real e envolvente. Lembre-se de que as ferramentas Puppet podem ser utilizadas para deformar e manipular vários tipos de objetos, não apenas desenhos. E tenha cuidado com cascas de banana!

Perguntas de revisão

1 Qual é a diferença entre a ferramenta Puppet Pin e a ferramenta Puppet Overlap?

2 Quando você utiliza a ferramenta Puppet Starch?

3 Como você pode tornar sua animação mais fluida?

4 Descreva dois métodos de animar posições de pin.

Respostas

1 A ferramenta Puppet Pin cria Deform pins que definem a posição de uma parte da imagem à medida que a imagem é deformada. A ferramenta Puppet Overlap cria Overlap pins que determinam quais áreas de um objeto permanecem na frente quando duas áreas se sobrepõem.

2 Utilize a ferramenta Puppet Starch para adicionar Starch pins a uma área que você quer que permaneça mais rígida enquanto outras áreas do objeto são distorcidas.

3 Para tornar sua animação mais fluida, utilize o recurso Easy Ease ou keyframes variáveis (*roving*). Além disso, você pode criar um movimento mais suave aumentando o número de triângulos na malha de distorção, o que também aumenta o tempo para renderizar a animação.

4 Você pode animar manualmente posições de pin alterando o valor da propriedade Position de cada pin no painel Timeline. Para animar posições de pin mais rapidamente, utilize a ferramenta Puppet Sketch: com a ferramenta Puppet Pin selecionada, pressione Ctrl ou Command e arraste um pin para registrar seu movimento.

9 CHROMA KEY

Visão geral da lição

Nesta lição, você vai aprender a:

- Criar uma máscara de lixo
- Utilizar o efeito Color Difference Key para aplicar um chroma key
- Verificar erros no canal alfa em um chroma key
- Comprimir um matte para refinar um chroma key
- Utilizar o efeito Spill Suppressor para remover vazamento de luz indesejável
- Criar um chroma key para um fundo utilizando o efeito Keylight
- Ajustar o contraste de uma imagem utilizando o efeito Levels
- Preparar um projeto para dispositivos móveis utilizando o Adobe Device Central

Nesta lição, você vai criar um menu introdutório para uma rede de esportes imaginária, chamada Mobile Sports Network, que fornece resultados esportivos e estatísticas em celulares. Você trabalhará com uma cena ao vivo de uma apresentadora filmada contra um fundo verde. Você vai aprender a utilizar efeitos de chroma key para eliminar o fundo verde e limpar a borda do chroma key para remover qualquer vazamento de verde. Em seguida, você vai adicionar títulos à introdução. Como alguns clientes receberão as informações via telefone e outros via dispositivos móveis e computadores pessoais, a empresa quer assegurar que o vídeo esteja bom tanto em telas de baixa resolução como de alta resolução. O Adobe Device Central será utilizado para assegurar que o projeto funcione bem em diferentes dispositivos móveis. Esta lição levará aproximadamente 60 minutos.

A palavra *chroma key* pode evocar imagens de um meteorologista em um canal de notícias ou uma técnica de filmagem utilizada em filmes. Com o Adobe After Effects, mesmo o projeto mais simples e de menor custo pode aproveitar essa técnica.

Sobre chroma key

O processo de *chroma key* define a transparência de acordo com um valor de cor específico (com uma chave de cores [*color key*]) ou valor de brilho (com uma chave de luminosidade [*luminance key*]) em uma imagem. Ao definir *(key out)* um valor, todos os pixels com valores semelhantes de cor ou luminosidade tornam-se transparentes.

O chroma key facilita trocar um fundo com uma cor ou brilho consistente por outra imagem, o que é especialmente útil ao trabalhar com objetos em que é complexo criar uma máscara. A técnica de reduzir um fundo a uma cor consistente muitas vezes é chamada *fundo azul* (*bluescreening)* ou *fundo verde* (*greenscreening),* embora não seja necessário utilizar azul ou verde; qualquer cor sólida pode ser usada para um fundo.

O Recorte por diferença (*difference keying*) define a transparência em relação a uma determinada imagem de fundo de base. Em vez de reduzir a uma única cor de tela, você pode transparecer um fundo arbitrário.

Por que você utilizaria um chroma key? Há várias razões:

- Talvez seja muito perigoso para um ator realizar uma acrobacia no local da filmagem.
- O local da filmagem poderia ser bastante perigoso para o elenco e a equipe.
- No caso dos filmes de ficção científica, o local da filmagem talvez não exista.
- Você está trabalhando com um orçamento limitado e não há outra maneira de filmar.

▶ **Dica:** Você terá mais sucesso ao fazer o chroma key em um formato HDV ou MiniDV se o fundo for verde em vez de azul. Informações de luminosidade, que compõem 60% do sinal de vídeo, são codificadas no canal verde. O canal verde também é o menos compactado dos canais de cores RGB. Já o azul tende a ser o canal com maior nível de ruídos.

Para assegurar um bom chroma key é necessário saber qual formato funciona melhor. Embora a filmagem sem compressão sempre forneça a melhor qualidade, os formatos MiniDV e HDV mais recentes também são populares. Nesta lição, você vai utilizar filmagem em HDV, que emprega o mesmo esquema de compressão que o do formato MiniDV. Qualquer tipo de compressão pode criar defeitos, como regiões blocadas ou serrilhadas ao longo das curvas e diagonais do seu tema. Quanto maior a compressão digital, mais difícil será criar um chroma key limpo. O After Effects pode ajudá-lo a resolver esses e outros problemas de chroma key.

Introdução

Antes de começar, visualize o vídeo que você está criando.

1 Certifique-se de que os seguintes arquivos estão na pasta AECS4_CIB/Lessons/Lesson09 no disco rígido ou copie-os agora do DVD do *Adobe After Effects CS4 Classroom in a Book*.

- Na pasta Assets: MobileSportsIntro.mov, mobilesportsbackground.mov
- Na pasta Sample_Movie: Lesson09.mov

2 Abra e reproduza o vídeo exemplo Lesson09.mov para ver o que será criado. Ao concluir, feche o QuickTime Player. Exclua esse vídeo de exemplo do disco rígido se houver pouco espaço de armazenamento.

Crie composições no Device Central

Dimensões de tela, velocidades de projeção de vídeo e gamuts de cor variam significativamente entre um dispositivo móvel e outro. O Adobe Device Central contém perfis de dispositivo que fornecem informações sobre essas características. Com essas informações, é possível criar filmes que reproduzem corretamente e se parecem com aquilo que você concebeu para os dispositivos selecionados. Suas composições são criadas no Device Central —uma composição Device Master, e uma composição para cada um dos dispositivos móveis que você selecionar. Crie, anime e prepare seu filme na composição Device Master e utilize as composições específicas ao dispositivo para visualizar, renderizar e exportar para a saída final.

Como você está preparando esse projeto tanto para dispositivos móveis como para dispositivos de alta resolução, você vai começar criando as composições no Device Central, instalado com o After Effects.

● **Nota:** Se a janela Welcome não aparecer, escolha File > New Document In > After Effects para criar a nova composição.

1 Inicie o Adobe Device Central CS4.

2 Na janela Welcome, clique em After Effects File abaixo do título Create New Mobile. Isso cria uma nova composição no Device Central. Nenhum dispositivo específico foi selecionado ainda.

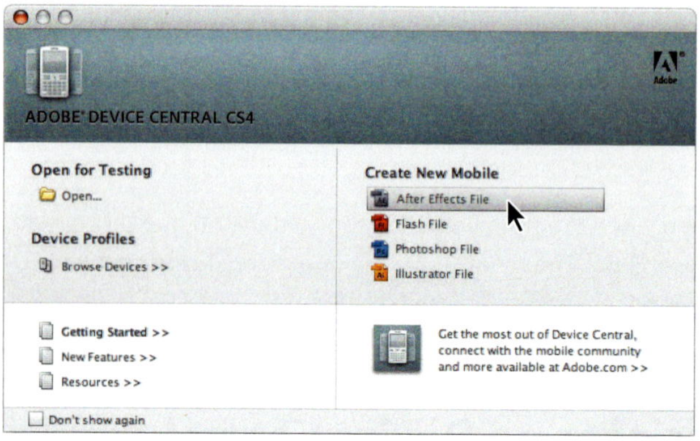

Os dispositivos móveis disponíveis são listados no painel Online Library, mas apenas o Flash Lite está em Local Library. Nesta lição, você vai utilizar os celulares Nokia 3120 e Sony Ericsson K630i, bem como o Flash Lite 2.1. Primeiro você precisa adicionar os celulares à sua biblioteca local.

3 No painel Online Library, clique no triângulo ao lado do grupo Nokia para ver o conteúdo.

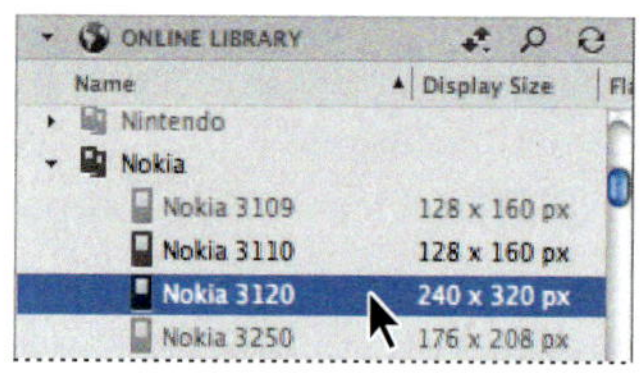

4 Expanda o grupo Nokia e dê um clique duplo em Nokia 3120 para adicioná-lo à sua biblioteca local. Em seguida, recolha o grupo Nokia.

5 Expanda o grupo Sony Ericsson e dê um clique duplo em K630i. Recolha o grupo Sony Ericsson.

6 No painel Local Library, expanda cada grupo para exibir os dispositivos que você quer selecionar.

7 Pressione Ctrl (Windows) ou Command (Mac OS) à medida que seleciona os três dispositivos (Flash Lite 2.1 16 kb 320 x 480, Nokia 3120 e Sony Ericsson K630i) no painel Local Library.

Os dispositivos são adicionados ao painel New Composition.

8 Selecione Create Master Composition na parte superior do painel New Composition. Essa opção cria uma composição que contém os dispositivos selecionados, bem como uma composição Master Devices.

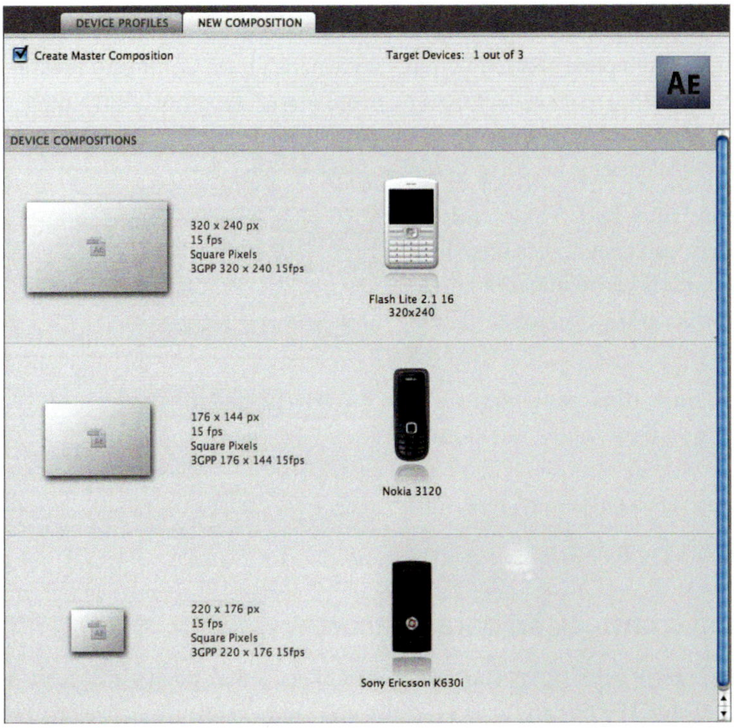

9 Clique em Create. O After Effects CS4 se abre.

10 Clique em Close para fechar a janela Welcome no After Effects.

O painel Project contém duas pastas: Device Central Comps e Solids.

11 Dê um clique duplo na pasta Device Central Comps para ver seu conteúdo. Ela contém uma composição Device Master, uma composição para cada um dos dispositivos que você selecionou, uma composição Preview e uma pasta Guide Comps. Recolha a pasta Device Central Comps e clique em uma área vazia do painel Project para desmarcar todos os itens.

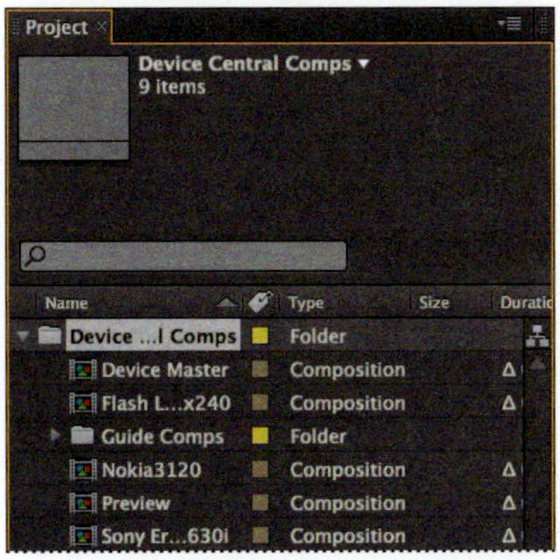

12 Escolha File > Save As.

13 Na caixa de diálogo Save As, navegue até a pasta AECS4_CIB/Lessons/Lesson09/Finished_Project e nomeie o projeto **Lesson09_Finished.aep**.

Importe os arquivos

Você tem de importar dois arquivos para esta lição.

1 Escolha File > Import > File.

2 Navegue até a pasta AECS4_CIB/Lessons/Lesson09/Assets. Clique com a tecla Ctrl pressionada (Windows) ou clique com a tecla Command pressionada (Mac OS) para selecionar os arquivos MobileSportsIntro.mov e mobilesportsbackground.mov e clique em Open. Os itens aparecem no painel Project. Você vai organizá-los antes de prosseguir.

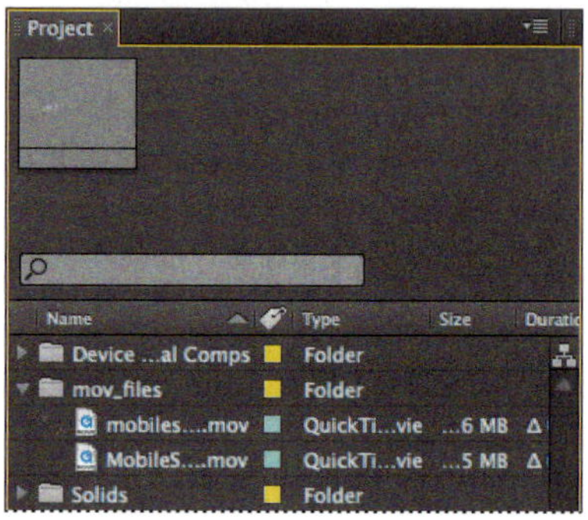

3 Escolha File > New > New Folder para criar uma nova pasta no painel Project ou clique no botão Create A New Folder (▬) na parte inferior do painel.

4 Digite **mov_files** para nomear a pasta, pressione Enter ou Return para aceitar o nome e arraste os dois itens até a pasta mov_files.

5 Expanda a pasta para ver seus itens.

Crie uma composição para o recorte

O Device Central criou várias composições para você, mas pode ser difícil ver erros no chroma key ou modificações sutis utilizando as composições criadas pelo Device Central, que estão em uma resolução mais baixa. Como esse projeto também deve ser visualizado em telas grandes, você vai criar uma composição separada para o chroma key.

1 Escolha Composition > New Composition.

2 Na caixa de diálogo Composition Settings, digite **Color Difference Key** na caixa Composition Name.

3 Certifique-se de que o menu pop-up Preset está configurado como NTSC DV. Isso automaticamente configura a largura, altura, relação entre os eixos em pixels e velocidade de projeção da composição.

4 No campo Duration, digite **1023** para especificar 10 segundos e 23 frames, que corresponde à duração do arquivo MobileSportsIntro.mov, e clique em OK.

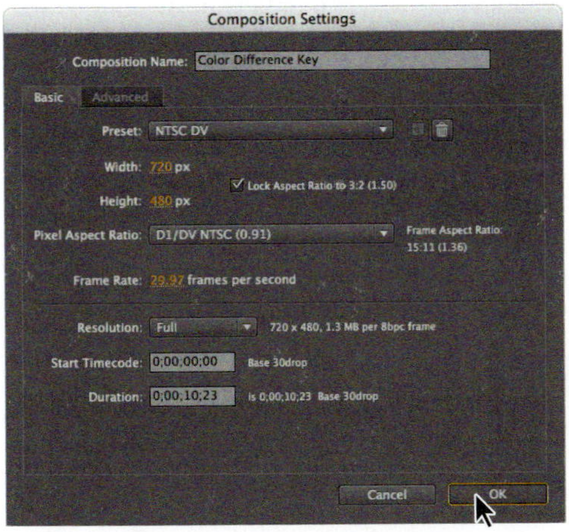

O After Effects abre a nova composição nos painéis Composition e Timeline.

Altere a cor de fundo

O fundo padrão no After Effects é preto, o que dificulta ver buracos ou outros erros ao criar um chroma key. Portanto, o fundo deve ser alterado para uma cor diferente de preto ou branco. Nesta lição, você vai utilizar a cor laranja.

▶ **Dica:** Em vez de alterar a cor do fundo, você também pode clicar no botão Toggle Transparency Grid (▦) na parte inferior do painel Composition. Isso exibe um fundo na forma de um tabuleiro xadrez que mostra a transparência, que é outra maneira de identificar erros ao aplicar um recorte.

1 Escolha Composition > Background Color.

2 Clique na amostra de cores e selecione uma tonalidade laranja brilhante, como RGB 255, 175, 0. Clique em OK para fechar o Color Picker e em OK novamente para fechar a caixa de diálogo Background Color.

Adicione o tema de primeiro plano

Você está pronto para adicionar o tema à composição.

1 Pressione a tecla Home para certificar-se de que o indicador de tempo atual está no início da régua de tempo.

2 Arraste o item MobileSportsIntro.mov do painel Project para o painel Timeline. A imagem MobileSportsIntro.mov aparece no primeiro plano do painel Composition.

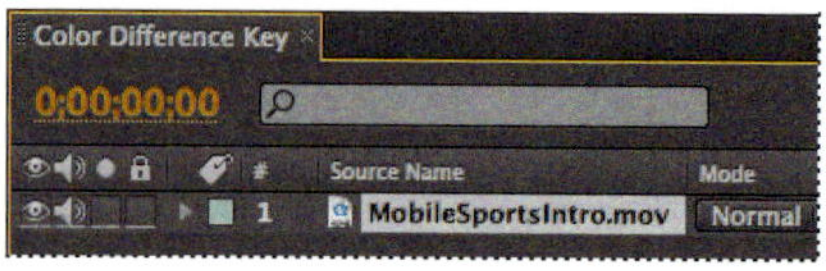

Isso é uma tomada simples de um fundo verde. Se visualizar manualmente a tomada arrastando o indicador de tempo atual, você vai perceber que ela é muito grande para a composição. O projeto foi filmado em uma câmera HDV e capturado em uma resolução de 1440 x 1080. Você precisa redimensionar o clipe para utilizá-lo em um projeto de definição padrão (SD).

3 Selecione o item MobileSportsIntro.mov no painel Timeline e pressione **S** para exibir sua propriedade Scale.

4 Altere o valor de Scale para **45%**.

5 Mova o indicador de tempo atual para a posição 4:00.

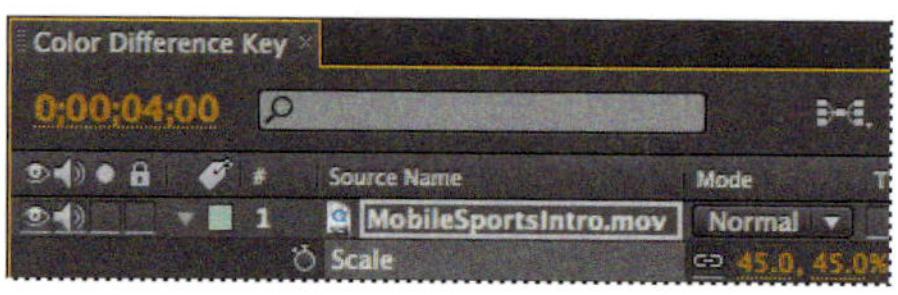

A apresentadora saiu um pouco da sua posição na tomada e precisa ser centralizada novamente no frame.

6 Selecione o item MobileSportsIntro.mov mais uma vez e pressione **P** para exibir sua propriedade Position.

7 Altere Position para **417, 240** a fim de deslocar a camada ligeiramente para a direita.

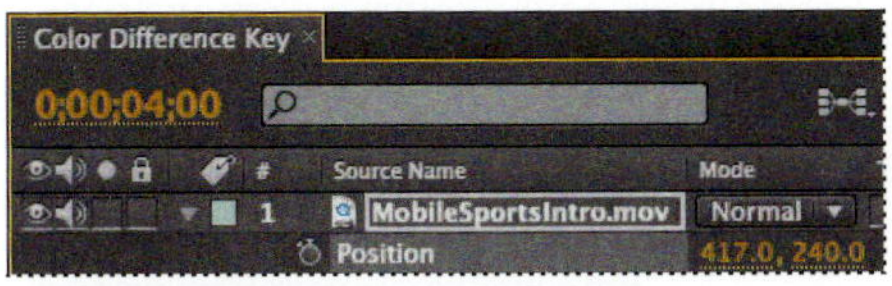

O clipe continua muito largo para a composição, mas ele funciona porque é possível reposicionar a apresentadora. Nem tudo no filme está fora do quadro, pois uma pequena parte de um refletor de luz ainda está presente.

Nota: Você também pode reposicionar um item utilizando a grade proporcional. Clique no botão Choose Grid And Guide Options e escolha Proportional Grid para exibi-lo no painel Composition.

Utilize máscaras de lixo

Essa tomada de um fundo verde é comum para uma produção de baixo orçamento. Embora a tela esteja iluminada uniformemente, o pano está amassado, o que pode causar problemas ao adicionar o chroma key.

Quando o After Effects cria um chroma key, ele examina o frame inteiro. Quanto maior a área que precisa ser analisada e quanto maior a variação nas cores, maior o risco de que você não consiga remover toda a cor de fundo. É possível reduzir esse risco e remover partes indesejáveis que desviam a atenção utilizando uma *máscara de lixo*.

Como o nome indica, uma máscara de lixo (ou matte) é utilizada para remover partes ruins ou desnecessárias de uma imagem. Ao criar uma máscara de lixo para uma camada, é recomendável mantê-la relativamente flexível. Se o tema no primeiro plano estiver se movendo, você precisa deixar espaço suficiente na máscara de lixo para acomodar o movimento. Se a máscara tiver pouco espaço, seu tema poderá mover-se para fora dela. Lembre-se, uma máscara de lixo é utilizada para resolver, e não para criar problemas.

Não há um limite quanto ao número de máscaras de lixo que pode você ter em uma composição. Na verdade, em algumas tomadas complexas é comum ter múltiplas máscaras de lixo para isolar pernas, braços, rostos, cabelo ou diferentes características da cena.

Crie uma máscara de lixo

Você vai criar uma máscara de lixo para limitar a área à qual precisa aplicar o chroma key.

1 Mova o indicador de tempo atual até 2:00 no painel Timeline. Esse é o ponto em que a apresentadora está totalmente no quadro e se move para a esquerda.

2 Selecione a ferramenta Pen (✒) no painel Tools.

3 Com a ferramenta Pen, clique para inserir vértices em torno da apresentadora como na seguinte imagem. Certifique-se de deixar espaço para que a apresentadora possa entrar a partir da direita da tela. Feche a máscara dando um clique duplo no último vértice.

4 Para garantir que sua máscara de lixo tem espaço suficiente, arraste o indicador de tempo atual ao longo da régua de tempo e certifique-se de que a apresentadora não sai da área delimitada. Se ela sair, alterne para a ferramenta Selection (↖) e ajuste os vértices.

Anime uma máscara de lixo

Como é necessário deixar espaço para a apresentadora entrar pela direita, ainda há um fundo verde com muitas áreas amarrotadas. Você vai remover mais dessa área animando a máscara de lixo ao longo do tempo.

1 Mova o indicador de tempo atual até 1:15 no painel Timeline.

2 Selecione a camada MobileSportsIntro.mov no painel Timeline e pressione **M** para exibir as propriedades Mask da camada.

3 Clique no ícone de cronômetro (⏱) ao lado da propriedade Mask Path para configurar um keyframe inicial para a máscara.

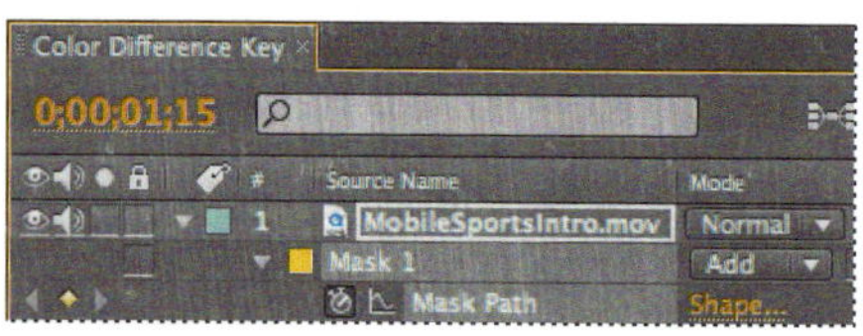

4 Mova o indicador de tempo atual para a posição 2:00.

5 Selecione a ferramenta Selection ().

6 Clique fora da máscara e ajuste os vértices no lado direito da tela, reduzindo a quantidade de fundo verde visível. Você pode adicionar pontos utilizando a ferramenta Pen para mais flexibilidade.

7 Visualize manualmente o clipe para assegurar que a apresentadora não saia da área delimitada. Se ela sair, ajuste os vértices novamente.

8 Pressione **M** para ocultar a propriedade Mask.

9 Escolha File > Save para salvar seu trabalho até agora.

Aplique o efeito Color Difference Key

Há muitos efeitos de chroma key no After Effects. O efeito Color Difference Key cria uma transparência a partir dos pontos iniciais opostos dividindo uma imagem em dois mattes, Matte Partial A e Matte Partial B. O Matte Partial B baseia a transparência na cor-chave especificada e o Matte Partial A baseia a transparência em áreas da imagem que não contêm uma segunda cor. Combinando os dois mattes com um terceiro matte, chamado *alpha matte*, o efeito Color Difference Key cria valores de transparência bem definidos.

Continua confuso? A maioria das pessoas que se depara com o Color Difference Key para aí mesmo e entra em pânico. Mas você não precisa ter medo do Color Difference Key.

1 Selecione a camada MobileSportsIntro.mov no painel Timeline e escolha Effect > Keying > Color Difference Key.

2 No painel Effect Controls, clique no conta-gotas para a configuração Key Color. Em seguida, clique na cor verde do fundo no painel Composition.

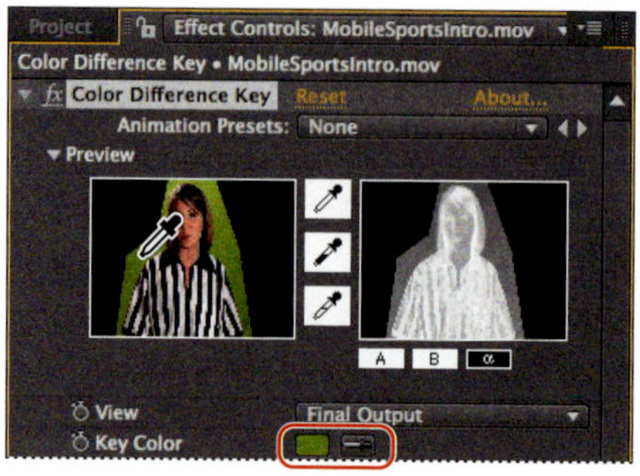

3 Clique no botão A sob a visualização em miniatura à direita para visualizar o Matte Partial A.

Partes do fundo ainda estão visíveis na visualização Matte Partial A. Na verdade, isso é bom porque permite refinar seu chroma key, o que será feito agora.

4 Com o conta-gotas Black (aquele no centro entre as duas visualizações em miniatura), clique na parte mais brilhante do fundo em que ainda não foi aplicado o chroma key no painel Composition. Isso está perto da cabeça da apresentadora.

5 Clique no botão B sob a visualização de miniatura à direita para ver o Matte Partial B, que é oposto ao Matte Partial A.

6 Com o conta-gotas Black novamente, clique na parte mais brilhante do fundo remanescente no painel Composition (próximo da parte inferior). Isso deve remover os traços restantes do fundo.

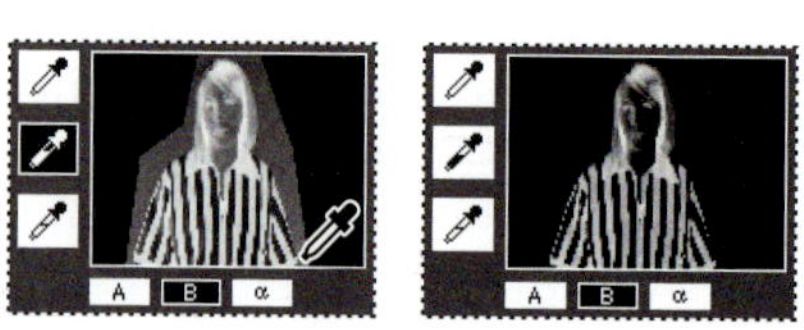

7 Clique no botão Alpha sob a visualização em miniatura à direita. Se isso fosse um matte limpo, a apresentadora estaria completamente branca. Ela não está, portanto, você precisa fazer alguns ajustes no efeito.

8 No painel Effect Controls, diminua o valor Matte In White para **53**. Você pode pensar no Matte In Black e Matte In White como semelhantes aos efeitos Levels.

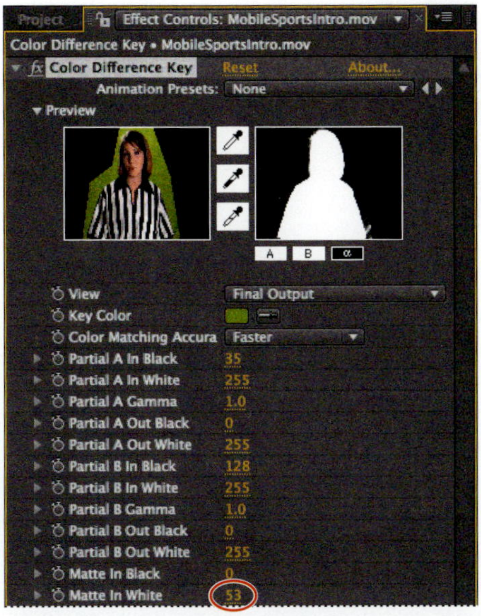

● **Nota:** Não se desespere se seus resultados parecerem diferentes do nosso. Como as tonalidades de verde variam ao longo do fundo verde, talvez você precise reconfigurar o efeito e selecionar outra tonalidade. É comum tentar diferentes tonalidades ao remover fundos verdes. Utilizamos valores RGB de 113, 151 e 34. Dê um clique duplo na amostra ao lado de Key Color para configurar os valores RGB.

Ajustar esses dois controles limpa o canal alfa da imagem. O resultado é um recorte limpo criado apenas com alguns cliques do mouse.

Verifique erros no canal alfa

O fundo laranja (ou transparente) da composição permite ver excessos de verde no fundo, mas talvez seja difícil visualizar buracos que poderiam ter sido criados com a apresentadora. Para verificar seu chroma key duas vezes, alterne para a visualização de canal alfa para ver o matte resultante.

1 Na parte inferior do painel Composition, clique no botão Show Channel (●) e escolha Alpha no menu pop-up.

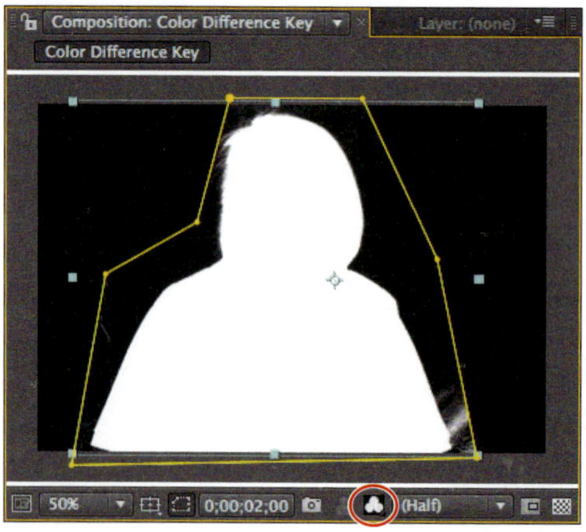

Agora é possível ver o matte preto e branco do seu chroma key. A parte preta da imagem representa a área transparente. A parte branca representa a área opaca. As áreas cinza do canal alfa (a borda suavizada em torno da cabeça e do cabelo da apresentadora) são semitransparentes.

2 Certifique-se de que nenhuma parte da apresentadora é preta ou cinza. Se você seguiu os passos até agora, tudo deve estar perfeito.

3 Clique no botão Show Channel novamente e escolha RGB para voltar à visualização RGB.

4 Visualize manualmente o clipe para certificar-se de que nenhuma parte do fundo está visível em qualquer ponto.

5 Oculte as propriedades Color Difference Key no painel Effect Controls.

6 Escolha File > Save para salvar seu trabalho.

Comprima o matte

Como o Color Difference Key só remove as cores do clipe, a borda em torno da apresentadora ainda tem uma rebarba indesejável. Para refinar a borda, você precisa *comprimir (choke)* o matte.

Além disso, um pouco antes de a apresentadora andar, talvez apareça uma pequena área do fundo verde. A máscara de lixo cuida dessa área problemática depois que a apresentadora estiver na posição, mas comprimir o matte também irá removê-la no início do clipe.

1 Selecione a camada MobileSportsIntro.mov no painel Timeline e escolha Effect > Matte > Matte Choker.

Esse efeito fornece mais controle em relação à borda do matte do que o efeito Simple Choker. A principal diferença entre os dois efeitos é que o Simple Choker só permite comprimir o matte, enquanto o Matte Choker também permite suavizar as bordas.

No painel Effect Controls, os três controles Matte Choker na parte superior – Geometric Softness 1, Choke 1 e Gray Level Softness 1— permitem expandir (*spread*) o matte o máximo possível sem alterar sua forma. Os três controles a seguir podem ser utilizados para comprimir o matte.

Nesta lição, a maioria das configurações padrão funciona bem. Considere-se sortudo se esse for o caso em todos os seus futuros projetos de chroma key. A única configuração que você precisa ajustar é a Geometric Softness 2, que será utilizada para criar um pequeno desfoque ao longo da borda do matte.

2 Aumente o valor Geometric Softness 2 para **10**.

3 Verifique o matte clicando no botão Show Channel na parte inferior do painel Composition e escolha Alpha no menu pop-up. Visualize o início do clipe para certificar-se de que o fundo desapareceu.

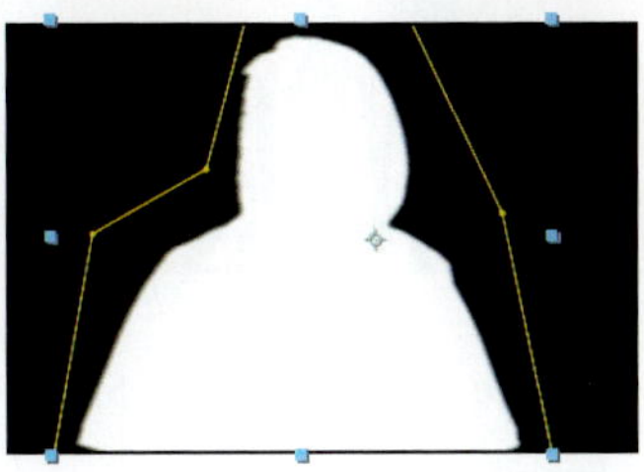

O matte está ótimo!

4 Volte à visualização RGB a fim de preparar-se para remover algum vazamento de verde.

5 Oculte as propriedades Matte Choker para manter o painel Effect Controls organizado.

Remova vazamentos

Se examinar atentamente o cabelo da apresentadora, você verá áreas verdes bem destacadas. Isso é resultado do rebatimento da luz verde contra o fundo e em direção ao personagem. É possível remover isso e quaisquer bordas verdes indesejáveis em torno da apresentadora com o efeito Spill Suppressor. Em geral, o Spill Suppressor é utilizado para remover vazamentos de cores no recorte das bordas de um matte. Essencialmente, ele é um filtro de dessaturação simples.

É mais fácil selecionar a cor que vaza se você desativar temporariamente o efeito Color Difference Key.

1 Selecione a camada MobileSportsIntro.mov no painel Timeline e escolha Effect > Keying > Spill Suppressor.

2 Na parte superior do painel Effect Controls, clique no ícone do efeito (fx) ao lado do efeito Color Difference Key para desativá-lo.

3 Na área Spill Suppressor na parte inferior do painel Effect Controls, selecione o conta-gotas Color To Suppress e clique em uma área verde perto do cabelo da apresentadora. É mais fácil selecionar na parte superior da tela.

4 Reative o efeito Color Difference Key. Agora o tema foi reduzido e o verde indesejável em torno do cabelo da apresentadora desapareceu.

5 Oculte as propriedades Spill Suppressor.

6 Escolha File > Save.

Remova um fundo com o efeito Keylight

Há muitos modos de fazer um chroma key no After Effects. Além do Color Difference Key, uma boa alternativa é utilizar o efeito Keylight. Efeito plug-in licenciado pela The Foundry e incluso com o After Effects CS4 Professional, o Keylight é uma ferramenta poderosa com inúmeros controles e que permite criar um chroma key limpo com apenas um clique.

Se quiser testar o efeito Keylight, comece esta lição novamente e complete o exercício a seguir em vez dos exercícios "Aplique o efeito Color Difference Key" "Comprima o matte" e "Remova vazamentos".

1 Com a camada MobileSportsIntro.mov selecionada no painel Timeline, escolha Effect > Keying> Keylight (1.2).

Como com o Color Difference Key, o primeiro passo é selecionar a cor-chave.

2 No painel Effect Controls, selecione o conta-gotas Screen Colour.

3 No painel Composition, clique em uma área verde do fundo perto do ombro da apresentadora.

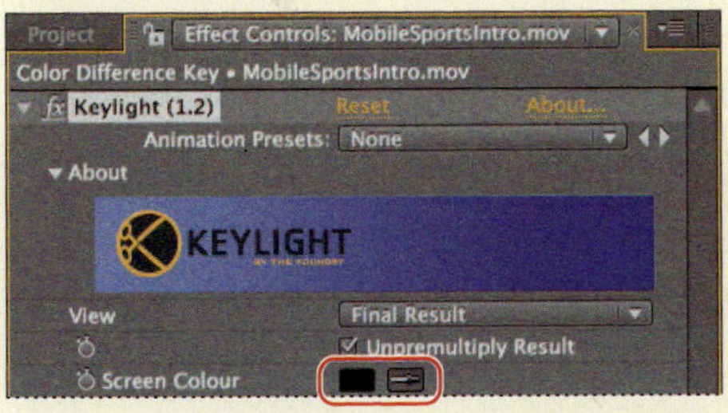

Os resultados são instantâneos e, em muitos projetos de chroma key, um único clique produz o resultado desejado. Mas você ainda precisa verificar possíveis erros ou buracos. O menu pop-up View do efeito vai ajudá-lo a localizar e corrigir erros.

4 No painel Effect Controls, escolha Status no menu pop-up View. Isso mostra uma visualização exagerada do matte produzida pela seleção da cor-chave. Áreas opacas são brancas; regiões transparentes, pretas; e pixels semitransparentes, cinza. Você pode ver que áreas grandes da imagem não transparecem corretamente.

5 No painel Effect Controls, aumente o valor Screen Gain para **120**. A maior parte do fundo é suavizada.

6 Aumente Screen Pre-Blur para **10** a fim de que o fundo pareça contornar a apresentadora.

7 Expanda a propriedade Screen Matte. Reduza o valor Clip White para **50** e altere o valor Screen Shrink/Grow para **-2** a fim de contrair o matte. Em seguida, aumente Screen Softness para **5**.

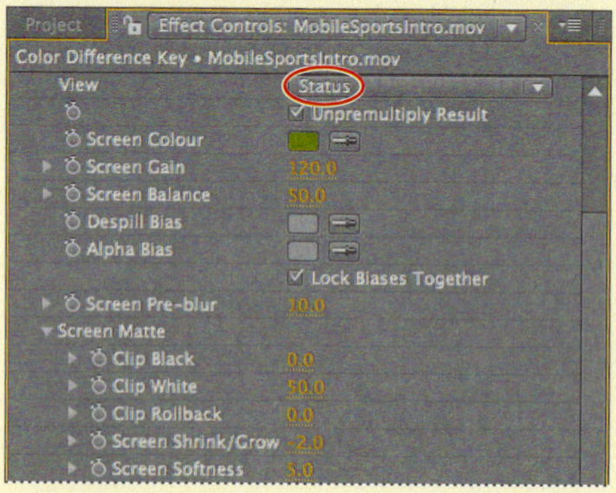

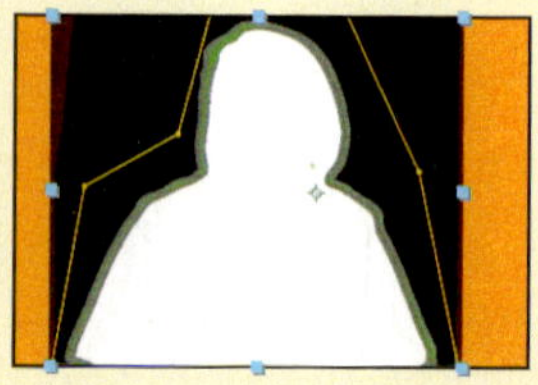

A área cinza em torno da apresentadora será semitransparente, o que é bom para esse projeto.

8 Escolha Final Result no menu View.

Como costuma acontecer no After Effects, você pode alcançar o mesmo resultado utilizando métodos diferentes.

Ajuste o contraste

Você pode fazer a imagem destacar-se mais ajustando o efeito Levels.

1 Selecione a camada MobileSportsIntro.mov no painel Timeline e escolha Effect > Color Correction > Levels.

2 Na área Levels do painel Effect Controls, reduza o valor Input White para **225**.

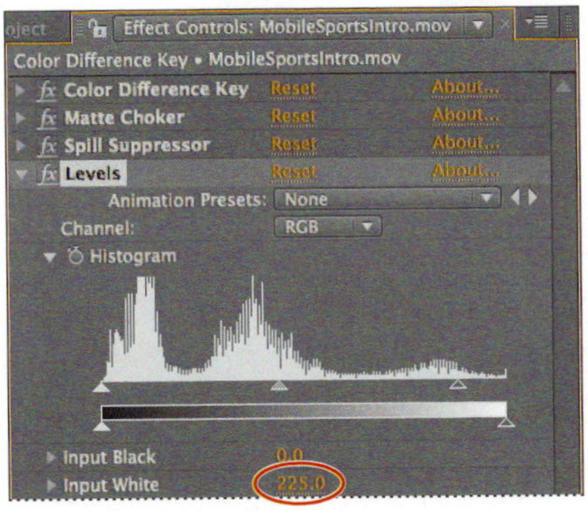

3 Escolha File > Save.

O efeito Levels remapeia o intervalo dos níveis de entrada de cor para um novo intervalo de níveis de saída de cor e altera a curva da correção de gama. O efeito Levels é útil para um ajuste básico da qualidade da imagem, funcionando da mesma maneira que o ajuste Levels do Adobe Photoshop.

Adicione a animação de fundo

Com um chroma key limpo, você está pronto para adicionar o fundo à composição.

1 Pressione a tecla Home para certificar-se de que o indicador de tempo atual está no início da régua de tempo.

2 Clique na guia Project e arraste o item mobilesportsbackground.mov do painel Project até o painel Timeline, inserindo-o na parte inferior da pilha de camadas.

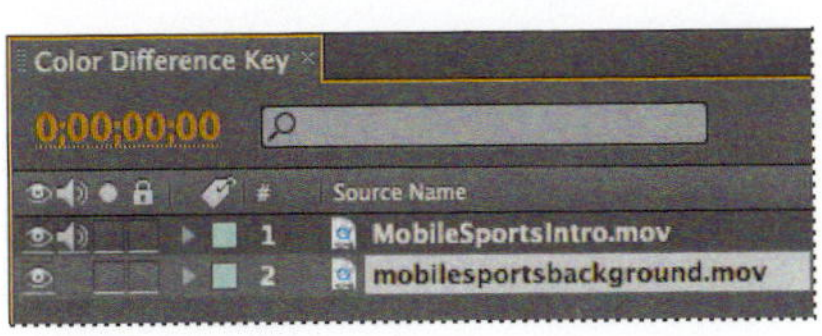

3 Faça uma visualização RAM da composição.

Se tiver um olho clínico, talvez você ainda perceba alguns artefatos serrilhados em vários locais em torno da apresentadora. Lembre-se, você está trabalhando com um arquivo originado no formato HDV, que é comprimido e suscetível a alguns erros. Além disso, tenha em mente que o monitor tem uma melhor resolução do que um televisor. Para avaliar corretamente os resultados do seu chroma key, você precisa conectar seu sistema a um monitor de vídeo e visualizar os resultados aí. Você vai visualizar como o chroma key aparece nos dispositivos móveis mais adiante.

4 Ao terminar de assistir à visualização RAM, pressione a barra de espaço para interromper a reprodução.

5 Escolha File > Save para salvar seu trabalho.

Adicione texto

Agora, você vai adicionar uma camada de texto e criar os itens de menu que aparecem na introdução.

1 Mova o indicador de tempo atual até 5:15. Essa é a posição em que a apresentadora instrui o observador a pressionar 1 para selecionar "basketball".

2 Selecione a ferramenta Horizontal Type (T) no painel Tools. O After Effects abre os painéis Character e Paragraph.

O logotipo da empresa, que aparece no início do fundo animado, utiliza a fonte Gill Sans e a empresa quer que você utilize essa fonte para o menu, se possível. Como essa introdução será visualizada nas telas pequenas dos dispositivos móveis, você vai aumentar o tamanho do texto e aplicar negrito.

3 No painel Character, faça o seguinte:

- Escolha Gill Sans Bold se essa fonte estiver disponível; do contrário, selecione uma fonte negrita sem serifa, como Helvetica Bold.
- Aumente Font Size para **60** pixels.
- Clique na amostra Fill Color e escolha uma tonalidade amarela, como RGB 225, 225, 0.
- Clique na amostra Stroke Color e selecione preto.
- Aumente Stroke Width para **8** pixels.
- Escolha Fill Over Stroke no menu pop-up para o comportamento do contorno.

4 Clique no painel Composition, perto da parte inferior da tela, e digite **1 - Basketball**.

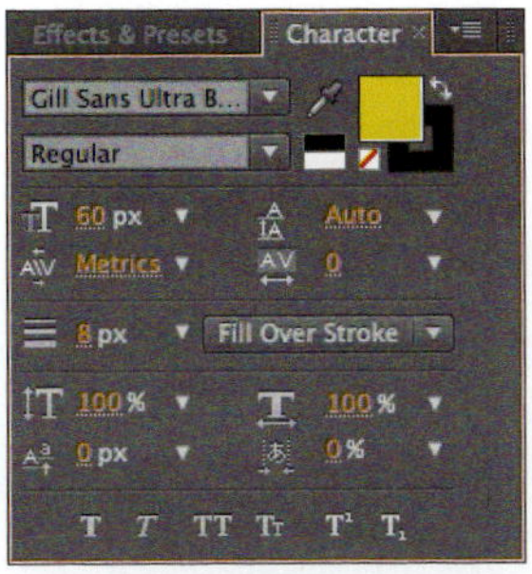

Posicione o texto

Você vai reposicionar o texto para garantir que ele apareça dentro da área de segurança para título em televisores e dispositivos móveis. A área de segurança para título é a área que permanecerá visível aos telespectadores. O texto aparece na tela por um curto período de tempo, assim, você também vai configurar os pontos In e Out da camada.

1 Clique no botão Choose Grid And Guide Options (⊞) na parte inferior do painel Composition e escolha Title/ Action Safe no menu pop-up.

2 Utilize a ferramenta Selection para centralizar o título dentro da área de segurança para título.

▶ **Dica:** Ative a grade proporcional se quiser centralizar o texto com precisão.

3 Com o indicador de tempo atual na posição 5:15, pressione a tecla [a fim de mover o ponto In da camada para o tempo atual.

4 Vá até a posição 7:00 e pressione a tecla Alt+] (Windows) ou Option+] (Mac OS) para aparar o ponto In da camada de acordo com o tempo atual.

Adicione uma sombra projetada

O texto parece bom, mas você pode aprimorá-lo ainda mais adicionando uma sombra projetada.

1 Com a camada de texto 1 - Basketball selecionada no painel Timeline, escolha Layer > Layer Styles > Drop Shadow.

2 No painel Timeline, dê um clique duplo no estilo de camada Drop Shadow para ver suas propriedades.

3 Reduza Distance (a distância entre a sombra e o texto) para **0.0** e aumente Spread para **25%** e Size para **25**.

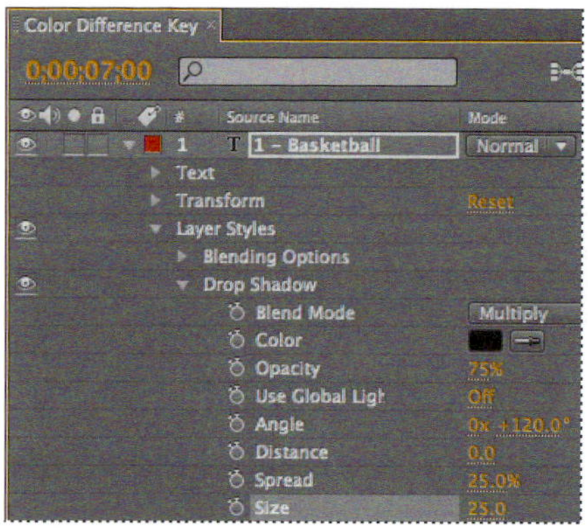

Agora, o texto destaca-se contra o fundo, facilitando a leitura em telas pequenas.

4 Oculte as propriedades Layer Styles.

5 Escolha File > Save para salvar seu trabalho.

Anime texto

Em seguida, você vai adicionar uma transição para fazer o texto desaparecer gradualmente.

1 Selecione a camada de texto 1 - Basketball e mova o indicador de tempo atual para a posição 6:20.

2 No painel Effects & Presets, navegue até Animation Presets > Text > Animate Out.

3 Dê um clique duplo na predefinição Fade Out Slow para aplicá-la à camada atual. Ela inicia no tempo atual.

Expanda as propriedades Text da camada B1 - Basketball para ver a predefinição, que está listada como Animator 1. Seu keyframe final está atrás do ponto Out da camada. Você corrigirá isso e, no processo, fará o efeito lento desaparecer rapidamente.

4 Com a camada 1 - Basketball selecionada no painel Timeline, pressione a tecla **U** para exibir todos os keyframes para a camada selecionada.

5 Arraste o keyframe final da propriedade Offset até o ponto Out da camada (7:00).

6 Visualize manualmente a animação do texto.

Duplique o texto

Você criou o primeiro item de menu. É possível criar os outros três itens de menu da mesma maneira, mas é mais fácil duplicar a camada e suas propriedades.

1 Selecione a camada 1 - Basketball no painel Timeline e pressione Ctrl+D (Windows) ou Command+D (Mac OS) para duplicar a camada.

Uma nova camada, nomeada 1-Basketball 2, aparece no painel Timeline.

2 Mova o indicador de tempo atual até 8:09, que é a posição em que o segundo item de menu deve terminar na tela.

3 Pressione a tecla] para mover o ponto Out da camada para o tempo atual.

4 Vá até a posição 7:00 na régua de tempo e pressione a tecla Alt+[(Windows) ou Option+[(Mac OS) para aparar o ponto In da camada para o tempo atual.

5 Dê um clique duplo na nova camada (1 - Basketball 2). O texto é selecionado e o After Effects alterna para a ferramenta Horizontal Type.

6 Digite **2 - Soccer**.

7 Utilize a ferramenta Selection para centralizar o texto na área de segurança para título. Pressione a tecla Shift à medida que você move o texto para evitar que ele se desloque verticalmente.

8 Selecione a camada 2 - Soccer no painel Timeline e pressione Ctrl+D (Windows) ou Command+D (Mac OS) para duplicar a camada.

9 Mova o indicador de tempo atual até 9:11, a posição em que o terceiro item de menu deve terminar na tela, e pressione a tecla] a fim de mover o ponto Out para o tempo atual.

10 Vá até a posição 8:09 e pressione a tecla Alt+[(Windows) ou Option+[(Mac OS) a fim de aparar o ponto Out para o tempo atual.

11 Dê um clique duplo na camada duplicada (2 - Soccer 2) e digite **3 - Golf**. Utilize a ferramenta Selection para centralizar o texto na área de segurança para título à medida que mantém pressionada a tecla Shift.

● **Nota:** Você pode fazer uma visualização RAM dos efeitos Text mais rapidamente se desativar a visibilidade das outras camadas. Desde que o ícone de áudio apareça ao lado da camada MobileSportsIntro.mov, você ouvirá a voz da apresentadora.

12 Repita os passos 8–11 para duplicar a camada 3 - Golf, configure o ponto Out da camada duplicada como o final da régua de tempo e o ponto In como 9:11 e substitua o texto por **4 - Tennis**. Centralize o texto na área de segurança para título.

13 Clique em uma área vazia do painel Timeline para desmarcar todas as camadas.

Todo o texto foi inserido corretamente!

14 Escolha File > Save para salvar seu trabalho.

Prepare a composição para dispositivos móveis

O trabalho básico da composição está concluído. Você está pronto para movê-lo para as composições criadas utilizando o Device Central.

1 No painel Project, expanda a pasta Device Central Compositions e dê um clique duplo na composição Device Master para abri-la no painel Timeline.

A composição contém três camadas chamadas *guide layers* (camada guia). Cada camada guia contém uma camada sólida mascarada que exibe a área de segurança para um dispositivo móvel que você selecionou no Device Central.

2 Pressione a tecla Home para certificar-se de que o indicador de tempo atual está no início da régua de tempo.

3 No painel Project, arraste a composição Color Difference Key até o painel Timeline. Posicione-a na parte inferior da pilha de camadas.

A composição Color Difference Key é demasiadamente grande para qualquer um dos dispositivos selecionados. A maioria dos dispositivos móveis tem um tamanho de frame de 320 x 240 pixels. A composição Color Difference Key tem um tamanho de frame de 720 x 480 pixels. Você precisa redimensioná-la.

4 Com a camada Color Difference Key selecionada, pressione **S** para exibir sua propriedade Scale.

5 Altere o valor de Scale para **50%**. Agora a camada se ajusta perfeitamente em todas as áreas guia.

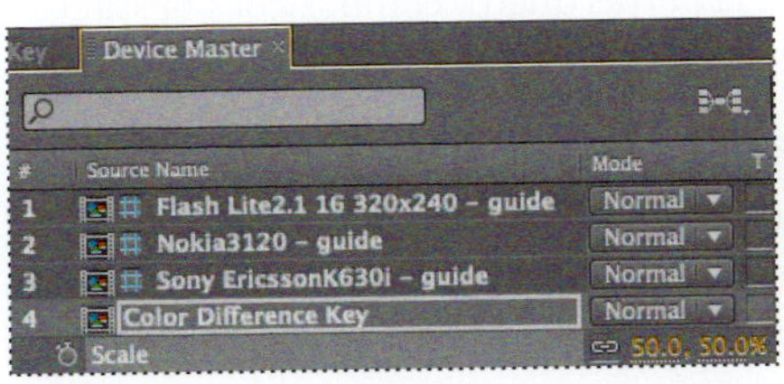

Há mais uma modificação a fazer. O Device Central utilizou a duração padrão de 10 segundos para as composições, mas a composição Color Difference Key tem 10 segundos e 23 frames. Você vai mudar as configurações das composições do dispositivo.

6 Selecione a composição Device Master no painel Project e escolha Composition > Composition Settings.

7 Altere Duration para **10:12** e clique em OK.

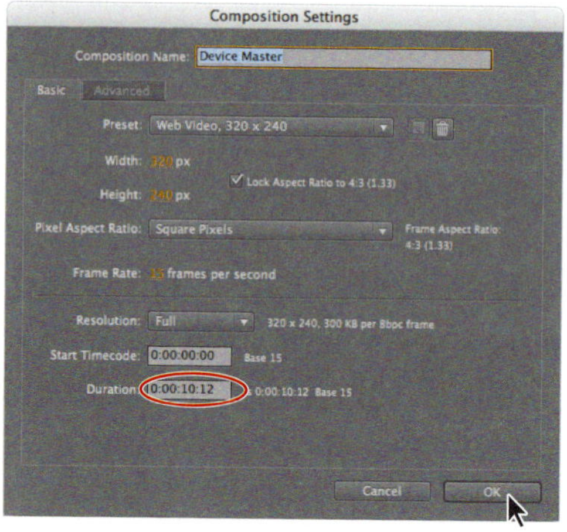

As composições Device Central têm uma velocidade de projeção de 15 frames por segundo, metade da velocidade de projeção da composição Color Difference Key. Portanto, em vez de 23 frames adicionais, você só precisa de 12.

8 Altere Duration para cada uma das outras composições na pasta Device Central Comps no painel Project. (Há outras quatro composições nessa pasta: Flash Lite 2.1 16 320 x 240, Nokia 3120, Preview e Sony Ericsson K630i).

9 Dê um clique duplo na composição Preview no painel Project para abri-la. A composição Preview mostra a aparência da sua composição final em cada um dos dispositivos. Se você identificar algum problema com o posicionamento, ou se for difícil ler o texto em um dos dispositivos, abra a composição para esse dispositivo e faça os ajustes necessários.

10 Escolha File > Save para salvar seu trabalho.

Parabéns. Você não apenas completou um projeto de chroma key difícil, mas também gerou esse projeto para dispositivos móveis e telas maiores. Se quiser renderizar e exportar essas composições, consulte as instruções na Lição 14, "Renderizando e gerando saída".

Perguntas de revisão

1 O que é *chroma key* e quando você o utiliza?

2 Qual é a finalidade de uma máscara de lixo?

3 Como você pode verificar erros em um color key?

4 O que é *vazamento* e como você pode corrigi-lo no After Effects?

5 Como você pode utilizar o Device Central para preparar composições no After Effects?

Respostas

1 O processo de *chroma key* define a transparência de acordo com um valor de cor específico (com uma chave de cores [*color key*]) ou valor de brilho (com uma chave de luminosidade [*luminance key*]) em uma imagem. Ao recortar *(key out)* um valor, todos os pixels com valores semelhantes de cor ou luminosidade tornam-se transparentes. O chroma key facilita substituir um fundo com uma cor ou brilho consistente por outra imagem, o que é especialmente útil ao trabalhar com objetos em que é complexo criar uma máscara.

2 Uma máscara de lixo é utilizada para remover partes indesejáveis da imagem. Isso limita a região que o After Effects deve pesquisar ao criar o chroma key, agilizando assim os cálculos de chroma key e aumentando as possibilidades de um chroma key mais limpo.

3 Utilize o canal alfa para verificar erros em uma chave de cores (*color key*). Certifique-se de que o fundo tem uma cor contrastante, ou ative a grade de transparência, e clique no botão Show Channel na parte inferior do painel Composition e escolha Alpha. Isso exibe um matte preto e branco. A parte preta representa a área transparente; a parte branca, a área opaca; e as áreas cinza são semitransparentes.

4 O vazamento de luz ocorre quando a luz de iluminação do fundo reflete no tema e coloriza sombras e áreas claras. Você pode remover o vazamento com o efeito Spill Suppressor. Selecione a camada recortada e escolha Effect > Keying > Spill Suppressor.

5 Utilize o Device Central para criar composições com as configurações apropriadas para múltiplos dispositivos móveis e visualizar as composições nesses dispositivos.

10 CORREÇÃO DE CORES

Visão geral da lição

Nesta lição, você vai aprender a:

- Utilizar o efeito Levels para corrigir as cores em uma foto
- Substituir o céu por uma imagem diferente
- Utilizar o efeito Auto Levels para introduzir um deslocamento de cor
- Corrigir um intervalo de cores utilizando Synthetic Aperture Color Finesse 2
- Aplicar o efeito Photo Filter para tornar mais quente partes de uma imagem
- Remover elementos indesejáveis com a ferramenta Clone Stamp

Como o nome indica, a correção de cores é um modo de alterar ou adaptar a cor da imagem capturada. Ela é utilizada para otimizar o material bruto, chamar a atenção a um elemento-chave em uma foto, corrigir erros no balanço de branco e na exposição, assegurar uma consistência de cores entre uma foto e outra ou criar uma paleta de cores para uma aparência visual que um diretor deseja. Nesta lição, você vai aprimorar as cores de um videoclipe que foi filmado sem uma configuração adequada de balanço de branco. Vários efeitos de correção de cores serão aplicados para limpar e aprimorar a imagem. Por fim, você vai remover uma parte indesejável da foto com a ferramenta Clone Stamp. Esta lição levará aproximadamente 60 minutos.

A maioria das fotos exige algum grau de correção de cores. Com o Adobe After Effects, você pode transformar rapidamente uma tomada pobre e sem vida em um clipe rico e atraente.

Introdução

Primeiro, você vai visualizar o vídeo final e configurar seu projeto.

1 Certifique-se de que os seguintes arquivos estão na pasta AECS4_CIB/Lessons/Lesson10 no disco rígido ou copie-os agora do DVD do *Adobe After Effects CS4 Classroom in a Book*.
   - Na pasta Assets: Albertson_Hall.mov, storm_clouds.jpg
   - Na pasta Sample_Movie: Lesson10.mov

2 Abra e reproduza o arquivo Lesson10.mov para ver o que será criado nesta lição.

Nota: Esta lição utiliza o efeito SA Color Finesse 2, que exige um número serial que está incluído no seu aplicativo. Se abrir o arquivo Lesson10_end, talvez você seja solicitado a registrar o efeito e inserir seu número serial.

Ao concluir, feche o QuickTime Player. Exclua o vídeo de exemplo do disco rígido se houver pouco espaço de armazenamento.

Ao iniciar esta lição, restaure as configurações de aplicativo padrão para o After Effects. Consulte "Restaure as preferências padrão", na página 15.

3 Pressione Ctrl+Alt+Shift (Windows) ou Command+Option+Shift (Mac OS) ao iniciar o After Effects. Quando solicitado se você quer excluir seu arquivo de preferências, clique em OK. Clique em Close para fechar a janela Welcome.

O After Effects se abre para exibir um novo projeto.

4 Escolha File > Save As.

5 Na caixa de diálogo Save As, navegue até a pasta AECS4_CIB/Lessons/Lesson10/Finished_Project.

6 Nomeie o projeto **Lesson10_Finished.aep** e clique em Save.

Importe os arquivos

Você tem de importar dois arquivos para esta lição.

1 Escolha File > Import > File.

2 Navegue até a pasta AECS4_CIB/Lessons/Lesson10/Assets, clique com a tecla Shift pressionada para selecionar os arquivos Albertson_Hall.mov e storm_clouds.jpg e clique em Open.

3 Escolha File > New > New Folder para criar uma nova pasta no painel Project ou clique no botão Create A New Folder (▪) na parte inferior do painel.

4 Digite **Movies** para nomear a pasta, pressione Enter ou Return para aceitar o nome e, então, arraste o item Albertson_Hall.mov para a pasta Movies.

5 Crie uma nova pasta e nomeie-a **Images**. Em seguida, arraste o item storm_clouds.jpg até a pasta Images.

6 Expanda as pastas para ver seu conteúdo.

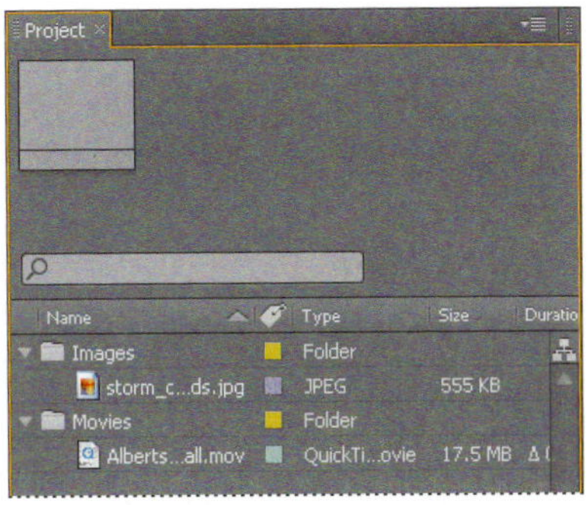

Crie a composição

Agora, você vai criar uma nova composição com base no arquivo Albertson_Hall.mov.

1 Arraste o item Albertson_Hall.mov até o botão Create A New Composition ( ) na parte inferior do painel Project. O After Effects cria uma nova composição nomeada para o arquivo de origem e a exibe nos painéis Timeline e Composition.

2 (Opcional) Escolha Composition > Composition Settings para verificar a proporção de pixel e a duração da composição. Essa é uma composição NTSC DV que tem 5 segundos. Clique em Cancel para fechar a caixa de diálogo Composition Settings.

3 Arraste a composição Albertson_Hall até uma área vazia do painel Project a fim de movê-la para fora da pasta Movies.

4 Arraste o indicador de tempo atual ao longo da régua de tempo para visualizar a tomada. Há uma desagradável predominância de azul na imagem. Primeiro você vai corrigir isso.

5 Escolha File > Save para salvar seu trabalho.

Visualize seu projeto em um monitor de vídeo

Se possível, realize a correção de cores em um monitor de vídeo em vez de em um monitor de computador, pois os valores de gama variam significativamente. Por exemplo, o que parece bom em uma tela de computador pode ser muito brilhante e lavado em um monitor de vídeo.

Visualize as composições do After Effects em um monitor de vídeo por meio da porta IEEE 1394 (FireWire) no seu computador. Um modo de fazer isso é utilizar um gravador de vídeo (VT) que aceite FireWire. Você pode fazer um loop do sinal entre seu computador e o gravador de vídeo e, então, conectar um cabo ao monitor de vídeo por meio da saída de monitor/vídeo no gravador de vídeo.

1 Com um monitor de vídeo conectado ao seu sistema de computador, inicie o After Effects CS4.

2 Siga um dos passos a seguir, dependendo da sua plataforma:

- No Windows, escolha Edit > Preferences > Video Preview. Em seguida, escolha IEEE 1394 (OHCI Compliant) no menu pop-up Output Device.
- No Mac OS, escolha After Effects > Preferences > Video Preview. Selecione FireWire no menu pop-up Output Device.

3 Em Output Mode (Windows e Mac OS), escolha o padrão de cor apropriado para seu sistema (neste exemplo, é utilizado NTSC).

4 Para visualizar a composição em que você vai trabalhar, selecione as opções Previews, Mirror On Computer Monitor, Interactions e Renders. Com todas essas opções selecionadas, você será capaz de ver as atualizações e modificações feitas na composição no monitor de vídeo.

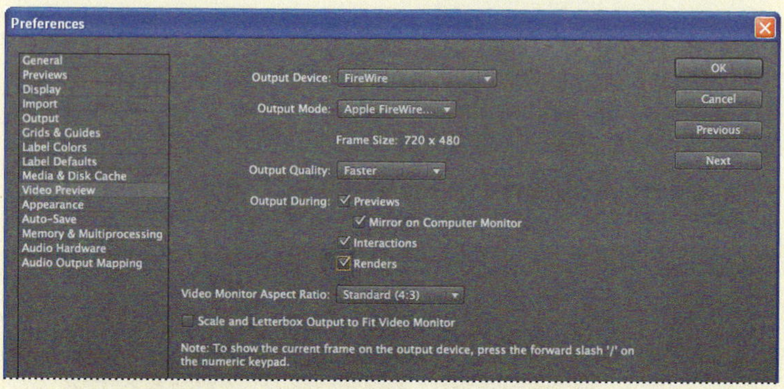

5 Clique em OK para fechar a caixa de diálogo Preferences.

Certifique-se de que seu vídeo ou monitor de computador estão calibrados apropriadamente antes de fazer a correção de cores. Para instruções sobre como calibrar um monitor de computador, consulte o After Effects Help.

Ajuste o equilíbrio de cores (color balance)

O After Effects tem várias ferramentas para correção de cores. Algumas podem fazer o trabalho com apenas um clique, mas entender como ajustar as cores manualmente lhe dá mais liberdade para alcançar a aparência desejada. O efeito Levels será empregado para escurecer as sombras, remover a predominância de azul e destacar a imagem.

1 Pressione a tecla Home para certificar-se de que o indicador de tempo atual está no início da régua de tempo.

2 Selecione a camada Albertson_Hall.mov no painel Timeline.

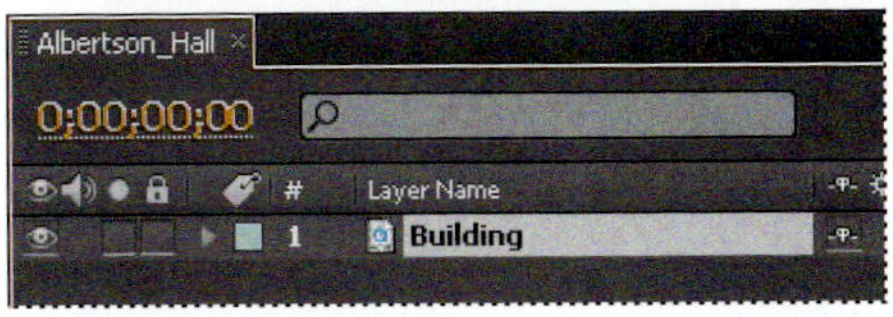

3 Pressione Enter ou Return, renomeie a camada como **Building** e pressione Enter ou Return para aceitar o novo nome.

4 Com a camada Building selecionada, escolha Effect > Color Correction > Levels (Individual Controls).

Inicialmente, o efeito Levels (Individual Controls) pode intimidar, mas ele fornece excelente controle sobre sua tomada. Ele remapeia o intervalo das cores de entrada ou níveis do canal alfa para um novo intervalo de níveis de saída, funcionando quase da mesma maneira que o ajuste Levels do Adobe Photoshop.

O menu Channel especifica o canal a ser modificado e o histograma mostra o número de pixels em cada valor de luminosidade na imagem. Quando o canal selecionado é RGB, é possível ajustar o brilho e o contraste gerais da imagem. Esse é um bom começo.

5 No painel Effect Controls, certifique-se de que RGB está selecionado no menu Channel. Clique no triângulo ao lado de RGB para expandir suas propriedades.

6 Digite **2** para o valor Input Black, escurecendo um pouco as sombras. O controle deslizante Input Black sob o histograma move-se de maneira correspondente.

7 Digite **0.85** para o valor Gamma, aumentando o contraste para que se destaque um pouco mais. O valor Gamma representa os meios-tons.

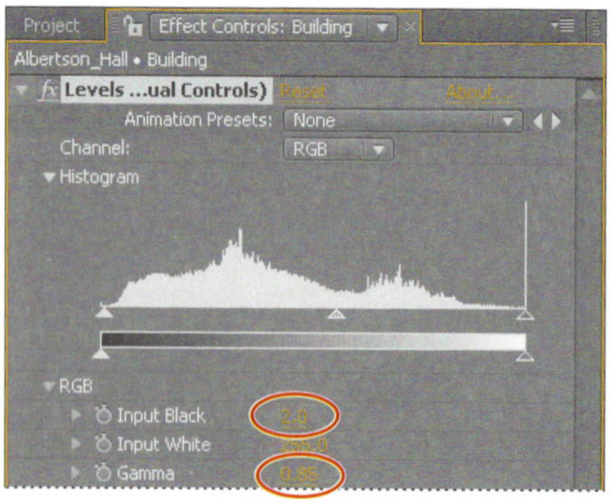

Para corrigir a predominância de azul, você primeiro deve determinar quais áreas supostamente devem ser cinza (ou brancas ou pretas) na imagem. Nessa tomada, o prédio deve ter uma cor neutra.

8 Mova o cursor sobre as áreas concretas do prédio e anote os valores RGB no painel Info.

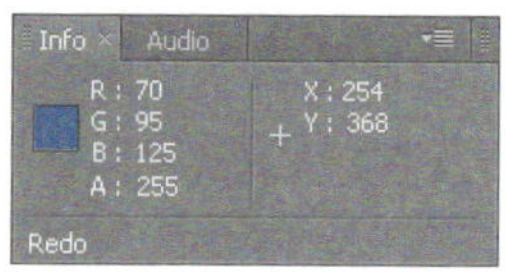

Em uma região perto da porta, o valor RGB é 70, 95, 125. Para determinar quais devem ser os valores, divida 255 (o valor RGB mais alto) pelos valores de cinza mais altos. Isso é 255 dividido por 125 (o valor de azul perto da porta), ou *2,04*. A fim de uniformizar as cores, para que o azul não predomine, você precisa multiplicar 2,04 pelos valores originais de vermelho e verde (70 e 95, respectivamente). Os novos valores são 142,8 para vermelho e 193,8 para verde.

9 No painel Effect Controls, expanda as propriedades Red e Green.

10 Para o valor Red Input White, digite **142.8**; para o valor Green Input White, digite **193.8**.

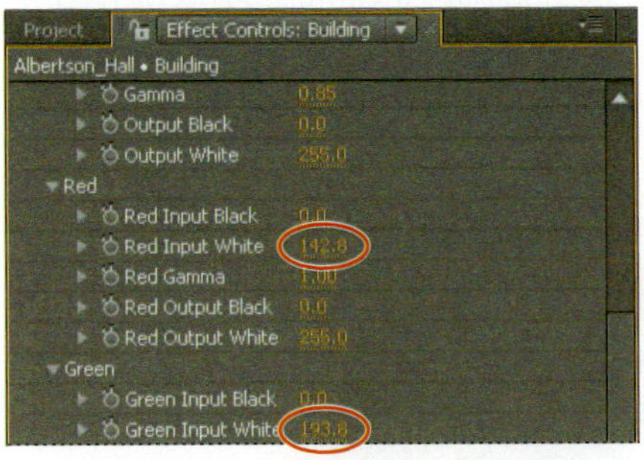

A predominância de azul desapareceu, revelando uma cena muito mais real.

Para cada canal, as configurações Input aumentam o valor, enquanto as configurações Output reduzem o valor. Por exemplo, reduzir o valor Input Red adiciona vermelho às áreas claras na tomada e aumentar o valor Output Red adiciona vermelho às sombras ou áreas escuras na tomada.

Fazer o cálculo matemático permite especificar as configurações apropriadas rapidamente. Se preferir, teste as configurações para localizar os melhores valores para seu objetivo.

11 Oculte as propriedades Levels no painel Effect Controls.

Substitua o fundo

Essa foto foi tirada em um dia limpo com um céu sem nuvens. Para adicionar um pouco de dramaticidade, você vai remover o céu e substitui-lo por nuvens de uma tempestade.

Recorte uma área com o efeito Color Range

O efeito Color Range recorta um intervalo especificado de cores. Esse efeito é especialmente útil onde as cores que devem ser removidas não estão uniformemente iluminadas. As cores do céu atual variam de azul claro a azul escuro, um candidato perfeito para o efeito Color Range.

1 Pressione a tecla Home para certificar-se de que o indicador de tempo atual está no início da régua de tempo.

2 Com a camada Building selecionada no painel Timeline, escolha Effect > Keying > Color Range.

Alterar a cor de fundo da composição pode ajudá-lo a identificar erros de recorte.

Nota: Em vez de alterar a cor de fundo, você pode clicar no botão Toggle Transparency Grid (▦) para ver as áreas transparentes da composição.

3 Escolha Composition > Background Color e selecione red (RGB **255**, **0**, **0**). Clique em OK para fechar a caixa de diálogo.

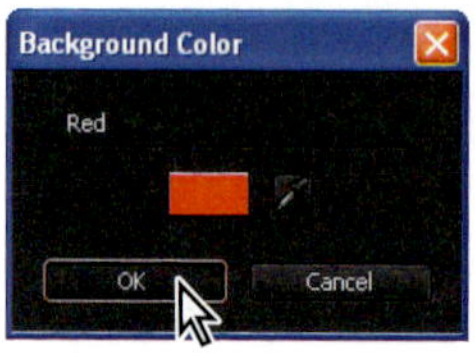

4 No painel Effect Controls, escolha RGB no menu Color Space.

5 Selecione o conta-gotas Key Color, ao lado da janela Preview no painel Effect Controls. Em seguida, no painel Composition, selecione uma cor azul de meio-tom no céu. A área removida aparece em vermelho no painel Composition e em preto na janela Preview no painel Effect Controls.

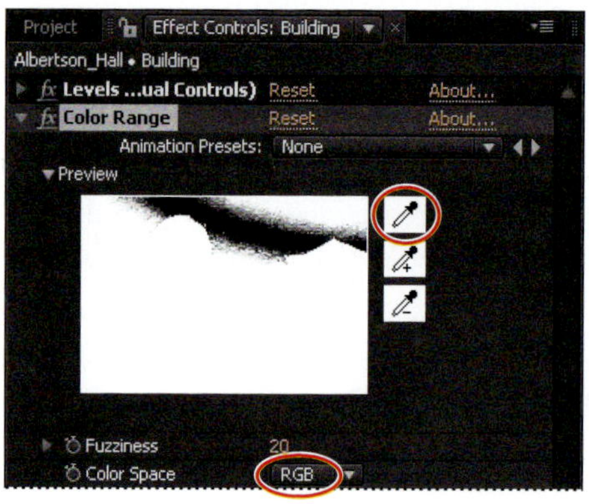

6 Selecione o conta-gotas Add To Key Color no painel Effect Controls e clique em outra área do céu no painel Composition.

7 Repita o passo 6 até que todo o céu seja removido.

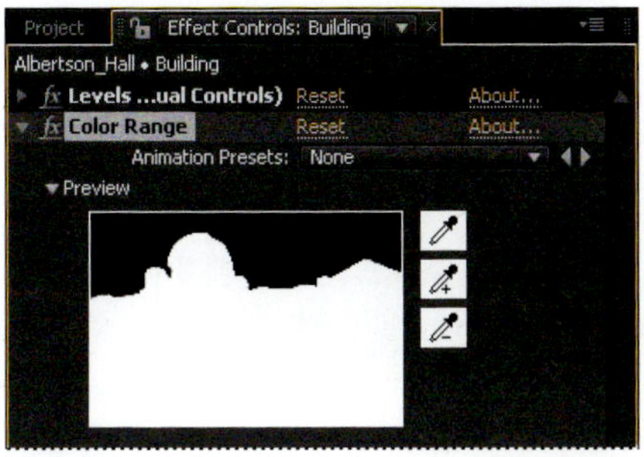

Mesmo com o céu removido, um pequeno contorno colorido permanece em torno do prédio. Você pode remover esse contorno comprimindo o matte.

8 Oculte as propriedades Color Range no painel Effect Controls.

9 Escolha Effect > Matte > Matte Choker.

10 No painel Effect Controls, reduza o valor Geometric Softness 1 para **2** e aumente o valor Geometric Softness 2 para **2.5**.

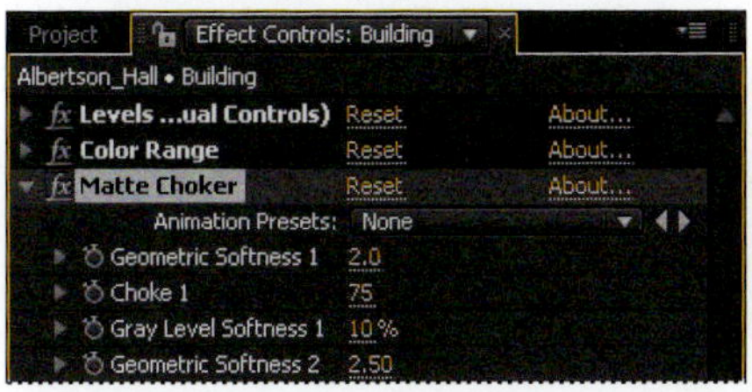

11 Oculte as propriedades Matte Choker no painel Effect Controls e salve seu trabalho até agora.

Adicione um novo fundo

Com o céu original removido, você está pronto para adicionar as nuvens à cena.

1 Clique na guia Project para exibir o painel Project. Em seguida, arraste o item storm_clouds.jpg do painel Project até o painel Timeline, inserindo-o sob a camada Building.

2 Selecione a camada storm_clouds.jpg, pressione Enter ou Return, renomeie a camada como **Clouds** e pressione Enter ou Return novamente.

3 Clique na chave Video (●) para a camada Building a fim de ocultá-la. Agora, é possível ver a camada das nuvens da tempestade. Você precisa redimensionar e reposicionar as nuvens para que elas se ajustem à área do céu na imagem.

4 Com a camada Clouds selecionada no painel Timeline, pressione a tecla **S** para exibir sua propriedade Scale.

5 Reduza os valores Scale para **60**, **60%**.

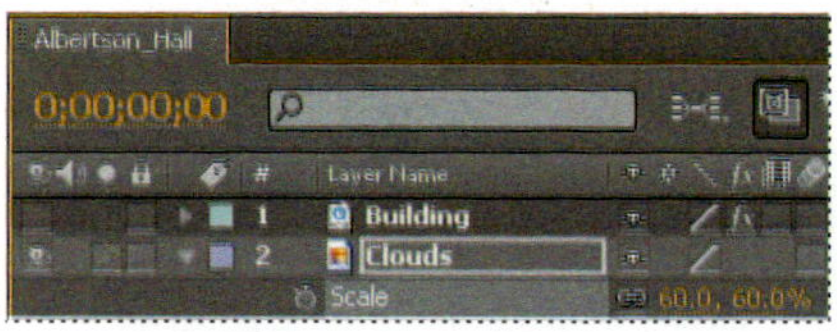

▶ **Dica:** Se estiver digitando os valores, pressione Tab para pular para outros campos.

6 Certifique-se de que a camada Clouds está selecionada no painel Timeline e pressione **P** para exibir sua propriedade Position.

7 Altere os valores de Position para **360**, **145**.

8 Pressione **P** para ocultar a propriedade Position.

Faça a correção de cores nas nuvens

Embora as nuvens da tempestade tenham uma intensidade visual, o contraste da imagem e a predominância de cor não coincidem com os do prédio. O efeito Auto Levels será empregado para corrigir isso.

O efeito Auto Levels configura automaticamente áreas claras e escuras definindo os pixels mais claros e mais escuros em cada canal de cor como branco e preto e redistribui os valores de pixel intermediários proporcionalmente. Como o Auto Levels ajusta cada canal de cor, ele pode remover ou introduzir uma predominância de cor. Nesse caso, com as configurações padrão aplicadas, o Auto Levels introduz uma predominância de azul que torna as nuvens mais intensas.

1 Com a camada Clouds selecionada no painel Timeline, escolha Effect > Color Correction > Auto Levels.

2 Ative a chave Video (👁) para a camada Building a fim de ver o prédio com as nuvens.

3 Escolha File > Save para salvar seu trabalho.

Remova elementos indesejáveis

A cor está ótima, mas você ainda não terminou. O diretor quer que o poste de luz que aparece diretamente na frente das portas do prédio seja removido, uma vez que isso desviaria a atenção. Você vai utilizar a ferramenta Clone Stamp para remover esse elemento indesejável da cena. Clonar no After Effects é semelhante a clonar no Photoshop, mas é possível clonar ao longo de toda a linha do tempo, em vez de em uma única imagem.

Como o poste de luz não se move, você pode retocar um único frame e aplicá-lo ao filme inteiro.

1 Pressione a tecla Home para certificar-se de que o indicador de tempo atual está no início da régua de tempo.

2 Dê um clique duplo na camada Building no painel Timeline para abri-la no painel Layer. Você só pode pintar camadas individuais – não a composição como um todo.

3 Amplie para ver a área em torno das portas com clareza.

4 Selecione a ferramenta Clone Stamp ( ) no painel Tools.

A ferramenta Clone Stamp tira uma amostra dos pixels em uma camada de origem e aplica a amostragem dos pixels a uma camada de destino; a camada de destino pode ser a mesma camada ou uma camada diferente na mesma composição.

Ao selecionar a ferramenta Clone Stamp, o After Effects abre os painéis Brushes e Paint.

5 No painel Brushes, selecione um pincel duro de 5 pixels.

6 No painel Paint, escolha Constant no menu Duration. A configuração Constant aplica o efeito Clone Stamp a partir do tempo atual para frente. Como você está começando no início da composição, as modificações feitas afetarão cada frame na composição.

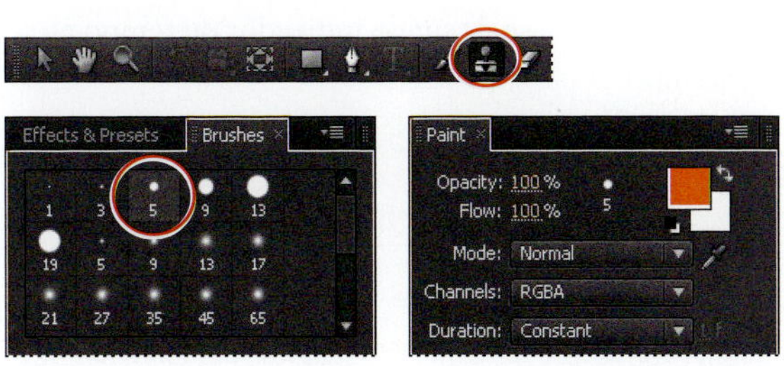

7 No painel Layer, posicione o cursor à direita do topo do poste de luz. Clique com a tecla Alt pressionada (Windows) ou clique com a tecla Option pressionada (Mac OS) a fim designar um ponto de origem para clonar.

8 Clique no poste de luz para clonar uma área e então continue a clicar para remover todo o poste de luz.

▶ **Dica:** Se cometer um erro, simplesmente pressione Ctrl+Z (Windows) ou Command+Z (Mac OS) para desfazer o contorno e tente novamente.

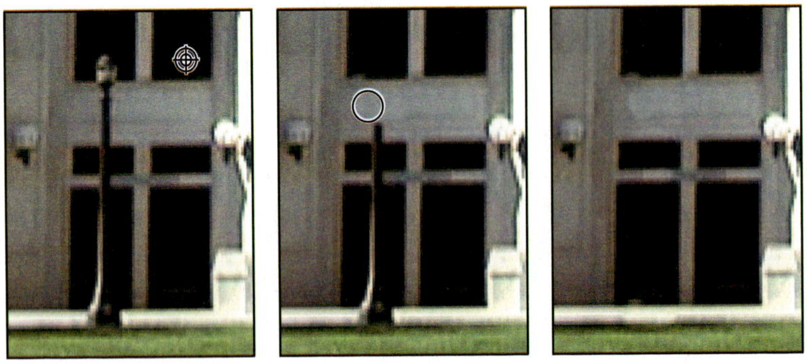

9 Depois que o poste de luz desaparecer, selecione a ferramenta Selection e, então, feche o painel da camada Building.

Corrija um intervalo de cores

Você corrigiu as cores gerais da cena, mas também é possível aprimorar uma área específica aplicando uma correção de cor secundária. Nessa foto, a correção de cor fez o gramado na frente do prédio parecer seco, em vez de um acolhedor gramado verde. Para corrigir isso, você vai utilizar o Synthetic Aperture Color Finesse 2, um efeito de terceiros instalado com o After Effects que oferece a capacidade de isolar um intervalo de cores e ajustá-lo.

● **Nota:** O Synthetic Aperture Color Finesse 2 é um poderoso plug-in de correção de cores. Depois de familiarizar-se com ele, utilize-o para realizar inúmeras correções de cores.

O Color Finesse 2 aplica seu efeito à camada original, ignorando os outros efeitos aplicados. Como você já fez correção de cores, a camada vai ser precomposta para incluir os resultados dos efeitos adicionados.

1 Selecione a camada Building no painel Timeline e pressione Ctrl+D (Windows) ou Command+D (Mac OS) para duplicá-la.

2 Com a camada duplicada (Building 2) selecionada, escolha Layer > Pre-compose.

3 Na caixa de diálogo Pre-compose, nomeie a nova composição **Grass Enhance**, selecione Move All Attributes Into The New Composition e clique em OK.

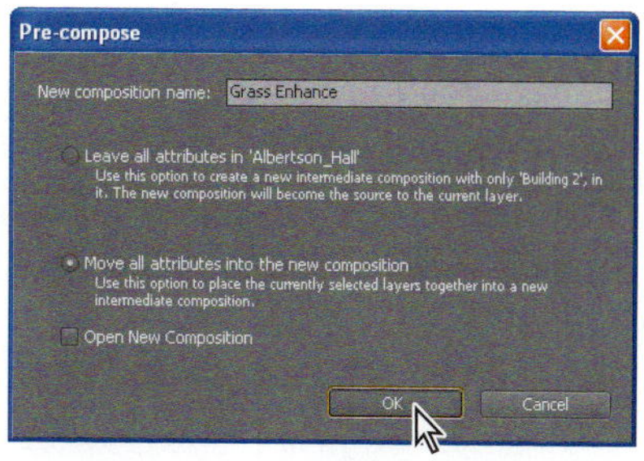

Você criou a camada precomposta, assim, será possível reter os efeitos da correção de cores que você aplicou. Mas, para evitar problemas com a clonagem realizada para remover o poste de luz, você vai mascarar a área do gramado. A máscara vai assegurar que apenas o gramado seja afetado.

4 Com a camada Grass Enhance selecionada no painel Timeline, escolha a ferramenta Pen (✒) no painel Tools. Clique em torno da área do gramado para criar a máscara.

5 Com a camada Grass Enhance selecionada no painel Timeline, pressione a tecla **F** para exibir a propriedade Mask Feather e altere o valor para **2, 2** pixels. A suavização mescla as camadas de uma maneira mais natural.

6 Pressione a tecla **F** novamente para ocultar a propriedade Mask Feather.

Agora você está pronto para utilizar o Color Finesse 2.

● **Nota:** O SA Color Finesse 2 pode solicitar que você insira um número serial. Utilize aquele fornecido no seu pacote de software.

7 Com a camada Grass Enhance selecionada, escolha Effect > Synthetic Aperture > SA Color Finesse 2.

8 Na área SA Color Finesse 2 do painel Effect Controls, clique em Full Interface.

O SA Color Finesse 2 se abre em uma janela própria.

9 Marque a caixa na guia Secondary para ativar a correção de cores secundária e, então, clique na guia Secondary para abrir os controles de correção de cores Secondary.

O SA Color Finesse 2 permite realizar até seis operações secundárias de correção de cores. Mas você só precisa de uma para este projeto.

10 Marque a caixa na guia A para fazer a correção de cores.

11 Utilizando quatro conta-gotas Sample, crie quatro seleções de cores na área do gramado. Tente obter uma amostra das várias tonalidades de verde que variam de claro a escuro; amplie se necessário para ajudá-lo a selecionar um intervalo de tonalidades.

Quatro amostras não abrangem todo o intervalo de contraste do gramado, mas o SA Color Finesse 2 tem controles para refinar a seleção de cores.

12 Ainda na guia A, escolha Mask no menu Preview. Agora você pode ver as áreas selecionadas e aquelas mascaradas (sombreadas em vermelho).

13 Ajuste os controles deslizantes Chroma Tolerance, Luma Tolerance e Softness até que todo o gramado seja selecionado. Não importa se as árvores ou os arbustos também forem selecionados; a máscara que você aplicou antes assegura que esses ajustes não aparecerão na composição final.

14 Aumente o valor Saturation para **150**.

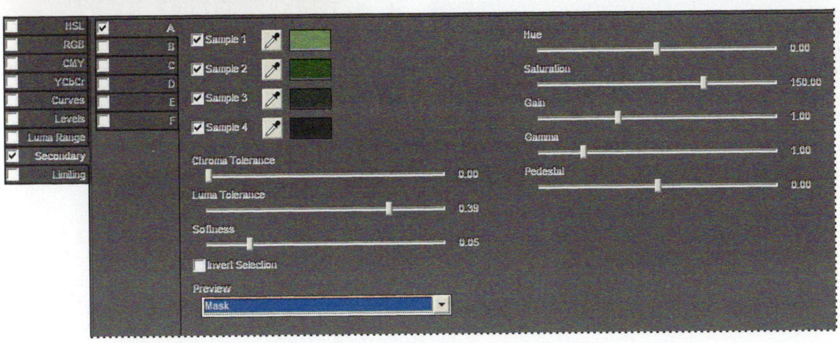

15 Escolha Off no menu Preview e clique em OK para aplicar a correção e fechar a janela SA Color Finesse 2.

16 Escolha File > Save para salvar seu trabalho.

● **Nota:** Para aprender mais sobre o SA Color Finesse 2, consulte o manual do After Effects.

Torne as cores mais quentes com o efeito Photo Filter

Por fim, você vai aplicar cores mais quentes à foto para torná-la mais convidativa com o efeito Photo Filter.

O efeito Photo Filter simula a técnica de uso de um filtro colorido na lente de uma câmera para ajustar o equilíbrio e a temperatura das cores da luz transmitida pela lente e pela exposição do filme. Você pode escolher uma cor predefinida para aplicar um ajuste de tonalidade a uma imagem ou especificar uma cor personalizada utilizando o Color Picker ou o conta-gotas.

Para aplicar o filtro de cores quentes a todos os elementos na foto, você aplicará o efeito Photo Filter a uma camada de ajuste.

1 Clique em uma área vazia no painel Timeline para desmarcar todas as camadas.

2 Escolha Layer > New > Adjustment Layer. A nova camada de ajuste deve ser a primeira camada na pilha de camadas.

3 Com a camada Adjustment selecionada no painel Timeline, escolha Effect > Color Correction > Photo Filter.

4 No painel Effect Controls, escolha Warming Filter (81) no menu Filter.

5 Escolha File > Save.

Se quiser produzir a saída para essa composição, consulte os detalhes na Lição 14, "Renderizando e gerando saída".

Parabéns. Você transformou as cores dessa composição e removeu um elemento que desviava a atenção.

Perguntas de revisão

1 Por que você precisa corrigir as cores de uma foto?

2 O que o efeito SA Color Finesse 2 faz?

3 Que efeito você pode utilizar para tornar mais quentes as cores em uma imagem?

4 Como você pode clonar uma área ao longo de uma linha do tempo inteira?

Respostas

1 A correção de cores é utilizada para otimizar o material de origem, chamar a atenção para um elemento-chave na foto, corrigir erros no balanço de branco e na exposição, assegurar uma consistência de cores entre uma foto e outra ou criar uma paleta de cores para corresponder com a aparência visual que o diretor preferir.

2 O SA Color Finesse 2 é um plug-in de terceiros instalado com o After Effects CS4 que realiza vários efeitos de correção de cores, incluindo a capacidade de isolar um intervalo de cores para aprimoramento. O SA Color Finesse 2 afeta a camada original, ignorando os efeitos já aplicados.

3 Utilize o efeito de correção de cores Photo Filter para tornar mais quentes as cores de uma imagem. O efeito Photo Filter simula a técnica do uso de um filtro colorido na lente de uma câmera para ajustar o equilíbrio e a temperatura de cor da luz transmitida pela lente e pela exposição do filme. Escolha Warming Filter no painel Photo Filter Effect Controls para tornar as cores mais quentes em uma imagem.

4 Para assegurar que a clonagem ocorre ao longo da linha do tempo inteira, mova o indicador de tempo atual para o início da régua de tempo e escolha Constant no menu Duration no painel Paint.

11 CRIANDO OBJETOS 3D

Visão geral da lição

Nesta lição, você vai aprender a:

- Criar uma forma 3D a partir de uma camada sólida
- Criar texto 3D com expressões
- Examinar uma cena 3D a partir de múltiplas visualizações
- Criar uma camada guia para ajudar no posicionamento de objetos
- Controlar a maneira como uma camada é animada movendo seu ponto de ancoragem
- Girar e posicionar camadas ao longo dos eixos x, y e z

O Adobe After Effects pode trabalhar com camadas em duas dimensões (x, y) ou três dimensões (x, y, z). Até agora, você trabalhou quase exclusivamente em duas dimensões. Ao especificar uma camada como tridimensional (3D), o After Effects adiciona o eixo z, que fornece controle em relação à profundidade da camada. Combinando essa profundidade com diferentes luzes e ângulos de câmera, é possível criar projetos 3D animados que aproveitam a completa gama de movimentos naturais, iluminação, sombras, perspectiva e efeitos de focalização. Nesta lição, você vai explorar a criação e o controle de camadas 3D básicas. Em seguida, na Lição 12, "Utilizando recursos 3D", você vai continuar a trabalhar neste projeto, adicionando luzes, efeitos e outros elementos a fim de animar os objetos 3D e finalizar a composição, um vídeo promocional para um livro. Esta lição levará aproximadamente uma hora e meia.

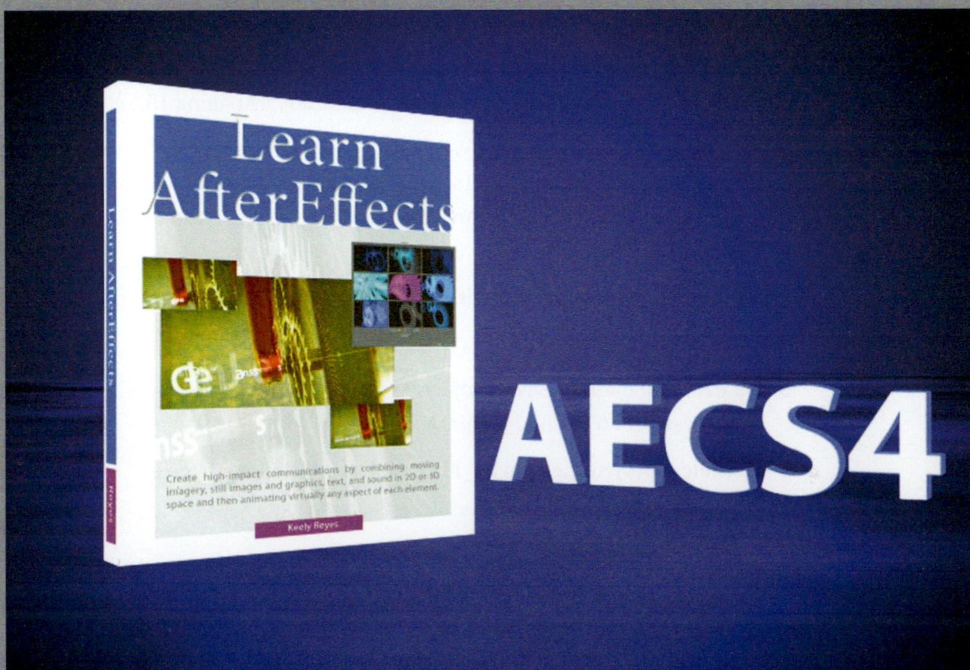

Ao clicar em uma chave no painel Timeline no After Effects, você pode converter uma camada 2D em uma camada 3D, abrindo um novo mundo de possibilidades criativas.

Introdução

Primeiro, você vai visualizar o vídeo e configurar o projeto.

1 Certifique-se de que os seguintes arquivos estão na pasta AECS4_CIB/Lessons/Lesson11 no disco rígido ou copie-os agora do DVD do *Adobe After Effects CS4 Classroom in a Book*.

- Na pasta Assets: AEBack.jpg, AEFront.jpg, AESpine.jpg
- Na pasta Sample_Movie: Lesson11.mov

2 Abra e reproduza o arquivo Lesson11.mov para ver o que será criado nesta lição. Ao concluir, feche o QuickTime Player. Exclua esse vídeo de exemplo do disco rígido se houver pouco espaço de armazenamento.

Ao iniciar esta lição, restaure as configurações de aplicativo padrão para o After Effects. Consulte "Restaure as preferências padrão", na página 15.

3 Pressione Ctrl+Alt+Shift (Windows) ou Command+Option+Shift (Mac OS) ao iniciar o After Effects. Quando solicitado se você quer excluir seu arquivo de preferências, clique em OK. Clique em Close para fechar a janela Welcome.

O After Effects se abre para exibir um novo projeto.

4 Escolha File > Save As.

5 Na caixa de diálogo Save Project As, navegue até a pasta AECS4_CIB/Lessons/Lesson11/Finished_Project.

6 Nomeie o projeto **Lesson11_Finished.aep** e clique em Save.

Crie a composição

A animação que será criada nesta lição é uma representação 3D de um livro sobre o After Effects CS4. Você vai configurar uma composição para modelar o primeiro objeto.

1 Clique no botão Create A New Composition (▣) na parte inferior do painel Project.

2 Na caixa de diálogo Composition Settings, nomeie a composição **Book** e escolha NTSC DV no menu Preset.

3 Escolha Square Pixels no menu Pixel Aspect Ratio porque você vai trabalhar com elementos gráficos que têm pixels quadrados (*square pixels*).

4 Digite **10:00** para Duration e clique em OK.

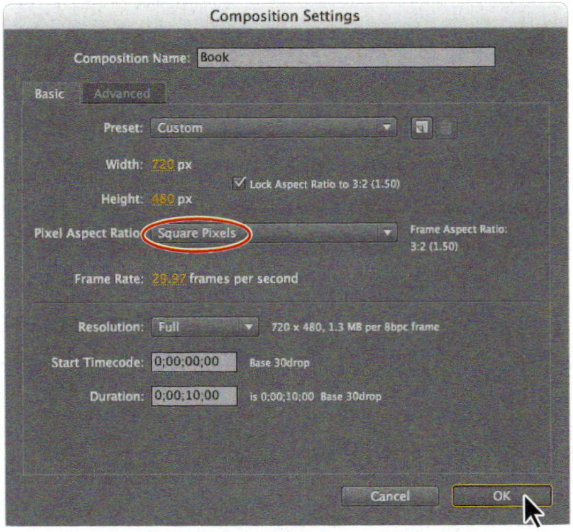

Importe os arquivos

Serão utilizados três arquivos do Photoshop neste projeto: as imagens da capa, contracapa e lombada do livro.

1 Dê um clique duplo em uma área vazia do painel Project.

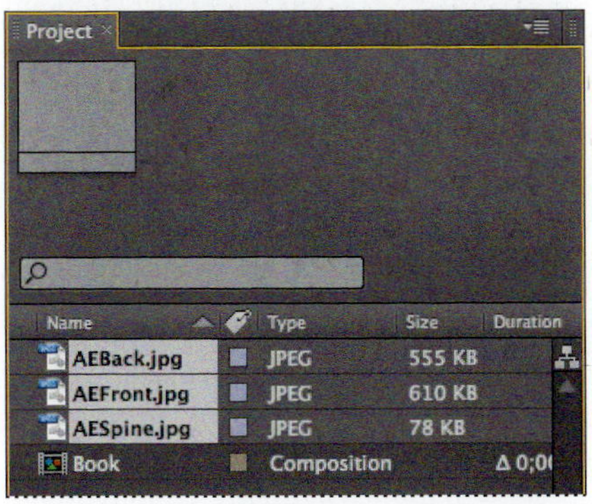

2 Na caixa de diálogo Import File, navegue até a pasta AECS4_CIB/Lessons/Lesson11/Assets.

3 Clique com a tecla Shift pressionada para selecionar os arquivos AEBack.jpg, AEFront.jpg e AESpine.jpg e clique em Open.

Crie um objeto 3D

Para mover o livro para o ambiente 3D, é necessário criar o objeto 3D, que será construído em partes. Inicialmente, qualquer camada é simples (flat), apenas com as dimensões x (largura) e y (altura), podendo ser movida somente ao longo desses eixos. Mas tudo o que você precisa fazer para mover a camada em um espaço tridimensional é ativar a chave 3D Layer, que permitirá manipular o objeto também ao longo do eixo z (profundidade).

Antes de criar o livro, você vai configurar o ambiente para ajudá-lo a manter a perspectiva.

Crie o chão em ambiente 3D

Uma camada de grade, servindo como um chão em ambiente 3D, pode ajudá-lo a manter a perspectiva.

1 Clique no painel Timeline para ativá-lo.
2 Escolha Layer > New > Solid.
3 Na caixa de diálogo Solid Settings, nomeie a camada **3D Grid**.
4 Digite **800** pixels para Width e Height e clique em OK para criar a camada.

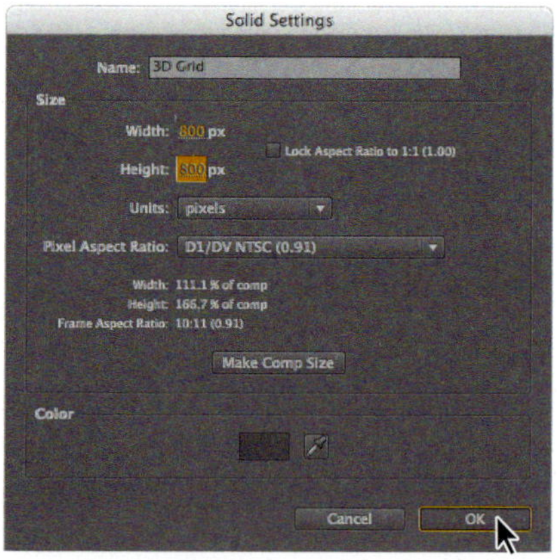

5 Com a camada 3D Grid selecionada no painel Timeline, escolha Effect > Generate > Grid.

O painel Effect Controls exibe as propriedades do efeito Grid. Você pode personalizar a grade se quiser, mas as configurações padrão serão suficientes para esta lição. A grade serve para dar perspectiva à medida que você trabalha.

6 No painel Timeline, expanda as propriedades 3D Grid Transform. A propriedade Position está em 360, 240, o centro da composição. Sempre que você adiciona um elemento ao painel Timeline, seu ponto de ancoragem estará nesse ponto central.

7 No painel Timeline, selecione a chave 3D Layer (◉) da camada 3D Grid para tornar a camada tridimensional.

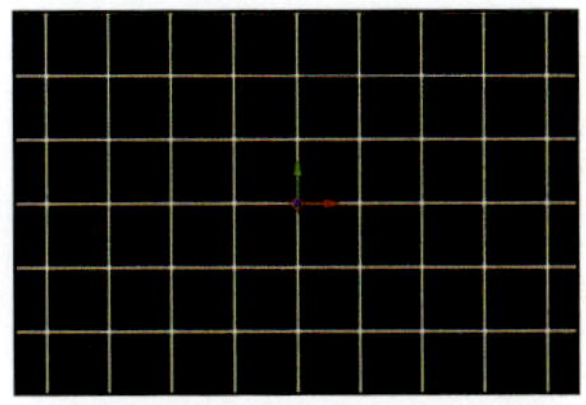

Três propriedades de rotação em 3D aparecem no grupo Transform da camada e as propriedades que anteriormente só suportavam duas dimensões agora exibem um terceiro valor para o eixo z. Além disso, um novo grupo de propriedades chamado Material Options aparece.

Um eixo 3D codificado com cores aparece sobre o ponto de ancoragem da camada na janela Composition. A seta vermelha controla o eixo x, a seta verde controla o eixo y e a seta azul controla o eixo z. No momento, o eixo z aparece na intersecção dos eixos x e y. As letras *x*, *y* e *z* aparecem quando você posiciona o cursor sobre o eixo correspondente. Ao mover ou girar a camada enquanto o cursor está sobre um determinado eixo, o movimento da camada é restringido ao desse eixo.

● **Nota:** As propriedades Material Options especificam como a camada interage com a luz. Você vai trabalhar com o grupo de propriedades Material Options na Lição 12, "Utilizando recursos 3D".

8 No painel Timeline, altere o ângulo X Rotation para **90** graus. A grade parece desaparecer, mas não se preocupe – ela continua lá!

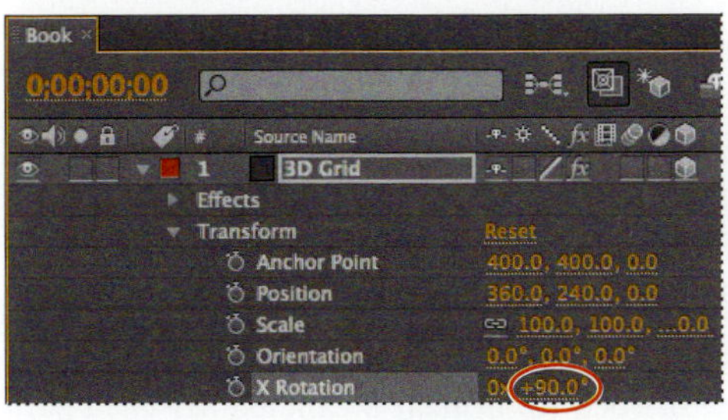

Utilize visualizações 3D

Às vezes a aparência das camadas 3D pode induzir a erros. Por exemplo, aparentemente uma camada poderia redimensionar menos ao longo dos eixos x e y quando na verdade ela está se movendo ao longo do eixo z. Você nem sempre pode ter certeza disso apenas com a visualização padrão no painel Composition. O menu pop-up Select View Layout na parte inferior do painel Composition permite dividir o painel em diferentes visualizações de um único frame para que você possa ver seu trabalho em múltiplos ângulos. Especifique diferentes visualizações utilizando o menu pop-up 3D View.

1 Na parte inferior do painel Composition, clique no menu pop-up Select View Layout e escolha 2 Views – Horizontal. O lado esquerdo do painel Composition exibe a visualização Top do frame e o lado direito exibe a visualização Active Camera, que você está usando.

2 Clique no lado esquerdo do painel Composition para ativar a visualização Top. Guias de canto na cor laranja aparecem em torno da visualização ativa.

3 Escolha Custom View 1 no menu pop-up 3D View na parte inferior do painel.

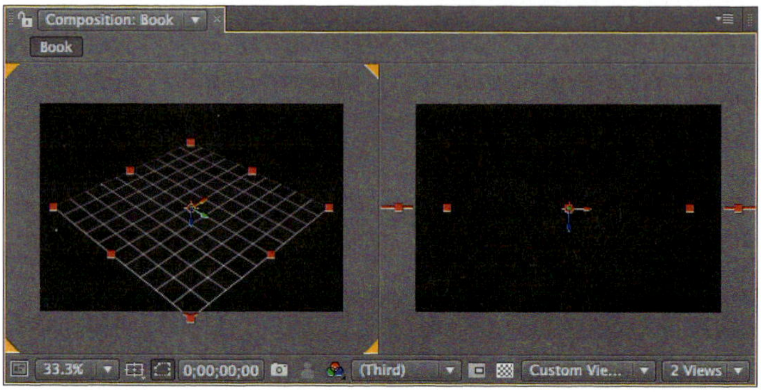

Na janela Custom View 1, você pode ver que a camada é uma grade que oferece uma perspectiva real no ambiente 3D.

4 Oculte as propriedades da camada 3D Grid no painel Timeline.

5 Escolha File > Save para salvar seu trabalho até agora.

Crie uma camada guia

Camadas guia (guide layers) ajudam a posicionar e editar elementos no painel Composition. Por exemplo, elas podem ser usadas para referência visual, sincronização de áudio, referência de timecode ou mesmo para armazenar seus próprios comentários. Neste projeto, você vai utilizar a camada 3D Grid para ajudá-lo a posicionar objetos sem renderizá-la na arte-final. Você vai convertê-la em uma camada guia e bloqueá-la para assegurar que ela permaneça no lugar.

1 Selecione a camada 3D Grid no painel Timeline, e escolha Layer > Guide Layer. Uma grade em ciano aparece ao lado do nome da camada no painel Timeline para indicar que ela é uma camada guia.

2 Selecione a chave Lock (🔒) para a camada 3D Grid no painel Timeline para bloqueá-la.

Adicione o primeiro lado do objeto

Com sua grade no lugar correto como uma camada guia (guide layer), você está pronto para começar a criar o livro.

A capa não seria o melhor local para começar?

1 Clique na guia Project para ativar o painel e arraste o item AEFront.jpg até o painel Timeline, inserindo-o no topo da pilha de camadas, acima da camada 3D Grid.

2 Selecione a chave 3D Layer (◉) para a camada AEFront.jpg.

A capa do livro é bem maior do que a composição e intersecciona a grade. A camada AEFront.jpg será redimensionada mais adiante, depois que o objeto inteiro for criado. Agora você vai reposicionar a capa para que ela permaneça firme na base da grade. Para isso, o ponto de ancoragem da camada será reposicionado na parte inferior da capa do livro.

3 Com a camada AEFront.jpg selecionada na Timeline, pressione uma tecla para exibir a propriedade Anchor Point da camada.

Atualmente, o ponto de ancoragem da camada AEFront.jpg está no centro do livro. Você quer que o ponto de ancoragem esteja na parte inferior da capa do livro a fim de que ele corresponda ao ponto de ancoragem no centro da grade. Como o valor do eixo y atual está no centro e, consequentemente, na metade inferior do livro, você pode simplesmente multiplicar esse valor por 2 para o novo valor Anchor Point.

Nota: Valores positivos no eixo x movem um elemento para a direita; valores positivos no eixo y movem um elemento para baixo; e valores positivos no eixo z afastam um elemento da câmera ativa.

4 Clique no valor do eixo Y (o valor no meio) e adicione ***2** ao valor para que ele seja lido **617*2**. Pressione Enter ou Return para aceitar o cálculo. A camada se move e permanece na grade.

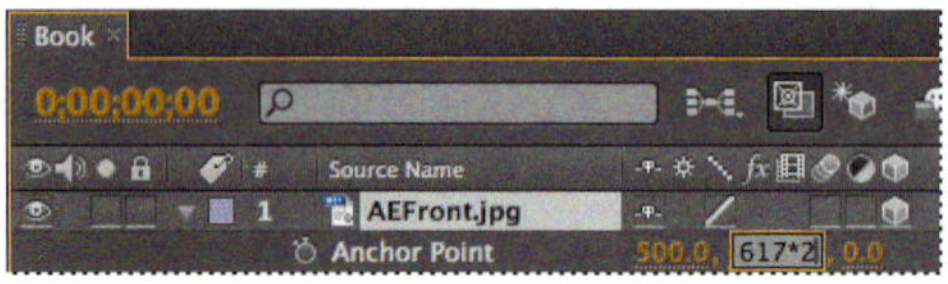

Importe imagens 3D do Adobe Photoshop Extended

O Adobe Photoshop Extended importa e manipula modelos 3D em vários formatos. Você pode manipular esses modelos no Photoshop Extended e salvar um ou mais frames como arquivos PSD a fim de importá-los para o After Effects.

Como alternativa, o recurso Vanishing Point do Photoshop Extended pode ser empregado para criar imagens 3D e o comando Export For After Effects, para salvar os resultados como uma coleção de arquivos PNG – um para cada plano – e um arquivo .vpe (Vanishing Point Exchange) que descreve a geometria da cena. Quando você importa o arquivo .vpe, o After Effects utiliza as informações para recriar a cena como uma composição que contém uma camada de câmera e uma camada 3D com a perspectiva corrigida para cada arquivo PNG.

Posicione elementos 3D

Ao criar um objeto 3D, é necessário posicionar as camadas 3D uma em relação à outra. Você vai posicionar a lombada do livro movendo o ponto de ancoragem e então ajustando a capa conforme necessário.

1 Arraste o item AESpine.jpg do painel Project até o painel Timeline, inserindo-o no topo da pilha de camadas.

2 Selecione a chave 3D Layer (◉) para a camada AESpine.jpg.

3 Clique com a tecla Ctrl pressionada (Windows) ou clique com a tecla Command pressionada (Mac OS) no triângulo na coluna Label da camada AESpine.jpg para exibir todas as propriedades Transform.

4 Clique no valor do eixo y (o valor no meio) para a propriedade Anchor Point e adicione ***2** para que o valor seja **617*2**. Pressione Enter ou Return para aceitar o cálculo.

Assim como a capa, mover o ponto de ancoragem para a lombada posiciona-o na base do ambiente 3D. No entanto, a lombada tem a mesma direção que a da capa, logo você precisa girá-la.

5 Altere a propriedade Y Rotation da camada AESpine.jpg para **+90**.

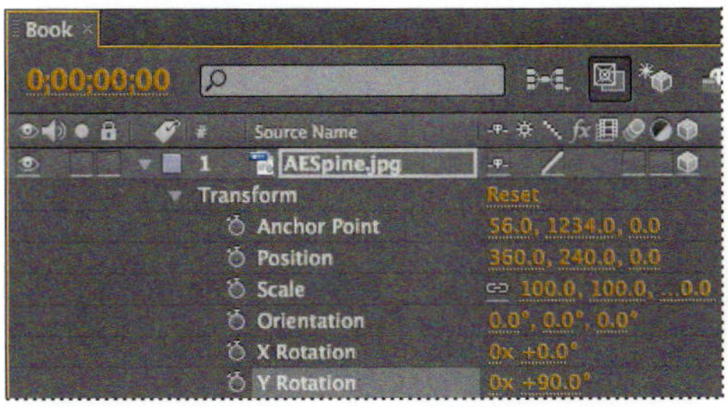

Agora a lombada está na direção certa, mas ela está no meio da capa. Para movê-la para o lugar correto, faça o mesmo cálculo utilizado para posicionar o livro sobre a base.

6 Selecione o item AEFront.jpg no painel Project e observe sua largura. Ele tem uma largura exata de 1000 pixels.

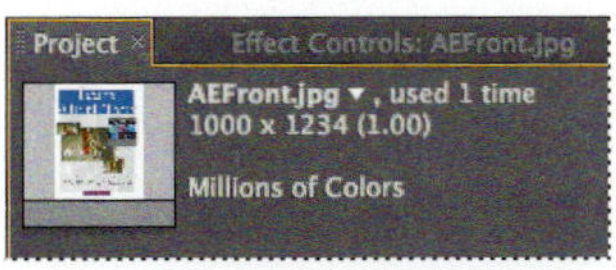

A camada AESpine.jpg atualmente intersecciona o centro da camada AEFront.jpg. Portanto, mover a lombada 500 pixels para a esquerda a alinhará apropriadamente. Para mover um objeto para esquerda no eixo x, subtraia pixels.

7 No painel Timeline, clique no valor do eixo X (o primeiro valor) para a propriedade Position e acrescente **-500** para que o novo valor seja **360.0-500**. Pressione Enter ou Return.

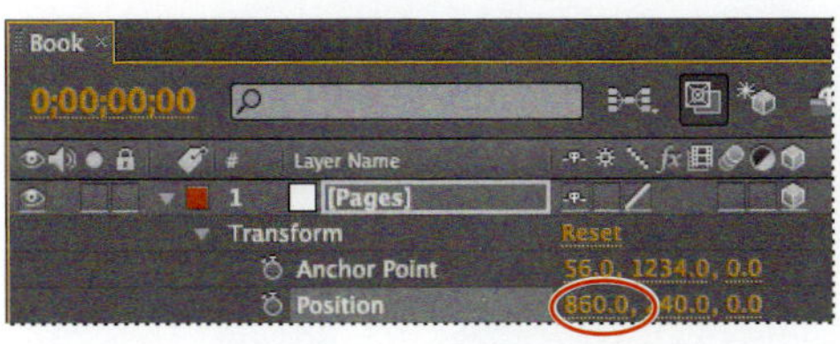

A lombada se estende até o fim do livro. Ela está quase pronta, mas projeta-se além da frente do livro. Você vai mover a camada AEFront.jpg para frente a fim de corrigir isso.

8 No painel Timeline, selecione a camada AEFront.jpg e pressione **P** para exibir sua propriedade Position.

9 Clique no valor do eixo z (o terceiro valor) para a propriedade Position da camada AEFront.jpg e altere o valor para **-56**. Um valor negativo no eixo z move a camada em direção à visualização da câmera ativa (para frente).

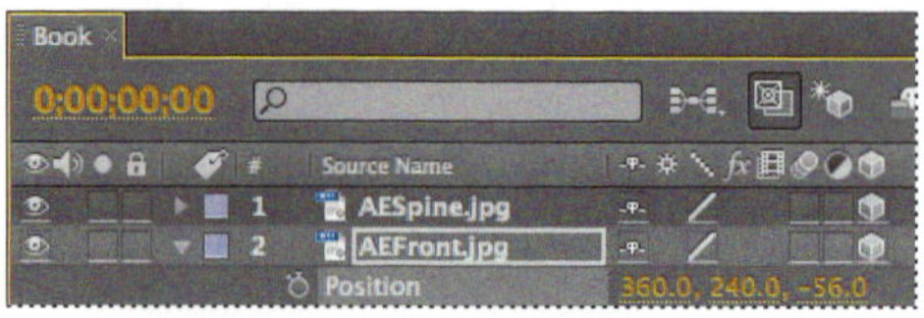

10 Feche todas as propriedades das camadas AESpine.jpg e AEFront.jpg para manter o painel Timeline organizado.

Substitua um elemento 3D por outro

Em vez de repetir todos os passos para posicionar a contracapa, você vai duplicar a capa e substituí-la pela contracapa.

1 Selecione a camada AEFront.jpg no painel Timeline e pressione Ctrl+D (Windows) ou Command+D (Mac OS) para duplicar a camada.

2 Com a camada duplicada selecionada, pressione **P** para exibir sua propriedade Position.

3 Altere o valor do eixo z para **+56** a fim de afastar a camada da visualização de câmera ativa. Como isso será a contracapa, é recomendável posicioná-la atrás da lombada, que tem 112 pixels de largura.

4 No painel Composition, altere a visualização à direita para Custom View 3 a fim de ver as duas extremidades do livro.

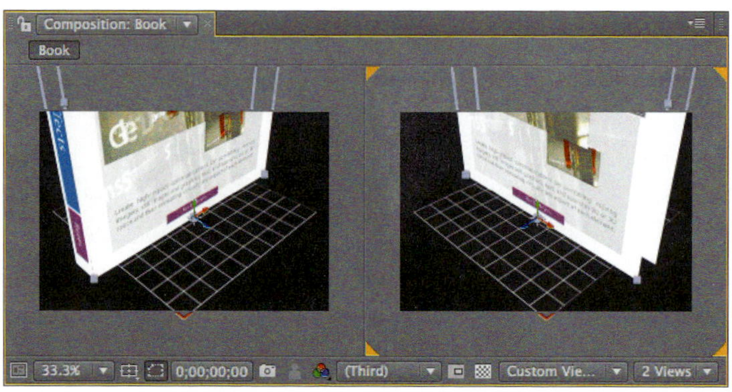

5 Com a camada duplicada selecionada no painel Timeline, pressione **R** para exibir as propriedades Rotation da camada e altere o valor Y Rotation para **180** graus. A rotação vira a camada.

6 Com a camada duplicada selecionada no painel Timeline, pressione a tecla Alt (Windows) ou Option (Mac OS) à medida que arrasta o item AEBack.jpg do painel Project até a camada duplicada. O After Effects substitui a capa pela contracapa e muda o nome da camada para AEBack.jpg.

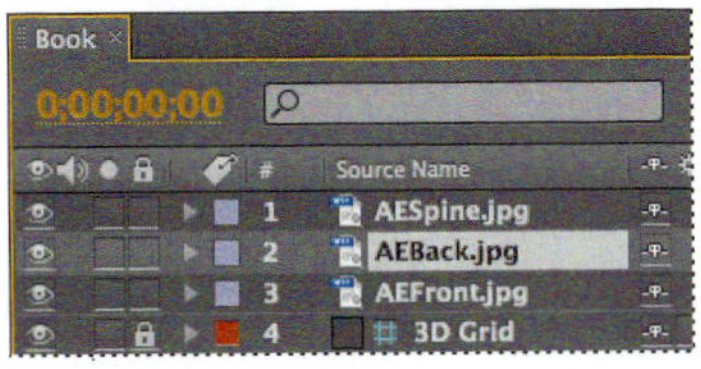

Ajuste as visualizações com as ferramentas Camera

Por definição, objetos 3D podem aparecer de forma diferente dependendo do ângulo. Ajuste a visualização de câmera a fim de ver o objeto em outras direções para identificar lacunas, fazer ajustes no posicionamento ou avaliar e planejar seu projeto.

1 Selecione a ferramenta Track Z Camera ( ), oculta atrás da ferramenta Unifed Camera ( ) no painel Tools. A ferramenta Track Z Camera permite ampliar e reduzir a visualização de uma composição.

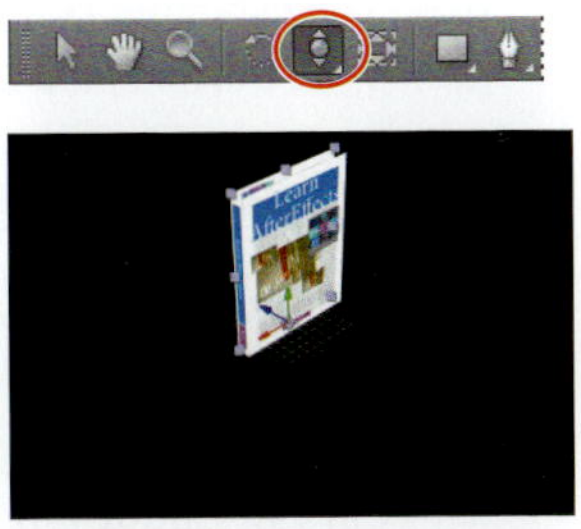

2 Clique na visualização à esquerda (Custom View 1) no painel Composition para assegurar que ela está ativa. Em seguida, clique e arraste para a esquerda ou para baixo para reduzir a cena e ver o livro inteiro. Talvez você precise clicar e arrastar várias vezes.

3 Selecione a ferramenta Orbit Camera ( ), oculta atrás da ferramenta Track Z Camera no painel Tools. A ferramenta Orbit Camera gira a visualização 3D atual movendo a câmera em torno do ponto de interesse (point of interest).

4 Arraste a ferramenta Orbit Camera para a esquerda ou para a direita na visualização esquerda da janela Composition a fim de ver a parte de trás do livro. Lembre-se, ao utilizar a ferramenta Orbit Camera, você gira a visualização, não o objeto.

5 Arraste a ferramenta Orbit Camera novamente para visualizar a frente do livro.

6 Selecione a ferramenta Selection (![]) no painel Tools e escolha File > Save para salvar seu trabalho até agora.

Adicione camadas sólidas a um objeto 3D

Você montou a capa, a contracapa e a lombada do livro, mas ele ainda precisa de um lado superior direito (no lado oposto da lombada). Como esses lados não exigem um conteúdo específico, é possível criá-los utilizando camadas sólidas.

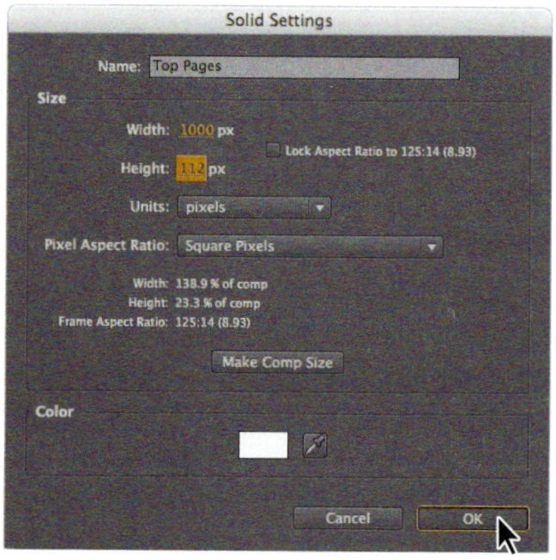

1 Pressione Ctrl+Y (Windows) ou Command+Y (Mac OS) para criar uma nova camada sólida.

2 Na caixa de diálogo Solid Settings, nomeie a camada **Top Pages**, altere a largura para **1000** pixels (para corresponder com a largura da capa), e a altura para **112** pixels (para corresponder com a largura da lombada).

3 Clique no conta-gotas e tire uma amostra de uma área branca da capa do livro para corresponder com ela. Clique em OK para criar a camada.

4 Selecione a chave 3D Layer (![]) para a camada Top Pages.

5 Pressione **R** para exibir as propriedades Rotation e altere a propriedade X Rotation para **90** graus.

6 Pressione **P** para exibir a propriedade Position. Clique no valor do eixo Y e digite **240-1234**. Pressione Enter ou Return para aceitar o cálculo.

Por que esses números? A posição atual é 240, e você quer movê-la para cima até a altura do livro, que tem 1234 pixels.

7 Pressione Ctrl+Y (Windows) ou Command+Y (Mac OS) para criar outra camada sólida para o lado direito do livro, representando as bordas das páginas que estão unidas pela lombada no lado esquerdo.

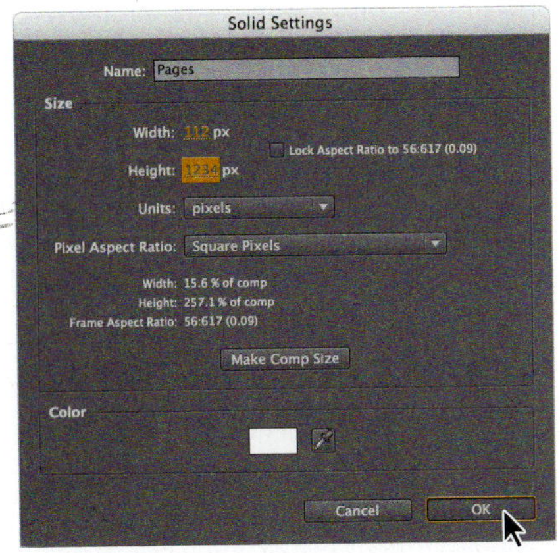

8 Na caixa de diálogo Solid Settings, nomeie a camada **Pages**, altere Width para **112** pixels (a largura da lombada) e Height para **1234** pixels (a altura da capa e da contracapa). Certifique-se de que a camada é branca e clique em OK.

9 Selecione a chave 3D Layer (◉) para a camada Pages.

A camada Pages precisa estar no lado direito do livro. Você vai mudar as propriedades Anchor Point, Rotation e Position para fazer isso.

10 Clique com a tecla Ctrl pressionada (Windows) ou clique com a tecla Command pressionada (Mac OS) no triângulo ao lado da coluna Label da camada Pages para exibir todas as suas propriedades Transform.

11 Altere o valor do eixo Y da propriedade Anchor Point para **1234** (inserindo a camada na base virtual); altere o valor Y Rotation para **90** a fim de que ela permaneça na direção certa; e altere o valor do eixo X da propriedade Position para **360+500** a fim de mover a camada para o lado direito do livro.

● **Nota:** Para este projeto, é improvável que alguém veja a parte inferior do livro. Mas se quiser adicionar uma camada inferior, duplique a camada superior e mova-a para a posição correta.

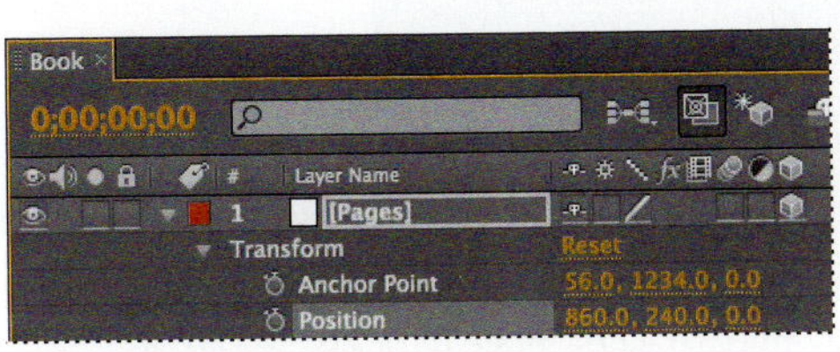

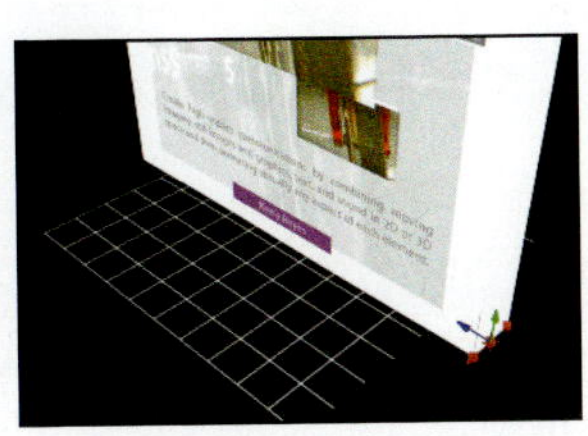

12 Com o painel Timeline ativo, pressione Ctrl+A (Windows) ou Command+A (Mac OS) para selecionar todas as camadas. Em seguida, pressione a tecla **U** para fechar todas as propriedades das camadas.

▶ **Dica:** Pressionar a tecla U permite alternar entre as opções de exibir/ocultar.

Trabalhe com um objeto nulo

Um objeto nulo é uma camada invisível que tem todas as propriedades de uma camada visível para que ela possa ser pai de qualquer camada na composição. Um objeto nulo será empregado para reduzir as camadas do objeto 3D a um tamanho mais gerenciável. Se começou a redimensionar todas as camadas individuais, você terá de posicioná-las novamente. Dessa maneira, é possível criar um relacionamento pai entre todas as camadas e uma única camada nula e, à medida que redimensiona a camada nula, todas as outras camadas seguem isso mantendo o relacionamento entre si.

1 Com o painel Timeline ativo, escolha Layer > New > Null Object. O After Effects nomeia a camada Null 1.

2 Selecione a chave 3D Layer (◉) da camada Null 1 para torná-la tridimensional.

O objeto nulo move-se até o ponto de origem da composição, no centro da grade. Embora você possa ver o objeto nulo no painel Composition, lembre-se de que na verdade nada há aí – ele é uma camada invisível. A representação do objeto é para ajudá-lo a monitorá-lo à medida que você trabalha com ele.

3 No painel Timeline, selecione a camada Pages e clique com a tecla Shift pressionada na camada AEFront.jpg para selecionar todas as camadas intermediárias. (Somente as camadas 3D Grid e Null 1 não devem estar selecionadas.)

4 Selecione Null 1 no menu pop-up Parent para a camada Pages. A mesma seleção é aplicada automaticamente a todas as camadas selecionadas.

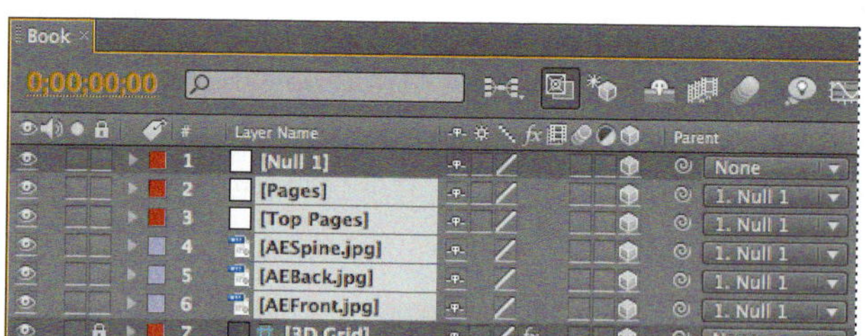

Como as camadas de objeto 3D agora têm um relacionamento pai/filho com a camada Null 1, qualquer modificação no objeto nulo irá afetá-las.

● **Nota:** Como os valores da propriedade Scale estão vinculados, você só precisa digitar o valor uma vez para afetar os três eixos.

5 Selecione a camada Null 1 no painel Timeline e pressione **S** para exibir sua propriedade Scale. Em seguida, altere o valor Scale para **20, 20, 20 %**.

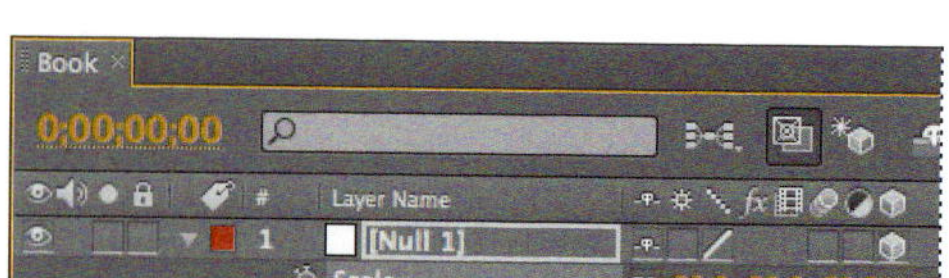

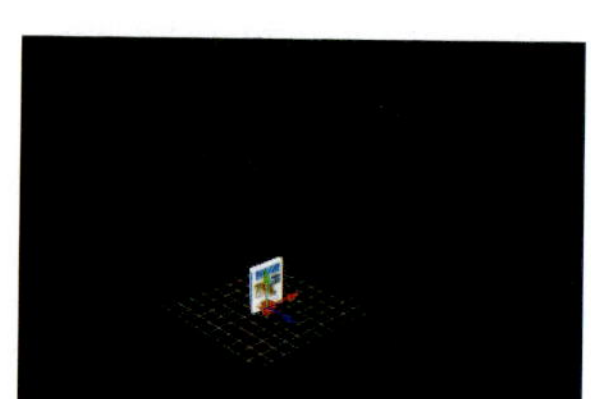

O livro inteiro ficou menor e cada um dos elementos mantém um relacionamento com os outros.

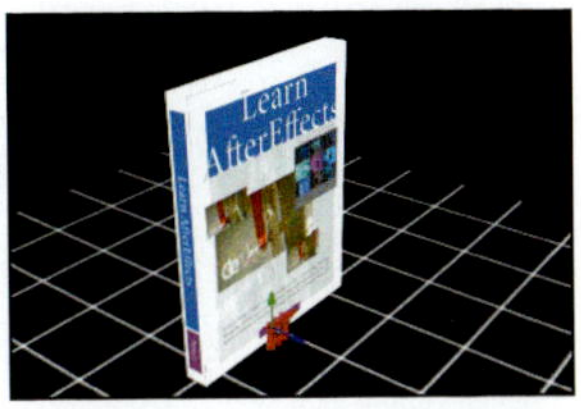

6 Selecione a ferramenta Track Z Camera (), oculta atrás da ferramenta Orbit Camera () no painel Tools. Arraste para a direita na visualização esquerda do painel Composition a fim de ampliar o livro e vê-lo melhor.

7 Selecione a visualização direita no painel Composition para ativá-la. Escolha Active Camera no menu pop-up 3D View na parte inferior do painel Composition.

Trabalhe com texto 3D

É possível criar outros objetos 3D no After Effects, bem como texto 3D. O texto está muito simples e desinteressante; portanto, você vai dar mais profundidade a ele.

Crie a composição

Você vai criar uma nova composição para o texto e, como feito anteriormente, uma grade 3D será construída para servir como base do espaço a fim de ajudá-lo a manter a perspectiva.

1 Clique no botão Create A New Composition () na parte inferior do painel Project.

2 Na caixa de diálogo Composition Settings, nomeie a composição **3D Text** e escolha NTSC DV no menu Preset. Em seguida, clique em OK para criar a composição.

3 Pressione Ctrl+Y (Windows) ou Command+Y (Mac OS) para criar uma nova camada sólida.

4 Na caixa de diálogo Solid Settings, nomeie a camada **3D Grid**, configure Width e Height como **800** pixels e clique em OK.

5 Com a camada 3D Grid selecionada no painel Timeline, escolha Effect > Generate > Grid.

6 Selecione a chave 3D Layer () para a camada 3D Grid.

7 Com a camada 3D Grid selecionada no painel Timeline, pressione **R** para exibir suas propriedades Rotation. Altere o valor X Rotation para **90** graus. Pressione **R** novamente para ocultar as propriedades Rotation.

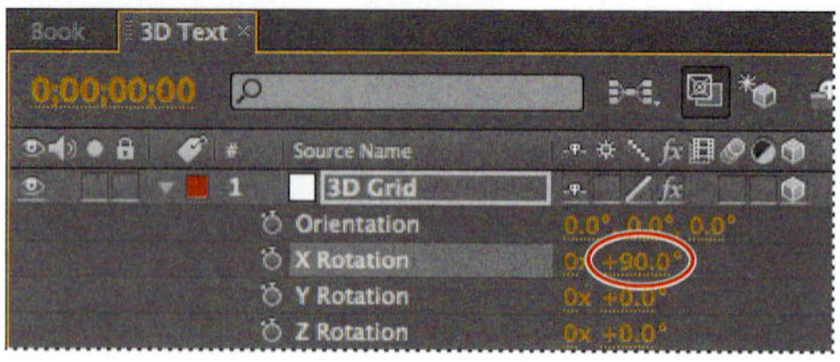

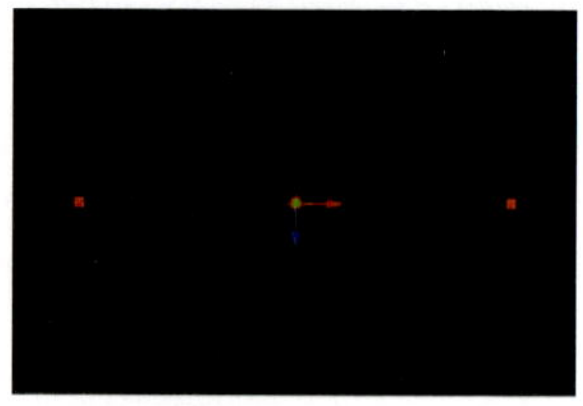

▶ **Dica:** Se você planeja trabalhar com objetos 3D no futuro, salve a composição para utilizar como base para outros projetos a fim de que você tenha uma grade 3D especificada.

8 Com a camada 3D Grid selecionada no painel Timeline, escolha Layer > Guide Layer.

Você criou uma grade para guiá-lo enquanto trabalha com texto 3D, mas a camada não será renderizada com seu projeto.

Crie texto 3D

Com a grade no lugar, você está pronto para criar o texto. Primeiro você vai digitar as palavras e depois converter a camada em uma camada 3D.

1 Selecione a ferramenta Horizontal Type (T) no painel Tools. O After Effects abre os painéis Character e Paragraph.

2 No painel Character, faça o seguinte:

- Escolha Myriad Pro como a família de fontes.
- Escolha Bold para o estilo de fonte.
- Selecione branco para a cor do texto.
- Configure a cor do contorno como none.
- Altere o tamanho da fonte para **120** pixels.

3 No painel Paragraph, selecione a opção de alinhamento Center Text.

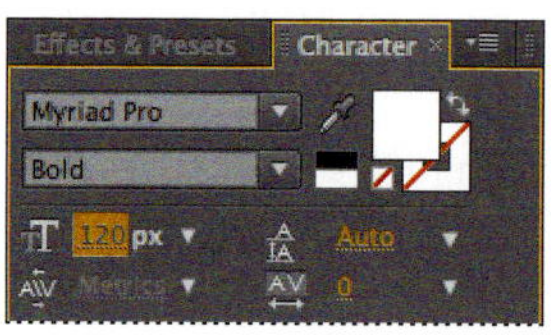

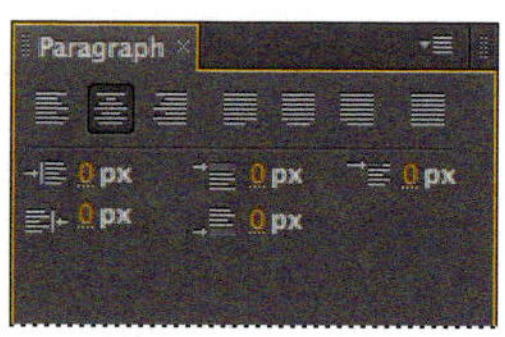

4 Clique em qualquer lugar no painel Composition, em uma das visualizações, e digite **AECS4**. Em seguida, clique em uma área vazia do painel Timeline para desativar a ferramenta Horizontal Type.

5 Selecione a chave 3D Layer (◉) para a camada AECS4.

6 Com a camada AECS4 selecionada no painel Timeline, pressione **P** para exibir sua propriedade Position.

7 Clique com o botão direito do mouse (Windows) ou clique com a tecla Control pressionada (Mac OS) no nome da propriedade Position e escolha Reset no menu contextual. O texto move-se para o centro da grade.

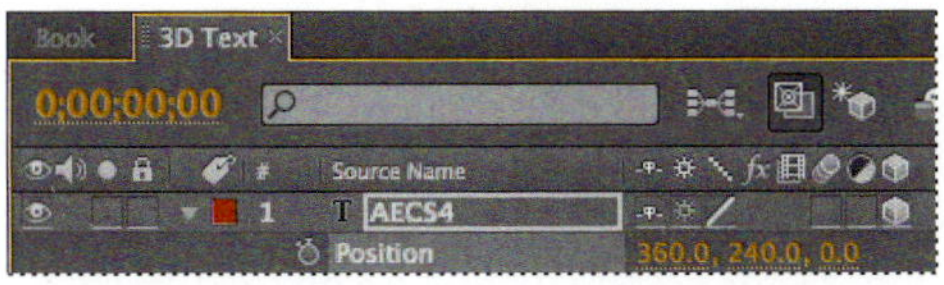

Adicione profundidade ao texto com expressões

O texto é tridimensional, mas uma dessas dimensões – o eixo z – tem 1 pixel de largura. Você vai duplicar a camada e deslocá-la por 1 pixel para adicionar profundidade ao texto.

1 Selecione a camada AECS4 no painel Timeline e escolha Edit > Duplicate.

2 Dê um clique duplo na camada AECS4 original no painel Timeline para selecionar seu conteúdo.

3 No painel Character, altere a cor do texto para azul (RGB 19, 125, 245) e clique em uma área vazia do painel Timeline para desativar a ferramenta Horizontal Type.

4 Pressione a tecla Alt (Windows) ou Option (Mac OS) ao clicar no ícone de cronômetro ao lado da propriedade Position da camada AECS4 original.

O After Effects exibe as palavras *transform.position* no campo de expressão na régua de tempo. Com as expressões, é possível criar relacionamentos entre as propriedades da camada e utilizar um dos keyframes da propriedade para animar dinamicamente outra camada. Para aprender mais sobre expressões, consulte o quadro "Sobre expressões", na Lição 6.

5 Digite **thisComp.layer(index-1).transform.position**+**[0,0,1]** para substituir *transform.position* no campo de expressão.

6 Clique em uma área vazia do painel Timeline para aceitar a expressão.

● **Nota:** Essa técnica cria o efeito de extrusão em algumas visualizações, mas talvez não apresente bons resultados ao girar o texto em alguns ângulos. Para um bom efeito de extrusão para o texto, utilize o Adobe Photoshop Extended.

● **Nota:** A camada duplicada é nomeada AECS5 porque o After Effects continua a numerar as camadas a partir de AECS4, mas o conteúdo da camada não foi alterado.

● **Nota:** Ao editar uma expressão, todas as visualizações permanecem suspensas; uma barra vermelha aparece na parte inferior dos painéis até você fechar o modo de edição de texto.

A expressão que você digitou instrui o After Effects a utilizar a camada imediatamente acima dela, alterando a propriedade Position em 1 pixel no eixo z. Eis como ela funciona: *thisComp.layer* refere-se a essa composição; *index-1* refere-se à camada imediatamente acima da camada atual; *transform.position* significa alterar a propriedade Position; e *+[0,0,1]* significa adicionar 1 pixel ao eixo z.

Você não precisa memorizar essa expressão ou aprender JavaScript, a linguagem utilizada em expressões. Adapte expressões simples e modifique-as para atender suas necessidades, ou utilize um pick whip, como foi feito nas lições anteriores, para criar relacionamentos entre as propriedades de uma camada.

7 Selecione a ferramenta Orbit Camera (🔘) e arraste ao longo da visualização esquerda na janela Composition para ver a parte de trás do texto. A parte de trás é azul e a parte da frente é branca. Mas ele ainda tem uma profundidade de 2 pixels.

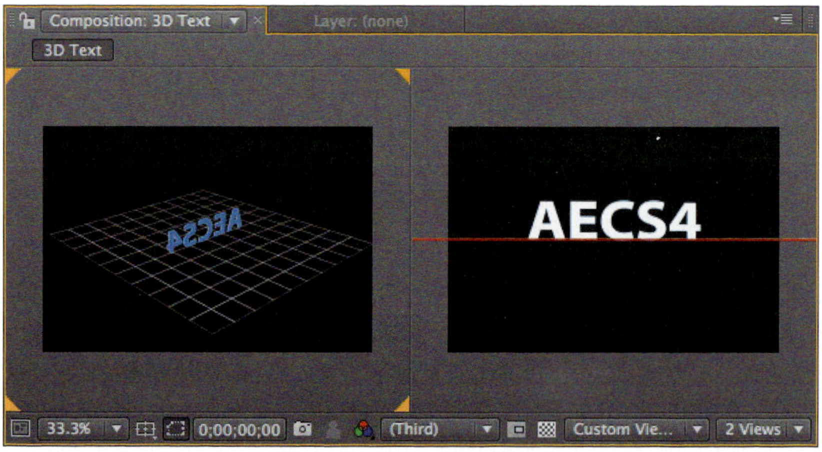

8 Selecione a camada AECS4 original no painel Timeline e pressione Ctrl+D (Windows) ou Command+D (Mac OS) 19 vezes para criar 19 camadas.

9 Utilize a ferramenta Orbit Camera para mover o objeto. O objeto de texto agora tem muito mais profundidade, uma vez que você copiou a expressão junto com essas 19 camadas. A camada da frente é branca, mas todas as outras camadas são azuis. Para ver melhor o efeito, altere a visualização direita para Custom View 3.

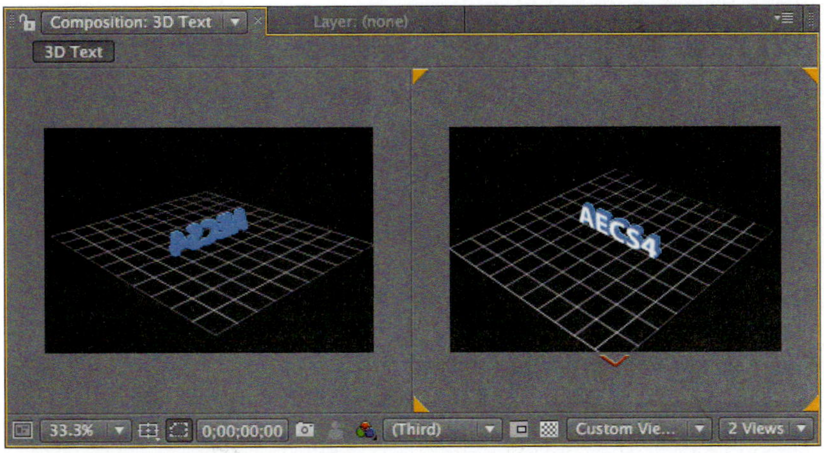

10 Escolha File > Save para salvar seu trabalho até agora.

Crie um fundo para a animação 3D

O livro e o texto estão prontos para a animação. Mas eles precisam ser animados contra um fundo. Você vai criar um ambiente bidimensional para os objetos 3D em uma nova composição.

1 Clique na guia Project e, em seguida, no botão Create A New Composition (▣) no painel Project.

2 Na caixa de diálogo Composition Settings, nomeie a composição **Final Comp** e escolha NTSC DV no menu Preset. Em seguida, clique em OK.

3 No painel Composition, escolha 1 View no menu pop-up Select View Layout.

4 Escolha Custom View 1 no menu pop-up 3D na parte inferior do painel Composition a fim de ver o fundo de um ângulo diferente do que uma visualização frontal chapada.

5 Escolha Layer > New > Solid.

6 Na caixa de diálogo Solid Settings, nomeie a camada **Backdrop**, configure Width e Height como **1000** pixels e clique em OK.

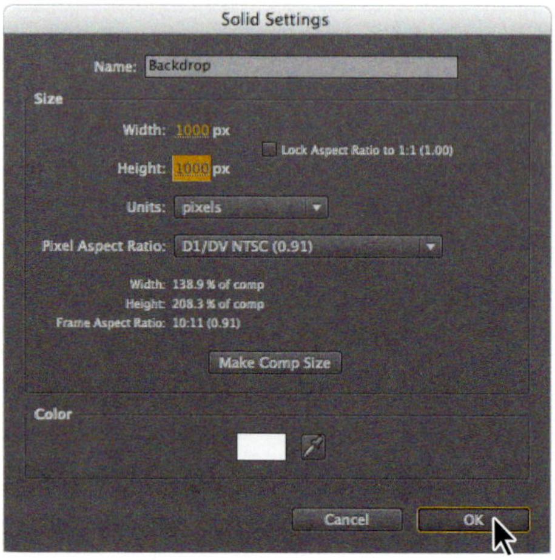

7 Com a camada Backgrop selecionada no painel Timeline, escolha Effect > Generate > Ramp. A camada torna-se um degradê.

8 No painel Effect Controls, altere o valor Start Of Ramp para **500, 500**. Em seguida, altere Start Color para um azul escuro (RGB **36**, **77**, **254**) e End Color para preto (RGB **0**, **0**, **0**). Escolha Radial Ramp no menu Ramp Shape.

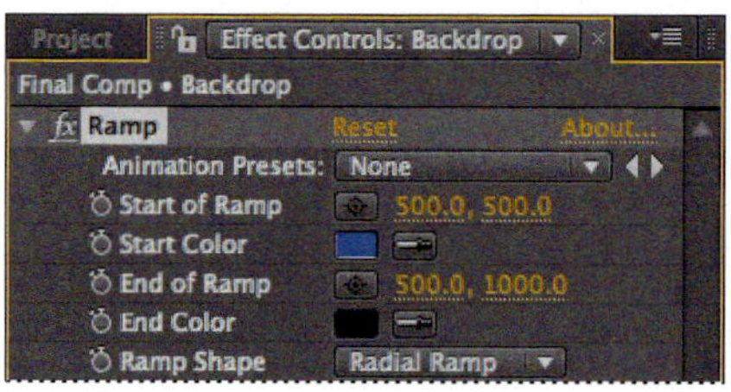

9 Selecione a chave Lock para a camada Backdrop para evitar modificações acidentais nela. Não há necessidade de converter essa camada em uma camada 3D porque ela estará a uma distância infinita dos objetos 3D animados.

10 Pressione Ctrl+Y (Windows) ou Command+Y (Mac OS) para criar uma nova camada sólida.

11 Na caixa de diálogo Solid Settings, nomeie a camada **Ground** e configure Width e Height como **1000** pixels. Em seguida, clique em OK.

12 Com a camada Ground selecionada no painel Timeline, escolha Effect > Noise & Grain > Fractal Noise.

13 No painel Effect Controls, escolha Dynamic Twist no menu Fractal Type.

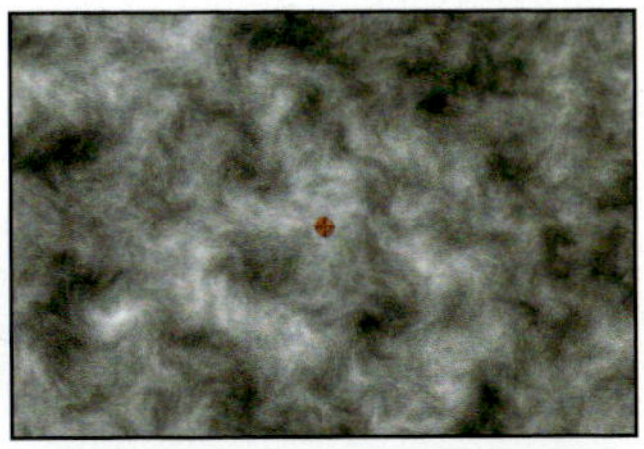

14 No painel Timeline, selecione a chave 3D Layer ( ) para a camada Ground.

15 Com a camada Ground selecionada, pressione **R** para exibir as propriedades Rotation e altere o valor X Rotation para **90** graus.

16 Pressione **S** para exibir a propriedade Scale. Altere os valores Scale para **1000, 1000, 1000**.

17 Clique no botão Toggle Switches/Modes na parte inferior do painel Timeline para exibir a coluna Modes.

18 Para a camada Ground, escolha Overlay no menu Mode.

19 Pressione **S** para fechar a propriedade Scale e bloqueie a camada Ground.

Aninhe uma composição 3D

Você criou o ambiente para os objetos 3D construídos anteriormente: o livro e o texto. A composição Book contém todos os elementos do livro. Você vai adicionar essa composição à composição Final Comp e selecionar a chave Collapse Transformations para que ela se comporte como uma camada 3D.

1 Clique na guia Project para exibir o painel. Em seguida, arraste a composição Book do painel Project até o painel Final Comp Timeline, inserindo-a no topo da pilha de camadas.

A composição Book não é exibida porque ela ainda não é uma camada 3D.

2 Clique no botão Toggle Switches/Modes na parte inferior do painel Timeline para exibir os alternadores.

3 Selecione a chave 3D Layer (◉) da camada Book para convertê-la em uma camada 3D.

A composição Book aparece na janela Composition, mas aparentemente apenas a primeira capa está incluída. Ao aninhar uma composição 3D em outra composição, você precisa selecionar a chave Collapse Transformations para a camada. Do contrário, a composição é exibida como uma camada 2D e não interage com a camada 3D.

4 Selecione a chave Collapse Transformations (✲) para a camada Book.

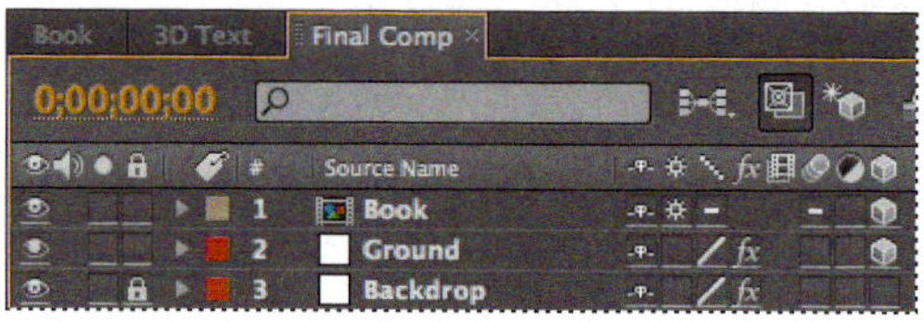

Agora o livro inteiro aparece, como você o criou. Se alterar os valores da propriedade Rotation, o objeto inteiro gira, em vez de camadas específicas. A camada guia não permanece visível na composição aninhada.

Adicione uma câmera

Você pode visualizar camadas 3D em quaisquer ângulos e distâncias utilizando camadas chamadas *câmeras*. Ao configurar uma visualização de câmera para sua composição, você vê as camadas como se estivesse olhando por meio dessa câmera. É possível escolher entre visualizar uma composição por meio da câmera ativa ou por meio de uma câmera personalizada. Se você não criou uma câmera personalizada, a câmera ativa será idêntica à visualização de composição padrão.

Até agora, essa composição foi visualizada do ângulo Custom View 1, que não leva em consideração os modos de mesclagem ou camadas 2D. Alternar para a visualização Active Camera não permite ver sua composição a partir de um ângulo. Para ver tudo, você vai criar uma câmera personalizada.

1 Escolha Layer > New > Camera.

2 Na caixa de diálogo Camera Settings, aceite todos os padrões, incluindo o nome, Camera 1, e a predefinição (preset) de 50 mm e clique em OK.

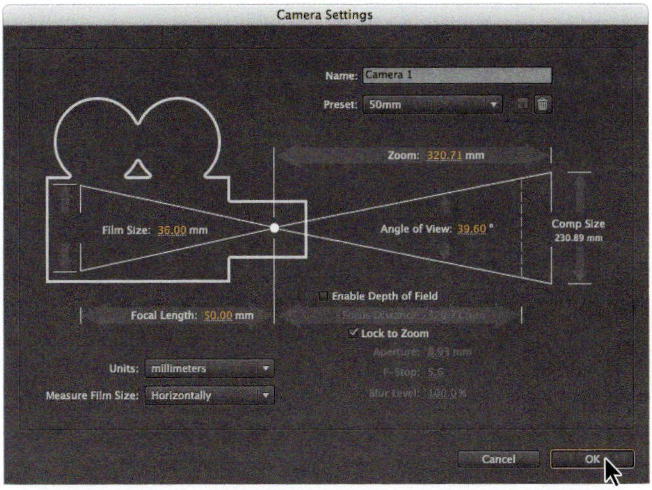

A camada Camera 1 aparece no topo da pilha de camadas no painel Timeline (com um ícone de câmera ao lado do nome da camada) e o painel Composition é atualizado para refletir a nova perspectiva da camada de câmera. Aparentemente, a visualização não muda porque a predefinição de câmera de 50 mm usa as mesmas configurações que a visualização Active Camera padrão.

3 Escolha 2 Views – Horizontal no menu pop-up Select View Layout na parte inferior do painel Composition. Altere a visualização esquerda para Right e a visualização direita para Active Camera.

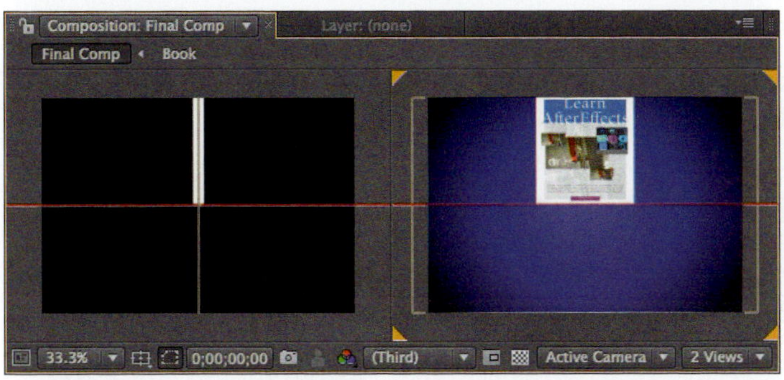

Configure o ponto de interesse da câmera

As camadas de câmera têm um ponto de interesse que pode ser utilizado para determinar o que câmera enxerga. Por padrão, o ponto de interesse da câmera é o centro da composição.

Você vai configurar essa camada de câmera para ver as camadas Book e Ground de um ângulo específico.

1 Expanda o grupo de propriedades Transform da camada Camera 1 no painel Timeline.

2 Ao assistir à visualização direita (no lado esquerdo) no painel Composition, arraste o valor do eixo y da propriedade Point Of Interest para a esquerda no painel Timeline até que o ícone do ponto de interesse (⌖) no painel Composition esteja no meio do livro. O valor final deve ser 123; insira-o manualmente se necessário.

3 No painel Timeline, altere o valor do eixo x de Point Of Interest para **602** e o valor do eixo z para **157**.

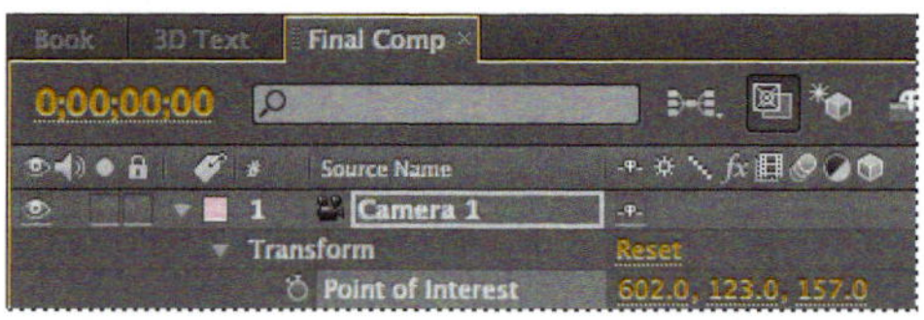

Essa perspectiva parece um pouco mais interessante, mas a câmera intersecciona o plano da camada Ground. A propriedade Point Of Interest determina a direção em que a câmera está olhando, mas seu posicionamento é controlado pela propriedade Position.

4 Altere os valores da propriedade Position da camada Camera 1 para **27, 132,-640**.

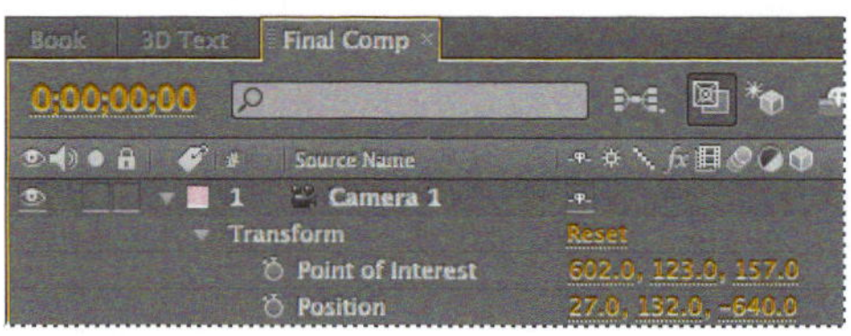

O livro na visualização Active Camera (à direita) parece bem melhor.

5 Feche todas as propriedades da camada Camera 1 e escolha File > Save.

Complete a cena

Você está pronto para adicionar a composição 3D Text criada anteriormente. Assim como a composição Book, será necessário selecionar as chaves 3D e Collapse Transformations para que ela se comporte como um objeto 3D.

1 Arraste a composição 3D Text do painel Project até o painel Timeline, inserindo-a diretamente abaixo da camada Camera 1.

2 Selecione a chave 3D Layer (◉) e a chave Collapse Transformations para a camada 3D Text.

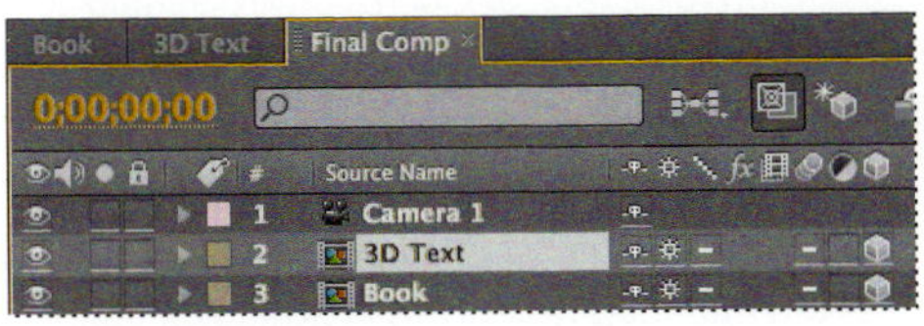

3 No painel Composition, escolha 1 View no menu Select View Layout e selecione Active Camera no menu pop-up 3D View.

4 Com a camada 3D Text selecionada no painel Timeline, pressione **R** para exibir as propriedades Rotation da camada. Em seguida, altere o valor Y Rotation para **60** graus.

5 Pressione a tecla **P** para exibir a propriedade Position da camada 3D Text. Altere os valores Position para **762, 240, 100**.

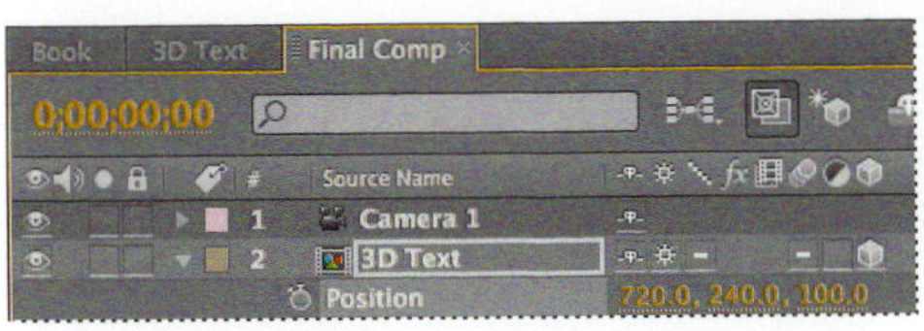

6 Feche as propriedades abertas no painel Timeline e escolha File > Save.

Objetos 3D foram criados e montados em um espaço virtual. Na Lição 12, "Utilizando recursos 3D", você continuará a trabalhar neste projeto. Para o vídeo final, você vai adicionar luzes, ajustar propriedades de superfície e animar a câmera.

Sobre rotação 3D

É possível ajustar a rotação 3D de duas maneiras: alterando os valores Orientation de uma camada ou alterando os valores X, Y e Z Rotation. A ferramenta Rotation pode ser usada para alterar qualquer um desses valores.

Ao animar os valores Orientation de uma camada 3D, a camada se move junto com o caminho de rotação mais curto possível no ambiente 3D, criando rotações naturais e previsíveis. Você pode suavizar esse caminho alterando a interpolação do keyframe espacial para Auto Bezier.

Ao animar os valores X, Y ou Z Rotation de uma camada 3D, a camada gira ao longo de cada eixo. Você pode ajustar o número de rotações, bem como o ângulo da rotação e adicionar keyframes à rotação da camada em cada eixo. Animar essas propriedades oferece mais alternativas para um bom controle dos keyframes e das expressões do que animar com a propriedade Orientation, mas também pode resultar em um movimento menos previsível. As propriedades Rotation específicas são úteis para criar rotações com múltiplas revoluções ao longo de um único eixo.

Perguntas de revisão

1 O que acontece com uma camada quando você seleciona a chave 3D Layer?

2 Por que é importante examinar múltiplas visualizações de uma composição que contém camadas 3D?

3 O que acontece quando você move os valores Anchor Point de uma camada no painel Timeline?

4 O que é uma camada de câmera?

Respostas

1 Ao selecionar a chave 3D Layer de uma camada no painel Timeline, o After Effects adiciona um terceiro eixo, o eixo z, à camada. Você pode então mover e girar a camada em três dimensões. Além disso, a camada assume novas propriedades que são únicas a camadas 3D, como o grupo de propriedades Material Options.

2 A aparência das camadas 3D pode induzir a erros, dependendo da visualização no painel Composition. Ativando visualizações 3D, você consegue ver a posição real de uma camada em relação a outras camadas na composição.

3 Ao ajustar os valores Anchor Point de uma camada no painel Timeline, a camada move-se no painel Composition, embora seus valores Position permaneçam os mesmos.

4 É possível visualizar camadas 3D do After Effects de quaisquer ângulos e distâncias utilizando camadas de *câmeras*. Ao configurar uma visualização de câmera para sua composição, você vê as camadas como se estivesse olhando por meio dessa câmera. Você pode escolher entre visualizar uma composição por meio da câmera ativa ou por meio de uma câmera personalizada. Se uma câmera personalizada não foi criada, a câmera ativa será idêntica à visualização de composição padrão.

12 UTILIZANDO RECURSOS 3D

Visão geral da lição

Nesta lição, você vai aprender a:

- Animar objetos 3D
- Adicionar reflexos a objetos 3D
- Utilizar uma camada de ajuste para desfocar múltiplas camedas
- Animar uma camada de câmera
- Criar e posicionar camadas de luz
- Adicionar um efeito Linear Wipe para exibir objetos na composição

Esta lição continua do ponto em que lição anterior parou. Na Lição 11, "Criando objetos 3D", você criou a primeira metade da animação de um livro promocional. Até agora, uma representação 3D do livro e texto 3D foram posicionados no ambiente 3D. Nesta lição, você vai completar o projeto adicionando luzes, efeitos, reflexos e outros elementos à composição. Ao fazer isso, você vai aprender a utilizar outros recursos 3D disponíveis no Adobe After Effects. Esta lição levará aproximadamente 60 minutos.

Na Lição 11, você criou objetos 3D e posicionou-os em um mundo virtual. Animação, luzes, camadas de ajuste e câmeras animadas completam a composição.

Introdução

Esta lição é uma continuação do projeto iniciado na Lição 11. Comece com o arquivo de projeto Lesson12_Start.aep fornecido neste livro, ou, se completou a Lição 11, utilize o arquivo de projeto que você salvou no final dessa lição. Os dois arquivos devem ser equivalentes.

1 Certifique-se de que os seguintes arquivos estão na pasta AECS4_CIB/Lessons/Lesson12 no disco rígido ou copie-os agora do DVD do *Adobe After Effects CS4 Classroom in a Book.*

   - Na pasta Assets: AEBack.jpg, AEFront.jpg, AESpine.jpg, brush.psd
   - Na pasta Sample_Movie: Lesson12.mov
   - Na pasta Start_Project: Lesson12_Start.aep

2 Abra e reproduza o arquivo Lesson12.mov para ver o que será criado nesta lição. Ao concluir, feche o QuickTime Player. Exclua esse vídeo de exemplo do disco rígido se houver pouco espaço de armazenamento.

Ao iniciar esta lição, restaure as configurações de aplicativo padrão para o After Effects. Consulte "Restaure as preferências padrão", na página 15.

3 Pressione Ctrl+Alt+Shift (Windows) ou Command+Option+Shift (Mac OS) ao iniciar o After Effects. Quando solicitado se você quer excluir seu arquivo de preferências, clique em OK. Clique em Close para fechar a janela Welcome.

4 Escolha File > Open Project.

5 Siga um destes procedimentos:

   - Navegue até a pasta AECS4_CIB/Lessons/Lesson12/Start_Project_File, selecione o arquivo Lesson12_Start.aep e clique em Open.
   - Navegue até a pasta AECS4_CIB/Lessons/Lesson11/Finished_Project, selecione o arquivo Lesson11_Finished.aep e clique em Open.

6 Escolha File > Import > File e abra a pasta AECS4_CIB/Lessons/Lesson12/Assets.

7 Selecione o arquivo brush.psd e clique em Open.

8 Na caixa de diálogo Brush.psd, selecione Footage no menu Import Kind, selecione Merged Layers e clique em OK.

9 Escolha File > Save As.

10 Navegue até a pasta AECS4_CIB/Lessons/Lesson12/Finished_Project no disco rígido. Nomeie o projeto **Lesson12_Finished.aep** e clique em Save.

Anime objetos 3D

Você animou objetos nas lições anteriores, mas os objetos 3D podem ser animados ao longo dos eixos x, y e z. Você vai animar a camada 3D Text para tornar a composição mais dinâmica.

1 Clique na guia Final Comp no painel Timeline se ela ainda não estiver ativa.

2 Mova o indicador de tempo atual para a posição 0:15.

3 Selecione a camada 3D Text no painel Timeline e pressione a tecla **P** para exibir a propriedade Position da camada.

4 Clique no ícone de cronômetro ao lado da propriedade Position para configurar um keyframe inicial para a camada.

5 Pressione a tecla Home para mover o indicador de tempo para o início da régua de tempo.

6 No painel Composition, clique no controle do eixo x (a seta vermelha) no eixo 3D e arraste a camada 3D Text para a direita até que esteja completamente fora do frame.

Ao selecionar apenas um eixo no painel Composition, você restringe o movimento da camada 3D a esse eixo.

7 Mova manualmente o indicador de tempo da posição 0:00 até a posição 0:15 para ver o texto entrar no frame. Ele entra abruptamente; você vai suavizar essa transição.

8 Clique no nome da propriedade Position para selecionar todos os keyframes Position para a camada 3D Text.

9 Escolha Animation > Keyframe Assistant > Easy Ease.

10 Pressione a tecla **P** para ocultar a propriedade Position.

Adicione reflexos a objetos 3D

No mundo real, objetos projetam reflexos sob certas condições de iluminação, conferindo profundidade e interesse. O After Effects não pode criar reflexos reais sobre superfícies, mas é possível adicioná-los duplicando camadas e aplicando um efeito de desfoque.

Crie um reflexo simples

Um reflexo é uma imagem espelhada de um objeto, embora normalmente seja um pouco distorcido, dependendo da fonte de luz. Você vai duplicar objetos para criar um reflexo simples.

1 Vá para a posição 0:15, se você ainda não estiver lá, a fim de ver o texto.

2 Selecione a camada 3D Text no painel Timeline e pressione Ctrl+D (Windows) ou Command+D (Mac OS) para duplicar a camada.

3 Selecione a camada duplicada, pressione Enter ou Return e renomeie-a **3D Text Reflection**. Pressione Enter ou Return.

4 Mova a camada 3D Text Reflection para baixo da camada Ground no painel Timeline.

A camada duplicada está na mesma posição que a camada 3D Text original. Você vai girá-la para criar o reflexo.

5 Com a camada 3D Text Reflection selecionada no painel Timeline, escolha Layer > Transform > Flip Vertical.

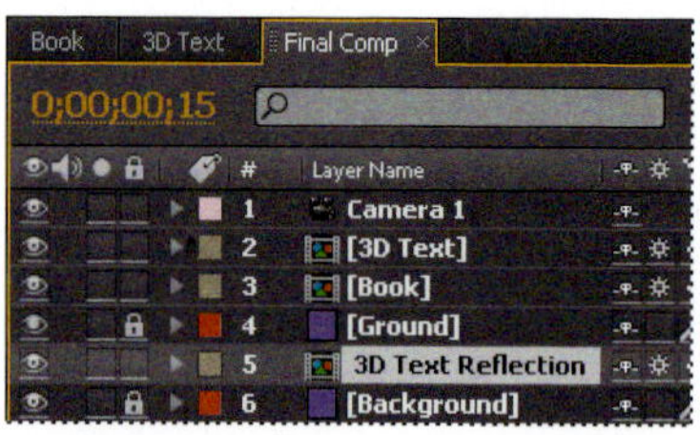

6 Pressione a tecla **T** para exibir a propriedade Opacity e altere o valor Opacity para **30%**. Pressione a tecla **T** novamente para ocultar a propriedade Opacity.

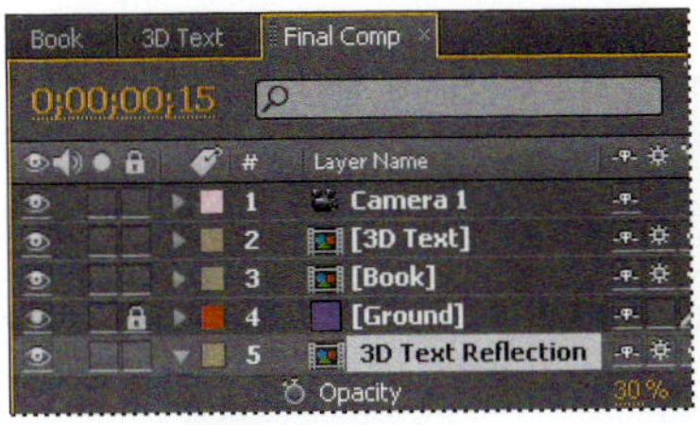

Você criou um reflexo para o texto. Agora, você fará a mesma coisa para o livro.

7 Selecione a camada Book no painel Timeline e pressione Ctrl+D (Windows) ou Command+D (Mac OS) para duplicar a camada.

8 Renomeie a camada duplicada **Book Reflection** e mova-a para baixo da camada Ground no painel Timeline.

9 Com a camada Book Reflection selecionada, pressione **S** para exibir a propriedade Scale, clique no ícone Constrain Proportions para desvincular os valores e altere o valor do eixo y para **-100%**.

10 Pressione a tecla **T** para exibir a propriedade Opacity, altere o valor Opacity para **30%** e pressione **T** novamente para ocultar a propriedade Opacity.

Adicione uma camada de ajuste

O reflexo simples está muito bom, mas um desfoque o tornaria mais real.

Uma camada de ajuste será utilizada para aplicar um efeito de desfoque. Os efeitos aplicados a uma camada de ajuste afetam todas as camadas abaixo dela.

1 Escolha Layer > New > Adjustment Layer. O After Effects adiciona uma nova camada de ajuste ao topo da pilha de camadas.

2 Mova a camada Adjustment Layer 1 para baixo da camada Ground no painel Timeline.

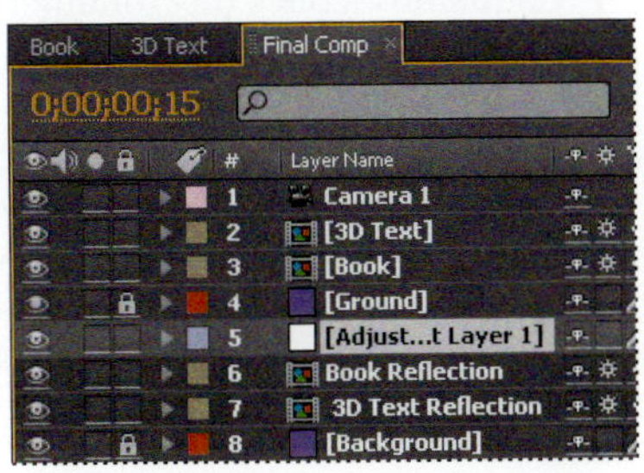

Como as camadas de ajuste afetam todas as camadas abaixo delas, mover a camada de ajuste para baixo da camada Ground assegura que seus efeitos só afetarão as camadas Backdrop e Reflection.

3 Com a camada Adjustment Layer 1 selecionada, escolha Effect > Blur & Sharpen > Directional Blur.

4 No painel Effect Controls, altere Blur Length para **20**. Deixe a configuração Direction no seu padrão, uma vez que os reflexos são perpendiculares à base.

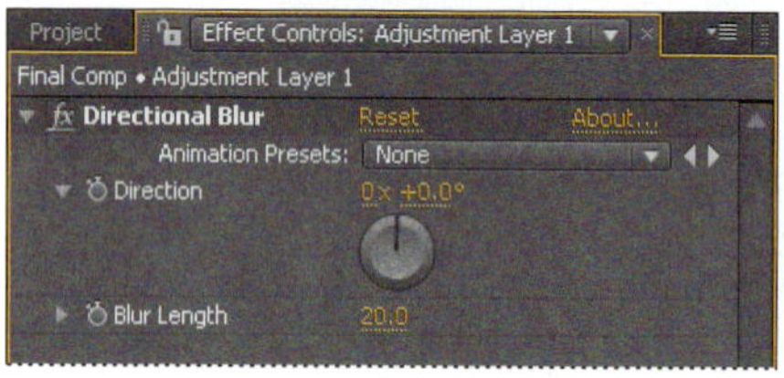

5 Bloqueie a camada Adjustment Layer 1 para evitar modificações acidentais.

6 Escolha File > Save para salvar seu trabalho até agora.

Anime uma câmera

Na Lição 11, você criou uma camada de câmera, Camera 1. Até o momento, essa câmera permaneceu constante. Agora, você vai animar a câmera para que ela inicie distante dos objetos 3D e se aproxime deles à medida que o vídeo avança.

1 Vá para a posição 4:00 no painel Timeline. Essa é a posição em que a câmera irá parar, depois que se aproximou do tema.

2 Selecione a camada Camera 1 no painel Timeline e pressione **P** para exibir sua propriedade Position.

3 Pressione a tecla Shift à medida que pressiona **A** para exibir a propriedade Point Of Interest da camada Camera 1.

4 Clique nos ícones de cronômetro para as propriedades Position e Point Of Interest a fim de criar keyframes para cada uma.

Você configurou os keyframes para o final do movimento de câmera. Em vez de começar o movimento de câmera no início da régua de tempo, você vai iniciar na posição 0:10, para que os observadores possam se posicionar antes que a câmera comece a ampliar.

5 Vá para a posição 0:10 no painel Timeline.

6 Altere os valores Position de Camera 1 para **-185, 132,-3000** e os valores Point Of Interest para **360, 240, 0**. A câmera está muito mais distante dos objetos e o livro está centralizado na visualização.

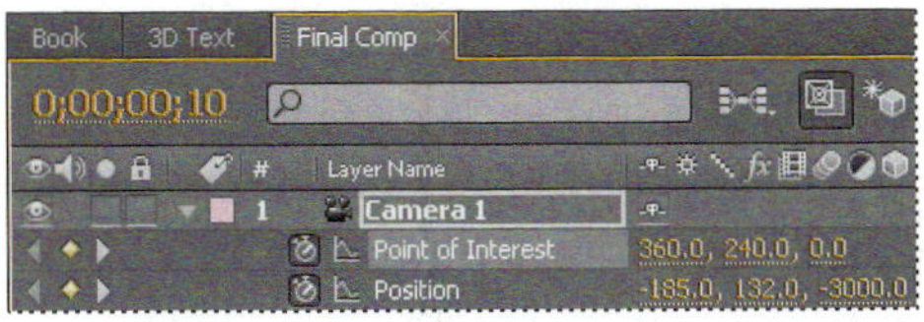

7 Clique com a tecla Shift pressionada nos nomes das propriedades Point Of Interest e Position para selecionar todos os keyframes da camada e escolha Animation > Keyframe Assistant > Easy Ease.

8 Pressione a barra de espaço para visualizar seu trabalho até agora. Pressione a barra de espaço mais uma vez para parar a visualização.

9 Oculte as propriedades da camada Camera 1.

Ajuste o tempo das camadas

Anteriormente, você animou o texto 3D para ele parasse na posição 0:13. Mas com o livro centralizado no início do vídeo, o texto animado ficará melhor se ele parar bem depois dessa posição. Você vai movê-lo agora.

1 Vá para a posição 3:23 na régua de tempo. Essa posição é um pouco antes de a câmera alcançar o ponto de parada, portanto, haverá uma sobreposição no movimento à medida que o texto entra.

2 Selecione a camada 3D Text no painel Timeline e, em seguida, pressione Ctrl (Windows) ou Command (Mac) à medida que você seleciona a camada 3D Text Reflection.

3 Pressione a tecla [para mover o ponto In das duas camadas até o tempo atual.

4 Pressione a tecla Home para mover-se para o início da régua de tempo. Em seguida, pressione a barra de espaço para visualizar a animação. Ao terminar de assistir à animação, pressione a barra de espaço novamente para parar a visualização.

Utilize luzes 3D

Adicionar iluminação confere profundidade e dramaticidade à cena.

Crie uma camada de luz

No After Effects, uma luz é um tipo de camada que reflete a luz sobre outras camadas. Você pode escolher entre quatro tipos de luz – Parallel, Spot, Point e Ambient – e modificá-los com várias configurações. Assim como camadas de câmera, luzes, por padrão, apontam para um ponto de interesse.

1 Pressione a tecla Home para certificar-se de que o indicador de tempo atual está no início da régua de tempo.

2 Escolha Layer > New > Light.

3 Na caixa de diálogo Light Settings, faça o seguinte:

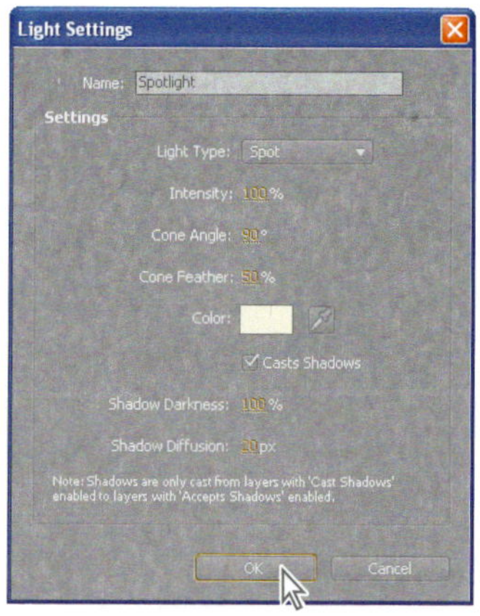

- Nomeie a camada **Spotlight**.
- Escolha Spot no menu Light Type.
- Configure Intensity em **100%** e Cone Angle em **90**°.
- Configure Cone Feather em **50%** e configure Color como um amarelo claro (**255, 255, 230**).
- Selecione a opção Casts Shadows.
- Certifique-se de que Shadow Darkness está configurado em **100%** e configure Shadow Diffusion como **20** pixels.
- Clique em OK para criar a camada de luz.

A camada de luz é representada por um ícone de lâmpada (💡) no painel Timeline e o ponto de interesse aparece no painel Composition como um ícone de cursor na forma de cruz (⌖).

Posicione a luz de refletor (spotlight)

O ponto de interesse dessa luz aponta para o centro da cena, que também é a posição em que o livro 3D está localizado, portanto, não será necessário ajustá-lo. Você só precisa alterar a posição da luz. No entanto, simplesmente arrastar os eixos no painel Composition faria o ponto de interesse da luz mover-se; em vez disso, você vai alterar a posição da camada de luz no painel Timeline.

1 No painel Composition, escolha 2 Views – Horizontal no menu pop-up Select View Layout. Em seguida, clique na visualização esquerda para ativá-la e escolha Top no menu pop-up 3D View. (A visualização direita deve ser Active Camera.)

2 Vá para a posição 5:00 no painel Timeline.

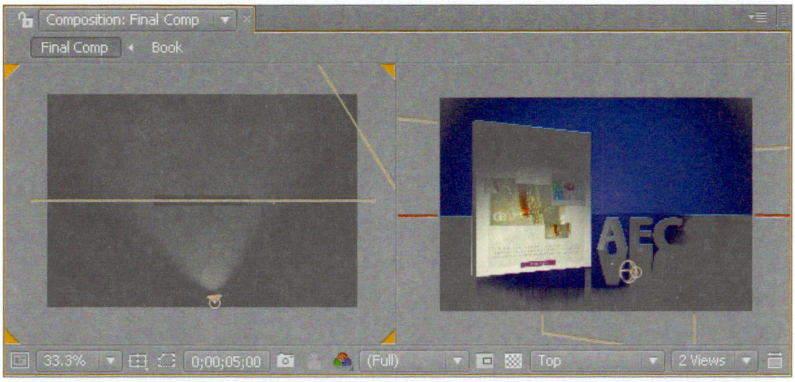

A luz aparecerá por toda a composição, mas trabalhando na posição 5:00, você pode ver como o reposicionamento da luz afeta os outros objetos na cena.

3 Selecione a camada Spotlight no painel Timeline e pressione **P** para exibir sua propriedade Position.

4 Ao assistir às visualizações Top e Active Camera no painel Composition, arraste o valor do eixo Y da propriedade Position (o valor no meio) para a esquerda no painel Timeline até que o cone de luz esteja em **-105**, acima da composição.

5 Altere o valor do eixo x da propriedade Position para **-102** e o valor do eixo z para **-208**. Mover a luz até um valor negativo no eixo z retorna a luz ao ambiente 3D.

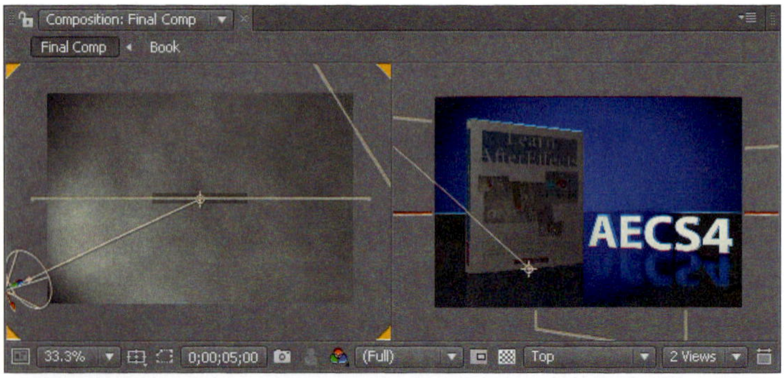

6 Oculte a propriedade Position da camada Spotlight no painel Timeline.

7 Escolha 1 View no menu pop-up Select View Layout na parte inferior do painel Composition e certifique-se de que Active Camera está selecionado no menu pop-up 3D View.

8 Pressione F2 para desmarcar todas as camadas no painel Timeline, pressione a tecla Home e, em seguida, a barra de espaço para visualizar a animação iluminada. Pressione a barra de espaço novamente para parar a visualização. Então, escolha File > Save para salvar seu trabalho.

Adicione uma luz ambiente

As sombras estão um pouco fortes, portanto, você vai adicionar luz ambiente para iluminar a cena.

1 Escolha Layer > New > Light.

2 Na caixa de diálogo Light Settings, faça o seguinte:

- Nomeie a luz **Ambient Light**.
- Escolha Ambient no menu Light Type.
- Configure Intensity em **50%**.
- Altere Color para um azul claro (**174, 195, 254**).
- Clique em OK para criar a camada de luz.

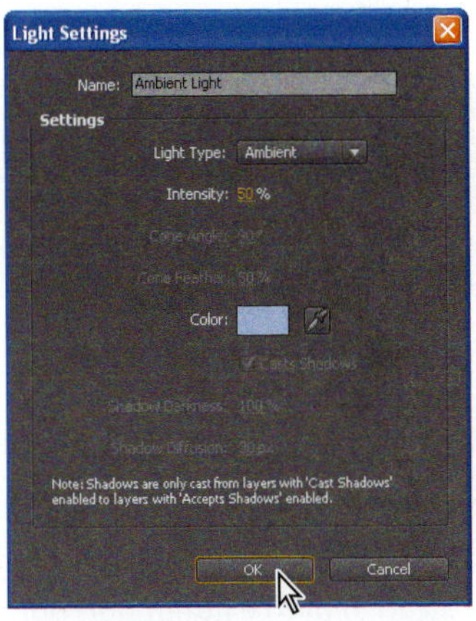

Anime luzes

A luz não precisa ser estática. Você vai animar a luz de refletor (spotlight) para que ela pisque por mais de um segundo e esmaecer a luz ambiente em mais de 15 frames.

1 Vá para a posição 3:15.

2 Selecione a camada Ambient Light no painel Timeline e pressione a tecla **T** para exibir a propriedade Light Intensity da camada.

3 Clique no ícone de cronômetro ao lado da propriedade Intensity para configurar um keyframe.

4 Vá para a posição 3:00 e altere Intensity para **0%**.

5 Pressione **T** para ocultar a propriedade Intensity.

6 Selecione a camada Spotlight no painel Timeline e pressione a tecla **T** para exibir a propriedade Light Intensity.

7 Vá para a posição 3:15 e clique no ícone de cronômetro da propriedade Intensity para configurar um keyframe.

8 Vá para a posição 3:00 e altere o valor Intensity para **0%**.

9 Configure keyframes Intensity para a camada Spotlight desta maneira:

- Na posição 2:28, **100%**
- Na posição 2:26, **0%**
- Na posição 2:24, **100%**
- Na posição 2:21, **0%**
- Na posição 2:18, **100%**
- Na posição 2:15, **0%**

10 Pressione **T** para ocultar a propriedade Intensity.

11 Pressione a tecla Home para voltar ao início da régua de tempo. Pressione F2 para desmarcar todas as camadas. Pressione a barra de espaço para visualizar a composição.

Com as luzes desativadas no início da composição, o livro é iluminado por trás pelo efeito Ramp na camada Backdrop, o que cria uma tomada de abertura incrível.

Adicione efeitos

O After Effects oferece muitas opções de efeitos especiais que podem ser utilizadas em cenas 2D ou 3D. Você vai adicionar alguns pincéis animados à cena para que ela tenha mais dramaticidade e estilo.

Ajuste as propriedades Material Options

As propriedades Material Options determinam como as camadas 3D interagem com as luzes e sombras. Você vai adicionar uma camada que não será afetada pelas luzes adicionadas anteriormente.

1 Pressione a tecla Home para voltar ao início da régua de tempo.

2 Clique na guia Project. Em seguida, arraste o item brush.psd do painel Project até o painel Timeline e insira-o no topo da pilha de camadas.

3 Selecione a chave 3D Layer (◎) para a camada brush.psd a fim de convertê-la em uma camada 3D.

A camada passa para o centro da composição, mas você não consegue mais vê-la. A camada brush.psd é afetada pelas luzes na cena.

4 Selecione a camada Brush no painel Timeline e pressione **AA** para exibir as propriedades Material Options da camada.

5 Clique no valor da propriedade Accepts Shadows (atualmente On) para alterá-lo para Off.

6 Clique no valor da propriedade Accepts Lights (atualmente On) para alterá-lo para Off.

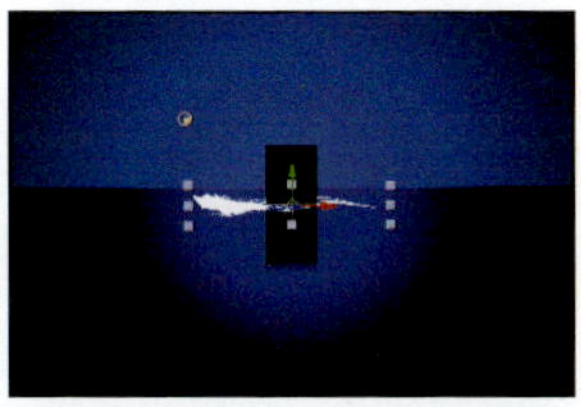

7 Pressione a tecla **P** para exibir a propriedade Position da camada brush.psd e altere o valor Position para **-6, 308,-2200**. A camada se aproxima bastante da câmera.

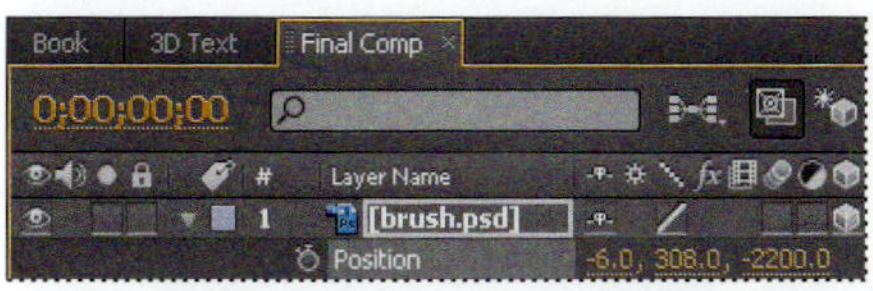

Adicione um efeito de transição

Atualmente, a pincelada está presente por toda a composição. Você vai adicionar um efeito de transição para mudar a maneira como a pincelada entra na cena.

1 Com a camada Brush selecionada, escolha Effect > Transition > Linear Wipe.

2 No painel Effect Controls, altere Transition Completion para **100%**, Wipe Angle para **-90** graus e Feather para **50**.

3 No painel Effect Controls, clique no ícone de cronômetro da propriedade Transition Completion para criar um keyframe inicial.

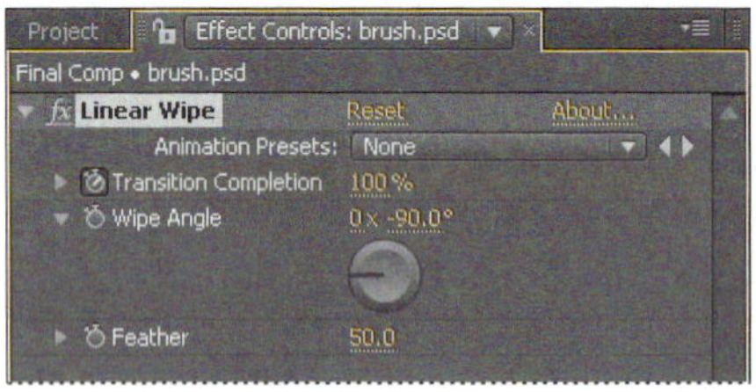

4 Vá para a posição 0:15.

5 Altere o valor Transition Completion para **0%**. A pincelada será exibida da esquerda para a direita na tela.

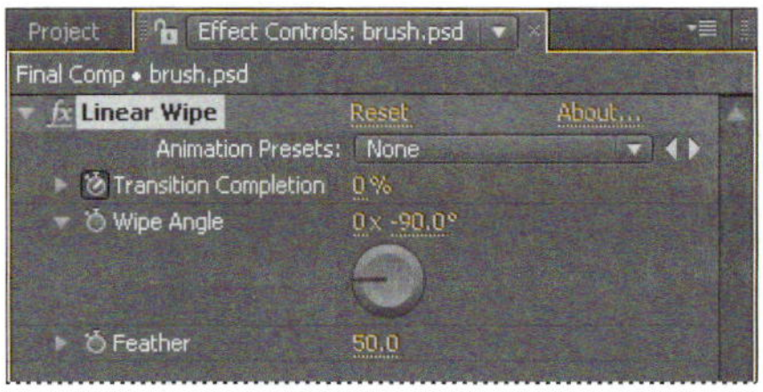

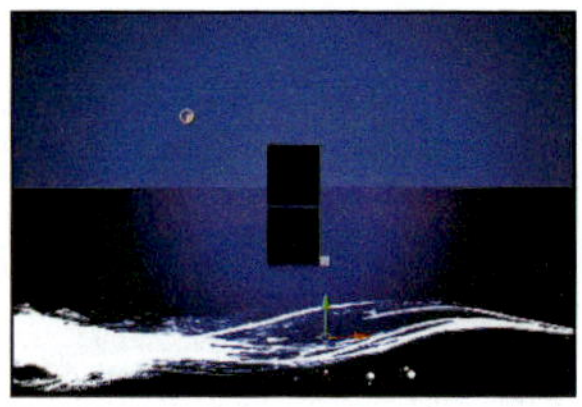

6 No painel Timeline, oculte todas as propriedades da camada brush.psd.

7 Selecione a camada brush.psd e pressione Ctrl+D (Windows) ou Command+D (Mac OS) para duplicá-la.

8 Com a camada duplicada selecionada, pressione **P** para exibir a propriedade Position e digite uma nova posição de **-238, 383,-523**.

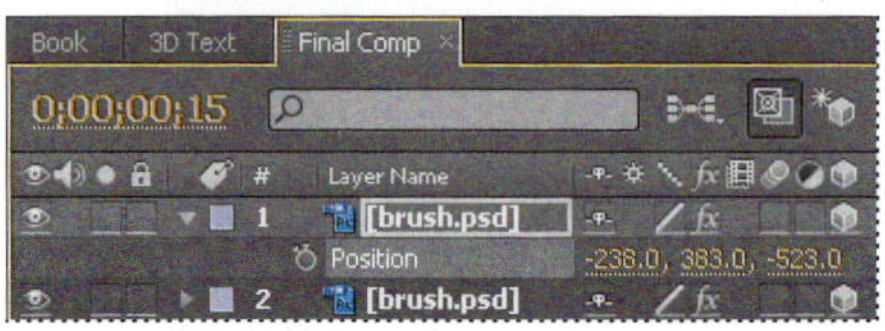

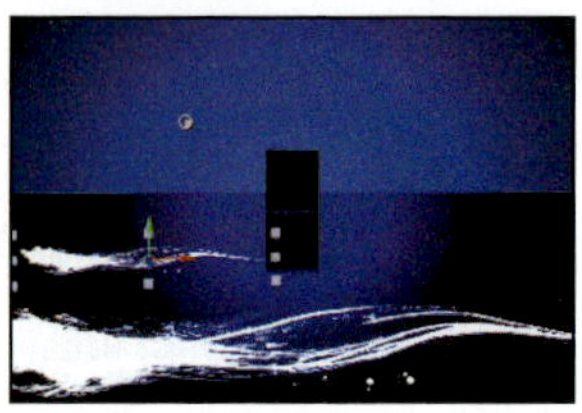

9 Pressione **P** para ocultar a propriedade Position.

Há duas pinceladas na tela, uma no primeiro plano e outra mais atrás. Você vai criar duas pinceladas, giradas para que elas entrem na cena da direita.

10 Selecione a camada brush.psd mais inferior (a camada original) no painel Timeline e pressione Ctrl+D (Windows) ou Command+D (Mac OS) para duplicá-lo.

11 Com a camada brush.psd no meio selecionada, pressione a tecla **S** para exibir a propriedade Scale.

12 Clique no ícone Constrain Proportions (⚭) para desvincular os valores e altere os valores dos eixos x e y para **-100%**.

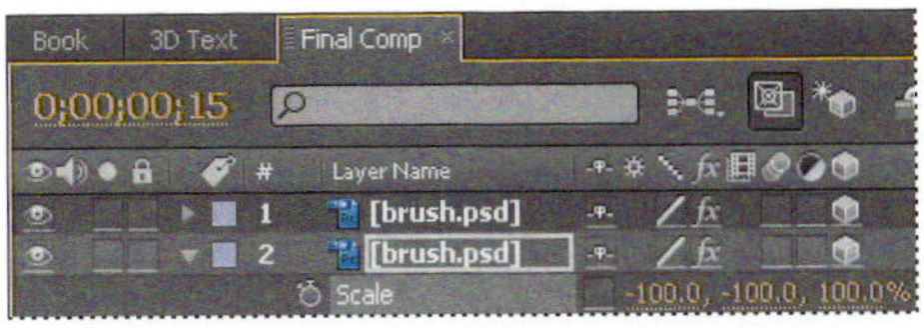

13 Pressione a tecla **P** para exibir a propriedade Position da camada e alterer os valores para **239, 320,-1680**. Pressione a tecla **P** novamente para ocultar a propriedade Position.

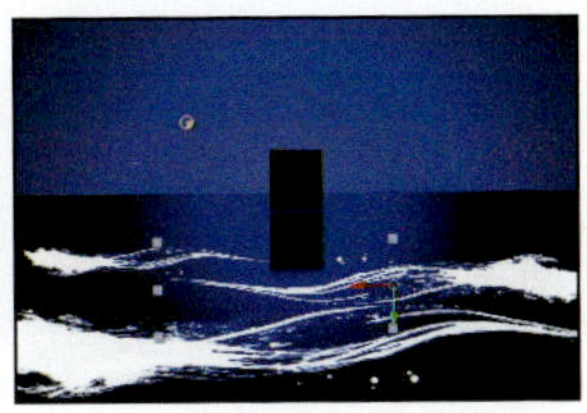

14 Com a camada brush.psd no meio selecionada, pressione Ctrl+D (Windows) ou Command+D (Mac OS) para duplicá-la.

15 Mova a camada duplicada para o topo da pilha de camadas.

16 Com a camada no topo selecionada, pressione a tecla **P** para exibir a camada Position. Em seguida, altere a posição para **840, 360,-400**.

17 Oculte todas as propriedades da camada e escolha File > Save.

Ajuste o tempo das camadas

Atualmente, todas as pinceladas entram na cena ao mesmo tempo. Você vai fazer com que elas entrem na cena em momentos diferentes.

1 Vá para a posição 0:10.

2 Selecione a terceira camada brush.psd no topo da pilha de camadas. Pressione a tecla [para mover o ponto In da camada até o tempo atual.

3 Vá para a posição 0:20.

4 Selecione a segunda camada brush.psd no topo da pilha de camadas. Pressione a tecla [para mover o ponto In da camada até o tempo atual.

5 Vá para a posição 0:30.

6 Selecione a camada brush.psd no topo da pilha de camadas. Pressione a tecla [para mover o ponto In da camada até o tempo atual.

7 Faça uma visualização RAM para ver sua composição em ação. Pressione a barra de espaço para parar a visualização.

8 Escolha File > Save.

Adicione o efeito Motion Blur

● **Nota:** O cálculo do Motion Blur utiliza o processador intensamente. Este exercício é opcional.

Objetos em movimento tendem a apresentar um desfoque (*blur*). Para tornar a composição mais real e interessante, você vai adicionar desfoque de movimento (*motion blur*) a todas as camadas. No entanto, em composições 3D, esse desfoque deve ser aplicado às camadas separadamente.

1 Clique no botão Enable Motion Blur (◉) no painel Timeline.

2 Selecione a chave Motion Blur (◉) para cada camada no painel Timeline.

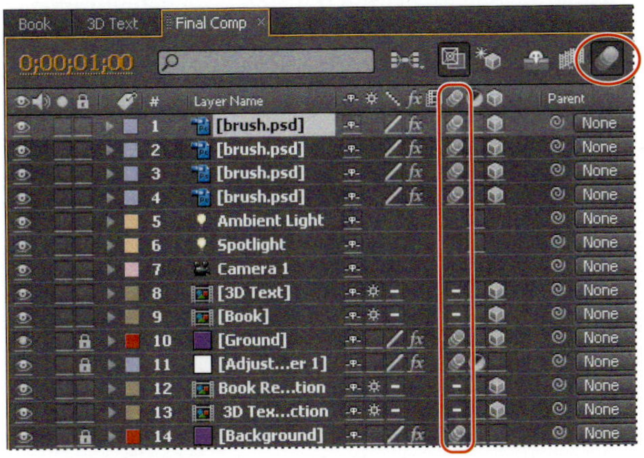

Quando a chave Collapse Transformations está selecionada, o After Effects utiliza as configurações na composição original para determinar se é preciso aplicar o desfoque de movimento. Será necessário abrir as composições 3D para aplicar a elas o Motion Blur.

3 Selecione a guia Book no painel Timeline para abrir a composição Book.

4 Selecione a chave Motion Blur para cada uma das camadas na composição Book.

5 Clique na guia 3D Text no painel Timeline e selecione a chave Motion Blur para cada uma das camadas na composição 3D Text.

● **Nota:** Para alterar uma configuração para todas as camadas em uma composição, pressione Ctrl+A (Windows) ou Command+A (Mac OS) para primeiro selecionar todas as camadas e, depois, selecione a configuração para a primeira camada.

Visualize a animação inteira

Parabéns. Você completou a animação 3D de duas partes para este *Adobe Classroom in a Book*. Depois de todo esse árduo trabalho, você definitivamente deve visualizar a animação.

1 Clique na guia Final Comp no painel Timeline.

2 Pressione F2 para desmarcar todas as camadas no painel Timeline.

3 Pressione a tecla Home para ir até o início da régua de tempo.

4 Faça uma visualização RAM da composição inteira.

5 Escolha File > Save para salvar seu projeto.

Se quiser renderizar e gerar saída para a composição, consulte a Lição 14, "Renderizando e gerando saída", para obter instruções.

Perguntas de revisão

1 Como você pode animar uma camada 3D?

2 Como luzes 3D são tratadas no After Effects?

3 O que é um ponto de interesse?

Respostas

1 Animar uma camada 3D é semelhante a animar uma camada 2D, exceto que você pode mover o objeto em três eixos: o eixo x, o eixo y e o eixo z. É possível animar outras propriedades Transform, efeitos e configurações da mesma forma que em camadas 2D.

2 No After Effects, uma luz é um tipo de camada que reflete a luz sobre outras camadas. Há quatro tipos de luz – Parallel, Spot, Point e Ambient – e é possível modificá-las com várias configurações.

3 Câmeras e luzes incluem uma propriedade que especifica o ponto na composição para o qual a câmera ou a luz aponta. Por padrão, esse ponto de interesse é especificado no centro da composição e a visualização da câmera ou luz é automaticamente direcionada a ele. Você pode alterar esse comportamento escolhendo Layer > Transform > Auto-Orient. Naturalmente, é possível mover o ponto de interesse a qualquer momento.

13 TÉCNICAS DE EDIÇÃO AVANÇADAS

Visão geral da lição

Nesta lição, você vai aprender a:

- Utilizar estabilização de movimento para suavizar uma cena tremida
- Utilizar o tracking de movimento de único ponto para rastrear um objeto entre uma tomada e outra
- Realizar o tracking de múltiplos pontos utilizando alça de canto em perspectiva (perspective corner pin)
- Utilizar o Mocha Imagineer Systems do After Effects para rastrear movimento
- Criar um sistema de partículas
- Utilizar o efeito Timewarp para criar vídeos em câmera lenta

Nas lições anteriores, foram utilizadas muitas das ferramentas 2D e 3D necessárias para criar imagens em movimento. Mas o Adobe After Effects CS4 também oferece ferramentas avançadas de estabilização de movimento, tracking de movimento (motion tracking) e chroma key, efeitos de distorção, a capacidade de ressincronizar filmagens utilizando o efeito Timewarp, suporte a imagens coloridas de alta resolução (*high dynamic range* – HDR), renderização em rede e muito mais. Nesta lição, você vai aprender a utilizar os recursos de estabilização de movimento e tracking de movimento para estabilizar uma tomada feita com uma câmera portátil e rastrear entre um objeto e outro em uma imagem para que o movimento esteja sincronizado. Em seguida, você vai utilizar alças de canto para rastrear um objeto em perspectiva. Por fim, você vai explorar alguns efeitos digitais sofisticados disponíveis no After Effects CS4: um gerador de partículas e o efeito Timewarp. Esta lição levará aproximadamente 2 horas.

O After Effects CS4 oferece estabilização de movimento avançada, tracking de movimento, efeitos sofisticados e outros recursos para os ambientes de produção mais exigentes.

Introdução

Esta lição inclui múltiplos projetos. Dê uma olhada em todos eles antes de começar.

1 Certifique-se de que os seguintes arquivos estão na pasta AECS4_CIB/Lessons/Lesson13 no disco rígido ou copie-os agora do DVD *Adobe After Effects CS4 Classroom in a Book*.

- Na pasta Assets: flowers.mov, Group_Approach [DV].mov, majorspoilers.mov, metronome.mov, mocha_tracking.mov, multipoint_tracking.mov
- Na pasta Sample_Movies: Lesson13_Multipoint.mov, Lesson_13_Particles.mov, Lesson13_Stabilize.mov, Lesson13_Timewarp.mov, Lesson13_ Tracking.mov

2 Abra e reproduza os vídeos exemplo na pasta Lesson13/Sample_Movies para ver os projetos que serão criados nesta lição.

3 Ao concluir, feche o QuickTime Player. Exclua esses vídeos de exemplo do disco rígido se houver pouco espaço de armazenamento.

Nota: Você pode visualizar todos esses filmes de uma só vez ou, se não planeja completar esses exercícios em uma sessão, assista a cada filme de exemplo um pouco antes de completar o exercício associado.

Utilize estabilização de movimento

Se filmar com uma câmera portátil, é provável que o resultado final sejam cenas tremidas. A menos que essa aparência seja intencional, é recomendável estabilizar suas tomadas para eliminar movimentos indesejáveis.

Para estabilizar imagens, o After Effects primeiro rastreia o movimento na cena e, então, muda a posição e rotação de cada frame quando necessário para eliminar o tremido. Quando reproduzido, o movimento parece suave porque a própria camada se move para compensar o movimento indesejado.

Configure o projeto

Ao iniciar o After Effects, restaure as configurações padrão do aplicativo para o After Effects. Consulte "Restaure as preferências padrão", na página 15.

1 Pressione Ctrl+Alt+Shift (Windows) ou Command+Option+Shift (Mac OS) ao iniciar o After Effects CS4 para restaurar as preferências padrão. Quando solicitado se você quer excluir seu arquivo de preferências, clique em OK.

2 Clique em Close para fechar a janela Welcome.

O After Effects se abre para exibir um novo projeto.

3 Escolha File > Save As.

4 Na caixa de diálogo Save As, navegue até a pasta AECS4_CIB/Lessons/Lesson13/Finished_Projects.

5 Nomeie o projeto **Lesson13_Stabilize.aep** e clique em Save.

Importe o arquivo

Você tem de importar um item para iniciar este projeto.

1 Dê um clique duplo em uma área vazia do painel Project para abrir a caixa de diálogo Import File.

2 Navegue até a pasta AECS4_CIB/Lessons/Lesson13/Assets. Selecione o arquivo flowers.mov e clique em Open.

Crie a composição

Agora, você vai criar a composição.

1 Escolha Composition > New Composition.

2 Na caixa de diálogo Composition Settings, digite **Stabilize** para o nome.

3 Certifique-se de que o menu pop-up Preset está configurado como NTSC DV. Isso automaticamente configura largura, altura, proporção de pixel e velocidade de projeção da composição.

4 No campo Duration, digite **1000** para especificar 10 segundos, que corresponde à duração do arquivo flowers.mov, e clique em OK.

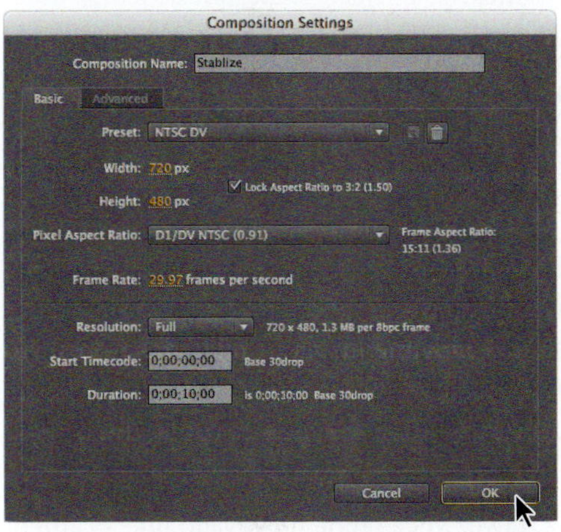

5 Arraste o item flowers.mov do painel Project até o painel Timeline. A imagem das flores aparece no painel Composition.

6 Arraste o indicador de tempo ao longo da régua de tempo para visualizar manualmente a filmagem. Esse clipe foi produzido com uma câmera portátil num final de tarde. Uma brisa leve varre a vegetação e a câmera move-se de maneira instável.

Para estabilizar essa imagem, sua primeira tarefa é identificar duas áreas na tomada que estão estáticas dentro do contexto do frame. Essas áreas são chamadas *regiões de característica* (*feature regions*). A figura a seguir mostra duas regiões de característica que funcionarão para este projeto.

É importante localizar e redimensionar as regiões de característica cuidadosamente. Para um tracking mais suave, tente selecionar áreas que:

- São visíveis na tomada inteira.
- Tenham uma cor contrastante em relação à área adjacente.
- Tenham uma forma distinta (pelo menos dentro da região de pesquisa).
- Tenham uma forma e cores consistentes por toda a tomada.

Posicione os pontos de tracking

O After Effects rastreia o movimento correspondendo pixels de uma área selecionada em um frame com os pixels em cada frame seguinte. Você especifica a área a ser rastreada utilizando o *ponto de tracking* (track point). O ponto de tracking contém a região de característica, uma região de pesquisa e um ponto de fixação. O After Effects exibe o ponto de tracking durante o tracking no painel Layer.

Abra o painel Tracking Controls e aplique track points ao clipe.

Nota: O tracking de movimento (motion tracking) irá basear-se no frame em que o indicador de tempo está posicionado.

1 Pressione a tecla Home para certificar-se de que o indicador de tempo atual está no início da régua de tempo.

2 Escolha Window > Tracker para abrir o painel Tracker. O painel Tracker é onde você especifica a origem do movimento e as camadas de destino do movimento, o tipo de tracking que você quer utilizar e outras opções de tracking.

3 Clique no botão Stabilize Motion no painel Tracker e certifique-se de que flowers.mov aparece no menu pop-up Motion Source. Isso instrui o After Effects que você quer estabilizar o movimento na camada das flores. Ao configurar essas opções, o painel Layer se abre. No painel Tracker, o menu pop-up Current Track mostra Tracker 1 e Track Type está configurado como Stabilize.

Ao visualizar manualmente a cena, talvez você tenha observado que a câmera não apenas se moveu para a esquerda, para a direita, para cima e para baixo, mas também girou um pouco. Portanto, você precisa estabilizar a rotação da cena, bem como sua posição.

4 Selecione Position e Rotation no painel Tracker. Você deve ver dois pontos de tracking no painel Layer.

5 Observe que Motion Target é a camada flowers.mov. Ao estabilizar uma tomada, aplique os dados resultantes à camada original, como especificado aqui, ou selecione outra camada clicando no botão Edit Target. Deixe-a configurada como flowers.mov.

Agora, você está pronto para configurar seus pontos de tracking.

6 Com a ferramenta Selection (↖), arraste o indicador Track Point 1 (a partir do centro) no painel Layer para posicioná-lo sobre a primeira região de característica, que é o botão de uma flor verde-claro abaixo e à esquerda da flor laranja no primeiro plano.

7 Arraste o indicador Track Point 2 (a partir do centro) para a segunda região de característica, que é a folha verde clara à direita da flor laranja no primeiro plano.

Mova e redimensione os pontos de tracking

Ao configurar o tracking de movimento, muitas vezes é necessário refinar o ponto de tracking ajustando a região de característica, a região de pesquisa e o ponto de fixação. Você pode redimensionar ou mover esses itens de maneira independente ou em grupos arrastando-os com a ferramenta Selection. O ícone do cursor muda para refletir uma das várias atividades.

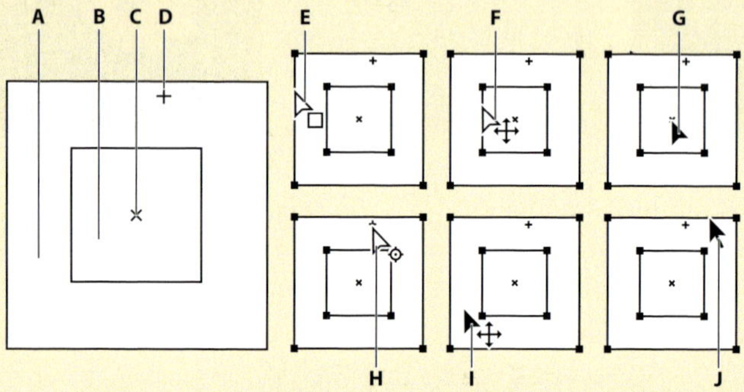

Componentes do track point (à esquerda) e ícones do cursor da ferramenta Selection (à direita): ***A.*** *Região de pesquisa* ***B.*** *Região de característica* ***C.*** *Marcador de keyframe* ***D.*** *Ponto de fixação* ***E.*** *Move a região de pesquisa* ***F.*** *Move ambas as regiões* ***G.*** *Move o ponto de tracking inteiro* ***H.*** *Move o ponto de fixação* ***I.*** *Move o track point inteiro* ***J.*** *Redimensiona a região*

- Para ativar ou desativar o recurso de ampliação de região, escolha Magnify Feature When Dragging no menu do painel Tracker. Um marca de verificação aparece ao lado da opção quando ela está ativa.
- Para mover a região de característica, a região de pesquisa e o ponto de fixação em conjunto, arraste com a ferramenta Selection dentro da área do ponto de tracking (evitando as bordas de região e o ponto de fixação); o cursor Move Track Point (⊳) aparece.
- Para mover apenas as regiões de característica e de pesquisa em conjunto, arraste a borda da região de característica com a ferramenta Selection; o cursor de Move Both Regions (⊳) aparece.
- Para mover apenas as regiões de característica e de pesquisa em conjunto, arraste com a tecla Alt pressionada (Windows) ou arraste com a tecla Option pressionada (Mac OS) utilizando a ferramenta Selection dentro da região de pesquisa ou da região de característica; o cursor Move Both Regions (⊳) aparece.
- Para mover apenas a região de pesquisa, utilizando a ferramenta Selection, arraste a borda da região de pesquisa; o cursor Move Search Region (⊳) aparece.
- Para mover apenas o ponto de fixação, utilizando a ferramenta Selection, arraste o ponto de fixação; o cursor Move Attach Point (⊳) aparece.
- Para redimensionar a região de característica ou de pesquisa, arraste uma alça de canto.

Para informações adicionais sobre track points, consulte o After Effects Help.

Analise e aplique estabilização

Agora que os dois track points estão definidos, o After Effects pode analisar os dados e aplicar o tracker (rastreador) de estabilização.

1 Clique no botão Analyze Forward (▶) no painel Tracker. O After Effects analisa a estabilização do movimento por toda a duração da cena.

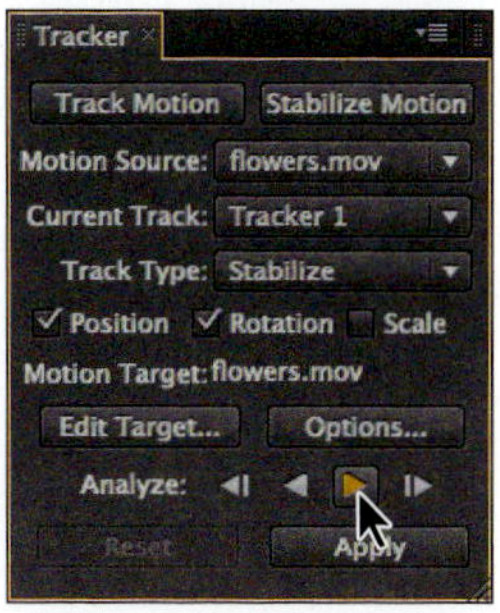

2 Quando a análise estiver completa, clique no botão Apply.

3 Na caixa de diálogo Motion Tracker Apply Options, clique em OK para aplicar a estabilização às dimensões x e y.

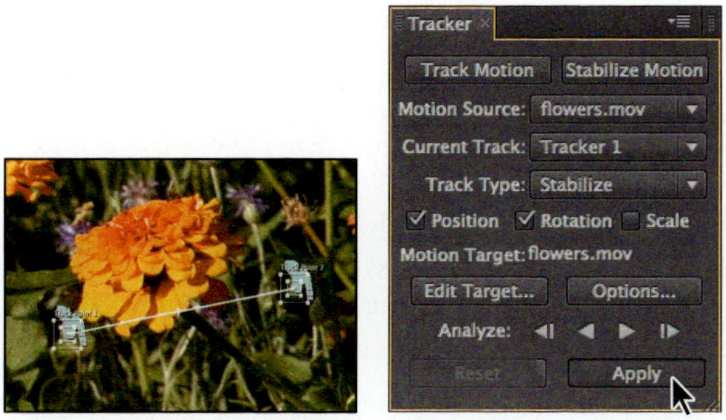

Os dados do tracking de movimento são adicionados à camada das flores no painel Timeline, onde você pode ver os track points, suas propriedades e seus keyframes, bem como os keyframes Anchor Point, Position e Rotation que foram aplicados à camada. Keyframes são criados em cada frame, portanto, foram criados 300 para essa tomada de 10 segundos. O After Effects também abre a imagem das flores no painel Composition novamente.

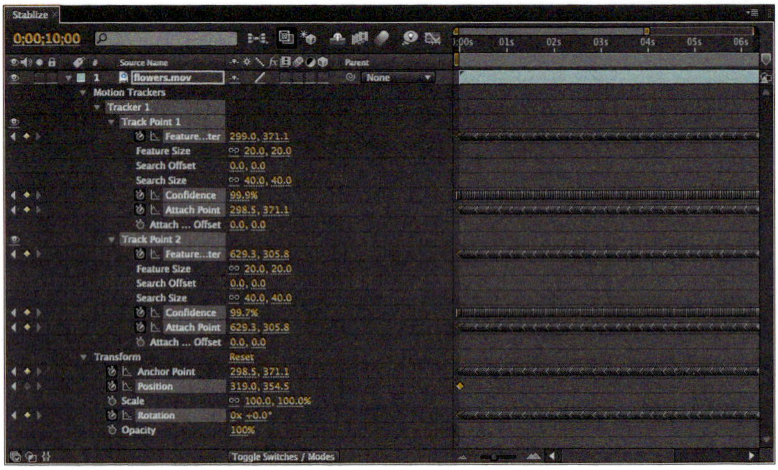

4 Oculte as propriedades da camada das flores no painel Timeline.

5 Pressione a tecla Home para mover o indicador de tempo para o início da linha do tempo e assista à visualização RAM da cena estabilizada. Pressione a barra de espaço para interromper a reprodução quando você estiver pronto.

Redimensione a camada

Você estabilizou a cena, mas ainda há um problema. O tracking foi aplicado às propriedades Anchor Point e Rotation da camada, mas a camada inteira está se movendo e girando. Isso significa que é possível ver a borda da cena e o espaço vazio em torno dela em alguns frames. Uma maneira fácil de corrigir isso é redimensionar a camada.

1 Pressione a tecla Home para ir até o início da régua de tempo.

2 Com a camada das flores selecionada no painel Timeline, pressione a tecla **S** para exibir sua propriedade Scale.

3 Arraste o indicador de tempo ao longo da régua de tempo até encontrar o frame em que o deslocamento de camada é o maior (aproximadamente na posição 7:16).

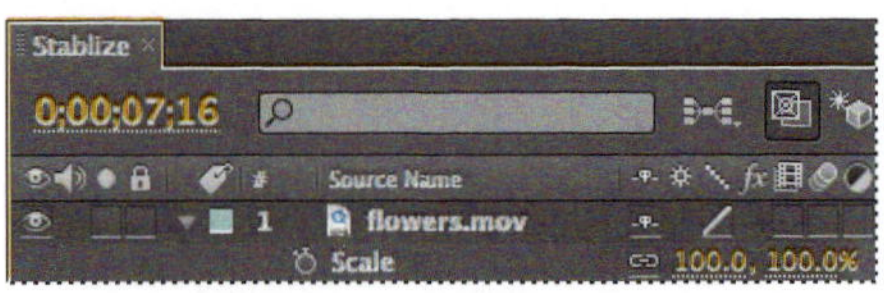

4 Aumente os valores Scale para **110, 110%**. O clipe preenche o frame completamente.

5 Vá para a posição 2:16, onde você ainda pode ver um pouco da área vazia fora da tomada.

Como os dados de tracking são aplicados ao ponto de ancoragem da camada, você pode reposicionar a camada inteira sem desestabilizá-la.

6 Com a camada das flores selecionada no painel Timeline, pressione **P** para exibir sua propriedade Position. O tracker adicionou um keyframe Position inicial à camada. Você não precisa dele, portanto, clique no ícone de cronômetro (◉) para excluir o keyframe.

7 Altere os valores de Position para **325, 375**.

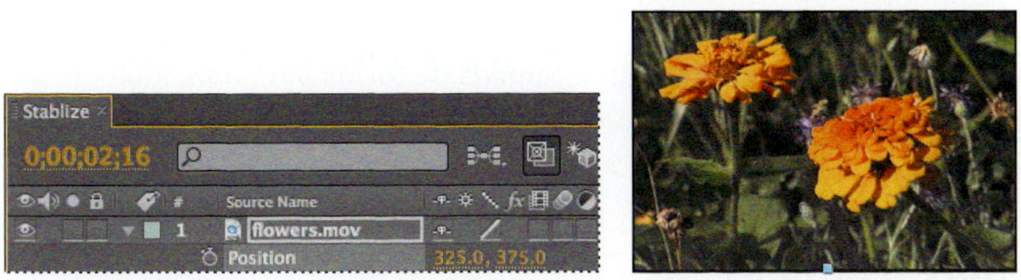

8 Visualize manualmente o clipe mais uma vez para verificar erros de borda. Talvez seja necessário redimensionar a camada para um ou dois pontos percentuais. Quando terminar, vá para a posição 0:00.

9 Assista à outra visualização RAM. A tomada agora deve ser estável, com o único movimento causado pelo vento varrendo as flores.

10 Pressione a barra de espaço para parar a reprodução ao concluir.

● **Nota:** Quanto mais você redimensiona a camada, mais a qualidade de imagem degrada, portanto, mantenha a operação de redimensionamento a um mínimo.

11 Feche as propriedades da camada das flores no painel Timeline, pressione a tecla Home para ir ao início da régua de tempo e escolha File > Save para salvar seu trabalho.

12 Escolha File > Close Project.

Como você descobriu, estabilizar uma tomada tem suas desvantagens. Para compensar os movimentos ou a rotação aplicados à camada, você precisa ajustar as propriedades Position e Scale o que, em última instância, pode degradar a cena. É uma boa cena, mas, se você realmente precisar utilizá-la na sua produção, ela poderá ser o melhor denominador comum.

Utilize tracking de movimento de único ponto

Com um número cada vez maior de produções incorporando elementos digitais nas cenas finais, os editores precisam de uma maneira fácil de sincronizar os efeitos gerados por computadores com fundos de filme ou vídeo. O After Effects permite fazer isso com a capacidade de rastrear, isto é, seguir uma área definida na cena e aplicar esse movimento a outras camadas. Essas camadas podem conter texto, efeitos, imagens ou outra cena. O efeito visual resultante coincide precisamente com a cena original em movimento.

Ao rastrear o movimento em uma composição do After Effects que contém múltiplas camadas, o tipo de tracking padrão é Transform. Esse tipo de motion tracking rastreia a posição e/ou rotação para aplicar a outra camada. Ao rastrear a posição, essa opção cria um ponto de tracking e gera keyframes Position. Ao rastrear a rotação, essa opção cria dois pontos de tracking e produz keyframes Rotation.

Neste exercício, você vai rastrear uma camada de forma para o pêndulo de um metrônomo. Isso será desafiador porque o cinegrafista optou por não utilizar um tripé.

Configure o projeto

Se você acabou de completar o primeiro projeto e se o After Effects estiver aberto, passe para o passo 3. Do contrário, restaure as configurações do aplicativo padrão para o After Effects. Consulte "Restaure as preferências padrão", na página 15.

1 Pressione Ctrl+Alt+Shift (Windows) ou Command+Option+Shift (Mac OS) ao iniciar o After Effects CS4 para restaurar as preferências padrão. Quando solicitado se você quer excluir seu arquivo de preferências, clique em OK.

2 Clique em Close para fechar a janela Welcome.

O After Effects se abre para exibir um novo projeto.

3 Escolha File > Save As.

4 Na caixa de diálogo Save As, navegue até a pasta AECS4_CIB/Lessons/Lesson13/Finished_Projects.

5 Nomeie o projeto **Lesson13_Tracking.aep** e clique em Save.

Importe o arquivo

Você tem de importar um item para iniciar este projeto.

1 Dê um clique duplo em uma área vazia do painel Project para abrir a caixa de diálogo Import File.

2 Navegue até a pasta AECS4_CIB/Lessons/Lesson13/Assets. Selecione o arquivo metronome.mov e clique em Open.

Crie a composição

Agora, você vai criar a composição.

1 Escolha Composition > New Composition.

2 Na caixa de diálogo Composition Settings, digite **Tracking** no campo Composition Name.

3 Certifique-se de que o menu pop-up Preset está configurado como NTSC DV. Isso automaticamente configura a largura, altura, proporção de pixel e velocidade de projeção da composição.

4 No campo Duration, digite **800** para especificar 8 segundos, que corresponde à duração do arquivo metronome.mov, e clique em OK.

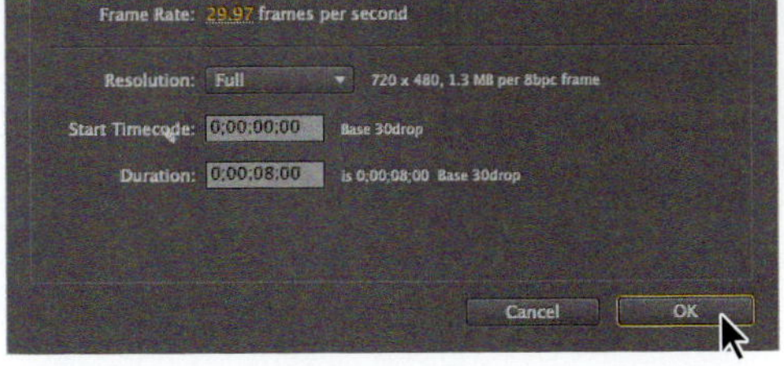

5 Arraste o item metronome.mov do painel Project até o painel Timeline. A imagem do metrônomo aparece no painel Composition.

6 Arraste o indicador de tempo ao longo da régua de tempo para visualizar manualmente a cena. Você vai rastrear o peso do metrônomo (a forma romboide na extremidade do pêndulo) com os mesmos controles de tracking utilizados para as flores. Mas, diferentemente da estabilização de movimento, você precisa inserir regiões de tracking em torno da área para a qual você vai rastrear outra camada.

Crie uma camada de forma

Uma estrela será aplicada à extremidade do metrônomo. Primeiro, você vai criar a estrela utilizando uma camada de forma.

1 Pressione a tecla Home para certificar-se de que o indicador de tempo atual está no início da régua de tempo e, então, clique em uma área vazia do painel Timeline para desmarcar a camada.

2 Selecione a ferramenta Star (☆), oculta atrás da ferramenta Rectangle, no painel Tools.

3 Clique na amostra Fill Color e selecione um amarelo claro, como RGB 220, 250, 90. Clique na palavra *Stroke*, selecione None na caixa de diálogo Stroke Options e clique em OK.

4 No painel Composition, desenhe uma estrela pequena.

5 Utilize a ferramenta Selection para posicionar a estrela sobre a extremidade do indicador de peso do pêndulo.

6 Certifique-se de que o ponto de ancoragem da camada da estrela está no centro da forma da estrela. Utilize a ferramenta Pan Behind para posicionar o ponto de ancoragem, se necessário.

Posicione o ponto de tracking

Com a forma da estrela adicionada à composição Tracking, você está pronto para posicionar o track point.

1 Selecione a camada metronome.mov no painel Timeline.

2 Escolha Window > Tracker para abrir o painel Tracker, se ainda não estiver aberto.

3 Clique no botão Track Motion no painel Tracker. O painel Layer se abre, com um indicador Track Point 1 no centro da imagem.

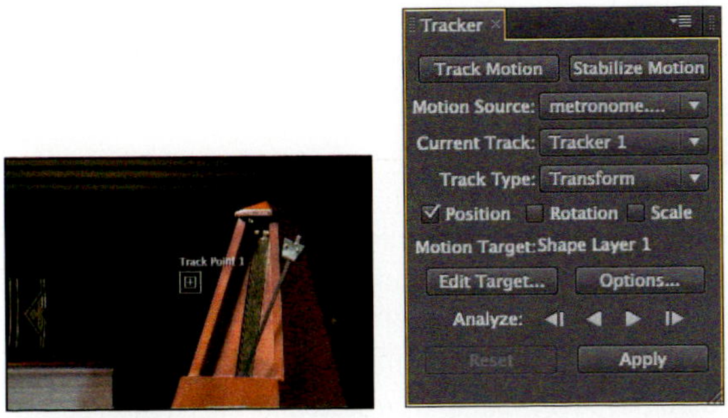

Note as configurações no painel Tracker: o Motion Source está configurado como metronome.mov; o Current Track é Tracker 1 e o Motion Target é Shape Layer 1, porque o After Effects configura automaticamente o Motion Target como a camada imediatamente acima da camada de origem.

Agora, você vai posicionar seu track point.

4 Com a ferramenta Selection (), mova o indicador Track Point 1 (a partir do centro) no painel Layer sobre o peso do metrônomo.

5 Ajuste a região de característica (caixa interna) dentro do peso. Como o pêndulo se move para a esquerda e para a direita, expanda a região de pesquisa (a caixa externa) para abranger a área em torno do pêndulo.

Nota: Neste exercício, você quer que a estrela mova-se para cima do peso do metrônomo. Mas, se quisesse que um objeto se movesse em relação à área rastreada, mas não sobre ela, você poderia reposicionar o ponto de fixação de maneira correspondente.

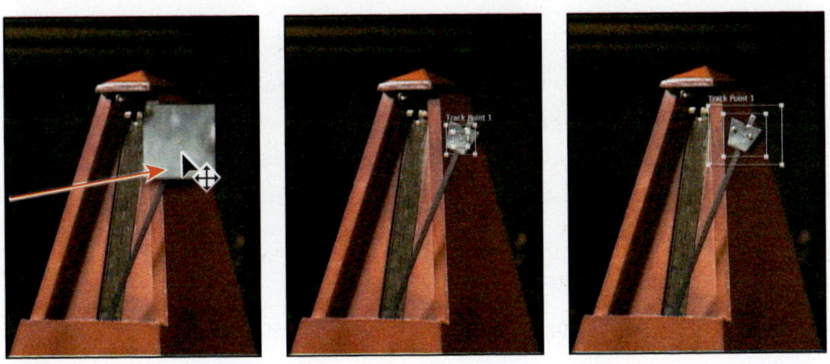

Analise e aplique o tracking

Agora que as regiões de pesquisa e de característica estão definidas, você pode aplicar o rastreador.

● **Nota:** A análise de tracking pode demorar um pouco. Quanto maior as regiões de pesquisa e de característica, mais tempo o After Effects demora para analisar o tracking.

1 Clique no botão Analyze Forward (▶) no painel Tracker. Observe a análise para assegurar que o track point permanece no peso do metrônomo. Do contrário, pare a análise e reposicione a região de característica. (Consulte o frame, "Verifique a flutuação".)

2 Quando a análise estiver completa, clique no botão Apply.

3 Na caixa de diálogo Motion Tracker Apply Options, clique em OK para aplicar o tracking às dimensões x e y.

Verifique a flutuação

À medida que uma imagem move-se em uma cena, a iluminação, os objetos adjacentes e o ângulo do objeto podem mudar, transformando uma característica antes distinta em uma não mais identificável no nível subpixel. Leva tempo para treinar os olhos para escolher uma característica rastreável. Mesmo com um planejamento e prática cuidadosos, frequentemente você descobrirá que a região de característica "flutua", isto é, varia em relação à característica desejada. Reajustar as regiões de característica e de pesquisa, alterar as opções de tracking e tentar novamente é uma parte padrão do tracking digital. Se perceber que a flutuação está ocorrendo, tente o seguinte:

1 Pare imediatamente a análise clicando no botão Stop no painel Tracker.

2 Volte o indicador de tempo ao último frame bem rastreado. Você pode ver isso no painel Layer.

3 Reposicione e/ou redimensione as regiões de característica e de pesquisa, tendo o cuidado de não mover acidentalmente o ponto de fixação. Mover o ponto de fixação resultará em um salto perceptível na camada rastreada.

4 Clique no botão Analyze Forward para retomar o tracking.

Os dados do tracking de movimento são adicionados ao painel Timeline, onde você pode ver que os dados do tracking estão na camada do metrônomo, mas os resultados são aplicados à propriedade Position da camada Shape Layer 1. Essa é outra diferença entre tracking e estabilização: os dados resultantes são aplicados à posição de uma camada, em vez de ao seu ponto de ancoragem.

4 Faça uma visualização RAM. A estrela não apenas segue o pêndulo, como também se move com o movimento da câmera.

5 Se estiver pronto, pressione a barra de espaço para interromper a reprodução.

6 Oculte as propriedades das duas camadas no painel Timeline, escolha File > Save e, então, selecione File > Close Project.

Rastrear o movimento de um elemento em uma cena de fundo é divertido. Desde que você tenha um ponto estável para rastrear, o tracking de movimento (motion tracking) de único ponto pode ser bem fácil.

Utilize tracking de múltiplos pontos

O After Effects oferece dois tipos mais avançados de tracking que utilizam múltiplos track points: alça de canto em paralelo (parallel corner pin) e alça de canto em perspectiva (perspective corner pin).

Ao utilizar alças de canto paralelas (parallel corner pins), você rastreia simultaneamente três pontos na cena de origem. O After Effects calcula a posição de um quarto ponto para manter paralelas as linhas entre os pontos. Quando o movimento dos pontos é aplicado à camada de destino, o efeito Corner Pin deforma a camada para simular distorção, redimensionamento e rotação, mas não perspectiva. As linhas paralelas permanecem paralelas e as distâncias relativas são preservadas.

Ao utilizar alças de canto em perspectiva (perspective corner pin), você rastreia simultaneamente quatro pontos na cena de origem. Quando aplicado à cena de destino, o efeito Corner Pin utiliza o movimento dos quatro pontos para distorcer a camada, simulando modificações na perspectiva.

Você vai anexar uma animação a um monitor de computador utilizando a alça de canto em perspectiva. Se você ainda não assistiu ao vídeo de exemplo para este exercício, faça isso agora.

Configure o projeto

Comece carregando o After Effects e criando um novo projeto.

1 Se ele ainda não estiver aberto, inicie o After Effects. Pressione Ctrl+Alt+Shift (Windows) ou Command+Option+Shift (Mac OS) ao inicializá-lo para restaurar as preferências padrão. Clique em OK quando solicitado se você quer excluir seu arquivo de preferências e clique em Close para fechar a janela Welcome.

O After Effects se abre para exibir um novo projeto.

2 Escolha File > Save As.

3 Na caixa de diálogo Save As, navegue até a pasta AECS4_CIB/Lessons/Lesson13/Finished_Projects.

4 Nomeie o projeto **Lesson13_Multipoint.aep** e clique em Save.

Importe a filmagem

Você tem de importar dois arquivos para este exercício.

1 Dê um clique duplo em uma área vazia do painel Project para abrir a caixa de diálogo Import File.

2 Navegue até a pasta AECS4_CIB/Lessons/Lesson13/Assets.

3 Clique com a tecla Ctrl pressionada (Windows) ou clique com a tecla Command pressionada (Mac OS) para selecionar os arquivos majorspoilers.mov e multipoint_tracking.mov e clique em Open.

Crie a composição

Agora, você vai criar uma nova composição.

1 Pressione Ctrl+N (Windows) ou Command+N (Mac OS).

2 Na caixa de diálogo Composition Settings, digite **Multipoint_Tracking** no campo Composition Name.

3 Certifique-se de que o menu pop-up Preset está configurado como NTSC DV. Isso automaticamente configura a largura, altura, proporção de pixel e velocidade de projeção da composição.

4 Configure Duration em **7:05**, que corresponde à duração do arquivo majorspoilers.mov, e clique em OK.

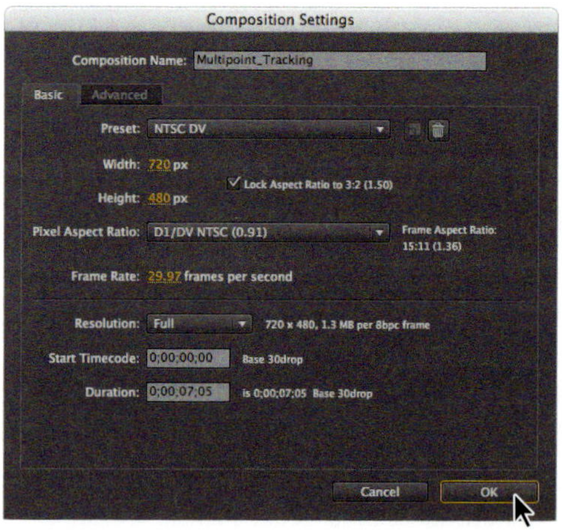

Agora você vai adicionar os arquivos ao painel Timeline, um de cada vez.

5 Arraste o item multipoint_tracking.mov do painel Project até o painel Timeline. Ele aparece automaticamente no painel Composition.

6 Visualize manualmente a cena, que está tremida porque foi feita com uma câmera portátil. Como você está posicionando a camada majorspoilers.mov no monitor do computador, será relativamente fácil inserir marcadores de tracking no plano horizontal. Por padrão, o rastreador trabalha de acordo com a luminosidade; portanto, você vai utilizar as áreas em torno da tela com diferenças de alto-contraste para o tracking.

7 Pressione a tecla Home para voltar ao início da régua de tempo.

8 Arraste o arquivo majorspoilers.mov do painel Project até o painel Timeline, inserindo-o no topo da pilha de camadas.

9 Para ver melhor o filme de baixo à medida que você insere os pontos de tracking, desative a chave Video para a camada majorspoilers.mov no painel Timeline.

Posicione os pontos de tracking

Você está pronto para adicionar os pontos de tracking à camada multipoint_tracking.mov.

1 Selecione a camada multipoint_tracking.mov no painel Timeline.

2 Escolha Window > Tracker para abrir o painel Tracker se ele ainda não estiver aberto.

3 No painel Tracker, escolha multipoint_tracking.mov no menu Motion Source e clique em Track Motion. A cena da escrivaninha se abre no painel Layer, com um indicador de ponto de tracking no centro da imagem. Mas você vai rastrear quatro pontos para anexar o filme animado à tela do computador.

4 Escolha Perspective Corner Pin no menu Track Type. Três outros indicadores de ponto de tracking aparecem no painel Layer.

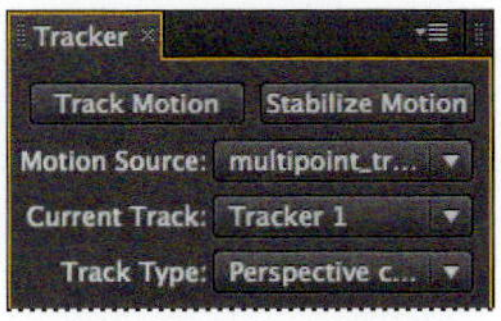

▶ **Dica:** Consulte a nota, "Mova e redimensione os pontos de tracking", no primeiro exercício desta lição, para obter ajuda sobre como mover regiões de track points.

▶ **Dica:** Pode ser útil ampliar ao inserir e ajustar os track points. Reduza novamente ao concluir.

5 Arraste os pontos de tracking até quatro áreas de alto-contraste da imagem. Os quatro cantos da tela do computador apresentam excelente contraste. Utilize a seguinte imagem como guia. (Como as áreas de alto-contraste também são o local ao qual você quer fixar a camada majorspoilers, não será necessário mover os pontos de fixação.)

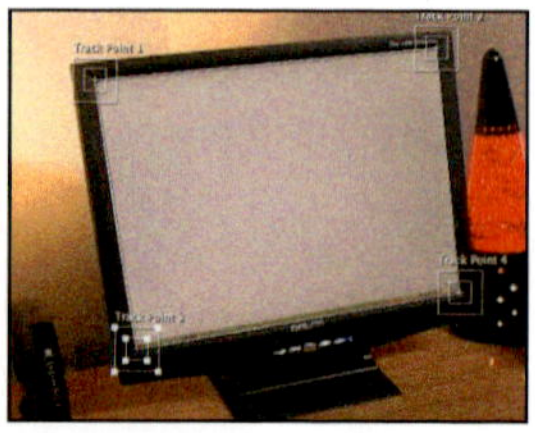

Aplique o tracking de múltiplos pontos

Você está pronto para analisar os dados e aplicar o tracking.

1 Clique no botão Analyze Forward (▶) no painel Tracker. Em seguida, quando a análise estiver concluída, clique no botão Apply para calcular o tracking.

● **Nota:** Se a composição não aparecer no painel Composition, clique na janela Timeline para mover o indicador de tempo atual e atualizar a exibição.

2 Observe os resultados no painel Timeline: você pode ver os keyframes das propriedades Corner Pin e Position para a camada majorspoilers e os dados de track point para a camada motion_tracking.

3 Torne a camada majorspoilers visível mais uma vez, pressione a tecla Home para voltar ao início da linha do tempo e assista à visualização RAM para ver os resultados do tracking.

4 Depois de ver os resultados, pressione a barra de espaço para interromper a reprodução.

Se não gostar dos resultados, volte ao painel Tracker, clique no botão Reset e tente novamente. Com a prática, você vai conseguir identificar boas regiões de característica.

5 Pressione a tecla Home para ir para a posição 0:00, oculte as propriedades da camada para manter o painel Timeline organizado e escolha File > Save para salvar seu trabalho.

6 Escolha File > Close Project.

Mocha do After Effects

Na maioria dos casos, você obtém resultados melhores e mais exatos utilizando o Mocha Imagineer Systems para rastrear pontos no vídeo. O Mocha do After Effects é instalado na pasta After Effects CS4 na unidade de disco rígido.

Uma vantagem do Mocha do After Effects é que você não tem de inserir os pontos de tracking de maneira precisa para obter um tracking perfeito. Em vez de track points, o Mocha do After Effects utiliza um tracker planar, que tenta rastrear os dados de translação, rotação e redimensionamento de um objeto com base no movimento de um plano definido pelo usuário. Planos oferecem mais detalhes ao computador do que é possível com as ferramentas de tracking de único ponto ou de múltiplos pontos.

Ao trabalhar com o Mocha do After Effects, você tem de identificar planos em um clipe que coincidem com o movimento a ser rastreado. Planos não precisam ser tampos de mesa ou paredes. Por exemplo, se alguém estiver dando adeus com as mãos, você pode utilizar os membros superiores e inferiores como dois planos.

O Mocha do After Effects utiliza duas tecnologias de splines para o tracking: splines X e splines de Bezier. Splines X funcionam melhor para tracking, especialmente com movimento em perspectiva, mas os splines de Bezier também funcionam bem e são o padrão da indústria.

Depois de rastrear os planos, você pode exportar os dados do tracking para uso no After Effects.

Para aprender mais sobre o Mocha do After Effects, inicie o aplicativo e escolha Help > Manual.

Salvamos alguns dados de tracking para o monitor do computador no Mocha do After Effects para que você possa aplicá-los ao After Effects se quiser. Para aplicar os dados, siga estes passos:

1 Crie um novo projeto no After Effects e importe os arquivos majorspoilers.mov e mocha_tracking.mov na pasta Lesson13/Assets. Crie uma nova composição a partir do arquivo mocha_tracking.mov e arraste o arquivo majorspoilers.mov até o topo da pilha de camadas no painel Timeline.

2 Abra o arquivo mocha_data.txt (na pasta Lesson 13/Optional_Mocha_Tutorial) em um editor de texto como o WordPad ou TextEdit. (Não utilize o Notepad do Windows: ele não retém a formatação do mocha, portanto, o After Effects não reconhece esse conteúdo na área de transferência.) Escolha Edit > Select All e, então, Edit > Copy para copiar todos os dados.

3 Selecione a camada majorspoilers.mov no painel Timeline e escolha Edit > Paste. Todos os dados são aplicados à camada.

4 Faça uma visualização RAM para ver os resultados.

Crie uma simulação de partículas

O After Effects inclui vários efeitos muito bons para criar simulações de partículas. Dois deles – CC Particle Systems II e CC Particle World – baseiam-se no mesmo mecanismo. A principal diferença entre eles é que o Particle World permite mover as partículas no ambiente 3D, em vez de uma camada 2D.

Neste exercício, você vai aprender a utilizar o efeito CC Particle Systems II para criar uma supernova que pode ser utilizada como a abertura de um programa científico ou como uma animação de fundo. Se ainda não assistiu ao vídeo de exemplo deste exercício, faça isso agora antes de continuar.

Configure o projeto

Comece carregando o After Effects e criando um novo projeto.

1 Se ainda não estiver aberto, inicie o After Effects. Pressione Ctrl+Alt+Shift (Windows) ou Command+Option+Shift (Mac OS) ao inicializá-lo para restaurar as preferências padrão. Clique em OK quando solicitado se deseja excluir seu arquivo de preferências e feche a janela Welcome.

O After Effects se abre para exibir um novo projeto.

2 Escolha File > Save As.

3 Na caixa de diálogo Save As, navegue até a pasta AECS4_CIB/Lessons/Lesson13/Finished_Projects.

4 Nomeie o projeto **Lesson13_Particles.aep** e clique em Save.

Crie a composição

Não é necessário importar arquivos para este exercício. Mas você precisa criar a composição.

1 Pressione Ctrl+N (Windows) ou Command+N (Mac OS).

2 Na caixa de diálogo Composition Settings, digite **Supernova** no campo Composition Name.

3 Escolha NTSC D1 no menu pop-up Preset. Isso automaticamente configura a largura, altura, proporção de pixel e velocidade de projeção da composição.

4 Configure Duration em **10:00** e clique em OK.

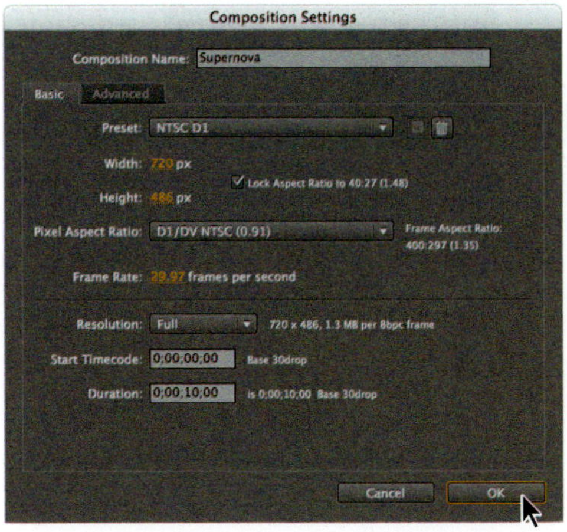

Crie um sistema de partículas

Você construirá o sistema de partículas a partir de uma camada sólida, o que será criada a seguir.

1 Escolha Layer > New > Solid para criar uma nova camada sólida.

2 Na caixa de diálogo Solid Settings, digite **Particles** na caixa Name.

3 Clique em Make Comp Size para tornar o tamanho da camada o mesmo que o da composição. Em seguida, clique em OK.

4 Com a camada Particles selecionada no painel Timeline, escolha Effect > Simulation > CC Particle Systems II.

5 Vá para a posição 4:00 para ver o sistema de partículas.

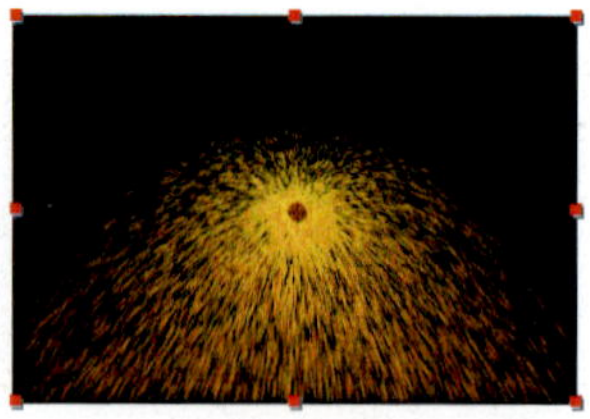

Um grande fluxo de partículas amarelas aparece no painel Composition.

Personalize o efeito das partículas

Você vai converter esse fluxo de partículas em uma supernova personalizando as configurações no painel Effect Controls.

1 Expanda o grupo de propriedades Physics no painel Effect Controls. A configuração Explosive Animation funciona bem para esse projeto, mas, em vez das partículas caírem, você quer que elas fluam em todas as direções, portanto, altere o valor Gravity para **0.0**.

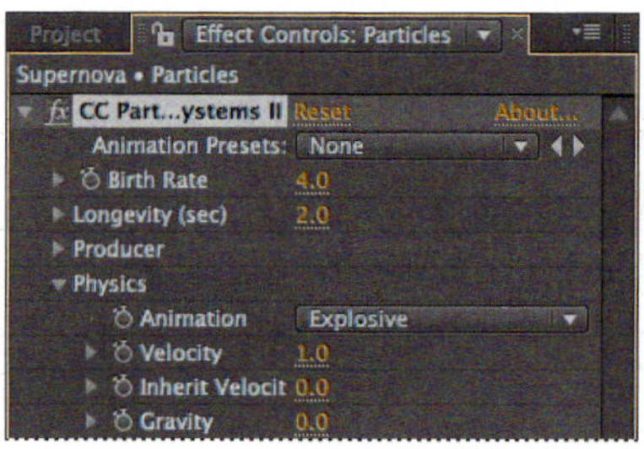

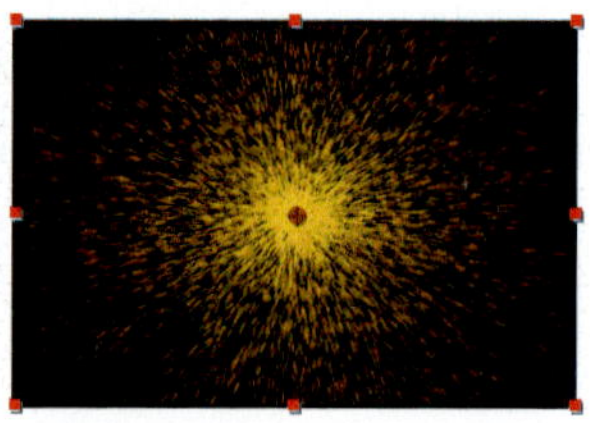

Entendendo as propriedades do Particle Systems II

Os particle systems têm um vocabulário único. As principais configurações são explicadas aqui para referência. Elas estão listadas na ordem em que aparecem (de cima para baixo) no painel Effect Controls.

Birth Rate Controla o número de partículas geradas por segundo. Esse é um valor arbitrário e não reflete o número real de partículas geradas. Quanto maior o número, mais densamente agrupadas são as partículas.

Longevity Determina o tempo de vida das partículas.

Producer Position Controla o ponto central ou a origem do sistema de partículas. A posição é configurada com base nas coordenadas x, y. Todas as partículas emanam a partir desse ponto central. Você pode controlar o tamanho do produtor (producer) fazendo ajustes nas configurações do alcance x e y. Quanto maiores esses valores, maior será o ponto do produtor (producer). Um valor x alto e um valor x zero (0) resulta em uma linha.

Velocity Controla a velocidade das partículas. Quanto maior o número, mais rápido as partículas se movem.

Inherent Velocity % Determina quanto da velocidade é passado para as partículas quando o Producer Position é animado. Um valor negativo faz as partículas moverem-se na direção oposta.

Gravity Determina a velocidade com que as partículas caem. Quanto mais alto o valor, mais rápido a queda das partículas. Um valor negativo faz as partículas subirem.

Resistance Simula a interação das partículas com o ar ou a água, desacelerando ao longo do tempo.

Direction Determina em que direções as partículas fluem. Utilizado com o tipo Direction Animation.

Extra Introduz aleatoriedade ao movimento das partículas.

Birth/Death Size Determina o tamanho das partículas quando elas são criadas e quando elas expiram.

Opacity Map Controla modificações na opacidade da partícula ao longo do seu tempo de vida.

Color Map Utilizado com as cores Birth e Death para escurecer as partículas ao longo do tempo.

2 Oculte o grupo de propriedades Physics e expanda o grupo de propriedades Particle. Em seguida, escolha Faded Sphere no menu Particle Type.

Agora as partículas parecem intergalácticas. Não pare ainda.

3 Altere Death Size para **1.50** e aumente Size Variation para **100%**. Isso permite modificar aleatoriamente o tamanho com que as partículas nascem.

4 Reduza Max Opacity para **55%**. Isso torna as partículas semitransparentes.

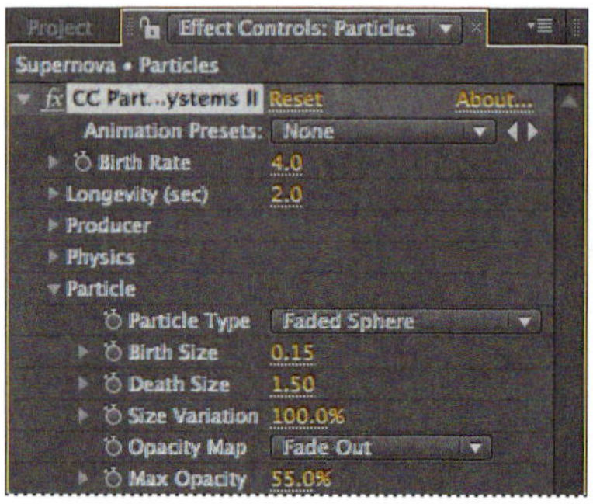

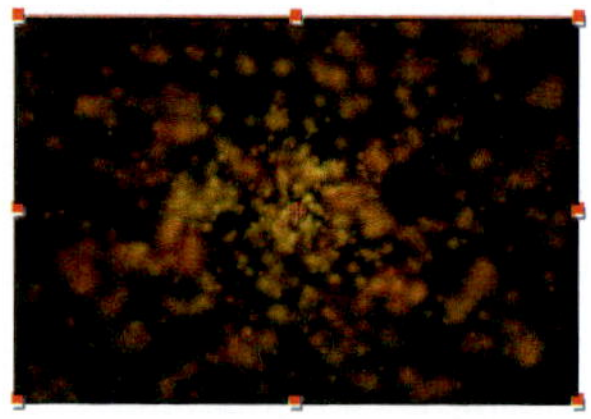

5 Clique na amostra Birth Color e altere a cor RGB para **255, 200, 50** a fim de dar às partículas uma tonalidade amarela ao nascer e clique em OK.

6 Clique na amostra Death Color e altere a cor RGB para **180, 180, 180** para dar às partículas uma tonalidade cinza claro à medida que elas desaparecem gradualmente e clique em OK.

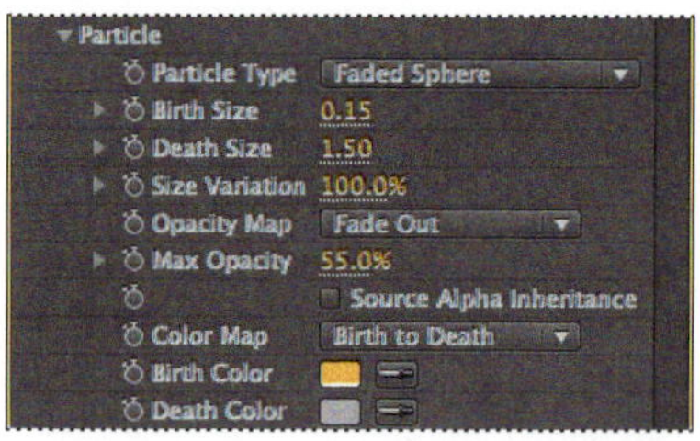

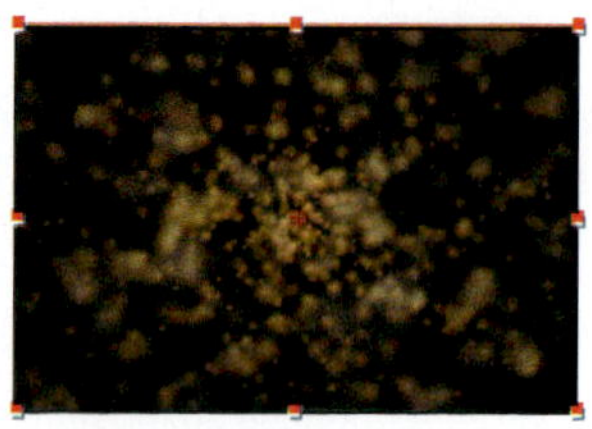

7 Para evitar que as partículas permaneçam na tela por um período muito longo de tempo, reduza o valor Longevity para **0.8** segundos.

● **Nota:** Embora estejam na parte superior do painel Effect Controls, muitas vezes é mais fácil ajustar as configurações Longevity e Birth Rate após configurar as outras propriedades das partículas.

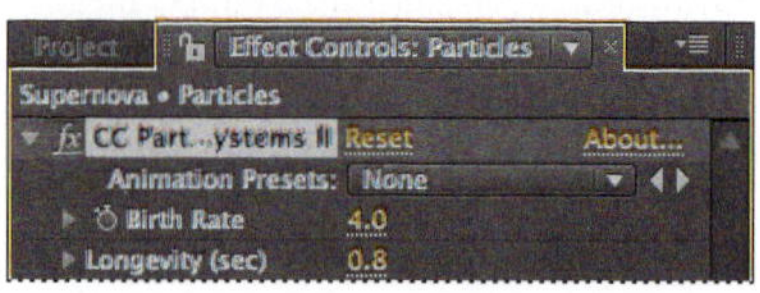

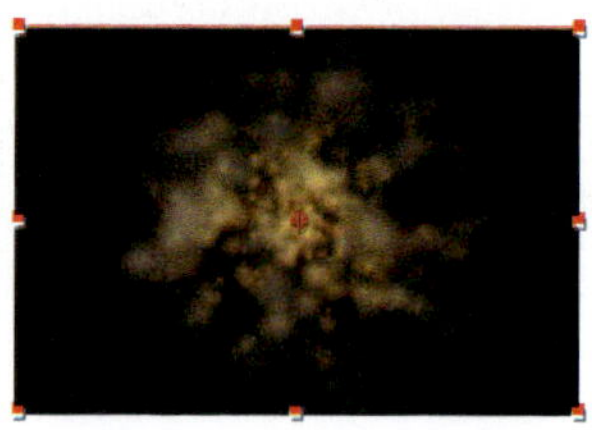

O tipo de partícula Faded Sphere suavizou a aparência, mas as formas das partículas continuam com uma definição bastante nítida. Você vai corrigir isso desfocando a camada para mesclar as partículas entre si.

8 Oculte as propriedades do efeito CC Particle Systems II.

9 Escolha Effect > Blur & Sharpen > Fast Blur.

10 Na área Fast Blur do painel Effect Controls, aumente o valor Blurriness para **10**. Em seguida, selecione Repeat Edge Pixels para evitar cortar as partículas na borda do frame.

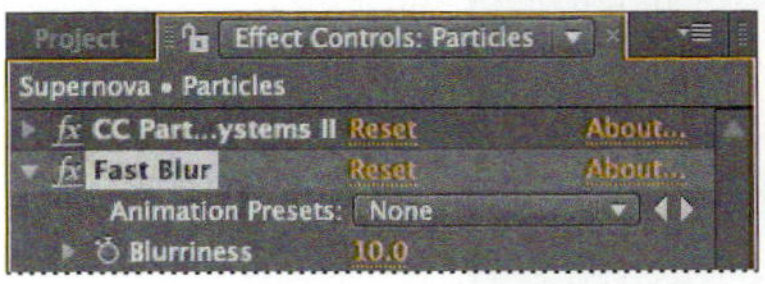

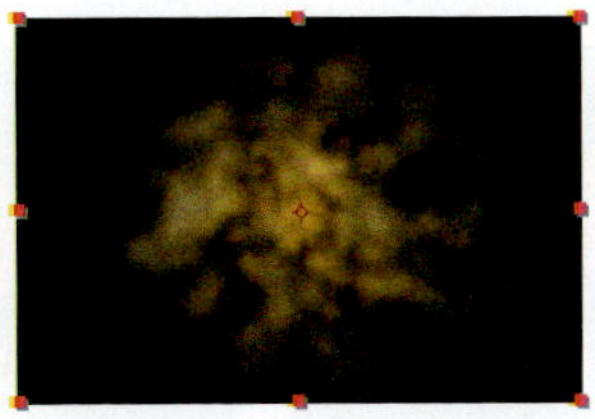

Crie o sol

Agora você vai criar um halo de luz brilhante que será posicionado atrás das partículas.

1 Vá para a posição 0:07.

2 Pressione Ctrl+Y (Windows) ou Command+Y (Mac OS) para criar uma nova camada sólida.

3 Na caixa de diálogo Solid Settings, faça o seguinte:

- Digite **Sun** na caixa Name.
- Clique em Make Comp Size para tornar o tamanho da camada o mesmo que o da composição.
- Clique na amostra de cores para atribuir à camada o mesmo amarelo que o Birth Color das partículas (**255**, **200**, **50**).
- Clique em OK para fechar a caixa de diálogo Solid Settings.

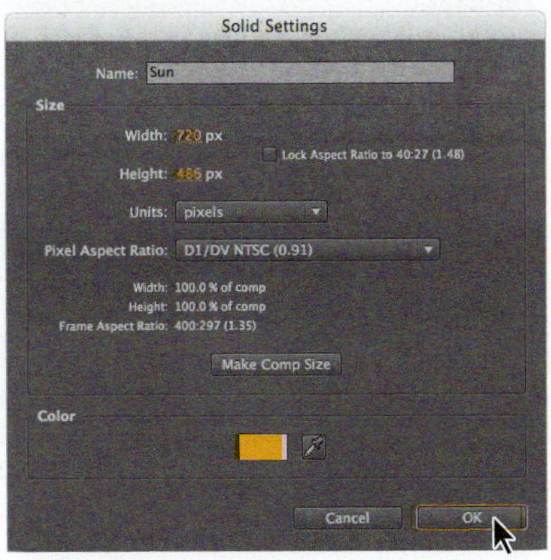

4 Arraste a camada Sun para baixo da camada Particles no painel Timeline.

5 Selecione a ferramenta Ellipse (●) no painel Tools (atrás da ferramenta Rectangle (■) ou da ferramenta Star (★)) e arraste com a tecla Shift pressionada no painel Composition para desenhar um círculo com um raio de cerca de 100 pixels, ou um quarto da largura da composição.

6 Com a ferramenta Selection (↖), arraste a forma de máscara até o centro do painel Composition.

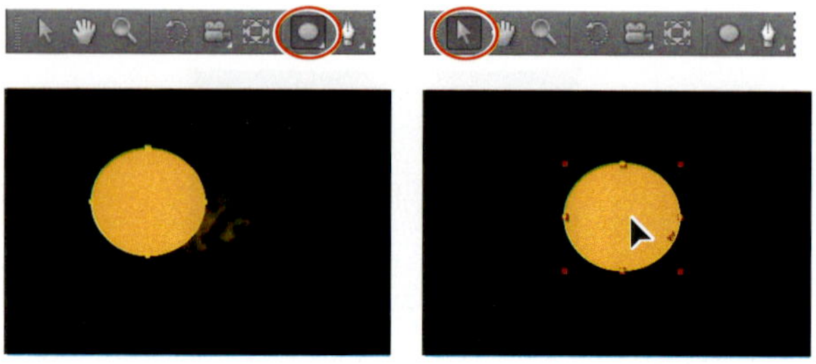

7 Com a camada Sun selecionada no painel Timeline, pressione a tecla **F** para exibir sua propriedade Mask Feather. Aumente o valor Mask Feather para **100, 100** pixels.

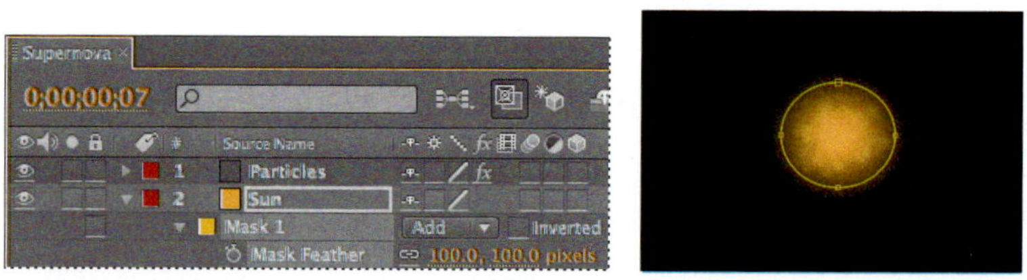

8 Pressione Alt+[(Windows) ou Option+[(Mac OS) para configurar o ponto In da camada como o tempo atual.

9 Oculte as propriedades da camada Sun.

Ilumine as sombras

Como o sol está brilhante, ele deve iluminar a área escura adjacente.

1 Certifique-se de que o indicador de tempo atual continua na posição 0:07.

2 Pressione Ctrl+Y (Windows) ou Command+Y (Mac OS) para criar uma nova camada sólida.

3 Na caixa de diálogo Solid Settings, nomeie a camada **Background**, clique no botão Make Comp Size para tornar o tamanho da camada igual ao da composição e clique em OK para criar a camada.

4 No painel Timeline, arraste a camada Background para a parte inferior da pilha de camadas.

5 Com a camada Background selecionada no painel Timeline, escolha Effect > Generate > Ramp.

O efeito Ramp cria um degradê colorido, mesclando-o com a imagem original. Você pode criar degradês lineares ou radiais e variar a posição e as cores ao longo do tempo. Utilize as configurações Start Of Ramp e End Of Ramp para especificar as posições iniciais e finais, e a configuração Ramp Scatter para dissipar as cores do degradê e eliminar o *banding* (efeito de faixas).

6 Na área Ramp do painel Effect Controls, faça o seguinte:

- Mude Start Of Ramp para **360, 240** e End Of Ramp para **360, 525**.
- Escolha Radial Ramp no menu Ramp Shape.
- Clique na amostra Start Color e configure a cor inicial como azul escuro (RGB **0, 25, 135**).
- Configure End Color como preto (RGB **0, 0, 0**).

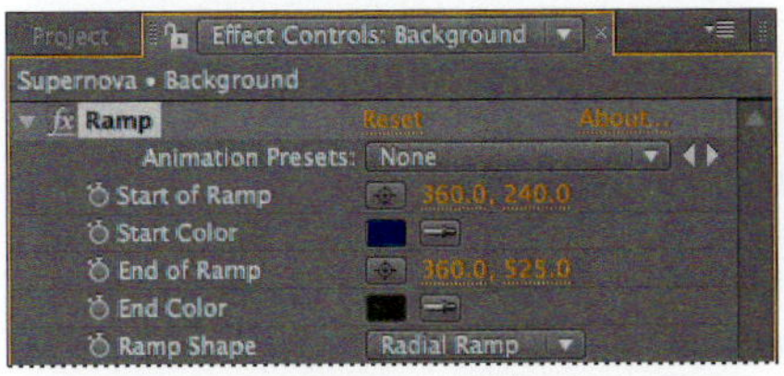

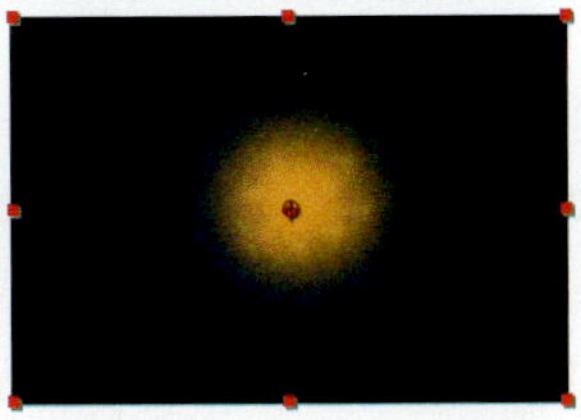

7 Pressione Alt+[(Windows) ou Option+[(Mac OS) para configurar o ponto In da camada como o tempo atual.

Adicione um reflexo de lente

Para juntar todos os elementos, adicione um reflexo de lente para simular uma explosão.

1 Pressione a tecla Home para mover o indicador de tempo para o início da régua de tempo.

2 Pressione Ctrl+Y (Windows) ou Command+Y (Mac OS) para criar uma nova camada sólida.

3 Na caixa de diálogo Solid Settings, nomeie a camada **Nova**, clique no botão Make Comp Size para tornar o tamanho da camada igual ao da composição, configure Color como preto (RGB **0**, **0**, **0**) e clique em OK. A camada Nova deve estar no topo da pilha de camadas no painel Timeline.

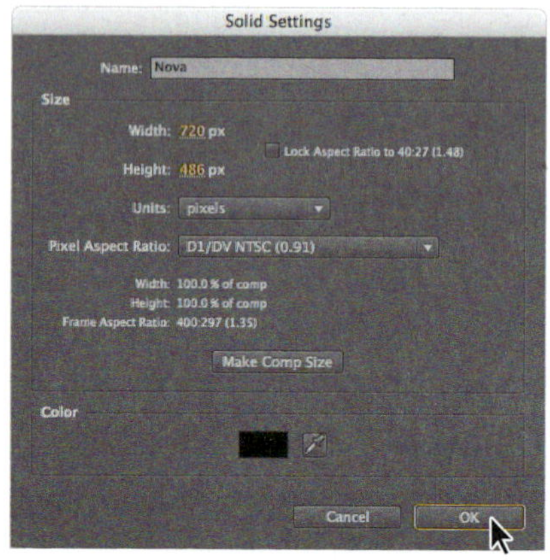

4 Com a camada Nova selecionada no painel Timeline, escolha Effect > Generate > Lens Flare.

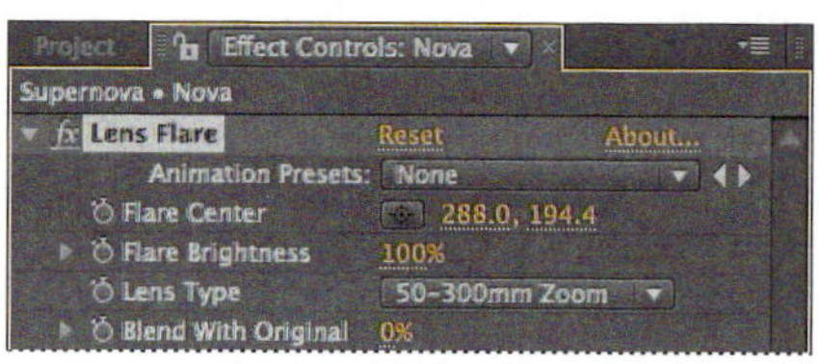

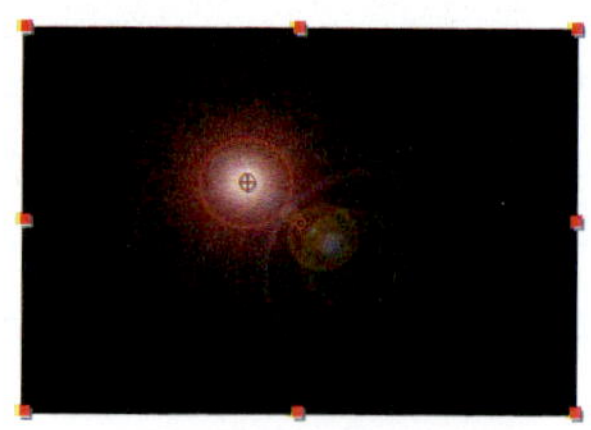

5 Na área Lens Flare do painel Effect Controls, faça o seguinte:

- Mude Flare Center para **360, 240**.
- Escolha 50–300mm Zoom no menu Lens Type.
- Reduza Flare Brightness para **0%** e clique no ícone de cronômetro de Flare Brightness (◉) para criar um keyframe inicial.

6 Vá para a posição 0:10.

7 Aumente Flare Brightness para **240%**.

8 Vá para a posição 1:04 e reduza Flare Brightness para **100%**.

9 Com a camada Nova selecionada no painel Timeline, pressione a tecla **U** para ver a propriedade Lens Flare animada.

10 Clique com o botão direito do mouse (Windows) ou clique com a tecla Control pressionada (Mac OS) no keyframe Flare Brightness final e escolha Keyframe Assistant > Easy Ease In.

11 Clique com o botão direito do mouse (Windows) ou clique com a tecla Control pressionada (Mac OS) no keyframe Flare Brightness inicial e escolha Keyframe Assistant > Easy Ease Out.

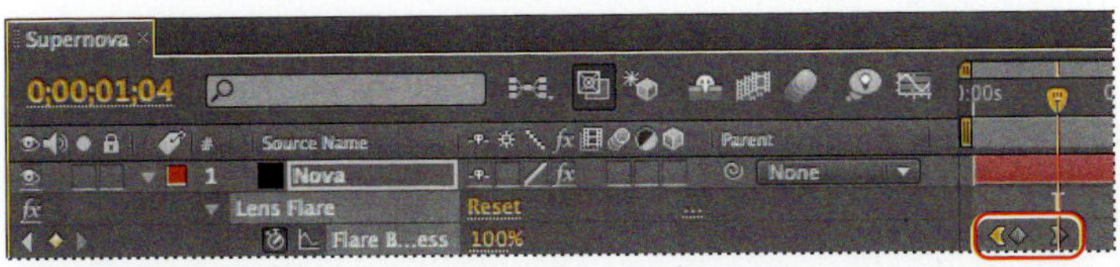

Por fim, você precisa tornar as camadas abaixo da camada Nova visíveis na composição.

12 Pressione F2 para desmarcar todas as camadas e escolha Columns > Modes no menu do painel Timeline. Escolha Screen no menu Mode da camada Nova.

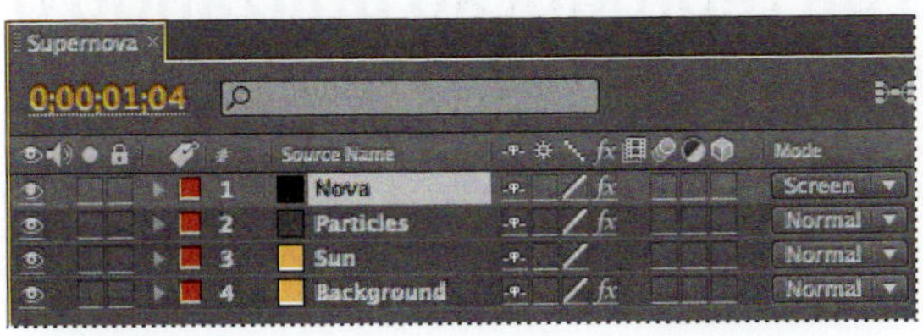

13 Assista à visualização RAM. Ao concluir, pressione a barra de espaço para interromper a visualização.

14 Escolha File > Save e selecione File > Close Project.

Sobre High Dynamic Range (HDR)

O After Effects CS4 também suporta imagens High Dynamic Range (HDR).

O alcance dinâmico (proporção entre regiões escuras e brilhantes) no mundo físico excede de longe o alcance da visão humana e das imagens impressas ou exibidas em um monitor. Embora os olhos humanos possam se adaptar a níveis de brilho bem diferentes, a maioria das câmeras e monitores de computador só pode capturar e reproduzir um alcance dinâmico limitado. Fotógrafos, produtores de vídeo e outras pessoas que trabalham com imagens digitais devem selecionar criteriosamente o que é importante em uma cena uma vez que eles estão trabalhando com um alcance dinâmico limitado.

Imagens HDR abrem inúmeras possibilidades porque elas representam um alcance dinâmico muito maior por meio do uso de valores numéricos de ponto flutuante de 32 bits. Representações numéricas de ponto flutuante permitem que o mesmo número de bits descreva um alcance muito mais amplo de valores do que valores de número inteiro (ponto fixo). Valores HDR podem conter níveis de brilho, incluindo objetos tão brilhantes quanto o sol ou a chama de uma vela, que superam aqueles no modo de 8 bits por canal (bpc) ou 16 bpc (não ponto flutuante). Modos de 8 bpc e 16 bpc de alcance dinâmico mais baixo só podem representar níveis RGB entre preto e branco, o que representa um segmento extremamente pequeno do alcance dinâmico no mundo real.

Atualmente, imagens HDR são utilizadas em filmes, efeitos especiais, trabalho 3D e alguns tipos de fotografia sofisticados. O After Effects CS4 suporta imagens HDR de várias maneiras. Por exemplo, você pode criar projetos no modo de 32 bpc para trabalhar com filmagem HDR e também ajustar a exposição, isto é, a quantidade de luz capturada em uma imagem, ao trabalhar com imagens HDR no After Effects. Para informações adicionais sobre o suporte no After Effects a imagens HDR, consulte o After Effects Help.

Ajuste o tempo da reprodução utilizando o efeito Timewarp

O efeito Timewarp no After Effects CS4 proporciona um controle preciso em relação a vários parâmetros ao alterar a velocidade de reprodução de uma camada, incluindo métodos de interpolação, desfoque de movimento e corte no material bruto para eliminar objetos indesejáveis. Os efeitos Timewarp funcionam de maneira independente do alternador Frame Blend no painel Timeline.

Neste exercício, você vai utilizar o efeito Timewarp a fim de alterar a velocidade de um clipe para uma reprodução em câmera lenta. Se você ainda não assistiu ao vídeo de exemplo para este exercício, faça isso agora.

Configure o projeto

Comece carregando o After Effects e criando um novo projeto.

1 Se o After Effects não estiver aberto, inicie-o. Pressione Ctrl+Alt+Shift (Windows) ou Command+Option+Shift (Mac OS) ao inicializá-lo para restaurar as preferências padrão. Clique em OK quando solicitado se deseja excluir seu arquivo de preferências e feche a janela Welcome.

O After Effects se abre para exibir um novo projeto.

2 Escolha File > Save As.

3 Na caixa de diálogo Save As, navegue até a pasta AECS4_CIB/Lessons/Lesson13/Finished_Projects.

4 Nomeie o projeto **Lesson13_Timewarp.aep** e clique em Save.

Importe arquivos e crie a composição

Você tem de importar um item para este exercício.

1 Dê um clique duplo em uma área vazia do painel Project para abrir a caixa de diálogo Import File.

2 Navegue até a pasta AECS4_CIB/Lessons/Lesson13/Assets no disco rígido, selecione Group_Approach [DV].mov e clique em Open.

3 Clique em OK na caixa de diálogo Interpret Footage.

Agora, crie uma nova composição com base na proporção e duração da cena.

4 Arraste o arquivo Group_Approach [DV].mov até o botão Create A New Composition (■) na parte inferior do painel Project. O After Effects cria uma nova composição nomeada para o material bruto e a exibe nos painéis Timeline e Composition.

5 Escolha File > Save para salvar seu trabalho.

Utilize o efeito Timewarp

No material bruto, um grupo de jovens se aproxima da câmera em um ritmo constante. Em torno de 2 segundos, o diretor quer que o movimento comece a desacelerar em 10% e, em seguida, acelere a toda velocidade na posição 7:00.

1 Com a camada Group_Approach selecionada no painel Timeline, escolha Effect > Time > Timewarp.

2 Na área Timewarp do painel Effect Controls, escolha Pixel Motion no menu Method. Isso instrui o efeito Timewarp a criar novos frames analisando o movimento dos pixels nos frames próximos e criando vetores de movimento. Além disso, escolha Speed no menu Adjust Time By para controlar o ajuste do tempo pela porcentagem, em vez de por um frame específico.

3 Vá para a posição 2:00.

4 No painel Effect Controls, configure Speed como **100** e clique no cronômetro (◉) para configurar um keyframe. Isso instrui o Timewarp a manter a velocidade do clipe em 100% até a marca de 2 segundos.

5 Vá para a posição 5:00 e mude Speed para **10**. O After Effects adiciona um keyframe.

6 Vá para a posição 7:00 e configure Speed como **100**. O After Effects adiciona um keyframe.

7 Pressione a tecla Home para ir ao início da régua de tempo e, então, assista à visualização RAM.

● **Nota:** Tenha paciência. A visualização RAM talvez demore para fazer o cálculo, mas ela fornecerá uma reprodução mais precisa do que uma visualização via barra de espaço.

Observe que os ajustes na velocidade são bastante abruptos, não a curva suave de câmera lenta que você esperaria ver em um efeito profissional. Isso ocorre porque os keyframes são lineares em vez de curvos. Você vai corrigir isso a seguir.

8 Pressione a barra de espaço para interromper a reprodução quando você estiver pronto.

9 Com a camada Group_Approach [DV] selecionada no painel Timeline, pressione a tecla **U** para ver a propriedade Timewarp Speed animada.

10 Clique no botão Graph Editor (▣) no painel Timeline para ver o Graph Editor em vez das barras de camada. Em seguida, selecione o nome da propriedade Speed da camada Group_ Approach[DV] para ver seu gráfico.

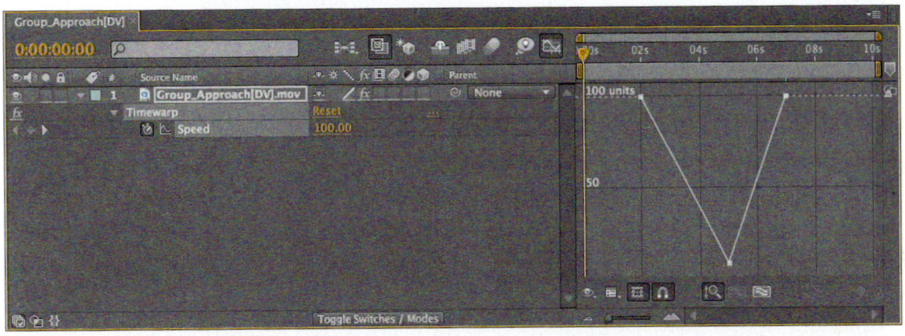

11 Clique para selecionar o primeiro keyframe Speed (em 2:00) e, em seguida, clique no ícone Easy Ease (⌒) na parte inferior do Graph Editor. Isso ajusta a influência dentro e fora do keyframe para suavizar as modificações abruptas.

12 Repita o passo 11 para os outros dois keyframes Speed no gráfico de movimento, nas posições 5:00 e 7:00.

▶ **Dica:** Feche as colunas no painel Timeline para ver mais ícones no Graph Editor. Você também pode aplicar um ajuste Easy Ease pressionando a tecla F9.

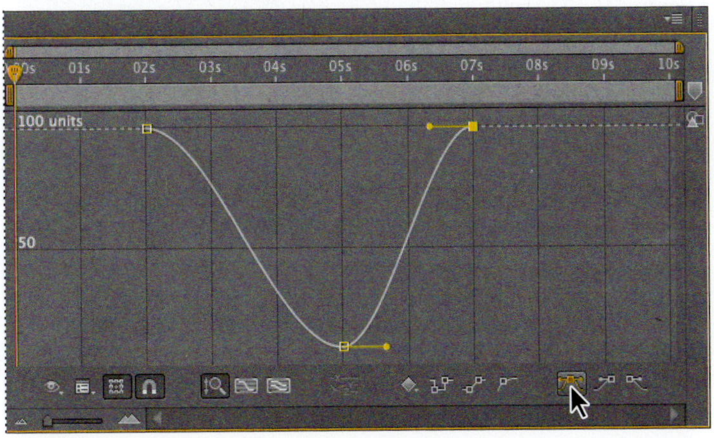

O gráfico de movimento está mais suave agora, mas você pode ajustá-lo ainda mais arrastando as alças de Bezier.

● **Nota:** Se precisar revisar como utilizar alças de Bezier, consulte a Lição 7, "Trabalhando com máscaras".

13 Utilizando as alças de Bezier para os keyframes nas posições 2:00 e 5:00, ajuste a curva para que ela se pareça com a da imagem a seguir.

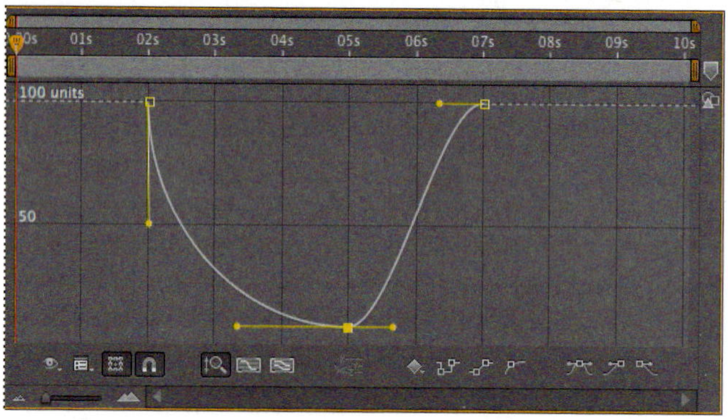

14 Assista a outra visualização RAM. Agora, o efeito Timewarp em câmera lenta parece profissional.

15 Escolha File > Save para salvar o projeto e selecione File > Close Project.

Você testou alguns recursos avançados no After Effects, incluindo estabilização de movimento, tracking de movimento, sistemas de partículas e o efeito Timewarp. Para renderizar e exportar alguns ou todos os projetos concluídos nesta lição, consulte a Lição 14, "Renderizando e gerando saída" para obter instruções.

Perguntas de revisão

1 O que é estabilização de movimento e quando você precisa utilizá-la?

2 Por que pode ocorrer flutuação quando você está rastreando uma imagem?

3 O que o Birth Rate determina em um efeito de partícula?

4 O que o efeito Timewarp faz?

Respostas

1 Filmar com uma câmera portátil costuma resultar em cenas tremidas. A menos que essa aparência seja intencional, é recomendável estabilizar as cenas para eliminar o movimento indesejável. A estabilização de movimento no After Effects funciona analisando o movimento e a rotação da camada visada e então aplicando os valores opostos ao ponto de ancoragem e à rotação dessa camada. Quando reproduzido, o movimento parece suave porque a própria camada move-se para compensar o movimento indesejável.

2 A flutuação ocorre quando a região de característica perde a característica que está sendo rastreada. À medida que uma imagem se move em uma tomada, a iluminação, os objetos adjacentes e o ângulo do objeto podem mudar, tornando uma característica antes distinta não mais identificável no nível de subpixels. Mesmo com um planejamento e prática cuidadosos, a região de característica muitas vezes flutua longe da característica desejada. Reajustar as regiões de característica e de pesquisa, alterar as opções de tracking e tentar novamente fazem parte do tracking digital.

3 O Birth Rate (taxa de nascimento) em um efeito de partícula determina a frequência com que novas partículas são criadas.

4 O efeito Timewarp no After Effects CS4 proporciona um controle preciso em relação a vários parâmetros para alterar a velocidade de reprodução de uma camada, incluindo métodos de interpolação, desfoque de movimento e corte no material bruto para eliminar artefatos indesejáveis.

14 RENDERIZANDO E GERANDO SAÍDA

Visão geral da lição

Nesta lição, você vai aprender a:

- Criar modelos de configurações de renderização
- Criar modelos de módulos de saída
- Processar múltiplos módulos de saída
- Selecionar o compressor apropriado para sua saída
- Utilizar a correção da proporção de pixel
- Gerar saída para a animação final no padrão NTSC
- Produzir uma versão de teste de uma composição
- Renderizar e gerar saída para uma versão Web da animação final

Nesta lição, você vai ver em detalhes como renderizar e exportar. Para produzir várias versões da animação desta lição, você vai explorar as opções disponíveis dentro do painel Render Queue. Depois de criar modelos de configuração de renderização e módulo de saída, você produzirá uma versão para TV e uma versão para a Web do vídeo final. O tempo total para concluir esta lição dependerá em parte da velocidade do seu processador e da quantidade de memória RAM disponível para a renderização. Esta lição leva menos de uma hora.

WEB

BROADCAST

O sucesso de qualquer projeto depende da sua capacidade de entregá-lo no formato necessário, quer para saída em TV, quer para saída Web. Utilizando o Adobe After Effects, é possível criar modelos que economizam tempo e exibir e exportar uma composição final em vários formatos e resoluções.

Introdução

Esta lição continua do ponto em que todas as lições anteriores terminam: o momento em que você está pronto para gerar a saída para a composição final. Para esta lição, fornecemos um arquivo de projeto inicial que é essencialmente a composição final da Lição 5.

1 Certifique-se de que os seguintes arquivos estão na pasta AECS4_CIB/Lessons/Lesson14 no disco rígido ou copie-os agora do DVD do *Adobe After Effects CS4 Classroom in a Book.*

- Na pasta Assets: CarRide.psd, GordonsHead.mov, HeadShape.ffx, piano. wav, studer_Comcast.jpg, studer_Map.jpg, studer_music.jpg, studer_Puzzle. jpg e studer_Real_Guys.jpg
- Na pasta Start_Project_File: Lesson14_Start.aep
- Na pasta Sample_Movies: Lesson14_MPEG4_Final.mov, Lesson14_JPEG2000_Final.mov, Lesson14_NTSC_Final.mov

Nota: Como o arquivo Lesson14_NTSC_Final.mov está pronto para TV, ele é um arquivo grande e talvez não reproduza em tempo real no QuickTime Player.

2 Abra e reproduza os vídeos de exemplo para a Lição 14, que representam diferentes versões finais da animação criada na Lição 5. Ao terminar de visualizar os vídeos de exemplo, feche o QuickTime Player. Exclua os vídeos de exemplo do disco rígido se houver pouco espaço de armazenamento.

Como sempre, ao começar a lição, restaure as configurações de aplicativo padrão para o After Effects. Consulte "Restaure as preferências padrão", na página 15.

3 Pressione Ctrl+Alt+Shift (Windows) ou Control+Option+Shift (Mac OS) ao iniciar o After Effects. Quando solicitado se quer excluir seu arquivo de preferências, clique em OK. Clique em Close para fechar a janela Welcome.

4 Escolha File > Open Project.

5 Navegue até a pasta AECS4_CIB/Lessons/Lesson14/Start_Project_File, selecione o arquivo Lesson14_Start.aep e clique em Open.

6 Escolha File > Save As.

7 Na caixa de diálogo Save As, navegue até a pasta AECS4_CIB/Lessons/Lesson14/Finished_Project.

8 Nomeie o projeto **Lesson14_Finished.aep** e clique em Save.

9 Escolha Window > Render Queue para abrir o painel Render Queue.

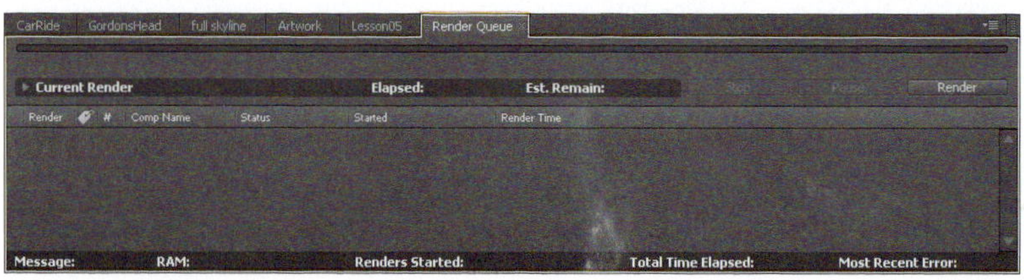

Crie modelos para o processo de renderização

Nas lições anteriores, configurações específicas de renderização e módulo de saída foram selecionadas nos casos em que você gerou saída para suas composições. Nesta lição, você vai criar modelos para configurações de renderização e para configurações do módulo de saída. Esses modelos (ou templates) são predefinições que podem ser utilizadas para consolidar o processo de configuração quando for renderizar itens do mesmo tipo de saída. Depois de definir essas modelos, eles serão exibidos no painel Render Queue, no menu pop-up apropriado (Render Settings ou Output Module). Quando estiver pronto para renderizar um trabalho, simplesmente selecione o modelo adequado para as exigências do formato de saída de seu trabalho e o modelo aplicará todas as configurações.

Crie um modelo de configurações de renderização em alta resolução

O primeiro modelo que você vai criar é para gerar a saída em alta resolução.

1 Escolha Edit > Templates > Render Settings para abrir a caixa de diálogo Render Settings Templates.

2 Na área Settings, clique em New para abrir a caixa de diálogo Render Settings.

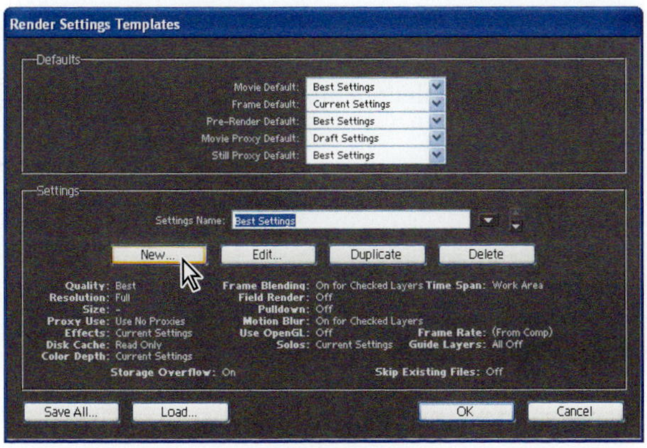

3 Na área Render Settings, verifique se Best está selecionado para Quality e Full para Resolution.

4 Na área Time Sampling, faça o seguinte:

- Para Frame Blending, certifique-se de que On For Checked Layers está selecionado.
- Para Motion Blur, certifique-se de que On For Checked Layers está selecionado.
- Para Time Span, escolha Length Of Comp.
- Na área Frame Rate, certifique-se de que Use Comp's Frame Rate está selecionado.

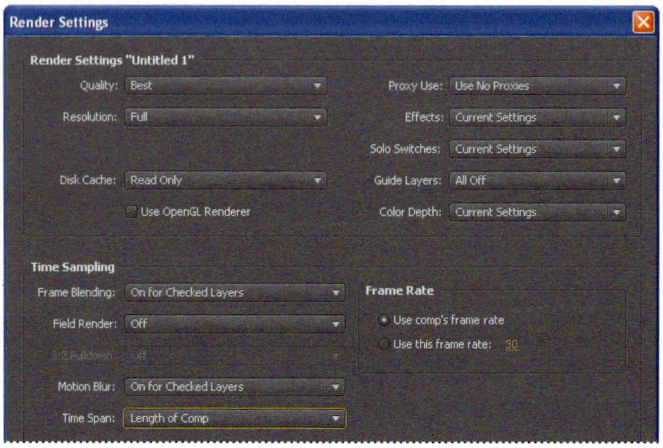

5 Clique em OK para retornar à caixa de diálogo Render Settings Templates. Todas as configurações que você selecionou aparecem na metade inferior da caixa de diálogo. Se precisar fazer alguma modificação, clique em Edit e ajuste suas configurações.

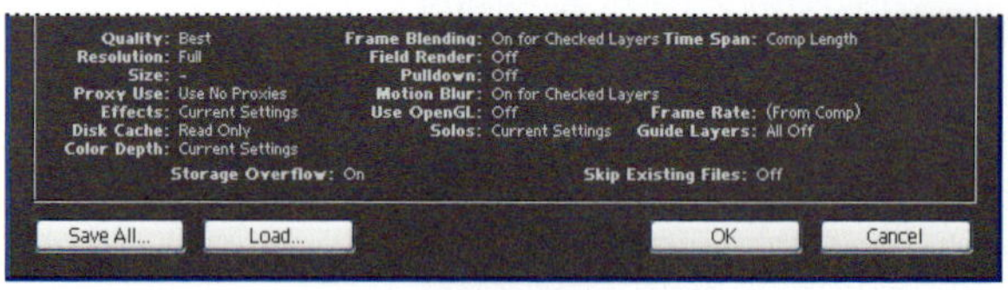

6 Para Settings Name, digite **Final Render_Fullres** (para *alta resolução*).

7 Na parte superior da caixa de diálogo, na área Defaults, escolha Final Render_Fullres para Movie Default. Clique em OK para fechar a caixa de diálogo.

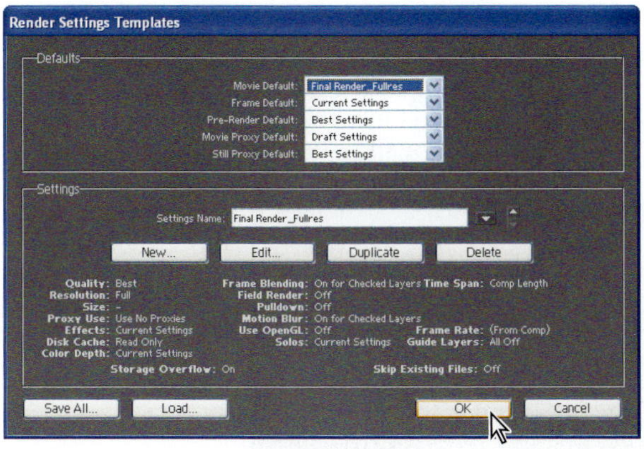

Final Render_Fullres agora é a opção Render Settings padrão e aparecerá (em vez de Current Settings) quando você adiciona uma composição ao painel Render Queue para gerar um vídeo, o que será feito mais adiante.

▶ **Dica:** Se quiser salvar um modelo de configurações de renderização para uso em outro sistema, clique em Save All na caixa de diálogo Render Settings Templates antes de fechá-la no passo 7. Salve o arquivo com uma extensão .ars e copie-o para o outro sistema. Nesse sistema, escolha Edit > Templates > Render Settings, clique em Load e selecione o arquivo .ars para carregar as configurações que você salvou.

Crie um modelo de configurações de renderização para testes

A seguir, você vai criar um segundo modelo de configurações de renderização, selecionando configurações adequadas para renderizar uma versão de teste de seu vídeo final. Uma versão de teste é menor – e, portanto, é renderizada mais rapidamente – do que um vídeo em alta resolução. Quando você trabalha com composições complexas que demoram para serem renderizadas, é recomendável renderizar uma pequena versão de teste primeiro. Isso ajuda a verificar equívocos e a fazer ajustes antes de renderizar o vídeo final.

1 Escolha Edit > Templates > Render Settings. A caixa de diálogo Render Settings Templates é exibida.

2 Na área Settings, clique em New para criar um novo modelo.

3 Na área Render Settings da caixa de diálogo Render Settings, faça o seguinte:

- Deixe Quality em Best.
- Para Resolution, escolha Third, o que reduz a dimensão linear da composição em um terço.

4 Na área Time Sampling, faça o seguinte:

- Para Frame Blending, escolha Current Settings.
- Para Motion Blur, escolha Current Settings.
- Para Time Span, escolha Length Of Comp.

5 Na área Frame Rate, selecione Use This Frame Rate e digite **12** (fps, frames/s). Clique em OK para retornar à caixa de diálogo Render Settings Templates.

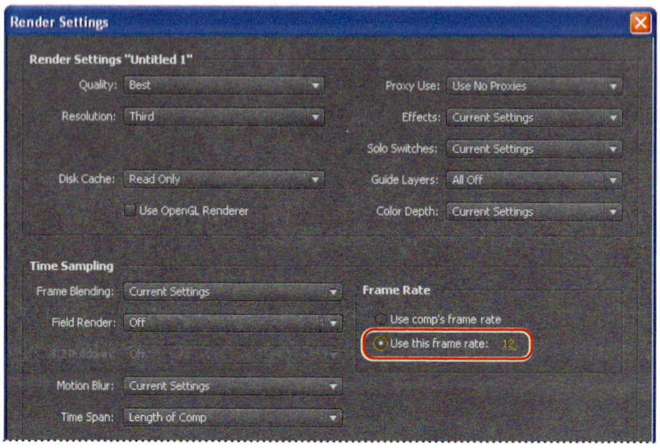

6 Para Settings Name, digite **Test_lowres** (para *baixa resolução*).

7 Observe suas configurações, que agora aparecem na metade inferior da caixa de diálogo. Se precisar fazer alguma modificação, clique em Edit para ajustar as configurações. Depois, clique em OK.

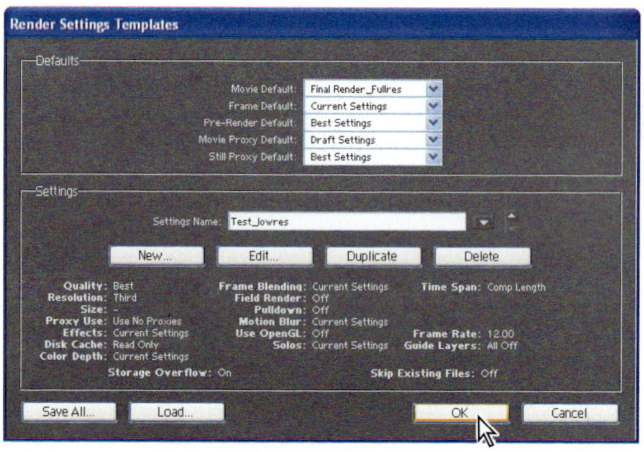

A opção Test_lowres agora estará disponível no menu pop-up Render Settings no painel Render Queue.

Agora você criou dois modelos de configurações de renderização: um para a versão final em alta resolução e outro para uma versão de teste em baixa resolução da sua composição final.

Crie modelos para módulos de saída

Utilizando processos semelhantes aos da seção anterior, você vai criar modelos para configurações de módulo de saída. Cada um incluirá combinações exclusivas de configurações apropriadas para um determinado tipo de saída.

Crie um modelo de módulo de saída para renderizações de versões para TV

O primeiro modelo que será criado em módulo de saída será adequado para uma versão de resolução de TV padrão NTSC de seu vídeo final.

1 Escolha Edit > Templates > Output Module.

2 Na área Settings, clique em New para abrir a caixa de diálogo Output Module Settings.

3 Na área Output Module, faça o seguinte:

- Para Format, escolha QuickTime Movie. No Windows, se a caixa de diálogo Compression Settings aparecer, clique em OK para fechá-la por enquanto.
- Para Post-Render Action, escolha Import.

4 Na área Video Output, clique em Format Options.

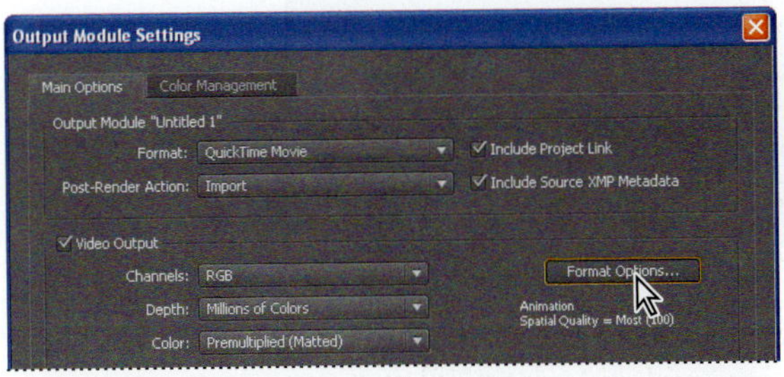

5 Na caixa de diálogo Compression Settings, escolha Animation no menu Compression Type. Na área Compressor, escolha Millions Of Colors no menu Height. Clique em OK para fechar a caixa de diálogo.

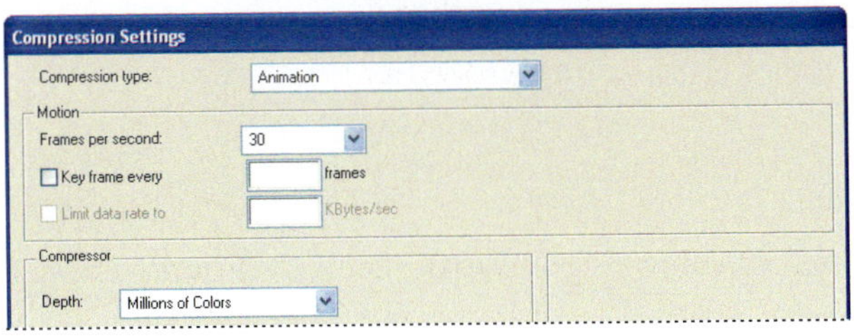

6 Revise as configurações na caixa de diálogo Output Module Settings para certificar-se de que o menu pop-up Channels está configurado como RGB e, Depth, como Millions Of Colors.

7 Selecione a opção Audio Output e certifique-se de que os menus pop-up estão configurados (da esquerda para a direita) em 44.100 kHz, 16 Bit, Stereo.

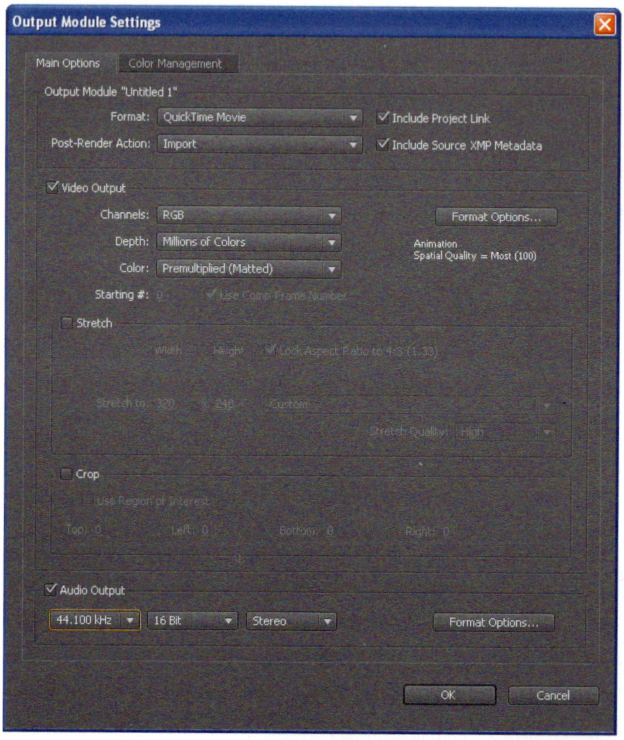

8 Clique em OK para voltar à caixa de diálogo Output Module Templates. Revise as configurações na metade inferior da caixa de diálogo; clique em Edit se precisar ajustar suas configurações.

9 Para Settings Name, digite **Final Render_QT_audio** (para lembrá-lo de que esse modelo para o QuickTime inclui áudio).

10 Na área Defaults, escolha Final Render_QT_audio no menu Movie Default e clique em OK.

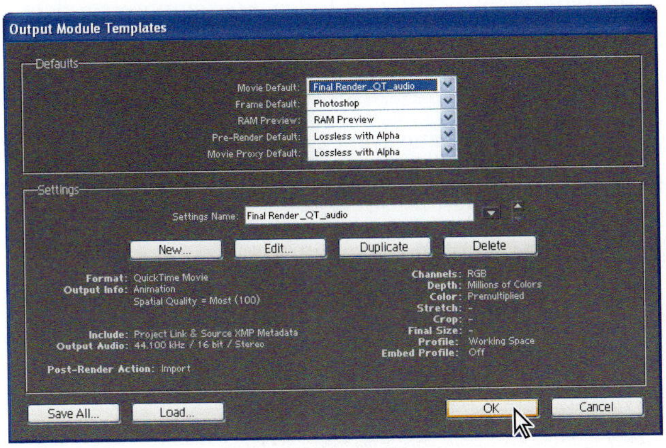

> ▶ **Dica:** Como nos modelos de configurações de renderização, é possível salvar os modelos de módulo de saída para utilizar em outro sistema. Clique em Save All na caixa de diálogo Output Module Templates. Salve o arquivo com uma extensão .aom e copie-o para outro sistema. Nesse sistema, escolha Edit > Templates > Output Module, clique em Load e selecione o arquivo .aom para carregar as configurações.

O modelo Final Render_ QT_audio agora é a seleção padrão para o menu pop-up Output Module e aparecerá (em vez de Lossless) toda vez que você adicionar uma composição ao painel Render Queue.

Crie um modelo de módulo de saída em baixa resolução

A seguir, você vai criar um segundo modelo de módulo de saída com configurações adequadas para produzir uma versão de teste de baixa resolução do vídeo. Nesse caso, as configurações que você selecionar também são apropriadas para uma versão Web do filme.

1. Escolha Edit > Templates > Output Module para abrir a caixa de diálogo Output Module Templates.
2. Na área Settings, clique em New para criar um novo modelo.
3. Na caixa de diálogo Output Module Settings, para Format, escolha QuickTime Movie. Feche a caixa de diálogo Compression Settings se ela abrir no Windows.
4. Para Post-Render Action, escolha Import.

5 Na área Video Output, clique em Format Options e selecione as seguintes configurações na caixa de diálogo Compression Settings:

- Para Compression Type, escolha MPEG-4 Video. Esse compressor determina automaticamente a profundidade das cores.
- Configure o controle deslizante Quality para High.
- Na área Motion, selecione Key Frame Every e digite **30** (frames).
- Selecione Limit Data Rate To e digite **150** (KBytes/seg.).

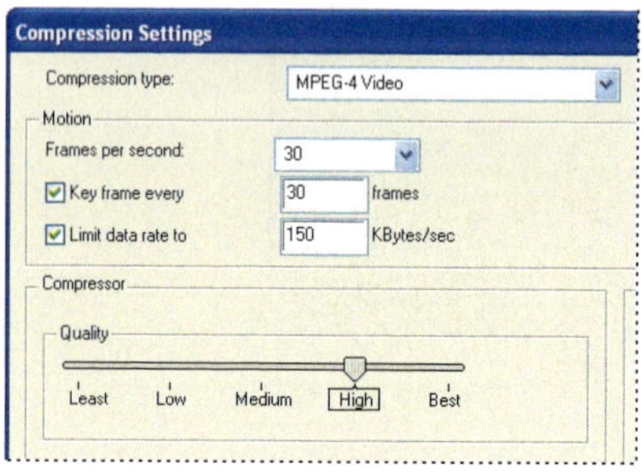

6 Clique em OK para fechar a caixa de diálogo Compression Settings e retorne à caixa de diálogo Output Module Settings.

7 Selecione Audio Output e clique em Format Options para abrir a caixa de diálogo Sound Settings e selecione o seguinte:

- Para Compressor, escolha IMA 4:1.
- Para Rate, escolha 22.050.
- Para Size, selecione 16 Bit.
- Para Use, selecione Stereo e clique em OK para fechar a caixa de diálogo Sound Settings.

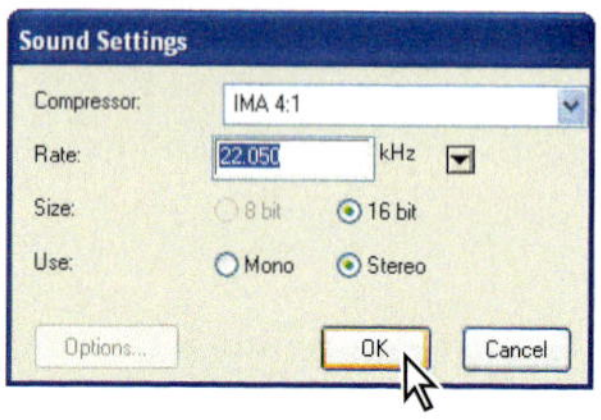

Suas configurações de som agora aparecem na área Audio Output na caixa de diálogo Output Module Settings.

8 Clique em OK para fechar a caixa de diálogo Output Module Settings.

9 Na metade inferior da caixa de diálogo Output Module Templates, observe suas configurações e clique em Edit se você precisar fazer alguma alteração.

10 Para Settings Name, digite **Test_MPEG4** e clique em OK. Agora esse modelo de saída estará disponível no menu pop-up Output Module no painel Render Queue.

● **Nota:** O compressor IMA 4:1 normalmente é utilizado ao compactar áudio para Web ou reprodução em computador.

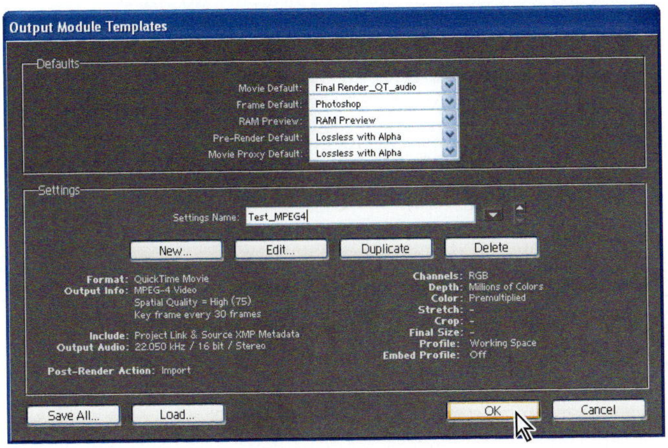

Como era de se esperar, maior compressão e taxas de amostras de áudio mais baixas criam tamanhos de arquivos menores, mas também reduzem a qualidade da saída. Mas esse modelo em baixa resolução é ótimo para criar vídeos de teste ou para a Web.

Para renderizar com o OpenGL

O OpenGL é um conjunto de padrões para processamento de alto desempenho de imagens gráficas 2D e 3D. Para usuários do After Effects, o OpenGL oferece renderização rápida de alta qualidade para visualizações e saída final movendo a renderização da CPU para o hardware OpenGL (GPU).

Para utilizar o OpenGL no After Effects, você precisa de uma placa OpenGL que suporte o OpenGL 2.0, bem como texturas Shader e NPOT (Non Power Of Two). Você pode visualizar as informações sobre sua placa OpenGL escolhendo Edit > Preferences > Previews (Windows) ou After Effects > Preferences > Previews (Mac OS) e clicando no botão OpenGL Info.

Observe que apenas os recursos suportados pelo OpenGL e pela sua placa gráfica serão exibidos no vídeo final. Se sua placa não suportar recursos OpenGL avançados, não utilize o OpenGL para renderização. Para uma lista dos recursos suportados pelo OpenGL, consulte o After Effects Help.

Para renderizar utilizando o suporte OpenGL, adicione uma composição ao painel Render Queue, e clique no texto sublinhado ao lado de Render Settings e selecione Use OpenGL Renderer.

Exporte para diferentes mídias de saída

Agora que criou modelos para suas configurações de renderização e módulos de saída, você pode utilizá-los para exportar diferentes versões do vídeo.

Prepare para gerar saída de um filme de teste

Primeiro, você vai produzir a versão de teste, selecionando o modelo de configurações de renderização Test_lowres e o modelo de módulo de saída Test_MPEG4.

Sobre compressão

A compressão é essencial para reduzir o tamanho dos vídeos a fim de que eles possam ser armazenados, transmitidos e reproduzidos de maneira eficiente. Ao exportar ou renderizar um vídeo para reprodução em um tipo específico de dispositivo em uma determinada largura de banda, escolha um compressor/descompressor (também conhecido como codificador/decodificador), ou *codec*, para compactar as informações e gerar um arquivo legível por esse tipo de dispositivo nessa largura de banda.

Há inúmeros codecs disponíveis; nenhum codec é adequado para todas as situações. Por exemplo, o melhor codec para compactar animação de cartoons geralmente não é eficiente para compactar vídeos com ação ao vivo. Ao compactar um vídeo, você pode ajustá-lo para reprodução de melhor qualidade em um computador, dispositivo de reprodução de vídeo, para a Web ou a partir de um player de DVD. Dependendo de qual encoder é utilizado, talvez você consiga reduzir o tamanho dos arquivos comprimidos removendo artefatos que interferem na compactação, como movimento de câmera aleatório e excesso de granulação de filme.

O codec que você utiliza deve estar disponível para todo o seu público. Por exemplo, se utilizar um codec de hardware em uma placa de captura, seu público precisa ter a mesma placa de captura instalada, ou um codec de software que a emule.

Para informações adicionais sobre compressão e codecs, consulte o After Effects Help.

▶ **Dica:** Alternativamente, você pode selecionar a composição Lesson05 no painel Project e escolher Composition > Add To Render Queue.

1 Arraste a composição Lesson05 do painel Project até o painel Render Queue.

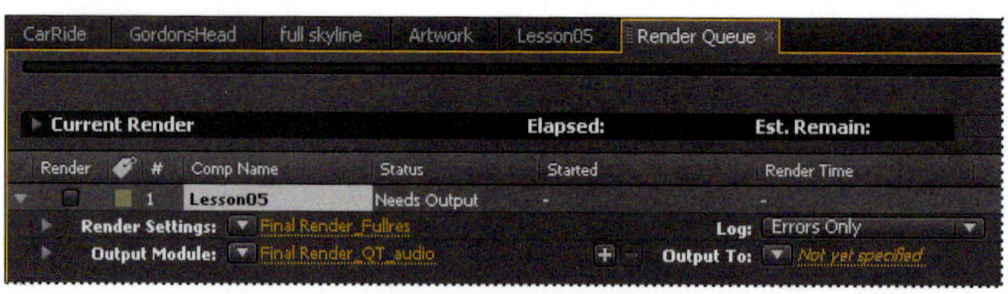

No painel Render Queue, observe as configurações padrão nos menus pop-up Output Module e Render Settings. Você vai alterá-las para seus modelos em baixa resolução.

2 Escolha Test_lowres no menu Render Settings.

3 Escolha Test_MPEG4 no menu Output Module.

4 Clique nas palavras sublinhadas na cor laranja, ao lado de Output To.

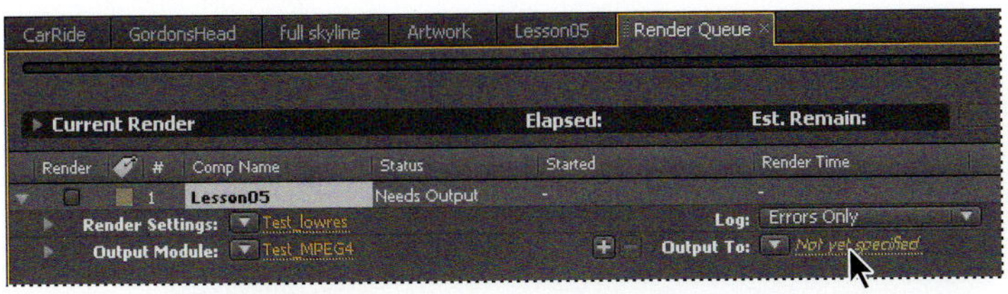

5 Na caixa de diálogo Output Movie To, localize a pasta AECS4_CIB/Lessons/Lesson14 e crie uma nova pasta chamada **Final_Movies**:

- No Windows, clique no ícone Create New Folder e digite um nome para a pasta.
- No Mac OS, clique no botão New Folder, nomeie a pasta e clique em Create.

6 Abra a pasta Final_Movies.

7 Nomeie o arquivo **Final_MPEG4.mov** e clique em Save para voltar ao painel Render Queue.

8 Escolha File > Save para salvar seu trabalho.

Você vai fazer mais algumas tarefas antes de renderizar o vídeo. Deixe o painel Render Queue aberto para o próximo exercício.

Trabalhe com módulos de saída múltiplos

Em seguida, outro módulo de saída será adicionado a esse item na fila de renderização a fim de comparar os resultados dos dois compactadores. Você vai configurar este para a compactação JPEG 2000.

● **Nota:** Você não precisa renderizar um filme múltiplas vezes para exportá-lo para diferentes formatos com as mesmas configurações de renderização. Você pode exportar múltiplas versões do mesmo filme renderizado adicionando módulos de saída a um item de renderização no painel Render Queue.

1 Com a composição Lesson05 ainda selecionada no painel Render Queue, escolha Composition > Add Output Module. Um segundo conjunto de opções Output Module e Output To aparece diretamente abaixo do primeiro.

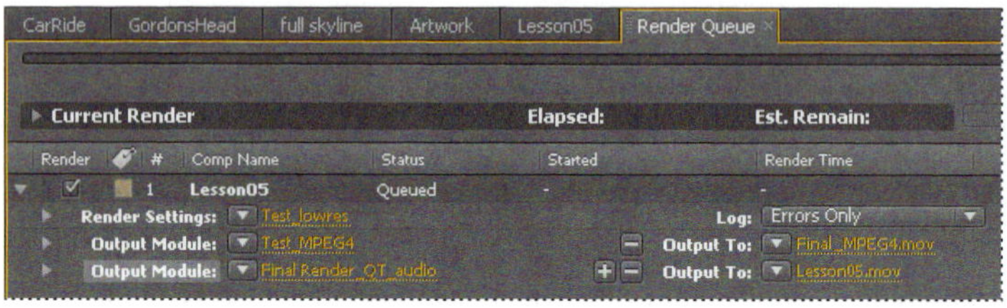

2 No menu pop-up Output Module na parte inferior, escolha Test_MPEG4.

3 Clique nas palavras *Test_MPEG4* sublinhadas na cor laranja para abrir a caixa de diálogo Output Module Settings e, então, clique em Format Options na área Video Output.

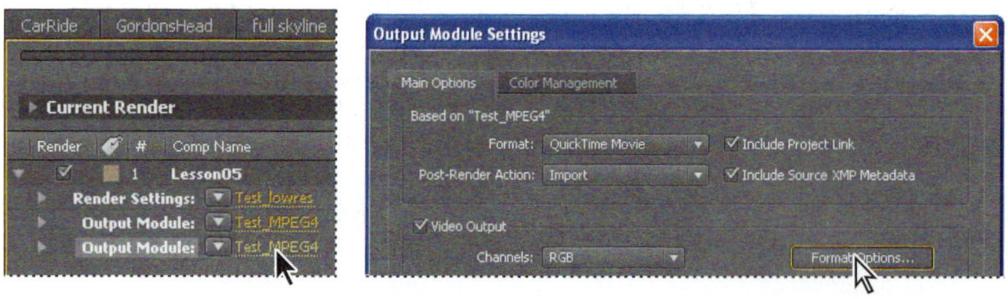

4 Na caixa de diálogo Compression Settings, escolha JPEG 2000 no menu Compression Type. Selecione Millions Of Colors no menu Depth.

As outras configurações devem permanecer iguais ao modelo Test_MPEG4, como mostrado na imagem a seguir.

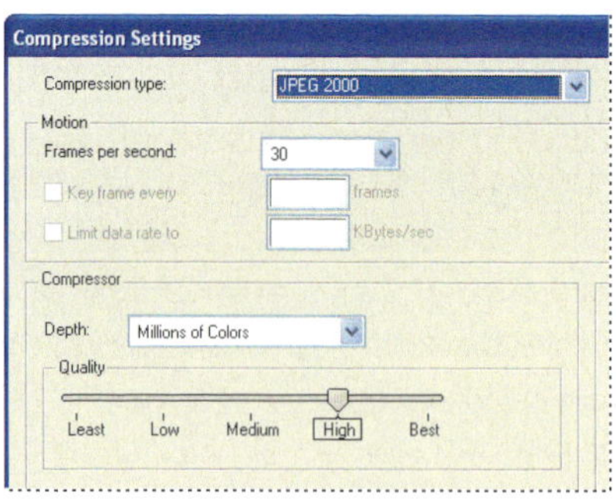

5 Clique em OK para fechar a caixa de diálogo Compression Settings.

6 Clique em OK novamente para fechar a caixa de diálogo Output Module Settings.

7 Ao lado de Output To, clique nas palavras *Lesson05.mov* sublinhadas na cor laranja para abrir a caixa de diálogo Output Movie To.

8 Nomeie o filme **Final_JPEG2000.mov** e salve-o na pasta AECS4_CIB/Lessons/Lesson14/Final_Movies.

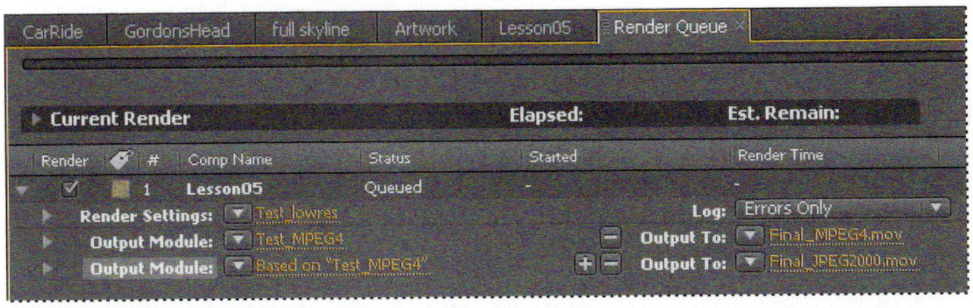

9 Escolha File > Save para salvar o projeto e clique no botão Render no painel Render Queue. O After Effects renderiza o vídeo e processa esses dois formatos simultaneamente.

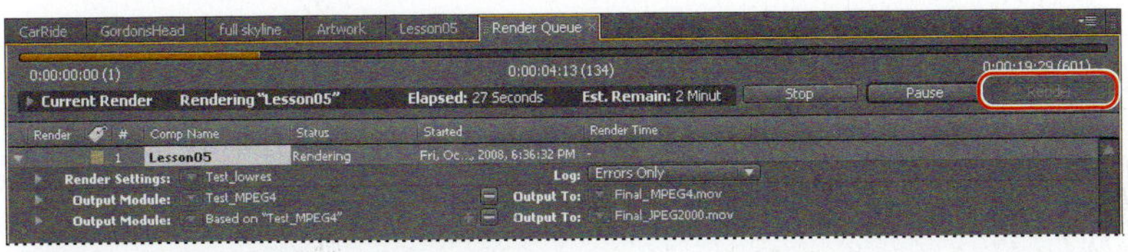

Quando o processamento estiver concluído, os vídeos Final_MPEG4 e Final_JPEG2000 aparecem no painel Project.

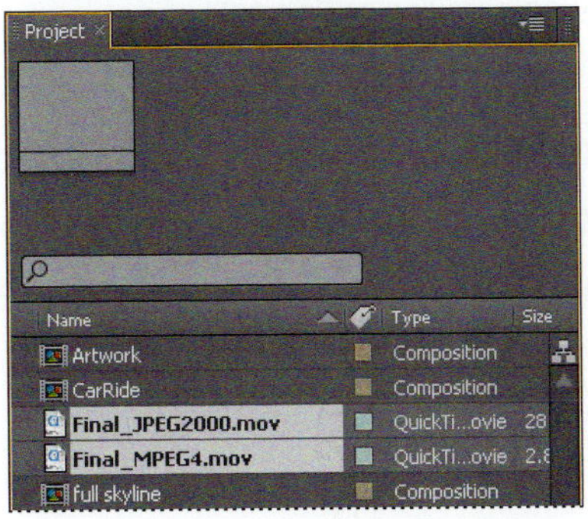

Dê um clique duplo em cada vídeo para visualizá-lo no painel Project e compare os resultados. Em seguida, no Explorer ou no Finder, selecione o vídeo que parece melhor e o renomeie **Final_Web.mov** (não o renomeie dentro do After Effects). Essa versão está pronta para que os possíveis clientes de Gordon Studer o visualizem na Web.

Nota: Talvez seja útil reduzir ainda mais o tamanho do vídeo antes de postá-lo em um site Web. Crie um vídeo streaming ou simplesmente reduza o tamanho de acordo com as larguras de banda para a maioria dos seus usuários. Você pode fazer isso com uma aplicação de compressão de mídia ou de limpeza de mídia especificamente projetada para esse fim.

Se precisar fazer alterações finais na animação, reabra a composição e faça esses ajustes agora. Lembre-se de salvar seu trabalho ao concluir e então gere saída para o vídeo de teste novamente utilizando as configurações apropriadas. Depois de examinar o vídeo de teste e fazer quaisquer modificações necessárias, gere a saída do vídeo para TV em alta resolução.

Exporte SWF

Utilize o After Effects para exportar composições como arquivos SWF para reprodução dentro de um navegador Web. Mas certos tipos de trabalho são mais adequados que outros para exportação no formato SWF. Imagens e alguns efeitos bitmap não podem ser representados por vetores e, portanto, não são salvos de maneira eficiente no formato SWF. Você pode exportá-los, mas os arquivos terão um tamanho maior.

Além disso, é recomendável colocar todas as suas camadas dentro de uma única composição em vez de utilizar precomposições ou composições embutidas ao exportar itens no formato SWF. Utilizar uma única composição também serve para reduzir o tamanho do arquivo exportado.

Para aprender como exportar uma composição para o formato SWF, consulte a Lição 2, "Criando uma animação básica utilizando efeitos e predefinições".

Prepare a composição para saída em alta resolução

Em seguida, você vai se preparar para renderizar e gerar a saída para a composição final em alta resolução.

Essa animação é concebida para saída de vídeo NTSC. Você vai começar criando uma nova composição no tamanho apropriado para sua saída final.

1 Escolha Composition > New Composition.

2 Na caixa de diálogo Composition Settings, faça o seguinte:

- Para Name, digite **Final Comp NTSC**.
- Para Preset, escolha NTSC D1. Isso configura automaticamente as dimensões (720 x 486), proporção de pixel (D1/DV NTSC) e velocidade de projeção (29.97).
- Para Resolution, escolha Full (ou, se necessário, uma mais baixa para seu sistema).

- Para Duration, digite **2000** para especificar 20 segundos e clique em OK.

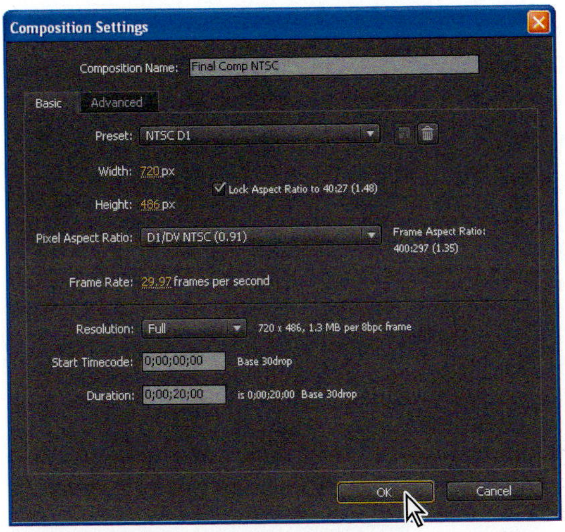

A nova composição vazia se abre nos painéis Timeline e Composition.

3 No painel Project, arraste a composição Lesson05 até o ícone de composição Final Comp NTSC.

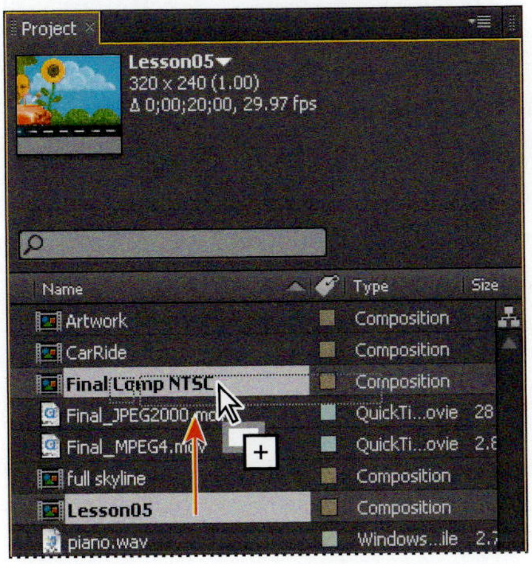

Utilize a correção da proporção de pixels

Ao visualizar a animação, talvez você perceba que os itens no painel Composition agora parecem um pouco mais largos do que antes. Isso ocorre porque essa composição D1 NTSC tem proporção de pixel não quadrado. Mas seu monitor de computador exibe imagens utilizando pixels quadrados. Portanto, se você não ativar o recurso chamado proporção de pixel (pixel aspect ratio correction), as imagens que você vê no painel Composition parecerão distorcidas. A correção da proporção de pixel compacta um pouco a visualização da composição para exibir a imagem como ela aparecerá em um monitor de vídeo. Por padrão, esse recurso permanece desativado, mas você pode ativá-lo facilmente.

1 Vá para a posição 3:00, onde há alguns elementos, incluindo a cabeça mascarada de Gordon Studer, no painel Composition.

2 Escolha View Options no menu do painel Composition.

3 Na caixa de diálogo View Options, selecione Pixel Aspect Ratio Correction (na área Window). Clique em OK para fechar a caixa de diálogo.

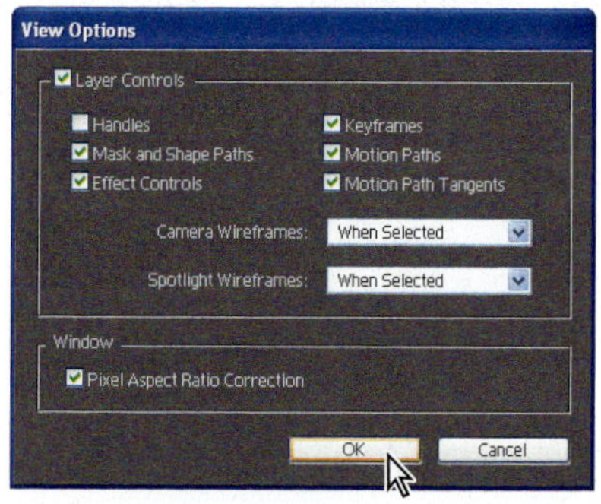

A imagem no painel Composition é comprimida, aparecendo (com a proporção de pixel modificada) conforme desejado quando esse item for renderizado, gravado em fita e exibido em um monitor de vídeo. As camadas no painel Composition podem parecer um pouco irregulares, embora essa visualização tenha sido ativada. É possível desativá-la para ver suas imagens com suavização de serrilhado completa (*anti-aliasing*), o que não afeta a renderização ou a saída.

4 Desative e ative a correção da proporção de pixel algumas vezes clicando no botão Toggle Pixel Aspect Ratio Correction (▦) na parte inferior do painel Composition.

● **Nota:** Talvez você precise ampliar o painel Composition para ver todos os botões.

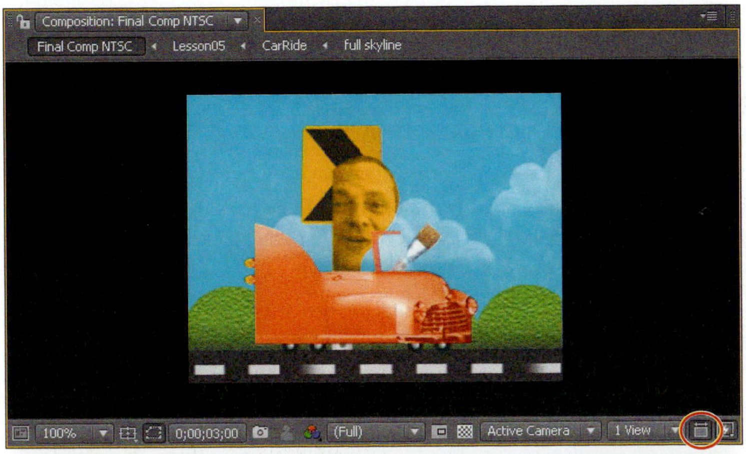

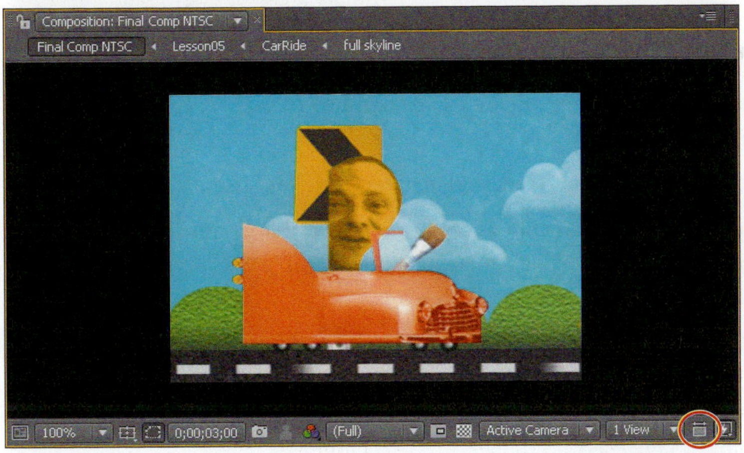

Utilizando a correção da proporção de pixel, você pode trabalhar em uma composição com uma relação entre os eixos em pixel não quadrada e continuar a visualizar suas imagens da maneira como elas apareceriam em um monitor de vídeo.

Prepare filmes para dispositivos móveis

Você pode criar vídeos no After Effects para reprodução em dispositivos móveis, como o Apple iPod e celulares. Para renderizar seu vídeo, use as predefinições de opções de formato no menu Output Module no painel Render Queue. Por exemplo, utilize a predefinição H 264 para renderizar vídeos para reprodução no iPod.

O Adobe Device Central, que vem com o After Effects CS4, permite visualizar vídeos em dispositivos específicos. Você já utilizou o Device Central para preparar composições para celulares e Flash Lite na Lição 9, e pode aprender mais sobre o Device Central no Device Central Help.

Para melhores resultados, considere as limitações dos dispositivos móveis à medida que você grava imagens e trabalha com o After Effects. Para um tamanho pequeno de tela, preste atenção à iluminação e utilize uma velocidade de projeção mais baixa. Consulte mais dicas no After Effects Help.

Renderize o vídeo final para TV

Agora, você vai renderizar e gerar a saída para a versão TV NTSC da sua animação final.

Isso pode levar meia hora ou mais, dependendo de seu sistema.

1 Clique na guia do painel Render Queue para exibir o painel e arraste a composição Final Comp NTSC do painel Project até o painel Render Queue abaixo da composição Lesson05.

2 Ao lado de Output To, clique nas palavras *Final Comp NTSC.mov* sublinhadas na cor laranja para abrir a caixa de diálogo Output Movie To.

3 Nomeie o vídeo **Final_NTSC.mov** (indicando que esse item será exibido na resolução NTSC D1) e especifique a pasta AECS4_CIB/Lessons/Lesson 14/Final_ Movies. Clique em Save para voltar ao painel Render Queue.

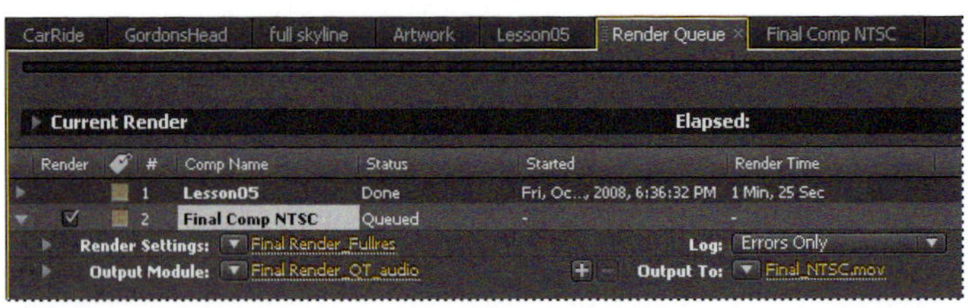

A configuração Final Render_Fullres está selecionada no menu Render Settings e a configuração Final Render_QT_audio está selecionada no menu Output Module porque você especificou-as como as configurações padrão ao criar os modelos.

Agora a composição está pronta para renderização.

4 Salve o projeto mais uma vez e clique no botão Render.

5 Quando o After Effects terminar de renderizar e gerar saída para o arquivo, feche o painel Render Queue.

6 No painel Project, dê um clique duplo no arquivo Final_NTSC.mov para abri-lo no painel Footage, ou reproduza o filme no Explorer ou no Finder.

À medida que reproduz o filme, compare sua saída final renderizada com o vídeo de exemplo NTSC que você assistiu no início desta lição. Se necessário, reabra a composição e faça modificações. Salve o projeto e renderize o vídeo novamente.

Agora você tem tanto uma versão para a Web como uma versão para transmissão na TV da animação final.

Parabéns! Você concluiu todas as lições do Adobe *After Effects CS4 Classroom in a Book*. Para continuar a aprender sobre o After Effects, visite o site Web da Adobe.

Nota: Como esse vídeo é muito grande, talvez ele não reproduza em tempo real no QuickTime Player. Se tiver uma placa de vídeo instalada no seu sistema, gere a saída do vídeo escolhendo o compactador e tamanho de frame apropriados para essa placa na caixa de diálogo Compression Settings. Importe o vídeo para seu software de edição e reproduza-o utilizando seu hardware para reprodução em tempo real.

Perguntas de revisão

1 Identifique dois tipos de modelo e explique quando e por que utilizá-los.

2 O que é compressão e quais são alguns problemas relacionados à ela?

Respostas

1 No After Effects, é possível criar modelos tanto para configurações de renderização como para configurações de módulo de saída. Esses modelos são predefinições que podem ser utilizadas para ajudar no processo de configuração quando for renderizar itens do mesmo tipo de formato de saída. Depois de definir esses modelos, eles serão exibidos no painel Render Queue, no menu pop-up apropriado (Render Settings ou Output Module). Quando estiver pronto para renderizar um trabalho, simplesmente selecione o modelo adequado para as exigências do formato de saída de seu trabalho e o modelo aplicará todas as configurações.

2 A compressão é essencial para reduzir o tamanho dos vídeos a fim de que eles possam ser armazenados, transmitidos e reproduzidos de maneira eficiente. Ao exportar ou renderizar um arquivo de vídeo para reprodução em um tipo específico de dispositivo em uma determinada largura de banda, escolha um compressor/descompressor (também conhecido como codificador/decodificador), ou codec, para compactar as informações e gerar um arquivo legível por esse tipo de dispositivo nessa largura de banda. Há inúmeros codecs disponíveis; nenhum codec é adequado para todas as situações. Por exemplo, o melhor codec para compactar animação de cartoom geralmente não é eficiente para compactar vídeos com ação ao vivo. Ao compactar um arquivo de vídeo, você pode ajustá-lo para reprodução de melhor qualidade em um computador, dispositivo de reprodução de vídeo, para a Web ou a partir de um player de DVD. Dependendo de qual compressor é utilizado, talvez você consiga reduzir o tamanho dos arquivos comprimidor removendo artefatos que interferem na compresão, como movimento de câmera aleatório e excesso de granulação de filme.

Apêndice: Gerenciamento de Cores no After Effects CS4

Sobre o gerenciamento de cores

Sem um gerenciamento de cores, as cores que você vê em uma etapa do design e da produção talvez não coincidam com aquelas que serão vistas em outra etapa. Logo, as cores dependem do dispositivo que as produz. Um sistema de gerenciamento de cores é projetado para ajustar as diferentes capacidades das cores dos vários componentes no seu fluxo de trabalho – câmeras, scanners, monitores, televisores – para assegurar que as cores sejam consistentes por todo o processo de produção e ajudá-lo a ver de maneira precisa as cores que você especifica em um projeto.

Um sistema de gerenciamento de cores mapeia as cores do gamut de cores de um dispositivo, como uma câmera digital, para um dispositivo com um gamut de cores diferente, como um monitor. Perfis de cores ICC, que descrevem as cores disponíveis para cada dispositivo ou modelo de cores, são utilizados por um sistema de gerenciamento de cores (CMS) a fim de mapear as cores para gamuts independentes de dispositivo e então convertê-las de volta para os diferentes dispositivos.

No After Effects CS4, o gerenciamento de cores permite:

- Visualizar cores e tons exatos ao utilizar luz linear (gama 1.0) para a composição.
- Adaptar material a diferentes condições de saída.
- Trabalhar em projetos utilizando diferentes computadores.
- Gerenciar arquivos de múltiplas origens.
- Visualizar as cores de maneira consistente em outros aplicativos.
- Simular diferentes condições de saída sem alterar os valores das cores no seu projeto.

Utilize o gerenciamento de cores no After Effects CS4

Para ativar o gerenciamento de cores, escolha File > Project Settings e selecione um perfil de cores para o espaço de trabalho no menu Working Space.

Para atribuir um perfil de cores à cena, selecione o arquivo e escolha File > Interpret Footage > Main. Em seguida, clique na guia Color Management e selecione um perfil ICC.

Para gerenciar as cores de um arquivo que você está renderizando, clique na guia Color Management na caixa de diálogo Output Module Settings e escolha o perfil de cores ICC apropriado.

Para simular a saída, escolha View > Simulate Output > [filme ou material impresso]. Para informações adicionais sobre o gerenciamento de cores, perfis de cores ICC específicos e fluxos de trabalho específicos do gerenciamento de cores no After Effects CS4, consulte o After Effects Help.

ÍNDICE

SÍMBOLOS

A

Q

R

S

Colaboradores

Mark Christiansen – autor do Adobe After Effects 6.5 Studio Techniques (Adobe Press), criou efeitos visuais e animações para filmes, canais de TV, jogos de computador e para várias empresas de alta tecnologia. Seus clientes recentes incluem Adobe Systems, Inc., The Orphanage (para a Dimension Films), Telling Pictures (para o History Channel), Couturie Company (para HBO) e Seagate, Sun, Intel e Medtronic. Créditos no cinema incluem *The Day After Tomorrow* (*O dia depois de amanhã*) e filmes dirigidos por Robert Rodriguez.

Takeshi Hiraoka – arrancado do paraíso, Hiraoka mudou de Honolulu, Havaí, para a fria San Francisco, no rigoroso inverno de 2002. Em San Francisco, teve aulas na Academy of Art University, graduando-se em maio de 2004. Foi aí que Hiraoka conheceu Sheldon Callahan com quem ele dirigiu e produziu o longa-metragem em DV, Origin. Além de ser um produtor que utiliza o formato DV, Takeshi também é um animador 2D e 3D.

Stephen Schleicher – viajou do Kansas para a Geórgia e daí para a Califórnia trabalhando como editor, designer gráfico, produtor de vídeo, diretor e produtor em várias produções de vídeo. Atualmente, Stephen dá aulas de desenvolvimento de mídias e Web na Fort Hays State University. Ele também trabalha em vídeo e projetos independentes para organizações e agências estatais e locais, bem como em produções próprias. Stephen é um colaborador constante na Digital Media Net (www.digitalmedianet.com).

Anna Ullrich – é uma artista digital, não tão conhecida, mas ótima, baseada em Seattle, Washington, embora seu coração resida em Minnesota, onde mora sua ativa e brilhante avó democrata. Anna obteve um BFA da Universidade de Washington em Seattle e um MFA da Universidade de Notre Dame em Indiana (ambos em fotografia).